"十三五"国家重点图书出版规划

— 大学之道 —

A University for the 21ˢᵗ Century
21世纪的大学

[美]詹姆斯·J. 杜德斯达　著
刘彤　屈书杰　刘向荣　译
王定华　审校

北京大学出版社
PEKING UNIVERSITY PRESS

著作权合同登记号　图字:01-2004-6681
图书在版编目(CIP)数据

21世纪的大学/(美)詹姆斯·J.杜德斯达著;刘彤,屈书杰,刘向荣译. —北京:北京大学出版社,2020.6
（大学之道丛书）
ISBN 978-7-301-29156-6

Ⅰ.①2… Ⅱ.①詹… ②刘… ③屈… ④刘… Ⅲ.①高等教育—研究—美国 Ⅳ.①G649.712

中国版本图书馆CIP数据核字(2020)第094540号

A UNIVERSITY FOR THE 21ST CENTURY
By James J. Duderstadt.
Licensed by The University of Michigan Press.
Copyright © by the University of Michigan 2000. All rights reserved.

书　　　名	21世纪的大学	
	21 SHIJI DE DAXUE	
著作责任者	[美]詹姆斯·J.杜德斯达　著　刘　彤　屈书杰　刘向荣　译	
丛书策划	周雁翎	
责任编辑	刘　军	
标准书号	ISBN 978-7-301-29156-6	
出版发行	北京大学出版社	
地　　　址	北京市海淀区成府路205号　100871	
网　　　址	http://www.pup.cn　新浪微博:@北京大学出版社	
电子信箱	zyl@pup.cn	
电　　　话	邮购部 010-62752015　发行部 010-62750672	
	编辑部 010-62767346	
印　刷　者	北京中科印刷有限公司	
经　销　者	新华书店	
	650毫米×980毫米　16开本　22.75印张　360千字	
	2020年6月第1版　2022年10月第2次印刷	
定　　　价	98.00元(精装版)	

未经许可,不得以任何方式复制或抄袭本书之部分或全部内容。
版权所有,侵权必究
举报电话:010-62752024　电子信箱:fd@pup.pku.edu.cn
图书如有印装质量问题,请与出版部联系,电话:010-62756370

前　言

　　1988年10月4日是校长就职日。这对密歇根大学来说是一个特别的秋日。天空蔚蓝一片，一支学术界的队伍穿过校园，向着山坡上的大礼堂走去。人们身着鲜亮的学位服，大学管风琴乐队演奏着为类似的学术盛典而创作的传统乐曲。

　　在那个秋天的早晨，我随着学术界队伍一直走向我的就职典礼的时候，柏辽兹(Berlioz)《走向断头台》的叠歌一直在我心中回响，也许这只是我的想象，而我丝毫没有想到学术典礼的盛况。或许因为我越来越清楚现代大学校长正面临着多么大的挑战，校长要在面临一系列复杂的经济、社会和政治问题的打击的同时，还要在现代社会里领导一个如此复杂的机构，或许这是我竞选校长这14个月中迟来的压力，或许这只是由于一周来不间断的就职活动使我的感觉超载了吧！

　　就在这周刚开始的时候，我们的研究生院举行了一次讨论会以庆祝其成立50周年，这次讨论会的主题是大学对研究生和职业教育的影响。一天后，我完成了我的第一份报告"大学的现状"，以此作为在年度教师颁奖典礼上的致词。在我就职以后的第二天，密歇根大学就在一场橄榄球赛上遇到了自己的老对手——密歇根州立大学，这场比赛将决出十强。而且，不该发生的事情发生了——小部分激进主义分子在就职典礼上提出抗议，而他们所抗议的问题就是他们20世纪60年代的先辈们也难以理清的。一位学生甚至在庆典的讲台上展示一幅写着"杜德斯达校长非法"的标语，这是指校务委员们拒绝向媒体公开校长选举的过程，被认为违背州里的《公开会议法》(Open Meetings Act)。

对现代大学校长有一个通俗的定义,那就是住在大房子里乞讨度日的人。确实,很多校长的确是住在校园宽敞的房子里,但是公众都希望校长积极参与到筹款的活动中来。

大学校长还扮演着其他一些角色。从某种意义上说,校长和他的妻子是大学这个小社会中的第一家庭,他就像一个由数千名学生、教师和员工组成的小城市的市长一样。当大学规模很大的时候,这种公共领导的作用尤其重要。例如,密歇根大学有5万名学生,3500名教师,以及2.5万名工作人员。其中作为旗舰校区的密歇根大学安阿博校区(UM-Ann Arbor)就有超过3.7万名学生和2万名教师和员工,而整个城市的人口也不过10万——在有橄榄球赛的周末,安阿博的人数会翻一番。作为这所大学最主要的领导,校长必须要解决好各种有关的政治和社会问题,还要照顾到高等教育的股东们(学生和家长、州和联邦政府、商界和劳工界、媒体和公众,当然也包括教师)的兴趣。

巨型大学的校长还有一个重要的角色,那就是作为主要的管理人员,负责组织从教育到医疗卫生到公共娱乐(例如校际运动会)等各项活动。再以密歇根大学为例,该校年度运行预算共有30亿美元,2600多万平方英尺的设施,超过30亿美元的基金,还有学校的人事、计划和设备等。如果我们是一家企业——当然,一个校长从来不这么说,至少不在教师们面前说——作为一家复杂的集团企业,密歇根大学会被《财富》杂志评为500强中的第470位。

然而,企业的首席执行官(CEO)主要对股东负责,大学的CEO(校长)却要为大学中所有的事情负责——至少是对所有的麻烦事负责。有一个古老的说法叫作"责任止于此",被刻在了大学行政大楼的基石上。不管发生什么事,也不管有没有校长参与在内,甚至不管校长知道不知道,从学生的无礼,到经济犯罪,到大学与市民的关系,最终都得在校长的办公桌上解决。校长甚至发现,就连运动队失利自己也会受到谴责。我是在1993年发生的一件事情上亲身感受到的。当时,密歇根大学的一位篮球运动员要了一次违规的暂停,使得北卡罗来纳州立大学获得了全美大学生体育协会(NCAA,National Collegiate Athletic Association)的篮球冠军。比赛在新奥尔良体育馆进行,我的位子离球场太远了,即使我向那位运动员大声喊让他申请暂停,他也不可能听到,所以不可能是我的误导所致。但是作为校长,这就是我的错!

而且,和多数企业CEO不同的是,人们希望校长在争取大学所需要的资源的时候能够起到积极的作用,不管是通过游说州和联邦政府,还是向校友和朋友或者聪明的企业家们寻求捐款和馈赠。多数大学都有这样一个暗含的期望,那就是校长的工作就是筹集资金供教务长和院系主任花,由主要的财政官员和行政人员来监督他们。

校长的家庭也起到了牧师的作用。确切地说,我和我妻子安妮(Anne)像大学这个大家庭里的父亲和母亲。学生们向我们寻求父母般的支持,哪怕是他们强调他们拒绝我们替代父母的角色(事实上,他们是在一个别出心裁的示威中,通过在我家的院子里挖洞"埋葬学生权利"来表达这种拒绝)。教师和员工也向大学要求照顾。尽管我们和大学的其余部分一样,也有着一样的压力,但是校内外的人都希望我们成为大学的啦啦队长,并且要乐观并充满信心。人们还希望校长是信念的守护者,不管是这个机构的信念的守护者,还是对大学来说非常重要的学术价值的信念的守护者。我有时候会把后一个角色想象成西部边疆小镇的疲惫的老治安官:每天他都要把自己受伤的躯壳从床上拉起来,带上武器,然后到大街上去面对持枪歹徒射出的子弹。这些对立面有时候是政客,有时候是媒体,还有时候是大学中各种特别的利益集团,甚至有时候还有大学的管理层,如院系主任或校董等。每一次我为大学辩护、进行较量的时候,我知道总有一天会有人比我更快地拔出枪。回想过去的十年中,我尽力履行校长的各种职责,却只留下少许伤痕,还真让人高兴呢。

就是这些经历激励我写了这本书,以便在高等教育正面临的问题上至少提出一个视角。不用说,这本书中所讨论的问题和观点受到了我在密歇根大学任校长期间的经历的影响。人们一直都把密歇根大学看作是美国高等教育——更是美国公立研究型大学——的旗舰。美国高等教育多数的问题、麻烦和挑战充斥着这个机构。然而,由于密歇根大学是世界上规模最大、最复杂的大学之一,其范围和复杂性有时候会使问题扩大到其他学校从未经历过的水平,例如:密歇根大学的资源数以亿计;一个典型的学生集会示威就会有几千名参与者;大学中有争议的问题,不管是运动或者科研管理,还是教师、学生的表现,不仅会在当地的报纸上出现,也会见诸全美的媒体;与私营部门的合作关系,不管是和公司、医疗系统,还是和体育产品制造商,处置的方法就像是和规模相当的跨国战略同盟一样;不管是在国家、州、地方,还是大学的层面上,政治环境都既紧张又无情。

即使在最平静的时期,领导密歇根大学也是一个挑战。在一个有着巨大变革的时期领导密歇根大学更为不易,就像在一辆失控的汽车开向悬崖的时候要控制住轮子一样。在一所主要大学里领导改革会是一种特别的经历,有时强烈,有时令人灰心,有时也让人愉快。很明显,这种经历也形成——或许会改变——本书中的观点。

高校之间差距很大,这使得讨论整个美国高等教育事业变得非常困难。因此,本书集中在一个特定类别的高校上,即美国的研究型大学——美国高等教育中最显著的机构,同时也是最复杂的机构。坦率地说,它们是我作为学生、家长、教师和管理者最直接接触的大学类型。幸运的是,这些机构复杂而又广泛的本质使得本书讨论的一些问题与其他形式的学院和大学多少都有些相关。

即使这样集中论述,我在考虑研究型大学显著的复杂性和多样性的时候,仍遇到了难以应付的挑战。有很多著述都在讨论高等教育各方面的问题,我试图更全面地论述,其中大量的问题都在考虑范围之内,而且也都相互关联。

需要强调的是,本书不是要对当代高等教育的问题开什么学术妙方,或只写给学术界的同仁们,而是向广大读者表达我个人的感想、观点和反思。这些都是作者长期领导密歇根大学的经验结晶。本书是试图在这些往事和伤痕并不如烟的时候及时完成的。

也许我的这些观察和经验有失偏颇,但仍希望本书对读者有所助益。至少它应能给那些希望理解一位重点大学校长眼中的美国高等教育的人们送上一份消遣。

目 录

第一编　变革的时代 ………………………………………（1）
　　第一章　绪论 …………………………………………（3）
　　第二章　变革的挑战 …………………………………（12）
　　第三章　回应一个变化的世界 ………………………（36）

第二编　变革的体现 ………………………………………（67）
　　第四章　教育 …………………………………………（69）
　　第五章　科研与学术 …………………………………（104）
　　第六章　服务社会 ……………………………………（125）
　　第七章　学术 …………………………………………（140）
　　第八章　资源 …………………………………………（159）
　　第九章　多样性 ………………………………………（186）
　　第十章　技术 …………………………………………（215）
　　第十一章　管理和领导 ………………………………（234）

第三编　变革带来的挑战 …………………………………（253）
　　第十二章　大学的转型 ………………………………（255）
　　第十三章　高等教育的未来 …………………………（282）

第十四章 演变还是革命 …………………………………（310）

注释 ……………………………………………………（325）
英汉译名对照表 ………………………………………（343）
译后记 …………………………………………………（352）

第一编

• 变革的时代 •

第一章 绪 论

> 平淡时代的那些信条已经跟不上风云变幻的现实。当现实中充满了困难,我们必须勇往直前;当情况与以往如此不同时,我们必须重新思索。
>
> ——国会为州赠地学院制定的《毛利尔法案》,
> 亚伯拉罕·林肯签署于1862年7月2日

8月下旬的一个炎炎夏日,密歇根大学被宽阔古老的树阴笼罩着,空气如同静止一般。休完暑假归来的学生和教职员工又要挤满安阿博校区。在秋季的新学期开始之前,此时是多么宁静。唯一可以预见的重大变化,是那隆隆雷声后即将来临的一场暴风雨。

今天,变革的风暴就是我们所面临的现实。我们的世界又要经历一个充满戏剧性的社会变革的时期,其深刻程度不亚于先前的文艺复兴和工业革命。不同的是,以往的变革都要经历几个世纪才得以完成,而如今,几年就足够了。我们生活在一个激动人心、飞速发展的时代。如果教育曾经简单过,那我们的世界也是如此吧。

大学曾经长期过于重视全局,在一定程度上削弱了学术决策制定的过程,这就使得变革有限。从考古学的层面讲,"新"的计划建立两个世纪以后才会取代"旧"的计划。然而,我们不能再为这种不加批判的传统而承担代价了。那些拒绝适应新的现实的人将如同商店里的过期货品一样遭到淘汰。

现代社会最能被预见到的特质就是其不可预见性。我们不再相信明天会和今天差不多。大学必须要寻求保留其核心价值中最珍贵的部分，同时还要开拓新的道路，来热切回应这个飞速发展的世界所带来的种种机遇。

在我们跨入新世纪之时，这也就是高等教育所面临的最大挑战。同时，这也是在我任职期间密歇根大学面临的主要挑战。我们曾试图把变革融入日常的学院生活中去，正如我们在这个变幻的世界中，曾用古典的价值与传统指引我们的方向。然而，我们不是仅仅简单适应这个变革的时代，我们还要对这个充满变革的世界的本性加以影响。我们不只是单纯地跟随社会的脚步，我们还要在这个旅程中成为主角。

本书旨在探讨处于世纪更替时期的高等教育所面临的挑战的本质和美国大学的未来。如果说有一个主题贯穿全书的话，那就是变革。我们的社会正在发生着深远而迅速的变化，作为社会教育机构的大学，如果还要继续为后世服务，就要对此做出相应的改变。

关注的时代

在知识时代，受过教育的人和他们的思想已成为国家的财富。大学从没有像今天这样变得如此重要，大学教育的价值从没有像今天这样高。大学提供了教育的机会，创造了知识。大学所提供的服务是当今社会取得领先优势的关键，它们包括个人生活的富足与安乐、经济竞争、国家安全、环境保护和文化繁荣。人们越来越意识到，没有哪一项公共投资能像高等教育投资那样取得如此高的经济回报。在联邦政府对学生助学金项目与校园研究的财政支持衰落20年之后，强盛的经济又使得联邦政府可以重新开始增加对高等教育的投资。与此相似的是，充裕的税收使得许多州得以重建在20世纪90年代早期被削减的教育基金。

然而，虽然最近公众对大学投了信任票，大学教育中仍然存在着大量难题。媒体继续用掺杂了怀疑与无知的沮丧态度来观察大学，它们时而有之的敌意破坏了公众对大学的信任与信心。以负责任的名义对学术事务进行干涉的危险仍然居高不下。纵观整个社会，我们可以看到，人们曾经对社会的既定事务表示激烈的反对，例如反对"平权行动"(affirmative action)。我们渴望一个关键性的机制能使校园更加多样化，能为那些处于社会边缘被歧视的人提供受教育的机会。教师也承受着来自社会各个方面的压力;他们担心科研经费会因为经济衰退和津贴项目变动而再度被削减;他们对那些长期存在的学院惯例感到忧虑,诸如任期和学术自由;越来越细的分科使得学者之间的交流越来越少,同时在获取赠款的要求、偏重于科研的奖励制度与对教学的热爱和责任感之间也存在着一些冲突。

越来越多的人担心在激烈的市场环境中所形成的知识经济将会摧毁我们的学院与大学,把其遵循的学术价值与传统都抛到一边去,用市场要求来取代公民意志。[1]一些悲观者甚至预言,大学作为社会存在了近千年的机构,在不久的将来可能就会消失。[2]

当然,更多的人则相信大学在未来社会中的地位依旧重要,甚至不可或缺。我们清楚地知道,有关高等教育在未来社会中的作用的争论有着重要的深远意义。那种独特的富有成效的合作关系,即大学和社会之间形成的社会契约,不可能继续建立在20世纪所依赖的条款和条件上。

我们最近听到了许多针对大学的批评,这些批评来自各个方面,既有学校里的声音,也有校外人士的看法。从学术伦理到学术自由,再到教师的任期,大学的价值在各个方面都面临着挑战。这些批评大多是分散的、偶发的,现在被有针对性地集中在一起。我们对教育的承诺及教师的执教能力都受到质疑。教师任期也遭到了严厉的攻击。学术研究的质量与实用性将要接受更加细致和彻底的检验。政治力量正在介入教育机构的管理。人们不断抗议学费的上涨,一系列令人担心的事情仍在发生。

全美的大学为处理这些事情付出了很多的努力。本科生教育重新占据了优先的位置并得到了极大的改善。我们扩大了助学金的资助范围。各种层面的高校招聘活动更加公开、严格与公正。我们成功地募集到了数以亿计的捐款以补偿公共基金的缺口。我们投资了最新的信息技术以支持教育、科研与服务,同样也提高了整体的工作效率。我们削减了一部分开销并且采用了现代化的管理方式,使之既节约金钱,又能更好地为教学的核心任务服务。我们更新了校园里的硬件设施。我们同关键的公共部门进行了更加有效的交流,来赢得它们对高等教育的支持与理解。

为了迎接21世纪的挑战,高校勇于面对更多意义深远的变革,并为此制定了目标。更多的有色人种出现在我们的学生、教师和工作人员的队伍中,这是一个了不起的进步。女性在学校中的地位不断得到改善。我们的校园在各个方面都更加国际化。信息技术的基础设施使知识的保存、发现、传播与转化方面有了革命性的进展。研究人员能够拓展更加广泛、更加深远的课题,如全球性变革、人类基因问题、宇宙起源等。

当学术界面对着更多根本性问题要解决的时候,未来几年我们需要勇气与稳定作为我们的后盾。政治家、各类权威人士与公众不断向我们发出挑战,同时日新月异的技术也在不断驱使我们前进。我们不会回避问题:我们的目的是什么?我们要教授的内容是什么?要怎样来教?由谁来教?教多久?谁来评定教学质量?谁来制定评判规则?谁来投资教学与科研?谁能从中受益?谁来管理?如何管理?我们的任务中有多少是可以为公众服务的?谁是合适的合作者、合伙人与赞助人?

大学改革还面临一些最显著的短期压力,这些压力来自于各个层面目标多样但并非总能协调的政治议程,诸如:限制教育经费支出,甚至以牺牲质量为代价;让教育得到更广泛的应用;取消国家对科研的支持经费,而这笔款项从形式到数目都是自第二次世界大战后就确立下来的;通过信息技术的应用加速学院体制的改变。

一些已经使大学受到影响的令人忧虑的趋势与这些目标背道而驰。目前人们存在这种想法:教育是一种个人经济利益,而不是公共利益,社会难以从中受益。这种想法呈不断上升的趋势,使得支持高等教育的公共基金一直在减少。一些历时长久的政策,例如平权行动,代表了社会的平等与公正,在今天却受到了行政机关和法院的挑战。科研经费经常被用于组织投票、政治活动或者庆典活动。这种行为既扭曲了科研又影响了研究生教育。学生们的债务负担驱使他们更加功利,他们要求学校开设的课程要适应社会激烈的竞争和就业压力。同时,还有一种声音呼唤学院回归理想中的"古典"课程,因为这些课程都是基于西方文明的伟大著作。

我们另一个特别的担心来自政治力量对大学管理和使命的过分干预。州政府和联邦政府都想方设法控制高校的行政决定与资金援助。有不少关于行政和司法干涉科研过程的事例,例如,星室法庭听证会(star chamber hearing)先于政府实体调查学术研究是否弄虚作假或者科研基金的开支情况如何。我们过于依赖通过开会来解决日常事务和人员雇用方面的问题,这种恶劣的影响还只是刚开了个头。行政权力过度约束了我们,这不仅极大地增加了经济开销,还造成了管理负担。管理公共领导机构的权力常常掌握在这样一群人手里,他们坐上这个位置并不是由于他们理解并支持高等教育,而只是由于党派间的政治原因。这种趋势使得公众失去了对高校的信心,也使得董事会对我们的机构更加不信任。

并不是说我们身处大学里的人就是无可指责的,有些学生、教师、政府官员、赞助人、理论工作者和政客都扭曲并损害了大学的基本价值与意义。我们在回应他们的要求时常常只是做出应对式的反应,而不是采取预先行动。知识与实践相互联系、相辅相成,二者之间的相互作用在迅速扩大。我们的学术体制又过于僵化,因而无法适应这种局面。当我们需要明确地表明自己的态度时,高等教育有时在总体上被分割开来并具有了竞争性。一成不变的兴趣阻塞了我们革新的道路。也许最令人沮丧的是,为了达到目标,我们仍然需要增强自信心,洞察未来,并制定一个有效的战略计划。

大学作为我们文明中的社会机构保持了其辉煌而持久的地位。在历史的长河中,大学是知识的坚守人与传承者,曾经改变了它所在的社会,甚至成为变革中的巨大力量。然而,在大多数历史时期,大学的变革却以缓慢增长的线性(linear)进度在进行。无论是改进、扩张、缩小还是改革,大学都没有改变我们最基本的任务、道路与结构。有这样一种古老的说法:人们在某一时刻铭记的大学的进步有时离那个目标并不远。然而今天我们却无法享受这样的奢侈了,也不能再把变革束缚在这样的小范围里了。我们正在目睹高等教育在本质上产生的巨大转变,这个变革不但发生在美国,而且在全世界都在发生。因此,我们需要在大学的内部进行更深层次的反思和更大的努力。

高等教育中这场从形式到内容都意义深远的革命源于人类将进入知识社会的现实。受过教育的人和他们所创造的知识会逐渐成为一个国家财富的来源。知识本身的扩张是无限的。今天的社会要求其成员成为终生学习的人,这就要求教育机构可以随时随地地满足他们的学习需求。从更实际的角度来说,高等教育与技术、社会和经济的发展是相互促进、相辅相成的。

这些力量使得我们这些从事高等教育的人要重新审视我们应该做什么,我们怎样做。我们要质疑一切。我们要变得更加宽容,更加勇于实践,更加愿意尝试彻底的解决方法。如果我们不能彻底改革我们的职责和机构,当变革的力量(以及这些力量所带来的大量的竞争者)压倒我们的时候,我们就会发现大学的作用被边缘化,我们的价值标准也会受到威胁。

美国的高等教育有责任为其他国家展示一条改革之路,而不是仅仅回应和跟随变革。我们要发出清晰、响亮的声音,并和公众的声音融合在一起。与此同时,在学术界,我们必须保证开展积极的论辩与实践,抛开我们狭隘的个人利益,毫无畏惧地迎接这个历史上伟大的时代的挑战。

变革的持续性

在新世纪到来之际,我们为我们的大学所取得的辉煌成就感到无比骄傲。美国人齐心协力,已经建立了世界上最好的高等教育模式。但是我们建立的是20世纪的大学,而这个世纪结束了,曾使我们获益颇多的模式可能已不再适应21世纪的世界。

社会不断变化,大学这样的社会机构也必然随之改变,这在历史上是经常发生的。变革一直在塑造着大学,并赋予它特有的风格,同时大学也在寻求保留和传播其学术成就、文化观念和人类文明的价值。大学在近一千年里保持了它重要的社会地位,也许是由于大学以独特的方式服务于现代化的社会。一次次的改变塑造了美国的高等教育。我们接受了长久的、自由的教育理念,把学术纳入教育使命之中,扩展了各项活动来向社会提供服务,使科研更加切合社会的需要。

我们今天的教学方式看起来是如此明确与自然,谁能相信曾经有那样一个时期,我们的师生研讨会、实验室教学甚至是讲课的革新引起了多少争议。[3] 学生在早期的学院中是这样学习的:背诵或者翻译那些远古的著作,死记硬背古典的语言、修辞法和一些简单的数学。教师更注重学生的准确性而非理解力。早期的学院既保守又顽固,它们对扩展知识和鼓励批判性的思考毫无兴趣。课程里渗透着浓厚的宗教观以及公民的责任。学院把它们自己视为反对变革的壁垒,学院的职责仅仅在于为下一代培养牧师和律师。

然而,随着社会发展的需要,变革还是不可避免地到来了。资本主义工业革命与新兴的中产阶级开始向传统的"精英"家庭和传统的文化观念发起挑战。到了19世纪中叶,人们所认同的高等教育应该走"古典"道路的意见出现了分歧。随着国家人口激增,大学入学率依旧保持平稳,而毕业生的声望却在下降。

美国由农业经济向工业经济过渡,城市化进程开始了,人口由农村向城市转移,学生和社会需求也大大改变了。生存下来的教育机构开始热切地回应这些新的需求。第二次世界大战结束后的一段时期,由于大学里充满了大量的退伍军人,高等教育再次面临着剧烈的改变。学院开始向社会各个阶层开放。今天,当经济日渐全球化,知识经济开始取代产品经济时,我们的高等教育再次面临着巨大的变革。变革的速度第一次成为我们这个时代的决定性主题。与此同时,我们必须要从残酷的幻想中清醒过来,去面对实实在在的挑战,因为世界在各个方面都已经变得如此多样化。正是由于很快适应社会的变化并做出根本的变革,在过去的两个世纪里,大学才一直保持着生机与活力,保持着与社会紧密的联系。

用什么才能够解释大学如此永恒而广泛的原因呢?埃瑞克·阿什比(Eric Ashby)勋爵指出,不管它们怎样变革,"大学都被普遍认为是在人力资源上社会投资的最佳途径"。[4] 社会信任并支持大学所进行的教学和科研,人们把子女与未来都托付给这个地方。我们的大学作为人类遗产的宝库、传承者而存在于世,它们是知识的守护人和创造者。

大学的使命是连接大学与社会的黏合剂,也是大学历经近千年在复杂多变的社会里得以成功存在的原因。在一个稳定发展的社会中,大学执行这项任务是相对容易的,因为这种社会有着高度的统一性,即使有变革,也是渐进的。而在今天的社会中这样做却实属不易,因为社会越来越复杂,越来越多样,越来越相互依存,知识的传播是革命性的,我们的作用也有了根本性的变革。

绝大部分高等院校都热切地回应这个变革的世界所带来的机遇与挑战。它们需要为一个新的时代服务。然而,它们的改变只是在传统的模式中进行的,所依据的是学术界特有的需要经过深思熟虑的反思和取得意见上的一致的过程。非常重要的一点是,这些大学发生的变革都遭到了大范围的反对,因而不是战略意义上的。总的来说,我们的大学仍然没有努力把握住知识时代的伟大含义,即学习的文化,而这可能就是我们的未来。

我们大多数的高校还只为了单纯适应这个变革的世界而变革,它们还没有把自己转化成一个能适应未来的机构。学术体制变革的缓慢进程不足以使大学控制自己的命运。现在我们面临着这样的危险,社会力量的大潮将会横扫高校,以不可预见和令人无法接受的方式变革高等教育,创造出新的教育结构形式来挑战我们关于大学的经验与观念。

毫无疑问,高等教育将在未来几十年中变得更加繁荣。在一个注重知识的社会里,不管是从个人角度还是从社会角度,人们对高等教育的需求更加迫切。如同我们今天所了解的大学,这个聚集了众多不同机构的高等教育产业,将会以令人兴奋且无法预见的方式向前发展。

当我们展望即将到来的变革时,当我们探求有关未来的前景时,重要的是我们一定要牢记,在人类发展的历史长河中,大学是迎接其所处的环境的挑战的必不可少的一部分。这种变革的倾向是一个基本的特点,而且是大学生命的力量所在,即通过学术研究不断产生新知识。反过来,学术研究又改变了我们所提供的教育,影响了我们所处的社会。

充满活力的延续性很好地平衡了大学不断寻求变革的趋向性,特别是这种延续性源于我们根本的学术使命和价值,并且扎根于一个民主的社会。大学活动的重点、形式与组织改变了我们所处的时代,去适应新的挑战。正是这些学术原则、价值观和传统给大学带来了勃勃生机,并赋予大学持久的生命力与特殊的意义。需要特别指出的是,大学的生命力中一个不可或缺的部分就是一直在审视我们所处的世界,对它进行评价。我们以此为依据来调整教学、科研与社会服务,在顺应社会变革需要的同时,保留它的基本价值与使命。今天,我们必须再次努力预测我们社会的发展方向,以使我们的学生为他们将要承接的世界做好准备。

我们必须坚信,大学教育更深层次的目标虽历经近千年却从未改变、从未消失,因为其意义至关重要。大学扩展并发掘了人类的潜力,使人类的智慧与文化代代相传,并创造出了影响未来的知识。因此,我们更应该理解,对绝大多数的教师来说,在大学工作不仅是一个职业,更是一种神圣的召唤,召唤他们为学术与教学奉献爱。

然而,当我们决定要保留这些更深层次的目标,保留这些被时间检验过的价值与传统的时候,我们需要对世界的本质有更深入的了解。在这里,大学找到了自己的位置,也发现了自己不断变革的特质。为了保留对大学长久以来的期望——或者说,这更像一个田园诗般的梦想而非真实存在——我们不要顾忌社会的看法,要勇于让我们的大学经历一次相当大的冒险洗礼。

变革不仅仅是美国大学所面临的挑战,在今后若干年内还是美国大学的发展目标。变革将会为大学带来不可估量的机遇,使大学带着目标,带着智慧,带着勇气进入 21 世纪。

第二章 变革的挑战

> 我们这个时代的麻烦在于我们要面对的是与以往大不相同的未来。
>
> ——保罗·瓦勒里《诗歌的艺术》[1]

在每年秋季的开学典礼上,大学校长向新生致欢迎辞是历来的传统之一。在新生开始大学生活之前,在他们还没有被大学岁月中洪水般无聊而繁杂的信息淹没之前,能有一个机会向他们提供几句忠告,显得非常难得。

借着这个能够吸引学生注意力的难得机会,我将像平常一样以一个简单的观察来开始我的评论,那就是新生们将会在21世纪度过他们的大部分大学生活。他们要时刻准备着面对这个与20世纪截然不同的社会所带来的挑战。而他们的教师却成长于20世纪。更进一步说,这些为他们提供教育的大学,在很多方面还停留在几十年甚至几百年之前的状况。

每次在新生集会上谈到这个话题时,我就开始变得不大自在。很明显,在这个社会里,变革的力量比我们所想象得更加强大。一个更加重要的,也是我们在20世纪最后几年里想要了解到的问题摆在了我们的眼前,即大学是否已经准备好了为这个与众不同的时代教育合格的公民,为这个我们不了解甚至无从想象的社会提供服务。

事实上,这份担心既不会令人感到惊奇,也不会令人感到忧虑。在大学悠久的历史中,这个主题一直都是很重要的。作为人类文明持续最久的机构之一,大学始终具有适应变化并加以调整以服务社会的非凡能力。大学不是永恒不变的,大学已经被改变了很多,现在也一直处于变革之中。纵观我们的国家,高等教育机构呈现出惊人的多样性,从小小的文理学院到巨大的大学体系,从商店边的私营学院到全球性的网络大学,都说明了高等教育在种类上的巨大发展。

高等教育的现状是能够和美国历史上大学变革的两个时期相媲美的:19世纪晚期,重要的公立大学第一次辉煌地出现在人们的生活中;第二次世界大战结束后的若干年里,研究型大学一直为战后美国的需求服务。[2] 一个世纪以前,工业革命把美国从农业社会变为一个能够主宰20世纪的工业巨人。那些遵循牛津、剑桥教育原则所建立的最早的殖民地大学被合并到了赠地(land-grant)州立大学中,为社会提供了广泛的教育服务。在这之后的几十年中,高等教育目睹了本科生教育、研究生教育和专业教育的注册率的惊人增长,大学教育为社会提供了更加广阔的教育机会。

另一个与此相似的高等教育巨变的时期是在第二次世界大战以后。大量的复员军人需要接受教育,大学在国防研究上发挥了日益重要的作用。战后经济复苏,发展迅速,这些都导致了大学在规模和数量上的膨胀。联邦政府在支持学生的助学金、大学研究和开展医药、工程等专业学院建设等方面实施了直接有效的措施,使得当时的大学发展成了我们今天所看到的样子。

我们今天面临的机遇和挑战与这两个变革时期极为类似。许多人也指出了其消极的因素,例如,在资源有限的时期,过快的增长是以牺牲教育与科研的质量为代价的,公众对大学逐渐失去了信任与信心,研究型大学与联邦政府的关系也在不断恶化。但是,最重要的仍然是变革所带来的挑战:知识成为决定经济繁荣、国家安全和人民富裕的关键;国家间的依存互动、美国人口的不断变化使得我们的社会越来越多样化;我们要研究如何在冷战后的世界赢得生机,如何让人类在这个资源逐渐枯竭的世界里生存发展。我们所生存的世界正在经历飞速变化的时期,这就要求大学做出相应的变革。

挑战与变革共存的时代

我们生活在一个不寻常的世界里,只要想想在过去几十年中我们的世界里所发生的巨大变革,就不难得出这样的结论:冷战结束了,自由与民主之风吹遍了世界,一个新的全球规则正在形成之中,我们正在尝试着掌握人类的基因来治疗疾病,我们可能创造出新的生命形式,甚至影响人类种群的进化。计算机的力量——速度、存储能力、运算水平——在每十年中就有着百倍的增长。国际互联网将成千上万人联系起来,使地球上任何地方,甚至身处太空的人们,都能进行轻松愉快的交流。

这些变革只是冰山的一角。然而,在世界范围内,种族冲突不断升级,国家已经不是世界经济安全的主体,从城市到社区,从邻里到家庭,我们许多的传统社会模式已经被破坏,新的通讯与交通技术的激增给了我们更大的流动性和新的市场,以我们从未想过的方式把国内和全球的人们联系在一起。然而,这也日渐威胁到了长期存在的一些社会结构,例如事业单位、政府甚至已过时的大学。

一些人相信我们正在经历人类文明史上一个重大的变革时期,如同我们以前所经历的那样;二者所不同的是早期的社会变革要历经几个世纪才能完成,而今日的变革只需要几十年甚至更短的时间就能完成。

在这充满变革的时代,不断发展的社会模式为我们提供了一个思索美国大学本质的机会,我们不仅仅是要简单地审查自己的过去,更要推断未来世界所具有的一切可能性。为了达到这个目的,让我们首先仔细探讨推动我们的世界、我们的社会和我们的高校的巨大力量。尽管有各种区分这些力量的方式,还是让我们先思索推动变革的广泛的社会力量,然后再把焦点集中到引起高等教育变革的力量上来。

变革的主题

知识时代

回顾历史,人们可以通过人类文明在本质上和结构上所发生的深刻变革来判定某个时期,例如文艺复兴时期、地理大发现时期与工业革命时期。有很多人都倾向于这种说法:我们的社会正在又一次经历观念和结构上的根本性变革。

变革的迹象随处可见,如同在一个世纪之前,美国由农业国家进化成一个工业国一样,我们现在正在进入到一个后工业时期,一个知本社会(knowledge-based society)。³今天的工业生产正在由以物质生产和劳动力为主的产品,平稳地向以知识为主的产品与服务转移,新知识的创造与应用成为创造物质财富的最新形式。

我们正处于转变的时期,智力资本与人力资源正在取代金融资本与物质资本,成为我们力量、繁荣与富裕的源泉。更确切地说,我们正在进入一个新的时代———一个知识时代。知识本身,也就是受教育的人和他们的思想,成为我们通向繁荣的关键。⁴我们的社会更加关注知识,更加依赖于创造知识的社会机构,因为它们为受教育者提供了知识与终生学习的机会。⁵

我们飞速通往知识时代的演变很大程度上取决于新信息技术的出现,如计算机、教学交流网络、多媒体与虚拟现实等。现代电子技术已经大大增加了我们学习、工作和与他人交流合作的能力。它们让我们更快更广泛地传播信息,并通过多种渠道把遥远的地方和不同的生活方式连接起来。这项技术使我们用十年前想都不敢想的方式来就工作、学习和娱乐进行交流。当然,我们的国家也曾经历过由技术引发的戏剧性变革,例如,19世纪蒸汽机、电话、汽车和铁路的出现给社会带来巨大的影响,它们创造了工业化的社会,使国家开始了城市化的进程。⁶然而,我们却从未经历过技术发展如此之快的时代。技术以每十年成百倍的速度发展,冲破了时空的约束,重新塑造了我们的交流、思考与学习的方式。

与曾经驱动了早期经济变革的钢铁与石油等自然资源不同,知识是无穷无尽的,用得越多,它增长与扩大得越快。但是,知识的大门从来不是为所有人敞开的,只有受过教育的人才能吸收并利用它。因此,无论是普通的学校还是具有特别意义的大学都将在我们的社会进入新世纪时发挥非常重要的作用。在知识经济下,越来越成熟的劳动力市场需要更高层次的教育与培训,就像今天美国有大约三分之二的高中毕业生都有机会进入大学学习,这就意味着在今后几十年中,大学学历将成为寻求工作的最低门槛。一个人的受教育程度与他的个人福祉和生活质量之间的联系也更加紧密。

知识时代对高等教育而言有着更深层次的意义。从某种程度上来说,知识是大学的媒介,是发现、塑造、获取、传播和应用知识的活动。大学以多种多样的方式为社会提供服务:教育年轻人;保留我们的文化遗产;为国家安全和社会富强提供基础研究;培训我们的劳动者并评定他们的能力;挑战我们的社会并刺激其发展。知识与受教育者已经成为国家繁荣与安定的关键,人们对此已达成共识。社会上还有一种越来越明显的趋势——通过新知识的产生和应用,大学成为经济增长的发动机。从一个更广泛的角度来说,如同政府干预的失信导致政治注意力从财富的分配转向财富的生产一样,大学也不再仅仅满足于传播与分析知识("教学"与"学术"),而是把目光更多地投向创造知识("发明"与"创新")。

人口构成的变化:崭新的大多数

当美国人听说自己的国家正在发生人口的变革时,可能会第一次想到人口的老龄化问题。[7]战后婴儿潮那一代已经进入中年而且很快就要退休,这给我们现行的津贴项目如社会救助和医疗保险带来麻烦。在经历了20世纪80年代和90年代短暂的年轻人数量下降以后,我们又重新看到了大学新生的增加,这是对婴儿潮那一代人的回应。然而,老年人数量的增加大大超过了年轻人数量的增长。在美国,超过65岁以上的老年人很快就要超过十几岁的年轻人的数量。这种情况在我们的有生之年将会一直持续。进一步讲,我们国家人口与劳动力的增长率已达到历史最低点。自从出生率和死亡率降低到平均水平以下,我们越来越清晰地看到,美利坚合众国在我们的有生之年不再会是一个年轻人的国度。社会中高龄人口越多,社会就会越保守,国家优先考虑的事情越来越集中在如何解决老年人的问题而不是满足年轻人的需要上。

具有讽刺意味的是,当美国和欧洲大部分国家进入老龄社会时,世界上其他地方的人口却越来越年轻化。今天世界人口的一半都在20岁以下,地球上有超过20亿的青少年,他们大部分都居住在亚洲、非洲和拉丁美洲。第二次世界大战后,美国出生了4000万儿童,他们在20世纪50年代改变了我们的消费习惯,在60年代主导了我们的政治,在90年代给我们贡献了总统。与这一代人一样,全球年轻的一代也将对世界文化产生巨大的影响。

我们再给这个年轻人主宰的世界添上廉价的全球化的交流工具,你就能想象出那是一个怎样的情形了吧。[8]十年中,成千上万的年轻人将会被迅速出现的遍布全球的信息技术联系在一起。让我们看一看这些源自年轻人"连线团体"(wired communities)的流行文化的雏形吧,从 MTV 音乐台到《连线》(Wired)杂志,都明确地告诉我们,我们的现在绝不会是他们的未来。他们绝对会被某种文化同化,他们将会吸收世界各地的文化并将其混合起来,由此衍生出新的社会。与此同时,他们对教育的需求将会有惊人的增加。[9]

一个同样意义深远的人口现象是美国社会变得越来越多样化。美国对本国的人种和民族越来越包容,女性、少数民族和移民大约占到新增加的劳动力的 85%,目前占到我国工人总数的 60%;那些我们曾经认为是少数民族的非洲裔、拉美裔、亚裔和美国土著居民已经在加利福尼亚州、亚利桑那州和得克萨斯州成为主要人口。到 21 世纪晚期,美国将变成一个少数民族的国家,多数民族这一群体将不复存在。女性已经在美国开始起主导性的作用。无论在公共部门还是私人部门,女性的领导作用都得到了极大的发展。

在社会事务中未被充分代表的少数民族和女性群体充分地参与到公共生活中来,这对于实行人类的平等与社会公正是至关重要的,对于美国未来的强盛和繁荣也同样重要。我们的国家不能承受浪费人才的代价,而许多文化和社会财富正是那些不被认同的人创造出来的,如果我们无法创造一个让智力资源在所有公民中流动的环境,我们注定会在全球事务中丧失作用并导致社会发生动乱。最悲惨的是,我们将会违背我们建国时的承诺,那就是民主。社会与经济的现状使逐渐增加的多样性所带来的挑战复杂化了。我们国家的发展仍然被种族隔离与不能同化少数种族文化所阻碍,这离"一个美国"的目标还很远。

人口的变化对于高等教育来说又意味着什么呢?纵观历史,美国的高等教育一直在满足不断变化的人口的需要。当美国大开发继而进入工业化社会之时,我们的大学也扩大了招生人数,发展了职业学院,把大学教育转向应用领域,如工程、农业和医学。在 20 世纪五六十年代,"二战"后的高等教育再次从规模到任务都有了很大发展,以吸收退伍军人和婴儿潮的那一代人。由于有了联邦政府的帮助,例如 1965 年《高等教育法》(Higher Education Act),我们的高等院校逐渐增加不同种族、民族与文化群体的参与,而这些人在学生和教师队伍中都是不寻常的。我们已经试图建立一个支持性的环境,接受、容纳并保持多样性,这种多样性对于维持我们的教学、科研和服务的质量是至关重要的。

今天，我们的大学学龄人口再一次增长，到2015年传统意义上的大学生数量将会增长30%。[10]美国的一些地区将会面临人口增加与人种结构变化的特殊挑战，例如加利福尼亚州第二人口出生高峰期间出生的人，在下一个十年将会有100万人在大学学龄，得克萨斯州的学龄人口将主要由少数民族构成。

美国人口变化的特点与需求使大学生和高校这些概念被重新定义。今天进入大学的学生只有17%处在18～22岁这个年龄段，这是我们认为的传统意义上的学生。美国校园中的学生不再是主要来自中产阶级和上层阶级的高中毕业生，学生的多样性体现在各个方面，如年龄、性别、种族和社会背景等，这就要求高等院校建立与此相应的教学计划。

今天的大学生大多是已经成家并有工作的成年人，他们往返于校园和工作单位之间，或者借助网络空间为他们的事业寻求必要的教育和技能培训。当我们意识到这种学院层次的成人教育需求比青年学生的需求更大时，当我们对高素质的工人需求更多时，对传统的寄宿制学院的挑战出现了。这些新的成人学生有新的期盼，他们热切需要更高的教育质量，以及更贴近现实的训练。因此，我们正在开始面临这样的压力，就是学校从以教师为中心向着以学习者为中心转移。进一步说，我们以前实行的是"以防万一式"（just in case）的教育，就是在学生真正需要这些知识之前，学生完成本科或研究生阶段的学习，来取得学位；而现代社会需要的是"及时式"（just in time）的教育，也就是不以拿到学位为目的，当工作有需要的时候就去学习，而且课程也是依据学生的需要来制定的。

然而，前几年的事实表明，为不断多元化的人口提供服务的道路也可能会变得更加艰难，当大学逐渐能够理解不同师生的教育利益时，它们却被过去的体制所约束。它们曾经利用这个体制，而现在我们却看到了一种倒退，很多行为违背了我们早期的承诺与计划。法庭和立法机构正在挑战长期以来为民众接受的项目，如平权行动和机会均等计划。我们的社会里由种族、阶级与民族导致的两极分化愈演愈烈，而具有讽刺意味的是，与此同时，我们的国家和世界由于现代通讯与运输技术的应用，在政治、经济和文化方面的联系却越来越紧密。

作为一个国家，社会日益增长的多元性是我们的挑战之一，同样也是我们最重要的机遇,因为多元化带给我们无限的生机与活力。大学既是社会的一面镜子,又是一座灯塔,大学的独特职责在于帮助我们的国家建立多元文化、多种社会的有效模式。我们必须努力达到一个新境界,使校园内外不同种族和不同文化背景的人都能够相互理解、相互宽容,实现自我价值。但是,我们必须在一个新的政治框架下完成这个任务。很明显,我们需要新的政策和新的实践。

美国的全球化

无论是通过旅行和交流、艺术与文化,还是通过贸易、资本与劳动力的国际化进程,美国与世界各国的联系越来越紧密。世界与我们的国家都发生了巨大的变革。已经不存在仅仅面向国内的美国经济。今天,在谈论地区经济的健康发展或者美国工业竞争力的话题已经不合时宜。因为我们已不再在一个自给自足的世界经济里生活。我们的经济和许多公司已经完全全球化了。它们遍布全球,越来越依靠其他的国家和人民。[1]遍布世界的交流网络创造了一个国际市场,这个市场出售的不仅仅是传统意义上的商品,还有专业知识、科研成果与教育服务。

国际化的潮流对我们国家的影响不只停留在贸易与国防领域。美国已经成为世界移民的目的地,每年有超过一百万的移民来到这个国家。由于美国人口的出生率在不断下降,移民已经成为决定人口多样性的最主要的力量。如同历史上那样,我们继续被一浪接一浪的移民潮所滋养。他们带着无限的生机、希望与信仰使美国的梦想得以重生。今天,美国已经成为一个"世界家园",我们不仅在经济与政治方面与世界紧密联系,而且同世界上不同种族的人们紧密相连。

从这个角度看,了解其他文化比了解自己的文化更加重要。这样做不仅是为了丰富个人的事业,成为良好的公民,也是为了我们国家的长治久安。在当代大学的许多工作重点中,最重要的就是发展并维护国际性。我们应该掌握我们所需要的东西,以便成为地球村的成员。当然,在这个国家里,我们要想掌握所需要的东西,成为地球村中的一员,还有很长的路要走。美国人对于其他的语言和文化知识的了解少得可怜,我们有太多的毕业生从来没有学过一门外语,从来没有访问过一个国家,许多人还没有机会通过文学、诗歌和电影来感受异域文化。我们要用各种方法学习知识与技能来帮助事业的发展,我们要合作解决共同的事情,我们要有为人类发展的共同的理想。

具有讽刺意味的是,当代美国大学确实是一个国际化的机构,它不仅在学生、教师与学术方面表现出强烈的国际性,还处于世界学习与学术体系的中心。然而,除了校园内丰富的智力资源外,我们仍然忍受着这个国家一直存在的狭隘习性和种族中心主义。这很大程度上是由于在历史上我们一直实行贸易保护主义,我们的经济是自给自足的,因此为了响应国际化的潮流,我们需要重新审视我们在培养、管理和推进教育使命的国际化方面所采取的做法。如果我们把美国视为全球共同体的一员,并且我们的教育机构以此为目的来为国家提供服务,我们就必须要表现得更富有想象力,更积极进取,更拥有战略眼光,以加强我们作为真正的国际教育中心的地位。我们要把教育与科研中的国际化元素渗透到普通院校与专业院校的课程中。总之,我们必须促使学生学会欣赏源于其他传统的人类文化,欣赏它们独特的含义,无论在美国还是在世界上的其他地方,都要学会在多元文化的背景中交流、工作、生活并茁壮成长。

后冷战世界

将近半个世纪以来,公众对国家基础设施的投资大都是出于对冷战时期国家安全的考虑,我们与社会主义国家的军备竞赛刺激了研究型大学、国家实验室、州际高速公路系统、电信设施、机场和空间项目的发展。许多被我们视为理所应当存在的技术,从半导体到小型飞机、从计算机到混合材料,都是源于国防的需要。

在上一个10年中,世界发生了一系列重大事件,如苏联和东欧剧变、德国统一和中东和平进程取得重大进展,虽然少了超级大国间的对抗,国家安全的威胁减弱了,但我们仍要面对恐怖主义和地区性的民族冲突。随着外在威胁的减弱,公共性投资的驱动力也减弱了,和平并没有把新的资源从冷战后的世界中解放出来应用于关键的领域——例如教育和科研中去,取而代之的是转向了国家其他方面的当务之急上。我们有太多的社会问题亟待解决,如经济竞争力、国家医疗保险、犯罪以及基础教育计划,这其中没有哪一项是不急着需要资金的。

为了巩固国防而发展起来的许多现存的学术基础设施正处于危险之中,国家实验室正面临着被大力缩减的命运,它们正在寻找国家需求以外的新任务。竞争激烈的市场使我们的压力成倍增加,因此,学术机构的投资人已经开始促使美国把工业研究活动的精力重新集中到短期即可收益的项目上,而非长期的科研项目。

同样严峻的是,有迹象表明,国家可能不再愿意或有能力为大学主导的研究进行投资,至少对那些需要支持的、被好奇心所驱动的基础研究项目来说是这样。国会已经明确表示,它将在那些被联邦资助的研究中寻求新的绩效标准,如同它在政府其他领域的活动中通过《政府绩效法》(Government Performance Results Act)等条件来寻求一样。[12]然而,针对在冷战时期发挥了很好作用的政府与大学之间的合作关系,联邦政府需要为这种关系寻找一个后继者。[13]因此,包括研究型大学在内的许多重要的社会研究机构,仍将处于某种危险之中,直到后冷战时期美国形成新的社会政策。

地球宇宙飞船

不断蔓延的人类活动极大地破坏了我们这个星球脆弱的平衡,这是一个无可争辩的愈演愈烈的事实,无论是从数量的增加还是从破坏的剧烈程度来看,都值得我们担忧:森林、湿地等自然生态遭到破坏。人类活动导致了大量物种的灭绝,造成了生态多样性的破坏;温室效应产生了大量的二氧化碳,对地球气候影响巨大;我们的空气、水和土地不断被污染。

世界人口现在已经达到了60亿,而我们已经消费了全球光合作用所产生的40%的能量。[14]假设今后几十年中出生率持续下降,可以推测,到21世纪末,世界人口也将稳定达到80亿~100亿。即使人口增长率不断下降,如果我们还不采取行动的话,这个星球上的自然资源也会被我们消费殆尽。由于地球资源的超载,直到今天仍然有12亿人生活在最低生存线以下,还有5亿人维持生命的卡路里摄入量低于最小值。

如何能够把握人类对地球的影响,如何学会可持续地生活在这艘地球宇宙飞船中,将成为我们这一代人最大的挑战。对于一个缺乏远见的社会来说,做到这些是非常困难的。对地球变化的讨论使得一切都变得如此明了,我们的政治程序的功能却还仅仅集中在一次又一次的选举上。大学必须要承担起这个领导责任,发展新知识,教育公民,保护环境,使得我们得以在地球上继续生存。

高等教育中的挑战与变革

社会与世界的巨大变革已经对高等教育造成了深远的影响,这种影响仍将持续下去。在一个知识越来越重要的社会里,越来越多的人把教育视为希望所在——良好的教育意味着更好的未来,意味着找到好工作,意味着事业的发展,意味着丰富多彩的生活。大学里创造的知识满足了许多社会迫切的需要,如医疗卫生、国家安全、经济竞争力和环境保护。世界的复杂性、技术的影响、职业缺乏保障以及我们这个时代的不确定性都导致了社会普遍承认教育的重要性和高等教育在未来的关键作用。

然而,在重要性不断增长的同时——也许恰恰因为如此——高等教育也成了人们关注与批评的焦点。[15]许多人认为当今的大学是巨大的、自私的甚至是贪婪的怪物,它向学生收取昂贵的学费,为科研向政府要求不合理的开支。一些人把我们的学生描述成娇生惯养、行为恶劣的孩子,把我们的教师视作不负责任的、懒惰的"新闲适阶层"。我们的校园被描述成一个缺乏宽容的古堡,在它前面冠以一系列有关"主义"的形容词:种族主义、性别主义、精英主义和极端主义。一些人指责我们基础的学术价值受到腐蚀,例如教师缺乏对本科生教育的关心、学术造假或行为不端的无数案例以及"政治正确"所造成的事件等。

对于任何质疑我们工作的目的和重点的人,我们都将给予理性的回应。在近期出版的书籍和发表的文章中有很多批评我们的内容,从右派到左派都在质疑我们的行为,甚至强烈反对我们根本性的任务。这些批评代表了美国公众的真实忧虑。尽管对于我们是什么和我们做什么有很大的误解,但他们掌握了太多关于我们的事实,他们还认为公众对我们的要求与我们能向公众提供的服务之间出现了巨大的错位。

另外一个变革的前兆能从教师的压力中反映出来,特别是在研究型大学里,这种紧张表现得最为明显。全美大学校园所举行的论坛反映了教师的价值(如对基础研究的重视、对学科问题高度的关注以及对个人研究者长期而坚定的支持)与联邦政府和工业投资人所规定的条件(如更多应用学科的研究、学科间的高度互动、大型研究团队)之间的鸿沟在不断加深。[16]很多教师能够意识到学院削减基金、增加投入和使新技术具体化的重要性,但是他们仍然坚信这些活动给教师带来了沉重的负担,使他们脱离了教学与科研的核心学术活动。今天,学院所感受到的压力还有很多表现,它们有着一个共同的根本原因,那就是变革。无论是世界上还是我们的高校中,变革的速度远远超过了我们的想象,使我们的生活不再像以往那样舒适。

今天的学生和负责培养他们的教师之间存在着不断加深的鸿沟。如今的学生比他们的教师有着更加多样的背景,他们的学习目标与教师那一代不同,思考和学习的方式也不同。他们代表了人类所有特点的多样性——种族、性别、民族和经济背景——而教师的背景大都比较单一,这种教育者和学生之间的错位导致教学中出现新的紧张气氛,特别是在本科教育中更是如此。

从管理层面看,大学面临的挑战恰恰证明了这一时期大学领导职能的巨大转变。[17]在过去的几年中,美国所有的主要大学的领导方式几乎都被改变了,从哈佛大学、耶鲁大学、哥伦比亚大学、佩恩大学、布朗大学、康奈尔大学到斯坦福大学、加州理工学院和麻省理工学院,从加利福尼亚大学、北卡罗来纳大学、德州大学到"十大院校"(Big Ten)中的大部分大学。公立大学校长的平均任期降至5年以下——这个任期太短,以至于不能为领导学校实现有效的改变提供稳定性。这些高校领导方式的改变是自然进程的结果——例如退休——所引起的,而许多人认为大学面临的严峻挑战与压力是他们任期失去稳定性的原因。无论是在学生、教师中,还是在大学董事会中,政治的力量正在渗透进来。同时,州政府和联邦政府、校友会、媒体甚至公众都在不断施加压力,这一切使得大学校长成为近年来一个非常艰难并冒险的职业。大学需要强健的、有决断力的、有勇气及有远见的领导,但是现代大学校长短暂的任期与不断降低的吸引力会给大学的未来带来强烈的冲击。[18]

公众忧虑、教师压力、高校领导权的更迭仅仅是美国大学在20世纪90年代所面临的深刻挑战的一部分,我们还有更多值得讨论的东西:

- 大学教育的成本、价格与价值
- 学术贡献不断增长的成本与有限的资源
- 与多元化的支持者之间不断变革的关系

- 不断变革的社会契约
- 学术变革带来的挑战
- 大学不断增长的社会关系

大学教育的成本、价格与价值

没有什么比高等教育的成本更能引起人的争议了,学生、家长、政治家、传媒和公众都对大学教育的价格强烈关注,这一切是通过衡量学费、住房和本科生的生活费来实现的。[19]大家对此有一个广泛的认同,那就是大学教育的费用超出了许多美国人的承受能力,一些人迫不及待地想知道大学教育是否物有所值。

然而,一个矛盾出现了,尽管大学的成本在不断增加,但大学生的注册率也在不断增长。有明显的迹象表明,在这个越来越关注知识的社会,大学教育的价值将会持续增长,这是由大学学位所带来的价值差异所决定的。[20]

为了讨论这个问题,我们有必要区分以下三个概念:大学开展教育活动所支付的**成本**,向入学学习的学生收取费用的**价格**,以及这份教育给学生带来的**价值**。这个区分特别强调三个重要的观点。

我们在前面已经提到其中的第一点:高等教育的价值含量不断增加,知识是决定个人幸福与事业发展的关键。

第二点是,教育飞速增长的成本只在某些学科中体现出来,这些学科都是与社会发展紧密结合的,传统学科如历史与文学的成本一直比较平稳,而自然科学、工程学、医学这些需求高、技术含量大的学科的成本增长得很快。

第三点涉及大学教育的价格。自从大学收费以来,无论是公立大学还是私立大学,我们为提高教育所支付的成本要远远高于收取的费用,大学的教育经费更多地依靠其他捐助者的支撑。在第二次世界大战后的几十年中,州政府与联邦政府加大了对高等教育的支持,学费水平相对较低。20世纪80年代以来,这种公共支持逐渐被削弱,公立和私立大学都不得不增加收费,以至于学生和家长不得不承担更多的费用。虽然大学不断努力寻求赞助以弥补公共资金的匮乏,但它们仍然面临着额外的财政负担,例如为中低收入家庭的学生提供助学金以帮助他们完成学业。谁来为大学教育付钱是20世纪90年代最重要的改变,以前有公共税收支出,现在则由个人承担学费,这种情况仍将持续若干年。

在经历了 20 世纪 80 年代到 90 年代高中毕业生人数下降的短暂时期后,大学入学率又持续上升,特别是已工作的成年人需要重新接受教育,助学金项目的启动与繁荣的经济形势很大程度上减缓了学费增加的负面影响。婴儿潮一代的子女已到了上大学的年龄,所以传统型学生的注册数量再次增加,与此同时,大量非传统型学生数量的增加,也表明了对高等教育的需求仍然高居不下。然而,对高等教育的公共支持与公共补贴仍然保持平稳。因此,学费水平比通货膨胀率增长得要快,对高等教育承担能力的担心将继续是公众关心的话题。

学术贡献不断增长的成本与有限的资源

在经历了 20 世纪 50 年代和 60 年代大学的扩招、公共和私人的资助都随之增加的时期,以及 80 年代和 90 年代毫无增长的时期,高等教育再一次面临着新的挑战。今天,我们能够看到教育和科研的支出远远超过了大部分学校的资源承受能力,未来的情况也是如此。[21]当然,可能从来没有过足够的支出能满足教师、学生与管理者不断增长的需要。[22]但是高等教育目前处于一个预算窘迫的时期,传统的资金来源在今后已经无法支持科研、教学水平的提高。

这种看法也许与最近的经历不一致。毕竟在 20 世纪 90 年代后期经济出现繁荣,联邦政府通过平衡财政预算增加了对学生助学金与科研的支持。美国看起来仍将持续繁荣,所以对公立大学的投入还会增加。

然而,从更广泛的角度来看,由于国家与各州财政政策的结构性缺陷,美国的高等教育将会面临巨大的挑战。这些财政政策是为了适应当今社会全球化、知识化的经济而做出调整的。[23]联邦政府自 20 世纪 70 年代以来对高等教育的投入一直处于停滞或者下降的状态。虽然个人收入所得税在不断提高,但是诸如社会保险、医疗保险和医疗补助等政府津贴计划以及国债在国家预算中占据了前所未有的巨大份额,目前这些投入已经占到联邦财政开支的 67%。

联邦政府于 20 世纪 80 年代对助学金的突然削减粉碎了许多学生渴望平等接受教育的梦想。大学不得不勉强凑合着弥补财政上的差距,部分途径是增加那些可以支付学费的人的费用。联邦政府也采取措施,通过限制营业间接成本偿还及要求大学为联邦资助提供配套经费的方式,把联邦资助研究的很多费用(成本)转嫁到大学上来。这就迫使很多大学不得不把经费从教学和服务上转移出来,以补贴联邦科研项目。

在1997年的预算平衡决议和1998年《高等教育法》中,高等教育成为政府优先考虑的部分。这些政府行为的主要受益者是中产阶级的学生和家庭,而非高等院校。具体来说,包括预算协议在内的大约400亿美元通过限制和减免税收来减轻大学教育的费用。因此,这笔钱直接流向了学生和家长,最终这笔款项更像是一次变相的消费,而不是增加了教育机会和提高大学的教育质量。

当超乎想象的经济增长消除了联邦预算赤字的时候,随之而来的是应用国家安全支出的盈余来支持其他的活动。今后20年中,随着婴儿潮一代逐渐退休,政府需要为养老等社会公益项目提供更多津贴,这将会影响对助学金和大学科研计划的投入力度。

各州实际所面临的压力比表面上严重得多。20世纪80年代和90年代早期,各州对高等教育的照顾曾一度跌落。虽然近些年来,各州对高等教育的支持有所恢复,但是其他财政支出,诸如健康保险、社会服务和基础教育等,仍会继续与公立高等院校争夺资金。[24]由于联邦预算项目——如公共医疗补助、基础教育等资金——实行强制划拨,因此高等教育经常就要为大部分资金被分配完毕之后剩下的州预算资金而展开争夺。

虽然高等教育得到了公众的支持,但是仍有一个情况让我们感到忧虑,那就是这些投资都被用于扩大高等教育的规模,而并非用于提高高等教育的质量。由于地方的利益驱使,很多地方出现了高等教育机构激增的现象,特别是这些学院声称是以科研为首务。在美国许多地方,社区学院变得几乎和高中一样普及。社区学院变成了四年制大学,四年制大学又开办了研究生课程,州立大学成为研究型大学。这一切都导致了美国高等教育在结构上的重复建设。我的同事们创造性地把这种现象称为"高等教育的哈佛化"。这种不切实际的愿望刺激着每一所学院都野心勃勃,力图成为另一个哈佛,这就使得分配给每一所机构的公共资源份额减少。

美国高等教育将继续面临不断增加的需求:入学率的增长,新的教育模式,国家重点的研究计划,地方、州和国家各个层次的公众服务。由于知识本身的增长带来的学习费用增加,同时高校也难于实现生产性的收益,因此这些教育服务将变得更加昂贵。进一步说,许多大学正在面临着资源有限的危机,这就使得它们如履薄冰。教学与科研的良好环境和辅助设施建设在过去没有达标,导致许多学校的教学与科研力量有所下降。20世纪60年代我们得到了数量可观的投资,而70年代和80年代却被大幅度削减,设备购置几十年中一直处于资金不足的状态。

即使我们有在将来重建国家的信心,我们的资源基础也远远赶不上高等教育的需要。可能我们还很难把资金从其他财政开支(如医疗卫生、初等和中等教育、减少犯罪和国家基础设施的重建等)中争取过来。社会还要继续追问它们的投资是否与高等教育的成果相匹配。

高等教育面临着什么样的变革呢?传统上,私立学院已经越来越依赖于学费和其他收费,并把它们作为开支的主要来源。但是这些学院的学费增长太快,以至于只有富裕的家庭才能承担得起。而公立大学的学费比私立大学少,这是出于政治考虑来强制执行的。结果是,在未来几年中,学费的增长在满足教育质量成本增长的需求方面不会发挥大的作用。

一些学院可以通过私人捐赠的方式来获得新资源。近年来,大学基金在数量上不断增长,重要性也不断增大,这充分表明私人捐赠已经成为大学投资的重要来源。然而,这些机会对很多学院来说都是很有限的。它们在争取基金上所付出的努力与吸引新资源的付出不相上下。

一些大学重视争取联邦专项资金,甚至动用专业的游说组织,促使国会通过决议来推动一些特殊项目的建设,以获得联邦的支持。即使它们的努力都花在了旁门左道之中,但其显而易见的成功还是鼓励了越来越多的学院来追赶这个浪头。

大学正在努力成为应用这些资金的主人。为此它们采取了许多方法,例如,开发专利和开展商务,进行有偿技术转让。这些方法为一些研究型大学源源不断地提供了资金。另外一些学校力图通过卫生保健来扩展服务,通过再教育来获得资金。但是,这些从属性的活动仍然是以牺牲教学质量为代价的。这就足以表明,政府应该约束这种活动,或者至少要对它们征税。

资金来源的有限,无疑促使大多数院校把目光由增收转向了节支。它们采取了限制花费的方式,借鉴了商业界诸如高质量管理和持续性发展的战略,把节省开支放在了首位。作为这种努力的一部分,大学已开始减少不必要的活动。除努力节约开支外,高等院校还采取了更大胆的方法来降低办学成本。这些方法在商业和工业领域都曾经用过,但由于高等院校在组织、运作和管理方面有自己的一套方法,因此我们常常不能适应工商业界降低成本的方法。一些大学可以通过长久以来的声誉和相对的繁荣来继续吸引和保留最好的学生和教师,并可得到维持教学质量所需的资金,这就使得它们可以保护自己不受开支压力的干扰。这样既能允许它们继续保护其传统任务、质量和特性,也能把它们从备受批评的创收活动中解放出来。有人也许要问,现在整个高等教育事业资源不足,把更多资源投向重点大学,仅仅是为了维持它们传统的角色,会不会导致它们日渐脱离美国和世界高等教育的主流,从而动摇其领导地位呢?

但是仍然有更多的问题出现,如同 1997 年国会"高等教育国家投资委员会"(the Commission on National Investment in Higher Education)报告中所强调的那样。[25]当一些学院有能力应付当前的资金紧缺局面时,其对高等教育事业和国家的意义就显得更加意味深长。当某一段时期社会需要的教育费用不断上涨时,将意味着上百万的美国人失去了进入大学学习的机会(除非我们可以努力协调增加公共投入)。按照目前的资金来看,维持当前的入学率都很困难,更别说满足不断增长的教育需求了。如果没有共同的行动,可以预计高等教育产业的债务将在 2015 年达到 400 亿美元,仅仅依靠学费是绝不可能填满这道鸿沟的。完全依赖这种收入,将会使得高等教育的花费更高,将会导致更多人无法得到受教育的机会。我们需要努力扩展我们的生产能力,重塑公共支持。即使如此,也不能使高等教育维持它们现有的教学与服务的模式。

我们目前所使用的高等教育财政模式、控制开支的手段以及价格定位,如果不是全部革除的话,也需要大量修改。我们应该有这样一个长远的假设,当代人通过税收或者学费为下一代人支付教育费用的情况将会越来越少。以教师为中心的现代大学看起来很难控制不断增长的开支,如果我们准备好满足国家对高质量教育的需求,现在是反思和寻找新途径的时候了。

不断变化的游戏规则

纵观历史,社会创造了大学,支持了美国大学,大学作为一个重要的社会机构也要对社会肩负起应有的责任。[26]大学存在的一个关键性的社会原则是:教育是公众福利的一部分,也就是说,大学是为了给社会谋福利而建立的。如同公园和警察局,仅仅依靠个人的力量是无法满足社会和公众的广大需求的。进而公共政策规定,大学值得全社会支持,而不仅仅是由个人为了某个具体的教育计划而赞助的。[27]

在建国初期,大学给社会带来的利益体现在公共性和民主性上。从杰弗逊(Jefferson)的手稿和早期的法规,如1785年的《联邦条例》(the Federal Ordinance)可以看出,教育对国家的民主制度是非常重要的。一系列的政策与社会工作重点,如《毛利尔赠地法案》《退伍军人再适应法》(The GI Bill)、《高等教育法》和联邦助学金计划,以及佩尔助学金(Pell Grants)等体现了这一理念。其目的旨在推动不同的人与组织享有共同的权利,并且能使公民懂得他们在自由社会中的责任。在这个时期,高等教育由传统的精英教育转向了大众教育,对于这个信条,杜鲁门政府在1952年进行了最好的阐释,那就是每一个高中毕业生都应该有机会接受大学教育。直到今天,我们都一直延续着这个理想。人们要求大学为有教育需求的公民提供他们能负担得起的、高质量的终生学习的机会。

然而当今,甚至是在社会对中学后教育的需求不断增长的时候,我们也发现人们把教育看作是值得社会大力支持的公共事业的认识也在削弱。[28]最近几十年来,有一个明显的趋势,即公立高等教育的费用由一般性的税收支持,过渡到了由学生所交纳的学费支撑。更具体地说,在20世纪70年代,有一个政策就是要将高等教育推向高学费、高贷学金的模式,即使在公立大学中也是如此;20世纪80年代我们看到了另外一个变革,学生助学金的发放从拨款改为贷款;20世纪90年代以来又多了一个变革,通过1997年的预算协议把联邦的财政支持项目改为给中产阶级降税以补贴教育开支。[29]经历了这30年,人们的承受能力已经成为联邦高等教育政策的驱动力。联邦计划已经由高等教育产业投资(学生和学院受益)转向了高等教育的市场投资(学生和家长通过税收受益)。

从某种意义上来说,我们已经摒弃了过去政府向高等教育提供支持的看法,既然受益者是更广阔的社会阶层,那他们也应该为高等教育支付更多的费用。[30] 无论是对公共资金有意识或无意识的紧缩限制与重点的改变,我们都要接受一个新的信息,即高等教育已经变成了一项私人的福利,因此,其费用也必须要由直接受益人——学生来支付。与此同时,高等教育的前景也由社会机构向产业转移,工业的价值观影响了大学,大学越来越像是一个市场,向学生和顾客提供受教育的机会。

第二次世界大战后,联邦政府与研究型大学形成了合作关系,这是由于国家经济的发展与军事安全需要新的科学知识的创造和应用。这种合作发展并创新了许多科学知识,从国家利益出发,联邦政府为校园研究提供了支持,以保证基础研究的进行和培养人才的需要。

然而,看起来规则又要改变了,国家安全的驱动力曾作为基础研究的最主要的刺激力量。随着冷战的结束,这种驱动力正在减弱。今天,国家正在寻求新的驱动力。在平衡联邦预算成为最主要任务的环境下,相对于那些不受限制的、在政治上更受欢迎的联邦津贴项目,联邦支持的研究计划将受到侵害。进一步说,联邦政府与大学合作的性质实际上已经改变了。以前政府是大学的合作者与基础研究的资助人,而现在,政府成为了研究的经纪人,帮助大学寻找新的服务对象,这就大大降低了双方的信任与信心,而这种信任与信心是在过去的半个世纪中逐渐建立起来的最重要的关系。

与多元化的支持者之间不断变化的关系

高等教育目前所面临的窘境用盲人摸象的故事来比喻甚为贴切,每一个盲人摸到了大象的不同部分,他们就以为大象是他们摸到的那部分的样子。现代大学是复杂的多维的机构,校园内外的人依据他们的利益、需求与期望用各不相同的方式来观察和理解大学。学生与家长想要质优价廉的教育,工商业界寻求高质量的产品——毕业生、科研成果和其他服务;大学医院里的病人想要得到高质量的富有同情心的照顾;联邦政府、州政府和当地政府对高等教育的需求也是复杂多样的,它们既想维护大学又想控制大学。其实公众本身对高等教育是又爱又恨的,他们为我们所取得的教育质量和成绩感到无比骄傲,而对我们的开支、诚信甚至学术等方面存在着深深的怀疑。

当代大学所面临的最大挑战之一就是公众对大学的认识和学院

本身的现实发生了严重的错位。包括学生父母、政治家和传媒在内的社会上的大部分人对大学的性质有一句最好的概括,那就是"送孩子上大学"。当然,对传统学生中的寄宿本科生教育是高等教育中很重要的一部分,然而事实是,它也仅仅是我们活动的一部分。学校里绝大部分的关注、资源与教师都给予了研究生教育和职业教育、再教育、科研和社会服务,特别是医疗服务。

在满足社会广大的投资者的需求方面,高等教育面临着越来越严重的压力,大学被卷入了各种各样的新的关系之中。与此同时,社会要求它们扮演独立负责的社会批评家的角色,这种作用与责任之间的紧张关系有时非常难以解决。

大学既要满足国家安全、医疗卫生和社会进步的需求,又要作为独立的批评者,除了传统的教学科研与社会服务的任务之外,社会还要求大学发挥更多的作用。通过医疗中心,大学成为国家高质量卫生保健的主要提供者之一;校园科研计划为国家安全开发出必要的新技术;通过为社会各阶层提供接受大学教育的机会,大学促进了社会的进步;通过举办校际运动会我们还给美国观众带来了娱乐。

如果大学想继续赢得公众的支持,就必须满足社会各个方面不同的需求,必须要重建与社会的新关系,否则就会被其他的社会机构赶到边缘并被取代。很明显,大学需要积极合理的变革。今天,我们的国家有许多大学事务亟待解决,例如使基础教育重现生机,改善种族关系,重建城市基础设施,保护经济竞争力,然而大多数人,特别是大多数州政府与联邦政府的成员却把大学看成是一头大象,只以他们所能够感觉到的部分给大学定义,比如科研成果、学生助学金补助和经济发展。很少有人真正看到、理解并领会大学的全部,很少有人理解或关心针对某个目标或领域的联邦或各州的工作重点、政策或支持的变动,会不可避免地对大学的其他职责产生影响。

当代大学要对其支持者负责:为学生、教师、职工和校友负责,为公众和被选举出来的领导人负责,为商业与劳动力负责,为工业和基金会负责,还要为许多私人机构负责。如此庞大的服务对象,其价值观、需求和期望具有多样性或不协调性,这是大学面临的重要的挑战。面向未来,大学能否取得广泛支持,取决于能否成功地使这些不同群体的要求与价值观念和平相处,而不是水火不容。

在美国乃至在全世界范围内,大学的复杂性与多样性不断增加,大学的任务不再是单一的。我们要认识到,这种大学校园的知识和社会的多样性既导致了部分学生、教师和职工缺乏统一的目标,也导致了他们之间关系的协调。然而实际上,基于普遍价值和目标的"学术共同体"的理想从来就没有在美国高等教育中存在过。各种各样的人及其观念的相互碰撞,也使得我们的校园里充满生机和活力,美国社会因此变得生机勃勃,虽然多样性和复杂性构成了巨大的挑战,特别是在参与建立指引大学前进的统一方向时,挑战尤为明显,但是这些特性同时又是美国高等教育的力量之源。

学术的挑战

从某种程度上讲,不断增长的社会需求、社会可以提供的资源和大学的责任之间的不平衡、多样化人群之间的复杂关系等等许多大学如今所面对的挑战都源于大学作为新知识创造力的作用。只是在近些年来,人类在许多领域的知识加速增长,大学特别是研究型大学被置于一个重要的位置上。

知识爆炸重新改组了大学里的知识分子的组成,使得知识不断分支、再分支,这已经引发了关于学科和跨学科的教学与学术的详细区分造成的不平衡。毫无疑问,学术分科将会在现代大学中成为主导,不管是在课程、管理还是基金来源上都分得十分具体。以分科为主导的趋势促使学生、学者和管理者对他们所选择的领域也越来越专业化。

通过现代计算机、信息交流网络和电子图书馆,今天,任何人可以随时随地地获得知识。正是由于这些广泛的传播知识的途径,我们已经进入了一个学术变革和学术蓬勃发展的时代。新思想和新观念以无法想象的速度大量涌现。我们不再认为有某种一致的或独特的知识形式可以作为新知识的基础。我们已经见过了太多这样的例子,即新的观念是如何迅速改变了我们的传统视野。

我们获取、理解并应用新知识的途径也正在飞速改变。随着多媒体技术的广泛应用和MTV一代学生的成长,我们可能将会目睹人类社会由读写文化向依赖声音和视觉交流的文化发展。具有讽刺意味的是,这好像又回到了远古时代的传统。

学术分科的集约化和专门化是从19世纪晚期开始的,并在第二次世界大战后得以进一步强化。这是高等教育史的伟大成就。它使得学者具有某种专门知识或者技术,也使学者参与到百家争鸣当中。然而,当今天变革的进程越来越快的时候,我们越来越需要在大学的知识分子中进行最基本的交流。大学将要认识到的一大挑战是要鼓励更多的人参与到风险莫测但最终是令人兴奋的挑战僵化模式的活动中。我们必须要使尽可能多的人从普遍看法的窠臼中解放出来,鼓励试验,招收那些不安分的教师,使人们对"制造麻烦"变得宽容,并且使恪守成规比不落俗套更让人感到担忧。

新知识的增长给大学带来许多挑战,同时也带来许多新的机遇。为了适应这种形势,在高校中工作的人要学会容忍更多的模棱两可,承担更多的风险。这可能意味着我们在学术环境中不会再像以前那样自在,可能要把我们曾经保持了很长时间的稳定打破。然而,人们会发现,合作会比单独工作更让人愉快。最终,这将会释放出惊人的创造力。

大学不断增长的实用性

纵观美国历史,大学一直像是世外桃源,受人敬仰,很少接受挑战。当今天大学发现自己被定义成一个经济、政治、社会与文化的综合机构时,会感到差别是多么巨大。除了教学、科研与社会服务的传统任务以外,人们期望大学提供建设和保持社会实力及繁荣的学术能力。通过科研,大学创造了为社会谋福利的新知识,它也培育了教师与学者、领导人、管理者和决策者,来传播并应用这些新知识。通过毕业生,通过诸如出版书籍等传统的学术体制,通过公众服务,通过公司应用其科研技术,大学成为传播知识的关键。

这是很重要的一点。大学过去主要的价值在于培养人力资本、教育公民和培养专业人员,而今天我们正不断从大学寻求知识资本,这里面当然包括受教育者,但也包括基础研究和应用研究、专业技术和经济的影响。

大学不仅已经成为社会主要的参与者,而且已经成为公众关注的焦点,这并不令人惊奇。我们是过去成就的受害者,我们已经进入了这样一个时代,即受教育者成为国家的财富,很明显,大学也成为财富的主要创造者。这个中心角色意味着今天会有更多的人投资高等教育,更多的人想使高等教育为自己的目的服务。大学已经成了更引人瞩目也更容易遭受攻击的社会机构,我们吸引了更多的赞助人,同时也吸引了更多对手。

因此,我们不应该惊讶于我们所受到的批评和责难。在我们做什么和我们怎样做方面,社会起着越来越重要的作用。考虑到社会上的分歧,尤其是传统与变革、自由与公正、社会分化与团结、民族主义与国际主义之间的紧张关系,大学成为许多新旧价值与利益交火的战场,这并不奇怪。更重要的是,我们是否能够继续保持对我们的使命、我们的自由与价值的完整无缺的关注。

具有讽刺意味的是,当大学越重视为社会服务时,越得不到理解和接纳。似乎只有保持大家所熟悉的"教书匠"的角色,大学才能让家长放心地把孩子送来,我们才会得到社会的理解、接纳与支持。在一定意义上,很多批评者认为我们应该回到早期非常狭隘的角色中去,而不应该继续提供现代公司式的范围广泛的服务。他们要求我们回到早期的社会状态中去,并认为大学如果要想得到尊重和理解,就要缩小服务范围,降低重要性,将自己定位于更谦卑的角色。

然而,我们不可能回去了。知识密集型的世界已经越来越依赖现代大学。如果我们真的回到过去,社会就会制造出新的机构来取代我们的地位,比我们发挥更好的作用。

变革的持久性

民主、经济和技术等活跃的社会力量成就了大学的不断进步。今天,这些力量的深远意义能和历史上任何一个巨大的变革时期相提并论。在每一个这样的时期,美国大学都顺应了不断变革的社会需求。高等教育的新形式不断出现,如州立大学、研究型大学和社区大学的出现。高等教育证明了自己适应所服务的社会需求的巨大能力。

但是,当我们推测今后几十年可能发生的变革的不寻常性质时,越来越明显的是,没有我们可以援引的有用的先例。在未来,持久和稳定将不如变革与创造那么重要,即使是少数能够确定的事情也充满了变化。

过去美国的需求形成了我们今天所知的大学三大任务——教学、科研和为社会服务。当今我们国家正以前所未有的速度在改变,我们对大学现有的观念发展为最大限度地为国内统一的工业化社会服务。我们可以很自然地假设,大学还要经过更快的变革才能适应21世纪高度多元化、知识化的美国社会。

当然,这些年许多人建议,传统模式的美国大学必须进化为能够面对机遇和挑战的机构。然而,我们传统模式经历的将会是渐进的改变吗？如今的美国大学的模式将会面临更富戏剧性的、革命性的变革吗？

我们明白,我们是无法把握推动变革的外部力量的。高等教育今天最大的挑战并不是来源于诸如资源或公众这些看得见的外在问题,而是需要公众能更好地理解大学,能有更广泛的一致性来实现我们的中心目标与基本信条。大学的作用、任务、价值与目标的更新,是我们面前主要的挑战。为了迎接这个挑战,提供解决这些问题的能力比更新过程本身和关于大学质量的改变要重要得多。

和其他的社会机构一样,大学不仅要适应未来的变革,还要有能力享受、刺激和把握变革。变革与更新的能力无论对于我们个人而言还是对大学而言都越来越重要。当发现新知识的进程不断加速时,我们已经进入了这样一个时期,在这一时期中,支持并把握变革的能力将成为我们最主要的能力之一。

第三章 回应一个变化的世界

发展的巧妙之处就在于要变中求稳、稳中求变。

——阿尔弗雷德·诺斯·怀特海

迄今为止,面对一个充满挑战、机遇和变革的时代,美国的大学是如何做出反应的呢?可以肯定的是,遍布全美的大学和学院星罗棋布、异彩纷呈,因而对变化的反应也是数不胜数而且风格迥异。每所高校都在重新考虑自己的优势,拓展开源节流的新途径,并且努力博得众多选民的理解和支持。许多大学尝试着进行改组、重新策划和改进其管理方式。一些大学甚至已经致力于核心学术活动的改革。

然而,多数大学和学院如火如荼进行的改革仅仅停留在实用的层面(pragmatic level),几乎没有几所大学考虑到大学使命与特征这一更深层次的变革,而这个瞬息万变的世界呼唤的正是这种深层次的变革。大多数的高校依然通过对当前的需要和机遇做出反应以求改变,而不是着眼未来,进行更具战略性的变革。

这种现象(或其中的缺失)不足为奇,因为对于多数大学来说,时代的变化也就意味着方向的改变。美国高等教育的命运似乎一代代盛衰更替。20世纪后50年中,美国学院和大学的主题就是多样化和规模的扩张。尽管自1930年以来,全美的人口只翻了一番,高等学府的入学人数却已增长了十倍,大学教育的重要性明显增加。为了适应人口日益增长的现实,满足人们越来越多的渴望,在强大的公共投资的支持下,高等教育得到了迅速的发展。研究型大学获得国家大力支持,成为美国人科技领先的基石。大学的教学、科研和服务三项职能,获得空前的威望与公共支持,成为支撑经济繁荣和维护军事安全的动力源泉。

如今的高等教育,面对的是一个与以往截然不同的世界,迎接的是一个崭新的未来。毫无疑问,社会对高等教育教学、科研和服务的需求不断增多,同时,由于高等教育人员密集与知识密集的本质以及取得成果的难度,其活动的费用也在持续增长。遗憾的是,高等教育的需求和费用不断增长之时,公众对它的支持在州和联邦两个层面上都处于相对停滞的状态。由州和联邦政府财政支持的份额已经下降,需要家庭负担的份额不可避免地就要增加。由于家庭需要为子女提供更高比例的教育费用,人们对大学教育"额外"花费的意见也就逐渐增多。

在美国大学面临的问题中,经费不过是其中之一。正如社会上其他众多的机构,我们发现对大学的指责也是从四面八方涌来,甚至包括我们自己的教职工和学生。他们指责我们的缺点或大或小,或重要或微不足道,或真实或是想象。大学不时受到围攻已经不足为奇:父母和学生指责学费无节制地攀升;州议员和官员抨击大学对本州的需要重视不足;司法部调查大学对学费价格和财政资助数额的制定;华盛顿——甚至我们自己的教师——也指责日常科研经费的提高,国会调查科研过程中的不当行为;议员攻击我们的终身教职制度;左派和右派质问大学教育的质量和本质;媒体几乎指责我们的任何活动,从教学到医疗保健到校际运动会。

一个迅速发展的世界已经要求大多数社会机构进行深入持续的变革。企业已经重新改组,政府和其他公共实体也在接受检查监督,以提高效率,更好地履行职责。就连个人也越来越多地面临未来工作、住所和家庭的变动不居。在一个联系越发紧密的世界中,单一民族国家已变得日益松散和不稳定。然而,大学作为重要的社会机构,面对变化的挑战却犹豫不决,这已经引起了批评家的众多指责以及社会的强烈不满。

然而,至少按批评家的观点,大学与许多其他社会机构不同的是,它用维护现状来回应社会变化。当然,高等教育在经过一定的冰河时期之后总是要出现变化——因为一届在任教师要任职30年或者更长的时间也不为怪。但是,每当社会、国家和世界本身迅速变化之际,大学仍然试图把自己现代的职能更大程度地限制在传统的范例之中:大学抵制课程和教学上大的改变,评价学生的标准依然是根据上课时间(seat time)而不是学习成果。革新世界的科技很大程度上已经绕过教室,如同几个世纪或几十年前一样。终身教职不再被看作是对学术自由的保护,而是庇护教师逃避责任和变革的额外收益。高等教育机构更倾向于通过多方筹集资金而不是通过优化项目或者增加成效来解决资源短缺问题。

我们在反击批评家们时总是说,即使美国大学确实存在一些缺点,这些大学仍然是世界一流的。无论是踊跃来美国大学求学的大批外国留学生,还是其他国家效仿美国高等教育的努力,都可以证明美国的大学受到全世界的青睐。那种认为大学可游离于变化的世界之外、其他社会机构应努力适应我们的角色的想法和做法,在今天已经过时了。

除了自身的保守和诸如终身教职制度、一致决定、学科僵化等传统束缚下的做法之外,还有其他一些强大的力量阻碍着高等教育的改革。大学惊人的复杂性、它的职能的多重性以及大量的支持者,使其难以做出迅速的变革。不仅如此,美国高等教育机构的多样性导致了在个别机构微观层面应对变化的更大的多样性,从而掩盖了宏观层面高等教育的变革。同样,由于公众为高等教育筹措资金的制度不断变化,大学的应变能力被削弱。作为一个由联系松散的高度企业式的教师组成的集合体,现代大学在本质上使变革更趋于现实性而不是战略性。而且,大学分权(shared governance)的模式更适于保留传统而不是推动变革。这些才是值得深思的重要问题。

大学职能的转变

什么是大学呢?由于众多的人为这些机构服务或接受它的服务,面对这些古老而又充满奥秘的被称作大学的机构,人们对它的理解和定义也是众说纷纭。对于一些人来说,大学是"一个追求光明、自由和学问的地方"[1],或者是"一个教授广博知识的地方"[2]。通过强调广博自由的通识教育而非一成不变的教条,传播基本的个人自由和共和制民主的价值标准,大学在西方文明的进程中发挥了关键的作用。[3]

另外一些人也许会对上述崇高的概念感到怀疑。他们认为,大学是一个更有用的实体,这取决于大学在当前社会所起的诸多作用:为公民提供教育;培养社会所需要的学者、专家和领导者;保存和传播文化遗产;进行必要的科学研究以发现对国家发展有重要意义的新知识;以及利用我们机构特有的专门技术解决大量的尖端问题为社会服务。[4]

长久以来,人们一直视大学为富国之本,它们确立了民主社会的价值标准,培养出能够管理国家的有教养的公民。[5]美国的高等教育远远超出精英教育的范畴而致力于为全美大多数的人口提供教育。各种高等教育机构由此而生,以满足社会的不同需要。

对于许多学生和家庭来说,这种教育的作用最好体现在大学有权授予学位。多数人都把正规的教育看作是荣耀一生的入场券,而不是通向通识教育这一伟大目标的途径。在近期的一项调查中,75%的大学生把经济上的成功看作他们接受教育的一个非常重要的动机,只有40%的学生认为大学教育是一个能够培养有意义的人生观的机会,这和20世纪60年代学生的动机正好相反。[6]

除了能够提供传统的学术和专业领域的正规教育以外,人们还期望大学能够在学生的成长过程中发挥更大的作用。年轻的大学生中只有极少数具有成熟的情感和理性,能够在这个复杂的社会中独立学习或生活。大学不仅提供进一步接受教育所需的系统的学习与训练,而且还要提供一个安全的环境,在这里,年轻人能够在学习与探究中度过离开家庭的最初几年而不必考虑"现实世界"面临的种种危险。大学本科教育是一个充满挑战、求知、发现的时期,是一个发展智力的时期,通过拓展于教室和课程之外的复杂的社会经验,在校的经历与本科教育一起为学生今后的生活做好了必要的准备。

大学的传统职责还包括学术:发现、整合、评价以及保存各种形式的知识。学术界主张不仅知识本身的重要性不需进一步证实,同时学术和科学研究是大学教学和服务的职责也毋庸置疑。公众愿意支持教育活动,是期望最终的结果将会对国家安全、医疗卫生和经济繁荣带来好处,同时,大学还被看作是能够为后代传承文化遗产的社会机构。

大学的传统使命还有为社会提供服务。一直以来,美国的高等教育都是通过提供专业知识、技术来满足社会需求的。例如,创办独特的赠地大学的部分原因就是为了满足当时工农业的需求。大学致力于医药、护理、牙科、法律和工程等专门学院的发展,也足以证明服务社会的重要,而当今日益知识化的社会更加强化了大学的服务功能。

人们还期望美国的高等教育能够更普遍地引领社会的进步。长期以来,人们拥有这样一个信念:大学应该是处理社会主要问题的实验室和典范;大学学生和教职工应该成为一个理性的群体,在这个群体中,人的心灵得到培育和锻炼,从而能够面对最大、最持久的挑战。

然而,由于公众支持高等教育的传统动机正在迅速改变,虽然大学的传统职责很重要,但是,不同学校的工作重点已经作出了调整。例如,今后几年在优先发展通识教育的同时,成人教育也将成为一些大学的中心工作。我们再也不能说,公众对高等教育的支持仅仅是为了它们所提供的服务。一些大型的政府赠地大学的建立证明了公共投资支持美国农业的重要性。但是,很久以前,我们就已经从农业社会转为工业社会,如今,又正从工业社会转向知识型社会。大学应与时俱进、调整策略,不断增强竞争力,因为那种认为大学可游离于变化的世界之外、其他社会机构应努力适应我们的角色的想法和做法,在今天已经过时了。

如今,对于许多人来说,普遍支持高等教育尤其是综合研究型大学有一个新的相当有说服力的理由:知识已成为经济增长的引擎,是一个国家繁荣、安全及人民幸福安康的关键。在知识时代,如果受过教育的人及其思想已成为现代社会最重要的资源,那么,大学作为智力资本的源泉,必定受到人们的重视与支持。[7] 在一定程度上,人们对大学功能的期望从重点从事人力资本开发的社会机构转变为以发现、加工、传播和应用知识本身为工作重心的社会机构。在一个知识社会中,大学的这一具有战略性的功能解释了为什么大多数国家要迅速建立或者加强其高等教育系统。

我们绝不能将眼光限制在只通过毕业生的谋生能力(earning capacity)或其对社会的贡献来评价大学这一重要的社会机构。因为,大学不仅是知识的加工厂,还是一个以经久不衰的传统价值观为基础的复杂的机构,几个世纪以来一直服务于我们的社会文明;大学不仅是知识的守望者,也是价值观、传统和社会文化的守护神;大学不只在于教育和发现,也在于向现存秩序发出挑战并促其改革;大学最基本的职能依然是培养民主社会所必需的有教养的公民,它证实了基本的价值观、原理以及学识和理性的结合;大学除了荣耀过去,还服务于现实,创造着未来,而且,所有这些都旨在于把知识转变为智慧。

高等教育生态系统

美国的高等教育由于诸多因素而璀璨夺目。[8]它是一个包括从小型文科院校到巨型多校区综合大学的极具多样性的高等教育机构生态系统,这一点尤为突出。美国大学总是处在激烈的竞争中,它们努力吸引最优秀的学生和教职工,从公立和私立部门引进教育资源,通常关注社会需求,确立许多发挥其社会功能的项目,从而更好地定位学校的发展特色。

对于来自政府的控制和干预,至少和其他国家的大学相比,美国公立或私立的大学与学院是相对自由的。许多国家通过建立最低统一标准限制的统一教育系统来达到全民教育。美国则允许大学系统多样性发展以适应多元的、复杂的美国社会,从小型学院到巨型大学,从宗教到世俗大学,从男女分校学院到男女同校的大学,从职业院校到文科院校,从赠地学院到城市学院与大学,直到全美研究型大学,全美约3600所中学后教育机构,不管是在实质上,还是功能上,都具有丰富的多样性。

高等教育的分类

高等教育机构长期以来一直依据卡内基财团为教育发展制定的分类方案进行分类。[9]

- 研究型大学Ⅰ类和Ⅱ类。此类机构提供全套的学士学位计划,致力于研究生到博士生的教育,把研究放在首位。研究型大学Ⅰ类和Ⅱ类拥有50个或者更多的博士学位授予权;联邦政府每年为Ⅰ类提供4000万美元或更多的科研资金,为Ⅱ类提供的科研资金在1550万~4000万美元之间。
- 博士学位大学Ⅰ类和Ⅱ类。此类机构提供全套的学士学位计划,致力于研究生到博士生的教育,把研究放在首位。博士学位大学Ⅰ类在5个或者更多的学科中授予40个或40个以上的博士学位;博士学位大学Ⅱ类在3个或者更多的学科中授予10个或10个以上的博士学位。

- 硕士学位(综合)大学和学院Ⅰ类和Ⅱ类。此类机构提供全套的学士学位计划,致力于研究生教育。综合大学Ⅰ类在3个或者更多的学科中授予40个或40个以上的硕士学位;综合大学Ⅱ类在1个或者更多的学科中授予20或20个以上的硕士学位。
- 学士学位(文科)学院。此类机构主要是本科大学生教育,重点是学士学位计划。它们在文科领域授予40%的学位。
- 学士学位学院Ⅱ类。此类机构主要是大学生教育,主要重点在学士学位计划。它们在文科领域授予不多于40%的学位。
- 准文科学院。此类机构提供准文科文凭或准学士学位计划,除少数例外,不授予学士学位。
- 专业院校。此类机构授予从学士到博士的学位。包括神学院和其他宗教机构、医学院和医疗中心、独立的专业卫生学校、工程技术学校等。

以此标准为基础的各类院校数量如下:

博士学位授予机构	236
——研究型大学Ⅰ类	88
——研究型大学Ⅱ类	37
——博士学位大学Ⅰ类	51
——博士学位大学Ⅱ类	60
硕士学位学院和大学	529
——综合大学Ⅰ类	435
——综合大学Ⅱ类	94
学士学位学院	637
——文科学院	166
——学士学位学院Ⅱ类	471
准文科学院	1471
宗族学院和大学	29
总数	3595

在最近的几十年里,美国的高等教育事业发展异常迅速。在1960年总共才有300万名注册学生,70亿美元的教育费用,如今,美国的高等教育已拥有超过1500万名注册学生以及每年约1800亿美元的费用支出。[10]这主要归功于公立学院和大学,在这些院校就读的学生已超过总数的80%。

多样化的社会不只决定学校性质的多样性,还会带来应对社会变化方式的多样性。例如,社区学院和地区四年制公立大学和当地社区的需要联系紧密,它们是高等教育机构中市场灵敏度最高的机构,能对需求的变化做出迅速反应。20世纪80年代,当传统高中毕业生人数下降以后,社区学院迅速转向成人教育,重点开展对社区经济发展较为重要的培训课程。很多四年制地区大学发展专业课程,以适应本地区的重点需求,例如训练和培养医疗保健从业者和工程技术专家。

文理学院以与此不同的方式应变,它们的核心学术使命——以提供文科教育密集型教师和采取寄宿形式为主——仍然受到重视。近些年来,许多文理学院率先限制花费甚至降低学费价格,因为它们也必须快速适应人口的变化和经济的制约。

研究型大学由于复杂的职责,在规模和支持者的数量上都受到了社会变化的挑战。近几年,研究型大学的一些组成部分已经进行了戏剧性的变革,最为显著的是职业学校紧紧同社会接轨,如医学院和商学院。其他部分由于其教育活动的理性特征(如人文学科)和它们的学术文化(如终身教职和学术自由)则继续像几十年前那样运转,它们在很大程度上与变化中的社会隔离,但改变终将发生,尽管可能会更困难,更不顺利。

公立大学(the public university)

许多人认为公立大学位居20世纪美国最重要的社会机构行列。除了创造知识和传授知识这一传统的大学职责外,公立大学还被看作是向社会传播知识的主要途径。公立大学紧密联系社会并对创建它们的组织负责,反映一些社会最珍视的目标:通过教育创造机会,通过研究达到发展,以及繁荣文化。

大型州立大学是公立大学的典范。它们努力使自己的质量达到最杰出的私立大学的水平,满足创建并支持它们的人们的需要;它们树立了高等教育通过教学、科研和公共服务三项职能为社会服务的楷模。公立大学与我们国家的命运紧紧连在一起,在美国西部拓边时期,在美国工业革命演进时,在战后人口剧增时,以及最近美国力求加强并充实其经济基础时,公立大学悉心变革、不断求索以满足人民日益变化的需求和希望,促进我们国家的发展壮大。[11]

也许在继续阐述之前定义一下我们所说的"公立"是必要的。公众经常认为这些机构是主要由税收支撑的大型的对学生进行本科教育的工厂。此外,公立大学也要提供一系列的公共服务如卫生保健、农业推广和工业开发等。然而,基于资金来源、规模大小和职责或对社会的责任来区分公立大学和私立大学是一种误解。

例如,所有学院和大学都在一定程度上接受来自于地方、州或联邦政府税收作为公共资金。公立大学是唯一由州拨款来支持的大学。这种直接的国家资助补贴了它们相对于私立大学来说要低很多的学费价格水平,也支持着它们担负像农业开发与推广这样一些更实用的任务。但同时,私立大学也在寻求并接受实质的公共支持。例如,主要的私立研究型大学以科研补助和合同的形式接受相当数量的联邦支持。为保持其相对较高的学费水平,它们的学生也接受联邦政府和州政府提供的财政资助。最重要的是,私立大学能从私人捐赠资金和优惠税收中获得可观的收益。例如,给私立大学的慈善捐赠可以减少税收,而捐赠资产的增值和收入都是免税的。

像私立大学一样,许多公立大学现在也从非政府方面寻求资金支持,如学生学费收入、科研补助、私人赠予,以及医疗保健、校际运动会等额外活动中的收益。目前,多数公立大学积极参与到私人募捐活动中,有些学校已经成功地组织了数额多达百万美元的募捐活动,与那些主要的私立大学不相上下。另外,所有的公立和私立大学都越来越依赖于医疗保健和继续教育这样一些额外活动的收入。多数的研究型大学,不论公立的还是私立的,都在积极开发技术转让活动的潜在收益,从发放许可证和版权收益到科技创新公司的股本净收益。总之,公立大学和私立大学在财政支持方面越来越相似。事实上,当许多私立大学获得比公立大学更多的免税捐赠或增值赠款时,它们接受的公共补助比一些公立大学还要多。

至少在公众的印象中,公立大学和私立大学的另一个主要区别在于它们的规模。人们一想起巨型公立大学,就会联想到几千名大学生随机地听外国助教讲授大课,学生们有选择的自由;校园里的形象就是足球体育馆、各种大学生男生兄弟会和女生联谊会,或者是无休止的学生抗议;大学生们如此之多,尽管他们共同生活学习在一个校园里,但是直到毕业,也只能由他们的身份号码(ID numbers)进行区分。不过,这样的大学毕竟只是屈指可数,相对来说,大多数的公立大学规模都比较小,一般只有数千名在校学生。此外,一些私立大学也面临着大众教育的挑战,在规模上或学生数量上与大型公立大学不相上下。

人们也许会依据承担公共责任和公共义务的重要程度来区分公立大学和私立大学。然而,它们在这方面具有更多的相同点而不是区别,因为二者都通过提供公共服务和服务于广泛且多样的支持者而承担重要的社会责任。由于它们都获得社会的赞助,就都有义务向社会负责,并应公开解释税款的使用情况。也正是由于社会支持,大学的服务对象应面向所有有资格的人,而不应考虑种族、宗教、社会经济地位或者其他与学业不相关的标准。总之,公共支持要求大学对所有人承担公共责任和义务,为公共利益而奉献。事实上,所有美国的学院和大学,不管是公立的还是私立的,都属于公共资源,并受公共政策的影响。

公立大学和私立大学最重要的区别在于它们的管理。公立大学是州政府创立的,明显从属于公众并由公众管理,它们必须对本州的各项法律、法规负责。公立大学对公众负责体现在大学管理运营的规范和制度上,如受"阳光法"(Sunshine Law,如信息自由和公开会议)的法律制约。另外,协调和资助高等教育的州的各级机构和组织包括从立法委员会到协调董事会到全州高等教育系统。事实上,由于公立大学和私立大学在规模、使命和经济上越来越相似,而最明显的区别在于同政府的关系上,所以把私立大学又称为"独立"大学就不足为奇了。

私立大学的董事会通常都是终身制,其成员或受托人最大限度地对学校的利益负责。相反,公立大学的董事会本质上具有政治性,通常由党派间的政治途径选举产生,例如由行政长官任命或者民众选举。除了作为大学的受托人,他们还代表着公众(纳税人)的利益。私立大学董事会的"受托人"同公立大学董事会"监察者"的立场之间的对比是最明显的区别之一,也是现今公立高等教育面临的最大的挑战之一。

而且,公立大学趋于担负更广泛的职责,为更多的支持者服务。它们的教育活动覆盖从复杂的高层次知识教育到最实用的训练与致富课程的全部内容;研究范围从基本的调查研究到尖端应用知识的服务,如农业研究推广和经济开发。社会需求的复杂性使得公立大学的职责也在不断扩大。然而,特别是在资源有限的情况下,多元化的目标和综合性特征无疑会给公立大学带来困难。尽管如此,多数公立大学因为担心失去与支持它们的社会的大部分机构的联系而不愿将职责集中在少数领域。

也许有人会说,20世纪美国高等教育的主题是公立大学的发展。随着人口的增长、经济的繁荣、国家安全和工业竞争的迫切需求,公众愿意对高等教育大量投资。虽然美国杰出的私立大学对于确立美国高等教育水准和办学特色非常重要,但是能够担负国家中学后教育的艰巨任务和满足社会多种需求的主要还是公立大学。

在过去的一个世纪里,公立大学已成为美国高等教育的主导形式。[12]尽管在美国2215所四年制大学中只有1/4的公立大学,它们却拥有580万人的招生名额,占所有四年制大学学生人数的2/3。如果再加上530万名两年制公立学院的学生,共有1110万学生就读于公立学院或大学,超过全美大学生总数的80%。

公立大学承担了全美大部分的学术研究,其中,有8所公立大学在研究经费上跻身十强。绝大多数的医生、律师、工程师、教师等专业人员都出自公立大学,公立大学能够为农业和工业技术、医疗卫生以及全国的经济发展等领域提供重要的服务,它们促进社会流动,使一届又一届大学生找到理想的职业,过上更有意义的生活。而杰出的私立大学,如哈佛大学和斯坦福大学,则倾向于吸引全国媒体的关注以扩大影响。无论如何,如今美国高等教育的支柱仍然是公立学院和大学,如密歇根大学和俄亥俄州立大学、加利福尼亚州立大学、佛罗里达农工大学、马利柯帕社区学院(Maricopa Community College)和苏必利尔湖州立大学(Lake Superior State)等一些教育机构。

研究型大学(the research university)

在这里,我所要介绍的是那些研究型大学,它们至少在繁荣程度和声望方面居于高等教育生态系统进化之梯的顶端。学术上,研究型大学是指那些"提供全面的学士学位计划,致力于研究生到博士生的教育,把研究放在首位"的大学。根据卡内基分类方案,共有88所大学属于Ⅰ类研究型大学(每年毕业生至少有50人获博士学位,研究费用超过4000万美元);有Ⅱ类研究型大学37所(研究费用每年为2500万美元)。事实上,还有一种更为普遍认可的高等教育分类:根据美国大学协会的成员资格划分,主要包括60所最负盛名的研究型大学,如哈佛大学、耶鲁大学、普林斯顿大学、斯坦福大学、麻省理工学院、伯克利加州大学、密歇根大学、威斯康星大学和弗吉尼亚大学。

尽管区分研究型大学的标准或美国大学协会(Association of American University, AAU)会员的入选标准会考虑到科研量、学位数或学者声望等因素,但此类大学同样也重视本科教育和公共服务。全国共有125所研究型大学,在数目上只占全国3600所高等教育机构的3%,却培养了全国3/4的哲学博士,这些博士将构筑全美高等教育院校的教师阵容。不仅如此,研究型大学还授予35%的学士学位和全国科学和工程方面56%的理学学士学位,培养了全国大多数专业人员:医生、律师、商业管理者和工程师。总之,美国的研究型大学为国家培养了大批文化的、智力的、经济的和政治的优秀人才。

需要强调的是,一些人不赞成"研究型大学"与社会实际联系过于紧密,认为在琐碎的研究上浪费教职工的时间和纳税者的金钱会损害本科生的教育。而事实上,大学为社会服务源于一项自觉的战略性的公共政策。在第二次世界大战期间,大学对同盟国的支持使得联邦政府和大学签订契约,旨在鼓励大学支持和从事基础研究。联邦政府决定,支持教学研究人员致力于他们自己所选择的研究项目,目的是希望美国社会在军事安全、公共卫生和经济繁荣等方面得到回报。

研究型大学对美国的进步影响深远。研究型大学提供的知识与国家安全、公共卫生和经济强盛息息相关。这些教育机构不仅为我们国家提供大批领导者,同时也培养出了对社会发展至关重要的科学家、工程师和其他专业人员。也许,研究型大学与任何其他现存机构一样决定并塑造了知识型社会与知识经济的形态与特质。

当然,作为基础研究,作为下一代学者和专业人员的主要来源,研究型大学仍然具有重要的价值。当工业和政府都更多地转向应用研究和发展的时候,研究型大学作为社会智力的源泉变得更为重要。如今,这些机构中的科研人员已经成为世界科学和学术的引导者及权威人士。这一团体不仅引领着知识的生产和传播,同时也成为捍卫知识的卫士和旗手,引领着推动和支撑世界教育与学术的复杂的知识系统。不仅如此,由于越来越多的受过高等教育的学者和专业人员成为求知型社会的领导者,这些教育机构定会继续发挥重要的作用。

企业式大学(the entrepreneurial university)

当代大学的本质及其发展的动力是非常复杂的,经常会引起误解。公众仍然以传统的眼光看待大学,以为大学的形象就是学生们坐在大教室里听教师讲授文学或历史课;大学教师把牛津和剑桥的教师看作德高望重的先生,他们的学生则是认真的学者;联邦政府把大学仅仅看作是研发(R&D)项目的合约方或是保健护理者以及公共财力的申请者;扶手椅上的美国(armchair America)把周六下午的大学看作另一个准专业的体育运动队。不用说,现实中对大学的误解却是远比这更为复杂。

几年前,在密歇根大学的一次训练计划中,我们试图列出大学的各种活动,我们曾愚蠢地希望能够删除一些不是很重要的项目,而把我们有限的资源更多、更有效地集中在核心活动上。我们的讨论结果是绘制了大学的活动网络图,以高等教育教学、科研和服务三项传统职责图表开始,然后又分化为几十个相关的职责。

最终的分支图一页接着一页。教学分成了大学本科生、研究生、职业教育和继续教育几项,其中的每一项活动又细分为更多的子项。结果,我们共总结了二十多页的职责、任务和活动。在几个小时激烈的讨论后,我们只删除掉了图表中的两项活动(后来缺席会议的教师又把它们给恢复了)。

这一大学多重职责分支图显示出与学生、教师或社会通常对现代研究型大学不同的印象,结果证明:大学就是非常复杂的国际联合企业,经营着多样化的业务。说明一下,试想一个人会怎样形容"密歇根大学有限公司"的事务,密歇根大学有限公司可能会位于财富500强的第470名,竟然每年拥有30亿美元的预算和额外30亿美元的管理投资;在任何时候,这所大学各个校区教育的学生总数约5万名,每年教育经费高达约10亿美元;这所大学还是国家主要的研究与发展实验室,主要由联邦合同和补助金支持科研活动,每年的科研经费就超过5亿美元;密歇根大学还经营着大规模的医疗保健公司,大学的附属医院和诊所每年都要收治100万名患者,总共有12亿美元的收入;密歇根大学还经营着一所理疗管理公司(managed-care corporation),共有10万名"接受管理的人"(managed lives)。1994年,它还开办了一家非营利公司——密歇根保健公司(the Michigan Health Corporation),目的在于做一项联合投机的资产净值的投资,建立约150万客户的全州范围的医疗卫生服务系统——我们相信患者的数量足以使我们的三级医院(tertiary hospitals)正常运转。

由于规模庞大、机构复杂,密歇根大学无法买保险,因此,它在新罕布什尔州开办了自己的职工保险公司——真理公司(Veritas)。从香港、汉城和巴黎的学位授予计划,到基于电脑网络领域的项目,如密歇根虚拟自动化大学,大学积极地提供大量的知识服务。当然,密歇根大学还参与到公共娱乐中,名为《密歇根狼獾》(The Michigan Wolverines)的剧目每年进行约2.5亿美元的商业活动。对于密歇根大学来说,幸运的是,密歇根体育部的运行预算每年只有5000万美元,但是,如果我们把许可经营和市场营销包括在内——甚至包括我们已经注册了的"Block M"——我们学院的体育活动就是一个庞大的、一流的娱乐性产业。

在规模和复杂性方面,密歇根大学可以和许多著名的全球公司相媲美,当然,这样的大学不独有密歇根大学一家,美国多数重要的研究型大学都有着相似的组织结构,显示着它们的多重职责和广泛多样的社会支持。事实上,现代的大学是社会上最复杂的机构之一——比多数公司或是政府机构都要复杂得多。大学活动广泛,包括教育学生、为各种客户从事研究、提供医疗保健服务、致力于经济发展、激发社会变革,以及举办大量的娱乐项目(体育),这些活动有些是非营利的,有些是公共控制的,有些则运行于高度竞争的市场中。从术语上解释,现代大学是一个"联系松散的适应性系统",因而,当它的各种组成部分适应社会变化时,其整个系统的复杂程度也会日益增强。[13]

由于教师的兴趣和努力,现代大学已成为适应性极强的知识联合企业。大学给教职工提供自由与支持,激励他们通过高度灵活的方式达到个人的目标。我们可以视大学为教师企业家的松散联盟,教师通过促进大学的发展以实现个人的目标。[14]大学发展了相互影响的文化,在这种文化中,所有的事情都需要协商解决。大学的行政部门把大学当作一个联盟来进行管理,它们制定了一些基础的规章制度,就像仲裁人一样为企业筹款,并努力协调各项活动——尽管成就有限。

而且,教师不仅要开发支持其各项活动的必备资源,还要处理好学术与外界的关系,他们承受着不断增长的巨大压力。[15]试想一下年轻医学教师的处境:他们要对教学负责;要提供足够的临床收入以稳定薪水和医疗中心的管理费用;争取足够的补助金以支持实验室、研究生和博士后;寻找转让技术和启动商业的机会;积累学术成果树立学者的威望以期终身任职;等等。一想到他们对学生、病人、学术和专业同行同时负责时不可避免的冲突,真不是一件轻松的事!

企业式大学通过改进它们的结构来更好地适应社会和寻找发展契机。大学建立了跨学科的研究中心和研究所,以便寻求重点项目资金,它们还组建了在签约、专利使用和技术转让方面的专家管理小组,发起了一系列的校外组织如基金会、非营利性质的公司和营利子公司来处理从医疗保健到筹措资金到校际运动会等许多重要活动。

在20世纪,企业式大学显示出很强的适应性和修复力,但当其步入下一个世纪的时候也面临着一系列的挑战:有人认为企业式行为淡化了教研的核心任务,尤其是对本科生的教育;大学变得如此复杂,以至于校内外人士没有几个真正理解大学究竟变成了什么;我们很难杜绝过时行为的发生;我们面临着严重的资源短缺,不可能满足所有人的需要;我们已被方法、政策、程序以及过去的惯例彻底束缚,致使那些最优秀的、最富有创造性的人不再能决定大学发展的方向。

因此,现代大学必须进行更具战略性的改革才能应对未来的挑战,抓住发展机遇。尽管一个学术组织的自然进化也许仍然是适应环境变化的最好典范,但必须保留大学最基本的价值标准和职责。[16]现代大学必须寻找途径让那些最具创造力的人来引领它们的未来,而不仅仅对当前的机遇和挑战做出回应,我们所面临的挑战在于开发利用我们教师企业式行为中的创造力和能量来保留大学的核心职责、性质和价值观。

角色的平衡与关系的处理

大学服务于社会,因而,大学与社会的关系决定着大学的特征,同时,大学的特征又决定着二者的关系。对于外部,尤其是政府的影响,美国的大学有着非同寻常的自主权。尽管拥有自主权,美国的大学对社会经常做出反应。大学的独立与竞争的本质使其更多地关注社会需求。正如埃瑞克·阿什比所说的那样,"美国对高等教育做出的最大贡献在于拆除了校园的围墙"。[17]

现代大学和依靠大学的支持者以某种方式相互影响,教育机构依靠其所属的每一部分:学生、教师、职工和校友,就像公众和他们选举的政府领导、商业和劳工、工业和基金,以及社会上所有其他的公立或私立的机构一样。对复杂角色的管理以及处理大学与支持者的关系是高等教育所面临的最大挑战之一,尤其是当这些关系处于迅速变化之中时。大学是怎样在教学和科研之间达到最佳平衡的呢？在服务与作为社会独立的评论家之间，或是通识教育与职业教育之间，以及在像教育这一核心使命与医疗保健、校际运动会等外围活动之间如何协调？所有这些压力都来自高等教育所服务的形形色色的股东的需求、价值观和期望的不平衡。

如果说大学外面曾经围绕着爬满常春藤的围墙，保护着我们免受政治和经济的侵蚀，这些墙早已被拆除了。今天校园外的环境与10年前大不相同，如今的大学既没有孤立于社会之外，也没有围墙保护，完全呈现在并参与到这个复杂多变的世界之中。如果你怀疑的话，只需留心一下新闻就会明白，几乎没有一天不报道关于高等教育的新消息：削减州预算，平权行动政策的法庭检验，立法委员会出台法律、法规，特许学术领域的监察，等等。而且，在如今这个期望和特殊兴趣更加清晰的世界，我们所受到的支持与评价越来越多地基于我们怎样回答"你最近为我做了些什么"。

为了更好地理解高等教育在这样一个变化中的世界里所面临的种种挑战，有必要从每个股东的优势来思考大学的前景。

校园支持者：学生、教师、董事会

当代大学更像是一座城市，有时包括眼花缭乱的邻里和社区。教师群体几乎是"巴尔干结构"（Balkan structure），分成许多高度专业化的学术群体，即使是相邻学科的教师通常也没有什么联系。对于学生群体来说，大学是一个令人振奋而又令人困惑、既有挑战又有机遇的集合体，只有在像秋季足球赛和校园抗议这样重大的事件中才能聚到一起。对于员工，大学有着更微妙的特征，演化了几十年的政策、程序和惯例纠结在一起，却经常被师生视而不见。

现代大学是如此复杂多样，以至于让人觉得与它联系越紧密，越密切地介入其活动，就越难以理解它的全部。正是"只见树木，不见森林"。加利福尼亚大学前任校长克拉克·科尔（Clark Kerr）曾经把多学科大学描绘成只是靠人们所共同关心的停车场联系在一起的社会。[18] 也许把它看作热带雨林更为恰当，因为大学有着惊人的复杂性和进化着的生态系统，极其多样化而又相互依赖，然而，即使是置身其中也只能远观，而无法观察到它的全部。

长期以来，大多数的校园对"大学到底是怎样运行的"的信息提供不足,因而导致人们对大学运行的理解与支持的严重缺失。几乎没有人会想到教师在受到不被理解的打击和官僚机构的多方阻碍时会常常感到无能为力。[19]学生也感到自己只是匆匆过客,在短暂的校园生活中,穿越其大学学业的诸多险境与障碍,由入学时的原材料被贴上标记而塑造成毕业生。职工有时把自己看作是大型机器上的一个小小齿轮,为一个学校长期艰苦地工作,而这个学校有时并不认可和感激他们的存在与忠诚。

然而大学中的人员,包括教师、学生和行政后勤人员等是其最为宝贵的财产。定义大学的本质,最根本的在于它的特征、角色以及这些重要团体之间的相互作用。

学生 尽管教育者大多都喜欢用崇高的词语来表达大学本科生教育的目的,比如培养未来的公民或者为学生有意义的生活做准备,但对社会上的大多数人、对学生及其父母来说,大学本科教育却有着更为实用的功能。他们中的许多人都认为,大学学位首先是获得好工作的关键,是个人成功和安全的保障,而不是为实现有意义的充实的生活做准备,或者是成为民主社会的有责任的公民做准备。反过来,这一更加狭隘的看法导致了通向高等教育的过分苛求的消费主义途径。

学生、父母和大部分公众理所当然应当关心获得优质高等教育的途径。学生要求学院和大学关注其独特的学位计划,不管是在准学士、学士学位阶段,还是在专业(研究生)水平上给予更多的投入,他们期望着由一流的老师授课,有最好的咨询、职业介绍和其他学生服务,学生希望学位计划能够使他们具有直接就业所必需的技能,他们更希望在得到这些的同时花费得越少越好。

教师 教师是一所大学最为重要的内部支持者,因为教师团体的质量和成就比起其他因素更能决定大学的质量。随着问题变得越来越复杂,以及做出决议所需的时间越来越短,尽管在大多数大学里,教师在学术政策方面起着关键的作用,但是,他们早已丧失成为大学日常管理者的能力。

从学术的角度来看,任何一所大学都应该"由教师、为了教师而管理"(当然,这是学生或是社会更广泛的成员所争论的对象)。一所大学,无论它的规模有多大、机构有多复杂,都应该试图寻找途径使教师参与到重要的政策决议中来,从而影响整个大学。考虑到美国高等教育展现出的多样性,不同的大学会以不同的方式来迎接这一挑战。一些大学已经步入分散化的组织结构,在这种结构中,个体学术团体在项目和资源上有很大的责任与权力。另一些大学采则取了高度民主的教师管理形式,像系主任这样重要的学术领导都由教师选举产生。多数著名的大学倾向于从教师中选择高级管理人员,选择那些既具学术水准又有威望的教师做领导。

不管怎样,教师以各种有意义的、有效的方式参与现代大学的管理既是我们追求的重要目标,也是一个不小的挑战。因为,经常会有一些因素阻挠教师广泛地参与到传统的管理实体中,例如教师获得的信息不充分,解决当前问题需要的快节奏,以及多数大学领导职位责任和权力的不平衡等。

员工 教师和学生并不熟知大学的运行,它需要大批专业的、勇于奉献的员工作为基本保障,从会计师到接待人员,从主管投资的官员到门卫,从计算机程序师到护士——现代大学,如果没有数千名员工的努力就会很快停止运行,正是这些兢兢业业的员工为大学提供了关键性的服务,支持着大学更好地完成其学术使命。

当许多教师把其在某所大学任职作为登上学术之梯的另一个新的起点时,许多员工却终生在一所大学里默默无闻地工作。因此,他们对大学不仅比教师和学生更具忠诚,同时也支撑着大学的延续,保持着社团法人记录(corporate memory),提供了大学前进的动力。具有讽刺意味的是,他们在对大学的理解上——尤其是对各种活动甚至大学的历史,其眼界有时会比那些在校时间较短的教师和学生更为开阔。正是这些员工的广泛理解和支持奠定了大学应对变化、谋求发展的坚强基石。

董事会 在美国的高等教育中,大学由外行组成的董事会来管理,这是非常独特的。私立大学的董事会主要由大学校友选举或者实行终身制。公立大学的董事会成员通常由政府任命或公开选举产生,往往带有浓厚的政治色彩。

虽然这些管理者的主要责任在于政策层面,但也常常陷入细枝末节的决定中。人们希望他们首要的责任是作为受托人,对大学的繁荣负责。但是,在许多公立大学,政治上选举出来的董事会成员更趋于将自己视为长官或立法者而不是委托人,他们对特定的政治支持者负责,而不是对大学的繁荣负责,不是减轻各种政治势力的冲击,甚至有时还把政治带到会议室或投射到大学的各项活动中。[20]

联邦政府

尽管同其他国家的高等教育相比,相对来说,美国的高等教育受政府干预的影响较小,但是,联邦政府却借助各种政策或计划对美国的高等教育产生了深远的影响:19 世纪的联邦赠地法案缔造了美国的公立大学;《退伍军人再适应法》扩大了民众受教育的机会,使高等教育机构的数量和规模快速发展;联邦基金对大学在国家安全和医疗卫生方面研究的支持塑造了现代研究型大学;联邦政府对于医药、公共卫生和工程技术等关键专业的计划完善了大学的课程;联邦资助项目如补助金、贷款和工读计划为千百万来自中下层家庭的学生提供了接受大学教育的机会;联邦税收政策不仅给大学提供了免税的身份,而且有效地刺激了私人捐赠。

显然,联邦高等教育政策和计划对美国高等教育产生了重大的影响。在这个过程中,大学已变得特别依赖同联邦政府的关系。每年,许多大学接受数亿美元的科研资金、财政资助或具体学术计划补助金,这些资金对它们的生存至关重要。教师文化已发展为强调获得捐款的本领与晋升相联系。在如何游说联邦政府以获取资金和优惠政策方面,大学已变得非常精通。[21]

然而,当联邦通过立法与资助进行干预时,大学不得不建立大型的行政机构来处理同联邦政府的关系。从职业安全到对有害物质的控制,到医疗保健、账务需求、校园犯罪报道,联邦政府的法规在大学里无孔不入,疏通关系的费用也逐年增加,估计现在已经超过了大学管理费用的 10%。而且,随着每一轮的政治选举,联邦政府的规章制度、税收、基金政策也见风使舵,这种变化莫测的联邦政策总是在大学身上渔翁得利。

例如,如今政府相对保守的联邦政策中,税收和预算委员会要比授权或拨款委员会影响力更大。一度是自由支配资金的预算限制影响着联邦政府的议程,现在却是花费越少越好。虽然基于大学的科研如卫生保健和经济竞争力等优势项目继续作为联邦议程的重要部分,然而,对大多数大学来说,联邦的主要作用是帮助学生负担得起高等教育的费用。

州政府

尽管高等教育明显受到联邦政策的影响,但是,和联邦政府拥有许多优先权一样,州政府应当担负起为现代大学提供必备资源的主要责任。因此,当大学卷入州的优先权与联邦政策的冲突时就会出现紧张局面(如州信息自由法和联邦隐私权法律之间的对立)。而且,形成鲜明对比的是,联邦即使偶尔进行干预令人厌烦,但天高皇帝远,至少有着地理上的距离,而州政府选举出来的官员,恰恰就在大学的后院。不幸的是,由于高等教育是多数立法者值得骄傲的优势资源,又为他们谋取政治利益带来了诱人的契机。

公立大学和州政府之间的关系颇为复杂,在这方面,州和州之间的情况也大不相同。一些大学,在机构上作为州政府的组成部分之一,在雇佣关系和业务实践方面与其他的州机关一样对州政府负责。另外一些大学,通过宪法或立法条款从州政府那里获得了一定程度的自治。但是,所有大学都要通过州政府税收拨款这一纽带接受公共财力的影响。

大学和州政府之间关系紧张,最常见的原因与现代大学的多重使命有关。多样化的使命有着相应复杂的支持者,也带来了错综复杂的政治考虑。大学努力扩展其服务对象,有时候难免招来政治争斗,如目前风行美国的关于平权行动与种族偏见问题的冲突。大学在刺激经济发展的努力中,不管面对的是当地的商业企业还是高科技产品的产权收益,围绕大学教育活动免税的不公平竞争问题又与私营部门发生了冲突。由于平权行动计划使一些选民的孩子没能进入大学,由这些选民选举产生的州政府官员们就会对这些大学施加压力,奔走游说,努力为其选民争取利益。

在美国的许多州,在本州的各学院和大学之间适当地划分职能成为一大难题。尽管大多数的州都有王牌州立大学,但是许多公立学院和大学都想方设法提高学校的规格,渴望能够拥有公立研究型大学所有的职能:社区学院想成为四年制本科大学,本科学院则力求增加研究生学位授予计划,综合大学极力成为研究型大学。由于学院和大学都有着地区性的政治代表,它们都能够不断地加强政治支持,实现扩大职能领域的雄心。甚至在那些由"主体规划"(master plans)推动的州,如加利福尼亚州,都有明显争取政治驱动职能扩展的趋势,这就必然导致了机构不必要的膨胀以及计划重叠造成的铺张浪费。

州干涉大学的另外一个原因在于州的官僚机构行使权力的强烈欲望。州的行政机关试图将高等教育纳入它们的权限之中,甚至涉及大学自治的问题。有时,大学的特殊要求及其历史沿革成功地在一些领域证明了其独立性,例如在雇佣和签约等方面。但是,一些官员——尤其是那些经由选举当选的官员——还持有一种观点,他们认为,如果大学对公共利益负责,州政府就应在建立于公共基金基础上的大学事务中发挥一些作用。

我们绝不能低估一些州的领导人对高等教育日益增长的沮丧,他们觉得,高等教育缺乏责任感,也不愿意考虑社会其他方面变化的特征。近几年来,在确定高等教育课程方面,州政府的作用有扩大的趋势。州政府的干预削弱了宪法赋予大学的自治权。全州范围的体制和协调机构施加在公立大学头上的权力远远大过从前,许多州的公立大学受到州政府的法规、条例和官僚制度等的层层限制。尤其值得注意的是基于工作成绩的基金的大量使用,这项基金的拨款款项与大学在一定范围内的成绩相关,如毕业率、研究生就业以及教师成果,几乎有一半的州已经设立了一些这样的基金,另有四分之一的州期望在5年内使用。足具讽刺意味的是,州政府对大学的控制越来越严密,而对另一些企业如医疗卫生和无线通讯却解除管制,二者形成了鲜明的对比。

即使州政府被说服退出对高等教育的管制,但仍会有政府官员个人参与的政治诱惑。一名议员通常都通过批给当地学院或大学土地或者增加预算——不管是需要还是想要——来证明他或她工作的努力。议员的权力越大,政治拨款的机会就越大。即使这些议员没有可以报答的母校,可以随便找一些学校满足一下其炫耀政治权力的欲望,通过谴责教育费用或者学生在校园中的表现,他们就能引出一连串的顾虑,不仅吸引公众注意力,还能拉选票,甚至一些公立大学通过努力达到优秀的成绩,也会有人谴责是"精英主义"。

市民和大学师生的关系

通常来说,一所大学和周围社区的关系是很复杂的,尤其是那些重点大学主宰的城市,如麦迪逊、伯克利、剑桥、教堂山(Chapel Hill)、安阿博等。尽管市民和大学师生有很多共同的利益,他们之间的不和也时有发生。大学对城市的影响是双重的。积极的一面是大学给市民带来了相当高质量的生活,刺激小学与中学教育发展,提供丰富的文化环境,营造了令人兴奋的国际性社区,大学所带来的收入避免了多数城市面临的经济衰退。没有了这些大学,这些城市就会和美国其他小城市一样平平淡淡;有了它们,城市变得更加令人振奋、更具国际性、更加多姿多彩,成为人们工作和生活的快乐天堂。

当然,大学对城市带来的消极影响也不容忽视,如此庞大的非营利机构的存在,不仅侵占了大量的财产税收,而且大学不管是通过停车场、人群还是学生的表现,都会与市民产生不可避免的紧张或疏离,甚至与大学没有直接关系的市民有时被视为大学和城市生活的"局外人"。

总的来说,大学对其周围社区的发展是有益的。最重要的帮助还是继续做它们最擅长的事情——吸引人力资源,吸引富有激情又有才华的学生、教师和行政后勤人员。大学还能和其周围社区紧密合作共同刺激经济的增长,例如,能够吸引新的公司或者为私人企业吸引高科技技术转让。作为文化中心,大学可以通过一系列特殊的活动,如表演艺术、视觉艺术和校际运动会等,服务于社区。很多大学还能够为周围社区提供世界一流的医疗保健服务。如前所述,大学在加强基础教育中也起着决定性的作用。

除了提供这些传统活动为社区服务外,大学还可以做其他的事情。大学应充分考虑与社区合资的广阔前景,与社区联手定会有助于争取联邦或州的城市重点投资项目,比如市区的开发、设备的综合利用或者交通运输系统的建设等重点工程。大学还必须积极考虑介入其他各种活动,至少应该考虑参与大学邻区的商业投资的可能性(当然要提供缴税名单)。

大学应该帮助城市规划未来战略发展前景,这是所有职责的重中之重。无论是其本身,还是通过大学的声誉,大学对于主管城市某一领域的社区领导,如在城市规划、公共财政和商业开发领域,都具有很大的吸引力。虽然在一些问题上,大学和地方也会存在一些分歧,但是,应该求同存异,不能选择分离。因此,保持广泛的战略努力以改善同当地社区的关系变得尤其重要,大学里的人们应该努力成为好市民,与社区一起,共同为提高和改善每个人未来的生活质量而努力。

公　众

　　公众对高等教育的理解一直处于变化之中。民意调查表明,普通公众强烈支持学院和大学的优质教育。[22]据调查,公立和私人部门的领导都认为美国仍然拥有世界上最强大的高等教育体系,他们坚信这对国家的未来尤为重要。[23]他们强调,高等教育最基本的职责是要为每一名有资格又想上大学的学生敞开大门;这些领导确信,只要愿意,国家的绝大多数人都可以接受到大学教育。但是,当我们更深入地调查公众态度的时候,我们发现,人们对大学费用、学生不当行为(酗酒、吸毒、政治激进主义)和校际运动会怀有种种忧虑。当看到太多在学术上没有充分准备的学生进入大学学习,不能充分在大学教育中受益时,他们对此有着越来越多的担心。

　　更重要的是,相对于其他社会需要,公众赋予高等教育的优势地位受到了削弱。尤其是那些选举出来的官员,他们往往把基金优先给了医疗卫生、福利、基础教育,甚至是监狱系统,而不是高等教育。外界对高等教育支持减少,嘲讽却与日俱增,而高等教育本身又不得不努力追求卓越以获取支持。

　　很明显,大学要对众多选民负责。人们想知道大学在做什么,又将去向何方。虽然前方有众多挑战,但我们也不得不坦然面对。首先,我们必须坦白地承认,在与公众交流时不是自然地谈及学术,通过新闻媒体交流时尤其如此,每当我们争取更多听众时,总是感到不自在,我们自己使用高度专业化和更"精确的"语言,却很难得到别人的理解。但是,我们需要同公众积极地交流,向他们解释我们的职责,传播我们的研究成果或是分享我们的知识。

　　其次,像前面所提到的那样,公众对现代大学的本质和作用的理解与现实不吻合。的确,我们是拥有一个场所,家长把孩子们送到那里接受高等教育。公众关心教育费用、学生行为、运动会和政治正确性是不假,而这也正是我们所关心的。但是,现代大学的使命与特征问题太复杂了,远远不是通过媒体所能描绘清楚的。

　　另一组调查揭示了一个有趣的悖论。[24]在一系列的采访中,人们发现,那些没有经历过大学教育、对大学本质只有一个粗略了解的人对高等教育都持肯定态度,相反,一些商业、出版业和政府的领导熟知高等教育,却表现出对当代大学的不满与嘲讽。很少有人会知道"研究型"大学或者"学术医疗"(academic medical)的含义,他们都把学术视为理所当然。

这一现实给我们带来了挑战:对高等教育纷至沓来的批评正是来自那些过去为我们辩护的人——商业领导、公共官员以及新闻媒体,但是,现在这些人却成为我们最尖锐的批评者。过去的提倡者,现在或是成为旁观者,或是为我们的对手欢呼。我们很难解释清楚,尽管高等教育有其缺点,但仍不失为美国极少数一流产业之一。

这并不意味着我们应该逃避批评,我们确实应该经常受到批评以鞭策自己。进一步讲,我们有义务承担责任,毕竟是公众通过税款或者免税、收取学费或者私人赠与来支撑着我们的大学。但是,公众对我们劈头盖脸的批评很多都是愚昧无知的,过于简单化的。出于好意,媒体、公众、政治领导甚至是商业领导都向大学建议简单的补救措施:如果教授多从事教学就好了,我们应该像商业界那样集中"核心才能"和"调整管理",我们应该增加"生产量",也就是说让学生以更快的速度毕业——啊,如果事情真这么简单就好了!

美国公众所咒骂的事情之一,就是我们试图用最简单的办法解决最复杂的问题。高等教育就是一个例子。虽然我们的高等教育仍受世人青睐,但人们却急于相信,我们的大学是浪费的、低效的,没有发挥其应有的作用,那些大学领导也只关心和维护他们的津贴与特权。

公立大学的校长们认为,遵守简单的规则便可以赢得公众的支持。这些规则包括:

1. 稳定学费与教职工的薪水。
2. 支持平民主义者的规章,如阳光法案。
3. 限制州外学生入学。
4. 维持所有支出的现状。
5. 在橄榄球比赛中取胜。

但是,多数大学领导人也把这看成是浮士德式的交易(Faustian bargain),为达目的而出卖灵魂。因为,为博取公众的好感简单地使用以上规则,对大学学术质量、多样性和服务社会的能力来说是极大的冒险。

新闻界

早些时候,大学和新闻界是互相信任、互相尊重的。考虑到新闻界和学术界有许多共同的价值观,记者、教师和学术界的领导相处得非常好。新闻界深知大学的重要性,就像它们自己的第一修正案自由(First Amendment freedoms)一样,大学也需要一定程度的自主权,它们经常支持高等教育,树立人们对大学的理解与信任。

如今,所有的社会机构都遭到了媒体的攻击,大学也不例外。部分原因是由于新闻界人士对整个社会所采取的敌对措施,坚持对一切事、一切人抱着某种不信任的态度,并将其作为新闻调查的必要组成部分。他们在一定程度上谴责一些学术界成员的傲慢,也包括对大学领导的谴责,认为大学或多或少不像其他社会机构对社会更负责任。现代新闻界的这种行为,部分源于市场驱动的本质,为了经济利益,与娱乐业联合,拿新闻业的价值观与正直做交易,换来了市场份额与季度利润表。

报纸很少对高等教育优先进行报道,就是在大学城,当地报纸对运动会的报道也远远多于对学术的报道。学术界当然不清楚新闻业是怎样运转的,但是,新闻界确实忽视了高等教育面临的主要问题。

然而,近几年中,新闻界已不仅使用谴责和调查方式,还开始利用其强大的力量来操纵和控制各个机构。依靠阳光法案和第一修正案做保护,新闻界对大学施加强大的压力来控制大学教育由谁来教、教什么和怎样教,即大学的教育者、教育内容和教育方法。这和以前形成鲜明对比,以前新闻业帮助、保护学术机构不受政府和私人组织的干预,而今天,正是它们在强化和集中对大学的政治压力。

阳光法案是公立机构最为关心的问题,尽管法律要求会议公开和信息自由是为了确保政府更好地履行责任,法院却决定将其适用于所有的公立机构。极具讽刺意味的是,只有那些负责起草法律的立法机构和扩大其适用范围的法律机构本身能够逃避这些法律的约束。如今,由于有了阳光法案,大学董事会被禁止讨论敏感的政策问题,允许新闻媒体随意调查大学所有的文件,这已对大学高层领导甚至校长的遴选产生制约。美国的大学越来越明显地意识到阳光法案严重地阻碍了它们的正常运行。

政　治

美国多数的学院和大学都不止一次受到政治家错误想法的干涉,这些政治家试图影响大学所有的事务,从能够教授什么科目到谁适合来教和应该让谁来学习。由于大学日益增强的重要性与影响力,更多的政治团体企图利用大学来达到更广泛的社会目的。通常,政治家们的这些干涉都是短视的,只是想利用人们一时的恐惧或激情来获取即时的政治资本。正是政治干预学术政策的制定,长期以来导致了教育的平庸,公民也为此付出了高昂的代价。

一个典型的例子就是,许多州努力废除在公立学院和大学的入学、雇用和财政资助决定等方面对少数民族和弱势群体的照顾政策。它们在大学录取过程中,过分重视高中学生等次或标准化考试成绩。这种强化政治压力的做法,不仅破坏了历史上大学服务于社会所有成员的职责,而且在一个日益多样化的民族中,这种标准也不利于未来的公民具备多样化的教育经历。同时,我们不得不考虑,如果政治能够影响录取政策,它们会不会也影响到教师的雇用、课程设置和学术研究?

大学不断变化的政治环境在一定程度上反映出一个更基本的改变:在联邦、州和地方各级政府从以问题为中心的政治转向以形象为主导的政治。公共的意见推动了政治捐助;反过来,这些又决定了成功的候选人和最终的立法。由于议事日程是由民意投票和政治捐助决定的,政策在很大程度上来说就是结果的执行。问题、策略和"幻想的事情"都留给了旁观者。由于高等教育在决定政治观点和为竞选做贡献这两方面从来没有起过决定性的作用,因此,大学也只能对别人所决定的事情尽其所能地做出反应了。

不断增长的压力

在建立同社会各种支持者的关系方面,今天的高等教育面临着从未有过的压力。例如,从实验室到工业到市场,新知识的开发与应用步伐加快,这就要求大学与工业建立新型的伙伴关系,还要与直接支持大学活动的公立和私立机构建立新型的合作关系。所幸的是,我们的大学日新月异,在这方面已经有所建树。然而,与此同时,人们也希望大学能成为独立行事的、对社会负责的批评家。一些人认为大学积极地参与社会,却使自身陷入种种的社会问题之中,这反而危害了大学的学术自由。

杂然纷呈的价值、需要和大学支持者的期望事实上并不相容,这对高等教育提出了最严峻的挑战。在很多种情况下,和大学与这些支持者们不断变化的关系一样,学院和大学的未来取决于能否成功地与各种团体的诸多兴趣与价值观联系在一起。

改革的环境

所有的学院和大学,不管是私立的还是公立的,当它们努力适应并服务于这一变化中的世界的时候,都面临着变化的挑战。一系列文化的、行政的、管理的和政治的因素都能够阻止改革的进程。

文化问题

在商业界,管理方法的改革具有高度的战略意义,是一个复杂的规划和变革的过程。在政界,有时铁腕领导人的一个妙策就能够征服选民,发起一场改革运动。由于不具备政府特征,具有创造性的现代大学的改革面临着与之截然不同的命运,大学高层领导的多数想法受到鄙视或嘲笑,人们认为这不过是异想天开,会很快过去,即使是正式的战略性的计划也会受到冷遇;当然,除非是有关清晰可得、立即可行的预算结果或者是教师奖赏。正如斯坦福大学前任校长东·肯尼迪(Don Kennedy)所说:"学术文化培育了一整套有利于当前事态的政策和惯例,以期穿越可能的未来。这是保守主义的特征,或许更是衰老的表现。"[25]

变革的阻力决定了学术界对外界力量的回应,例如,高等教育机构曾经常反对联邦政府计划,包括《退伍军人再适应法》(认为退伍军人会侵占校园)、佩尔助学金(认为会为贫困、没有资格的学生敞开大门)、直接贷款计划(认为不利于掌握所有的文本)。然而,最终高等教育每次都改变了其立场,适应甚至是热切地接受这些新计划。

大学的变革经历了一个空洞的、有时又很单调的过程。计划首先是作为试验而应用于实践的,如果这些计划能来自于民众和被民众接受会更好。在经历似乎数年的无休止的辩论和对基本的想法和假设做出质询之后,大学才能够做出决定,迈出艰难的第一步。如果大学的改变要影响到教师高度企业化的文化,就必须致力于鼓励和奖励的核心问题,变化的发生不是由于总统致辞或者委员会的报告,而是发生在基层教师、学生和职工的身上。大学重大的变革经常是对所意识到的危机的回应,很少是由激动、机遇和希望来驱动的。大学不能简单地回应而应该积极地寻找改革的契机,正如我的一位同事所说,如果你觉得需要做出改变,而大门外却没有一只现成的大灰狼,那么,你最好引来一只。

当然,遵循共同管理和服从多数意见的悠久传统来寻求变革有时会弄巧成拙,因为,这一过程常常会把所有问题又带回现状。我的一位被激怒的校长同事曾经说过,大学教师是地球上最后相信"现状仍不失为一个选择"的支持者。一定程度上来说,对变革强烈的抵制是可以理解的,毕竟,在某种意义上,由于一直保持着先辈的传统和价值观,大学才成为文明进程中最悠久的社会机构之一。

运营问题

比起放弃那些不合时宜或者威胁到教学这一核心职责的任务,大学太容易接受新任务、新活动以适应社会需求,这一事实使高等教育进退维谷。对于公立大学来说尤其困难,因为强大的公众和政治压力迫使大学增加其任务,而每一项任务都有一定的风险,大学在增加任务的同时却没有相应的抗击与躲避风险的能力。

一个例子足以说明这一点。大学校长有时开玩笑说,在大学的核心事业中,学术是相当脆弱的,要谨慎地平衡大学相互对立的两大力量,即体育部门和大学医疗中心的关系。校际运动会具有极高的观赏性,有时会歪曲人们对大学的理解,并威胁到学术正直。而且,医疗卫生的教育和研究所面临的财政挑战也威胁到大学财政的完整性,尤其是当大学自身拥有一套医疗系统的时候。除了职责、财政以及知识含量的不同,校际运动会和学校医疗中心之间确实存在着一些共性,它们反映出现代大学通过提供公共娱乐和医疗保健来服务社会的意识。虽然体育部门和大学医疗中心与主导学术计划的价值和原则大相径庭,但是它们都受到变化的冲击,而这种变化在程度和步伐上都是史无前例的。同时,这两大部门也给整个大学带来了相当大的威胁。但是,没有几所大学能够采取必要的措施来降低这些企业的风险,例如,缩减规模、甩掉包袱,或者建立防火墙来更好地使其风险与大学的其他部门隔离开。

大学持续不断地增加其活动,困难和风险也随之而来,这个责任可以直接追溯到学校董事会。事实上,上面所提到的校际运动会和医疗中心这两个例子,都有可能引发学校董事会中的重要政治议题。毕竟,董事会成员时常向大学医疗中心的医生寻求保健服务,大家也都清楚,这些领导者都会在议事日程中努力为医疗中心游说,当然,也没有几个董事会成员不像灯蛾扑火一样被公众舆论和额外津贴吸引到校际运动会中。

风险增长的例子还有很多——科技创新公司(spin-off companies)的产权利益、房地产投机、经济发展,所有这些都受强大政治力量的支配,也使大学面临着相当大的危险。

管理问题

一些大学校长——尤其是公立大学的校长——深信改革的障碍在于大学内部和外部的管理方式。大学有着自身的管理风格,这种管理风格更善于保护传统,而不是为未来做准备。从非专业的董事会到同州和联邦政府的复杂关系,再到行政部门和教师的"共同管理",大学复杂的管理网络十分笨拙,必然不利于做出决策。

1996年,全美大学校长委员会(National Commission on the Academic Presidency)[26]再次强调,多数学院和大学的管理结构并不适当:"当大学应该是警惕和机敏的时候,它却反应迟钝、太过谨慎,受传统和管理机制的限制,不能及时做出反应与决定。"委员会继续指出,大学校长们现在并不能有效地领导大学,这是由于他们是被迫在"美国社会各主要机构的最没有活力的权力基础"上进行管理的。

兰德公司(RAND)进行的一项研究[27]也提出了这一观点。其研究人员认为:"大学之所以不能采取更有效的措施(来提高效率),是由于其过时的管理结构——例如,决策单位、政策和控制资源分配的惯例,自19世纪这一结构建立以来就从没有过多的改变。当前的结构是为了适应那个迅速发展的时期而设计的,如今在资源不足的环境下看来就不免显得笨重,甚至会出现机能性障碍。"

政治问题

一些大学发现,控制它们命运的最强大的力量其实是政治力量,这些力量来自于政府、董事会、公众舆论,甚至还有它们自己的教师。不幸的是,这些实体不仅反应高度灵敏,而且经常限制或阻碍大学为更好地服务于全社会的战略性目标所进行的努力。

普遍来看,由于私立大学规模较小,在变化发生之前需要顾忌和说服的支持者数目也很有限,因而反应更为灵敏。无论是否有市场压力、资源限制或智力机遇来推动,私立大学通常都只需要在实施一个改革议程之前说服受托人,即学校团体(教师、学生和工作人员),也许还有校友,当然,这也是一项艰难的工作,但是,比起公立大学面对的更广泛的政治挑战还差得远呢!

公立大学运行的环境具有极强的政治性。公立大学的董事会本质上带有政治色彩,其成员常常以为自己的职责主要是向各种政治支持者负责,而不仅仅局限于大学本身的利益。即使有些改革能使大学更好地服务于社会,只要有可能威胁到董事会的支持者,董事会就会极力抵制。公立大学的运行不得不受一系列复杂的政府法规的限制,而且,与地方、州和联邦政府复杂的关系也在其中扮演了重要的角色,这些法规和关系大部分倾向于极力维持现状。除此之外,媒体也更多地介入公立大学的事务中,视自己为公众利益的保护者,经常利用阳光法案这样强有力的工具保持公立大学对公众的责任意识。

结果,只有私立大学能够直接做出举措,例如入学政策调整、增加学费、项目缩减或者校园修整等,这些对于公立大学来说是望而生畏的大事。比如,一些公立大学采取增加学费和计划重组等措施来适应州政府支持的减少,已经引发了严重的政治巨变,不得不做进一步的努力来平衡大学活动与资源的关系。[28]有时,大学内部和周围斡旋的政治势力的反作用实质不明显,直到采取行动才显露出来。许多公立大学的管理被它们的董事会破坏,当政治压力迫使董事会人员在有争议的问题上从支持转向反对,他们的出尔反尔彻底毁坏了大学的管理。

大学管理者有时得出以下的结论并不让人感到奇怪:在公立大学的政治环境中完成任何事的唯一方法是听取这句古老的格言——"请求原谅比寻求允许要简单"。然而,即使这种冒险的方法也不可能长期奏效,尤其是在社会发生巨大变革时,许多公立大学简直就不能做出恰当的反应。

变革的必然性

然而,纵观历史,不论面临多少挑战,美国高等教育还是满足了能够认识到的社会需求,并把握住了机遇。19 世纪,我们的大学发展了专业学院,然后很快转变成以联邦赠地法案支持的应用领域如工程、农业和医药为重点的学校。在第二次世界大战后的几年里,它们又重新塑造自己,不断扩大规模,以满足一个发展的社会中日益膨胀的教育需求。它们不断开发在基础研究和研究生教育方面的超常潜能以响应联邦政府的动议。

今天,大学正快速发展以再次回应社会需求。知识时代,社会知识密集型的本质正在创建一个知识驱动的经济社会,大学的各项活动——创造知识、整合知识、传播知识和应用知识——已变得比以往更有价值。各种新型的组织正不断介入教育活动,在全球市场中与大学的竞争更加激烈。事实上,我们正在目睹着新生的国际知识与学习产业将要挑战传统大学。一些最负盛名的选择性私立大学可能在变革中不会有太大压力,能够成功地对抗这些新兴势力的竞争。然而,由于大量的传统教育服务,大多数学院与大学在日趋激烈的市场竞争中面临着严峻的挑战,它们将不得不重新阐释与再一次证明给世人——是它们最有资格来定义高等教育的实质、标准和过程。

当我们为大学新千年做准备的时候,一定要记住:既然世界继续需要大学提供的传统服务,将来它的需要也会从我们这里获得更多的满足,如果我们不积极满足这些新需求,其他机构肯定会逐步承担起这些职责。

毫无疑问,在大学中,肯定会有抵制变革的人,他们会为现状辩护,支持大学传统的使命和价值观,反对他们认为可能把大学转变成不恰当形式的一切举动。这些大学根本没有预见到,在一个急剧变革的时代,维持现状的危险系数要远远大于冒险革新。维持现状正处在被别人超过的危险之中,它会使我们的大学在枯竭与停滞中腐朽,从而彰显出世界其他地方的许多大学。

我们的选择是清晰的:要么我们接受挑战去冒险,把我们的大学转变成更加适应知识时代的新形式;要么我们接受最近的事实,随着传统大学适应变化的能力的衰减,大学逐步停滞与堕落。

只要我们肯积极地、创造性地应对挑战、机遇和摆在面前的责任,今后几年又是高等教育史上一个激动人心的周期。我们一定要坚定决心,采取必要的措施,努力服务于不断变化的社会,从而为大学赢得更广泛的支持者,承担更多新的责任与义务。

21世纪的大学

第二编

• 变革的体现 •

第四章 教 育

  学院有其不可缺少的职责,那就是教授最基本的道理。但是只有当它们的目的是创造而非训练,当它们在宾至如归的讲堂里聚集起每一朵天才的火花,在熊熊的智慧之火旁点燃起青年人心中的火焰的时候,它们才能服务于我们。

——拉尔夫·沃尔都·爱默生,在哈佛大学美国大学优秀生联谊会上的演讲(1838)[1]

  美国大学最重要的使命一直就是教育。就一般意义而言,大学为每一届新生提供机会,这种机会使得学生们能更好地了解自我,去发现和理解我们以往的重要传统和价值,去拓展应对未来复杂而多变的未来世界的能力。这样,大学就拥有了一个与公民有关的目的,即用知识和理性武装学生,使其成为良好的公民并过上有意义的生活。

  除了传统的学术学科和专业领域的正式教育,人们还希望大学在青年学生的成熟过程中发挥更多的作用。大学校园提供了一个有组织的、安全的环境,学生可以离开自己的家庭,在这里度过边学习、边为投身复杂的社会生活做准备的最初岁月。然而,尽管三分之二的高中毕业生进入大学深造,但绝大部分不是住宿生,而是走读生或函授生(越来越多的人通过因特网接受教育)。如今,只有六分之一的大学本科生寄宿在校园里。

  我们通常认为大学的教育使命都集中在了本科生教育上。然而,在过去的这一个世纪中,美国大学教育使命的演变使人们看到越来越多的活动已集中在了研究生教育、专业教育、推广教育以及继续教育上。事实上,看一眼任何主要大学的资产负债表就可以知道,学校的大部分资源——教师、设备和支出——都直接指向与研究生和专业学位计划有关的教育、培训、科研和专业服务上。因此,如果我们要考虑大学在履行其教育使命时所面对的诸多复杂问题,就必须在其所承担的多种教育职责的范围内来进行。

本科生教育

也许是因为大学对于我们的生活有着形成性的影响,和我们的智力和情感的成熟相一致,我们更倾向于透过我们自身的经历这副玫瑰色的眼镜来看待当代的本科生教育。大学生的传统形象被描绘成一群18~22岁之间的年轻人,他们要么攻读历史或理科这样的学术性学位课程,要么攻读工程或商业等专业课程。他们通过去教室听课、听教授演讲、在图书馆学习、撰写论文以及参加考试等方式来学习。他们或住在校园的宿舍中,或住在男女大学生联谊会提供的宿舍里。他们踊跃地参加各种社交和体育活动,在寻求伴侣的同时也在为未来的好工作做准备。

如此看来,人们担心本科生教育会出现混乱就没什么可奇怪的了。教师为了自己的科研计划,是否真的已经将课堂抛在一边,把学生交给了毫无经验、很多连英语都说不好的助教?我们校园中的学生们是否已失去了控制,沉迷于酒精、毒品和政治狂热之中?年轻的本科生们是否受到最近流行的政治正确性和偏执的教化的支配呢?而且或许最让人关心的是:大学性质的教育是否已经昂贵到了只有极少数有特权的人才能享有的地步——除非一个人有足够的幸运,可以得到政府财政援助项目的资助?

区分神话与现实

当代大学本科生教育的本质 就当今高等教育的许多问题而言,在本科生教育的传统形象和人们对其的关注方面,想象都远远多于现实。现在,符合人们心中固有形象的18~22岁之间,住在学校、参加全日制学习的大学生不到20%。大多数的大学生都是成年人——事实上,四分之一的人都在30岁以上。他们进入大学并不是为了离开家庭或者长大成人,而是把大学学位看成是在一个知识为动力的社会里找到一份体面工作的关键。

由于住在大学或者大学生联谊会提供的房子里比较昂贵,更别提家庭生活和工作还会受到影响,所以大多数的大学生更喜欢住在自己家里,进行走读式的学习。大部分学生头两年进入当地的社区学院,省下钱来进入四年制学院或大学继续第三年和第四年的学习。事实上,大约有40%的大学生负担不起全日制大学学习所需的时间和金钱,取而代之的是在部分时间的基础上积累起某一学位所需的教育和学分。也就是说,如今的大多数大学生为了获得学位要花费比4年要长的时间,一般要5年或者5年以上。

多数学生将大学教育看成是他们未来高质量生活的关键,是开启理想工作、经济保证和幸福康乐的钥匙。大多数人有着明确的事业目标,他们主修工程、商业、医学预科或者法律预科等专业性或专业预备性的课程。尽管他们可能有着很强的学术能力,热爱学习,但经济和家庭两方面的责任使他们的教育更具功利性。由于寄宿制大学学习并不是他们生活的中心,他们便寻求与大学间的另一种不同的关系,大学更像银行和加油站一样,是提供服务的机构。他们作为消费者来看待他们接受的教育,寻求便利、质量、适当和低价。

课程之战 也许是出于对自己大学生活的怀念,所以我们认定,本科生教育的质量近几年已严重恶化。对美国学院和大学本科生教育质量的批评已成当下之时尚。一些人声称,旨在为学生们提供哲学和文学伟大传统的知识,以使他们明了自然秩序及个人在其中位置的传统课程已经被"学科民主"所取代,这种"学科民主"在学生应该学什么这个问题上没能提供一个大学范围内都认可的答案。[2]其他的人更加尖锐,他们抱怨说高等教育不仅放弃了进行本科生教育的努力,甚至连追求学术价值的努力也放弃了。[3]人们认为教师既低产,又有着过高的薪酬,课程被描绘成智力或道德的荒漠。批评家们建议回到几十年前本科生教育的黄金时代,那时候学生认真,教师努力,通识教育占主导地位。

然而,综观美国高等教育的历史,教师和学生们的实际经验一直与教育家们的宏大构想大相径庭。在早期的殖民地学院里,本科生教育主要是为培养牧师和政府工作人员而进行的专业训练。它致力于某种智力的教化,用带有修辞学传统的死记硬背方式将昨日的智慧传递给明日的领袖们。公立大学,尤其是赠地大学的出现才使这种情况发生了转变,它们为人们提供了更为广阔的专业培训,提供了更多的接受高等教育的机会。在20世纪早期的很长一段时间里,多数本科生对待学术课程和他们的教育活动并不认真。[4]大部分人在课外活动中学到的东西要远远多于课堂上所学到的。大学教育在那时候没有被看作是严肃的学术方面的事情。

第二次世界大战以后,本科生教育变得较为严格起来,部分原因是由于退伍士兵或成人学生的影响,他们极为认真地看待他们的大学教育。《退伍军人再适应法》反映了人们看待高等教育益处时的一种全新的态度。另外,随着婴儿潮时期出生的人口开始膨胀,进入顶尖大学的竞争也日益加剧,因此公众的注意力都集中在学术质量上。研究型大学的发展也通过提高对教师的学术要求以及加强教学和科研的结合来达到提高本科生教育质量的目的。

如今,美国学院和大学本科生教育的质量要高于以往任何时期——对于普通大众来说还要大大地好于其他国家。然而,虽然本科生教育在过去几十年中有大幅提高,却还不能像教师在科研上的努力一样尽快地迎合社会的需要。社会变化的需求和学生的期望都要求我们做出更大的努力以改善本科生教育。

学术界关于本科课程内容的哲学论战还在继续。一些人更倾向于名著课程。就像布鲁姆(Bloom)所说的:"通常哲学和文科的学习要求把注意力集中到名著上。这是因为我们不可能见到其本人的大师们的思想,在这些名著中,我们可以找到论据,它们是那些被遗忘的选择的源泉。"[5]另一些人推崇以探究为基础的方式,强调要熟悉人类用以了解世界的主要方法——也就是说,理解和探究文学、艺术、道德哲学、历史、经济、社会以及自然科学的方法。还有一些人偏向于自助式的方法,通过要求学生在每种不同的知识领域(如社会科学、自然科学、人文学科和艺术)修读一定数量课程的方式使学生的知识达到一定的广度。这些人同时假定不同的学科具有独立的、各有其价值的认识世界的方式,要求学生吸取各种知识的精华以开阔他们的心胸。

然而,像这样的课程之争也许离题太远了。当校友们被问及真正可重视的大学教育是什么的时候,他们几乎从未提到过课程或科目,这些东西在期末考试和毕业以后很快就忘记了。相反,他们记得的是参加过的社团、所遇到的老师和同学以及师生情谊。比起那些关于本科课程的晦涩难解的辩论,有关学习圈的记忆更接近大学教育的真正价值。对于年轻的本科生来说,大学就是一个在生活着学习的时候学习怎样生活的地方。

本科生教育的目的 本科生教育的目的是什么呢?我们是否应该把本科生教育的目的定位在爱默生所说的崇高目标上呢?或者像哈佛大学前任校长德里克·博克说的那样,在一个变化的、破碎的社会里,本科生教育最重要的产物就是"不受教条束缚的、由人文主义价值所滋养的有判断力的头脑"。[6]为了达到这一目标,我们需要自由学习的精神,不仅要传授事实,还要在学生们形成自己人生哲学的过程中鼓励和支持他们。

有一个仍然与本科生教育密切相关但却常被误解的概念,那就是通识教育。如今,教育家和其他一些人用这一术语指代从名著到人文教育中所有广博而肤浅的内容。哈罗德·夏皮罗(Harold Shapiro)曾把通识教育定义为"更好地理解我们自己和我们时代,发现和理解伟大传统和先人事迹的需求;为了考虑既可以改善我们的生活又可以培养我们对其他人的理解力的那些新的可能性,从未经考察的承诺中解放思想和心灵的需求;培养所有有思想的公民选择独立的负责任的生活的需求,而这种选择重视事物与人的联系"。[7]

尽管这样的通识教育可以被看作为更专门的或者更专业的学习所做的准备,但事实上,在欧洲,提供这种通识教育的任务是由中等学校来完成的。大学生中只有一小部分能够得到或寻求这种教育,这些人有幸能够在顶尖的学院和大学中体验浓郁的学术氛围,在这些学校中占主导的教育哲学是塑造人的头脑和品格。而绝大多数学生的大学教育依赖于大众教育的方式,这种方式对知识的传播和为职业做准备要重于对品格的塑造。

对于多数的学生和家长来说,大学教育的目的就是要拿到大学学历,因为这对于一个好工作、个人的经济保证和安定来说都是必需的。如今,一些学生带着非常明确的职业目标来学习。他们进入大学学习,计划着成为医生、工程师、律师或教师。尽管在本科的学习过程中很多人会改变主意,但几乎所有人心中最重要的还是极为特定的职业目标。

雇主们强化了这种功利性的取向。公司派往大学的招聘人员寻求的是非常特定的技能。或许他们会寻求特别专门的技能,如某个特定的专业或者因特网导航技能。或许他们会寻找某些能证明学生们在多样化的环境中能够很好地交流和工作的根据。学生们对来自招聘市场的这些信号非常敏感,而且其他学生的面试经历或者工作经验对他们学习计划有着重要的影响。然而,与此形成鲜明对比的是,对商界领导的调查表明,他们在大学毕业生中所寻求的远非实用的知识或技能。[8]他们所需要的毕业生要有着很强的沟通能力,有着终生学习的能力和愿望,能够容纳差异,以及要有适应变化的能力——比起专业学习,这些特点与通识教育联系得更为紧密。

在某种意义上,大学在提供通识教育时处于两种相互对立的压力之中——一方面要迎合学生们的更为实际的目标,一方面又要反映雇主的要求。大学所提供的通识教育要使学生们具备广泛的技能,这些技能对于成为良好的公民和过上有意义的生活来说都是非常重要的。而且,在一个需求不断变化的世界里,本科教育的一个目标必定是要使学生们做好终生学习的准备。有句老话说,大学教育的目的不是为学生的第一份工作做准备,而是要为他们的最后一份工作做准备。这个说法依然很有道理。

可以肯定的是,21世纪通识教育的概念将有别于20世纪。在过去的几十年中,本科的专业已经有了根本的变化。例如,如今只有13%的学生主攻人文学科,7%的学生主攻自然科学,15%的学生学习社会科学。这也许反映出学生认为后现代的、解构的人文学科课程与他们的生活在很大程度上并不相关;自然科学就更不相关了,而且对那些中小学阶段基础就没打好的学生来说也太困难了;社会科学多少有那么一点相关,又相对容易。[9]如今多数的本科生更乐于选择更专业化和市场化的专业,比如商业、会计和工程。当本科的学习没有体系、没有严格的或注重通识教育的目的时,被绝大多数大学所推崇的自助式课程便为这些学校提供了一个从庞杂学程中脱身的机会。

我们从哪里可以找到纽曼关于大学教育的经典设想呢?纽曼认为,大学教育"包括知识的要点、它所依据的原理、各部分的范围、它的光明面和阴暗面、重要的地方和不重要的地方,因而,它引发出学生内在的天资,一种赋有自由、公平、冷静、节制和智慧的思维习惯"。[10]显然,这些在大多数大学所教授的本科课程中是找不到的。

尽管难以给通识教育下定义,它的实现也极具挑战性,但这难以捉摸的通识教育的目标可能依然是使学生为终生学习和变化的世界做好准备的最好途径。毕竟,大学教育就应该让人为生活做准备,事业也只是人生的一个经历而已。

教学与科研 除了大学课程,大学教育再没有其他的方面能够比教学和科研的协调更能引起人们的关注了。很多人认为,大学在聘任教师时强调科研,拒绝提升那些即使在课堂上相当成功但科研成果或科研经费不多的教授,这样做是对学生的忽视。

当然了,这些批评中也不乏真知灼见,在美国研究型大学中尤其如此。[11]学术研究对于国家优先发展项目的重要性,在一定程度上改变了教师各种活动间的均衡状态。教师的专业化以及决定教师回报的主导学科造成了这种转变,更不必说教师所承受的吸引科研资助的压力了。过去20年中,竞争激烈的教师就业市场也发生了转变,教师聘任、终身教职和晋级的学术标准都有了提高。这种风气有助于抛开教学来确定决定因素,尤其是在某种程度上科研成果和争取资助的能力的量化方法已经取代了对科研质量和专业工作更均衡的评判。在一定程度上,日渐增长的学术专业化导致学科支离破碎,已经损害了本科课程的和谐。看来教师想教的与本科学生想学的知识之间出现了越来越大的差距。[12]

当我们考虑那些有关科研对教育的影响的批评时,重要的是我们要将某些告诫牢记在心。首先,如果本科生教育由于科研而受到损害,我们希望能找到其在研究型大学中最消极的影响。然而,通过标准化测验中的表现或事业成就等方法可以发现,由研究型大学提供的本科生教育的"附加值"至少可以比得上,通常都会明显好过那些科研非首选的其他类型的院校。而且,正如学生、家长和雇主的决定所反映的,高教市场依然表明研究型大学为首选。

第二个告诫来自于批评家们所做的观察,他们认为大学做的科研太多了。然而,事实上大多数学院和大学都极少从事科研。正如我们前面提到的,高等教育由3600所机构组成,包括二年制和四年制学院、综合性大学和研究型大学。重视大规模科研、研究生教育以及高级专业培训的,只有其中的一小部分,肯定不足100所,有根据的更不足50所。这些学校把这些作为他们多项使命的基础。

科研和教学质量的关系远不是显而易见的。考察联邦政府资助的科研对本科生教育有何影响的研究没能找到任何定量的证据来支持这样的假设,即一般而言,一个学校对科研的特别重视会妨碍本科生教育的质量。[13]尽管一些大学确实在职称晋升和终身教职的确定方面极为强调科研成果,但同那些在确定终身教职时更重视教学技能的本科院校相比,这种观念并没有降低其学士毕业生的质量。可以肯定的是,这一研究并没有排除一些机构重视科研,从而使本科生教育质量降低的可能性,只是这种现象在高等教育中并不突出,也并不普遍。

也许部分问题来自于这种趋势,即人们把它描绘成"科研对教学"。当然,这也是公众和学术界的许多人对它们之间关系的看法。有许多人认为,对于教师而言,要做好一项,就不得不忽略另一项。这是一种简单化的、错误的看法。教学和学术成就紧密相连,互相促进,它们的结合是美国高等教育系统成功的关键。学生课程评估反映出,在通常情况下,最好的学者也是最好的教师。

因此,问题并不是教学与科研相对立,而是二者之间要有适当的平衡。毕竟,这两种活动只是学习的两种不同的表现。最有效的学习环境鼓励学生和教师参与到教学和科研这两种学习的形式中。

我们的大学正在忽视本科生教育吗? 一段时间以来,重新考察并改进学院和大学本科生教育的努力开始复苏。有人可能这样来解释这种现象,即课程改革是周期性的,钟摆已经从20世纪60年代的学潮引起的本科课程结构改革又摆了回来。很明显,市场力量仍在起作用。或许大学也在回应那些认为对本科生教育重视不足的批评。也可能是大学教育不断增长的费用及其在知识密集型的社会中的价值引起了父母和公共官员们的注意。人口的变化也是一个因素。首先,战后人口爆炸开始回落;其次,现在美国一些地区开始面临大学适龄学生人数的剧增。同样,成人学习者不断增长的需求也要求传统的本科生教育模式发生重大变化。

从另一角度来看,关注本科生教育可能是因为长期以来我们需要重新协调学校中各种重要的活动。第二次世界大战后的几十年中,多数规模较大的大学都集中精力设置有实力的专业领域的课程计划——建立高质量的法学院、医学院、商学院、工程学院、农学院等。这或者是出于公共责任感,或者是出于学生和雇主的要求,或者是这些努力可以得到资金支持。然而,任何杰出的学术机构的基础都是它的本科学院。人们会很好地说明这样的事实,即本科生教育和源于此的学术学科构成了学术的心脏,构成了我们大学的学术核心,经过一段时间,它们将会决定大学的声望以及大学在专业、科研和社会服务方面的实力。

许多学院和大学已经采取了一定的措施来改善本科生教育。[14]教师的激励和奖励机制,包括终身教职的评估,都在更多地强调教学。面对目前学术性学科零散及专业化的特点,教师们正在努力使本科课程更具有内在的一致性。资金的投入也在进行,以改善学习环境——教室、图书馆和实验室的质量,同时也是为了提供更好的咨询和指导。人们更加有计划、有步骤地将注意力投向重要的课外学习经验上,例如本科生的科研、社区服务和寄宿生活和学习环境等。

尽管这种对本科生教育的关注值得赞赏,但它主要针对的是传统教育模式内的本科生教育的改善。大部分的努力集中在改善传统的学位课程的教学和学习上。虽然也考虑到了包括科研、社区服务和寄宿学习在内的各种学习活动,但主要的重点还是放在了改善课堂教学上,把它看成本科生教育最主要的教学手段。与以前——如20世纪60年代——不同,在探索本科生教育的各种形式方面,人们几乎未做什么努力。

因此,不可能说如今大学中所发生的事情代表着本科生教育的革命。有些人竭力说明我们不需要革命,因为基本上大学在培养本科学生方面做得很好。相反,他们认为我们所需要的是更新我们有关本科生教育质量的承诺,这种更新由我们对学生和社会的责任感以及我们追求优异的热忱所激发。

然而,另一些人相信,在现行模式下,尽管我们有好的意图,但目前改善本科生教育的努力不能充分地反映日益变化的需求以及学生的特点,也不能反映正在变化的世界。摆在我们面前的真正挑战,可能是要为新的世纪创造出本科生教育的新模式。

本科生教育模式的转变

尽管学院和大学在学习环境和课程内容上有着极大的不同,我们当中的大部分人对本科的学位课程都有非常明确的看法。用最简单的语言来表述的话,主要包括4年的学习,每年30个学期课时(semester hour),每学期5门课程。所选的这些课程或是为了满足某一特定领域集中学习的要求,或是满足某一专业的(例如心理学、物理学或哲学)的要求,这些课程也有更为全面的概论式课程,其目的是拓宽人们所接受的教育。多数的课程都以课堂讲授的形式教授,辅之以专题讨论、小组讨论和实验室活动。

这种课堂为主的教学形式支配着本科层次的学习。教学的作用通过一名教授给一班学生讲授来发挥；与此同时，学生们通过阅读指定的课文、撰写论文、解题或者做实验以及参加考试来对教学做出反应。当然，学生也可以利用教师办公时间与其更进一步接触，但对绝大多数学生而言，这种情形是相当少见的。

然而，在大学漫长的历史中，课堂教学形式也只是近期才出现的。几个世纪里，更为普遍的学习形式是通过一对一的关系，即学徒制。研究学问的初学者和工匠都是通过师傅带学徒的方式。尽管这种一对一的学习形式如今仍可见于某些像医学这样需要特殊技能的专业以及像写作哲学博士论文这样的高级课程中，但对于大多数本科生教育而言，这种方式需要的教师太多了。

而且，大学的教授之职几乎不对这一专业的基本活动——教学提供培训，这在众多的专业中是独一无二的。事实上，多数的研究生教育都倾向于假定学生仅仅通过上大学而不用通过教学法方面的正式培训就可以学会如何教书。极少有教师能够意识到急剧增长的源自心理学和认知科学的有关学习的知识。学术界中几乎没有人精通或者运用这个知识基础。我的一位同事评论说，如果医生像大学教师那样运用科学，那么他们还会用水蛭来治病。

数字化的一代　　如今，课堂教学模式受到了挑战，挑战不是来自教师，而是来自学生。教师们在课堂讲授方面已经极大地改进了教学，充分地利用了时间。如今的学生同先辈不同，是数字时代的成员。他们很早就生活在充满活力的、可视的、交互式的媒体世界中——不是那种被动的广播媒体，就像我们年轻时的收音机和电视，而是任天堂（Nintendo）、家用电脑、因特网、多用户网络游戏（MUD）和面向对象的多用户网络游戏以及虚拟现实。他们通过实验和参与，而不是通过被动地听和读来学习。他们不把别人的话当回事。相反，他们喜欢互动性，认为这是塑造学习过程并参与学习的权利。他们对迅速变化的世界所带来的无常感到轻松自如。

这些学生在一段时间内还可以忍受这种直线式的、连续的课堂讲授型的传统学院课程。他们仍会阅读我们指定的书籍，撰写学期论文，并通过考试。但这肯定不是他们学习的方式。他们以一种非线性的方式学习，他们从开始跳到最后，然后再返回来，他们结成同辈学习小组,或者建立复杂的学习网络。不管我们是否意识到,也不管我们提供辅助与否,他们在真正意义上建立起自己的学习环境,可以进行交互的、合作的学习。

然而,他们对传统的课堂和四年制的课程模式不会容忍太久。学生们会要求更适合其学习方式的、更适合于为终生学习以及为变化做准备的新模式。已经有一些迹象表明,全部的课堂经验——也就是说,与课程有关的知识内容的传播——不久可能像日用品一样通过电子媒体打包投放到大众市场上,就像现在的课本一样。一个学生可能会走进系主任的办公室说:"我在学习了微软虚拟物理学(Microsoft Virtual Physics)后通过了你们所有的考试,这门课是由三位诺贝尔奖的获得者开发的,比在你那令人沮丧的课堂上听外国助教讲课要好得多。现在我希望你能给我学位所需的学分!"

在知识时代学习 由新兴的信息技术带来的新的交互式资源表明,未来在向我们社会招手。随着知识量的扩大,个人越来越没有能力了解所有需要的东西来应对挑战。我们必须使教师和学生获得运用这些新技术的能力。我们在追求共同目标的过程中,必须要学会跨越学科和文化差异的交流艺术,探索运用哪些合作工具才能更好地为我们不同的目的服务。

新一代的学生具有多样性并且精通技术,这样的现实要求新的教育方法。令人鼓舞的是,我们不断扩大的技术基础已经开始为学生和老师创造课堂内外的新的、更灵活的角色。理查德·兰海姆(Richard Lanham)认为,社会的、技术的和理论上的挑战等变化造成了"异常的集中"(extraordinary convergence),刺激着高等教育的根本转变,使得更多的交互性学习成为可能,并且相对于简单地吸收知识给予学生质疑知识,甚至是创造知识的能力。[15]

新的知识媒体会从根本上改变大学中教授和学生的含义。教师很快就会更像教练或者顾问,而不是一个说教的老师,他们要设计学习过程并传授技能,而不是告诉学生们特定的内容。甚至我们基础性的课程也会采用目前最高级的研讨班才有的形式,这样就会有更多的个人之间的互动。这些新技术不仅创造了教育机会,也代表了我们未来的文化水平。学术交流的媒介也正在从杂志文章走向更全面的多媒体甚至是交互式的文件。这些转变预示着我们社会中信息处理和交互作用构建方式的巨大转变。除非大学能给学生讲授进入21世纪所必需的基本技能,否则就不能说自己成功。

在这些新的学习模式里,学生这个词很大程度上会过时,因为它所描绘的是一个吸收由教师选择并传递的学习内容的被动角色。我们应该称这些 21 世纪大学的服务对象为主动的"学习者",因为他们会日益要求对自己的学习和学习结果负责。

学习过程的智力结构将会越来越非线性,会允许学生对学习经验有更多的控制。与现在以课堂为基础、学生步调一致学习的课程相比,佩尔曼(Perelman)提出的超级学习模式(hyperlearning model)可能是未来更典型的学习模式。[16]在佩尔曼的模式里,学习包含一定数目的模块或者站点。学生使用他们所选择的模块,直至达到了一定层次的能力水平,而不是通过与其他学生竞争来获得分数。

同样,教师作为选取知识并把知识传授给被动的学生的人,其概念也会过时。如今,人们希望那些已经成为某些学科分支领域专家的教师们能在他们研究领域的基础上确定一门课程的主要知识内容,将这些内容组织成课程,一般用讲授的方式呈现出这些内容。其他人,包括研究生助教和专业工作人员,其角色是与学生直接接触,帮助他们学习,给他们提供指导和建议。在采用先进技术的教育用品和超级学习的过程占主导的未来社会里,教师的作用将会改变。在这些新的模式里,教师的作用在于要培养和指导学生主动地学习,而不再是确定并传授特定内容。也就是说,人们希望他们启发、激励、管理并指导学生。

更为明确的是,21 世纪的大学教师将会发现有必要把教师的角色放在一边,而成为学习内容、学习过程和学习环境的设计者。在这个过程中,明天的教师将会舍弃目前单一的学习方式,在这种方式中,学生主要通过自己阅读、写作和解题来学习。相反,人们会要求他们开发合作的学习方式,学生们一起工作、一起学习,教师们更像是顾问或者教练,而非教师。

学习社区 这样的学习社区(Learning Communities)能更好地解释学习是怎样真正在大学发生的。通常情况下,从教师到学生的单向的信息流支配着课堂模式。但是,学习不仅仅是信息的传递。它包含了一系列复杂的社会性的交互作用,其中学生不只和教师发生互动,还和其他学生、环境和可能的对象如书籍等产生互动!大学和教师的作用在于推动学习社区的形成,既要通过正式的学术课程,也要通过大学里有助于学习的社会的、课外的和文化的活动。当教师和学生加入到这样的社区中,他们就可以分享通向学习的彼此的观念、价值和实践。

正如布朗(Brown)和杜吉德(Duguid)所建议的,我们甚至可以将大学的附加价值确定为创建学习社区,并引导学生加入这些社区。[17]大学引导本科生加入与学术科目和专业有关的社区。研究生和专业学生加入有经验和专门知识的更专业化的社区。

在真正的学习社区中,教师和学生的区别是模糊的。二者都是主动的学习者,一起工作并互相受益。在研究生教育中,这种二元性已经很普遍了,在这种情况下,研究生对某个专门课题的学习往往比导师还深入,这在本科生教育中就很少见。然而,我们早就知道,当一个人也是教师的时候,会出现某些最有意义的学习。应该鼓励高年级的本科生承担这样的教师职责,不只是教其他的本科生,甚至有时候可以教他们的老师。

教学、科研与服务 如今我们看到教育的一个重要转变——从强调传授知识和技能转到重视学生的主动学习。不是仅仅通过研究和思考才能学到东西,主动的发现和应用知识也同样是学习。这有一定的讽刺意味。当代大学提供了我们社会中最卓越的学习环境——拥有各种各样观点的多种多样的人,他们的背后是异常丰富的智力和文化资源。然而我们倾向于把我们改善本科生教育的努力都集中在传统的学术计划、课堂和课程上。在这个过程中,我们可能忽视了大学中最重要的学习形式。

可以从另一个角度来考虑这个问题。当被问及大学使命的时候,教师和管理者都会回答久经考验的三个词:教学、科研和服务。然而,人们通常都是从这些使命中的第一个即教学这个角度来考虑本科生教育的。很明显,我们应该拓展我们的观念,本科生教育也包括学生所涉及的大学生活的其他方面。

例如,在大多数研究型大学中,教师的科研活动和本科课程之间的鸿沟日益加宽。尽管研究型大学通过它们的学者、实验室和图书馆,拥有了丰富的智力资源,但本科生几乎无从获得这些资源。我们应该要求美国研究型大学开发能够充分利用其丰富智力资源的本科生教育新模式。或许每一位本科学生都有机会,甚至是被要求,在有经验的教师的指导下参与到原创性的研究或者创造性的工作中。那些有幸能从这样的科研活动中受益的极少数学生指出,这是他们本科生教育中最重要的方面。遗憾的是,大多数本科学生只是通过标准课程接受本科生教育。有趣的是,许多指导本科生科研项目的教师也发现,这是一个令人兴奋的角色,因为本科生通常比研究生更爱提问,热情也更高。

大量证据表明学生的学习能极大地从参与社区或者专业服务中受益。这样的活动能给予学生同他人共同工作以及使用从正式的学术课程中学到的知识来解决社区需求的经验。很多学生进入大学的时候对更广的社会价值缺乏认识,而为他人做事的经验是无价的。

在"实践的社会"中知识被创造、保存并传播。[18]尽管在大学中有无数的社区志愿服务机会,但有组织的做法更能把这些经验和本科生教育的目标结合起来。这种社区的或专业的服务甚至可以作为获得学士学位的一个条件。

应该从更广阔的视角来重新考虑本科学习,这样的视角应包含大学的多重使命。通常,大学的每一个使命都与一个不同的组成部分联系在一起——通识教育与教学与本科生教育、科研与研究生院、实践服务与专业学院。实际上,大学所有部分都应涉及其所有的使命,尤其是本科生教育。

终生学习 也许我们重新定义本科生教育的部分困难就在于我们仍然认为学士学位是一个完善的学习计划,能使学生们做好生活的准备。但是现在,学习已经成为终生的活动。如今的学生需要继续学习,以正式或者非正式的方式进行终生学习。

当然,大学教育从不意味着提供一生所需要的所有知识。但是在过去,职业所需要的额外知识的大部分可以通过非正式的方式获得,通过在工作中学习或者自学。然而,如今毕业生所面临的是知识的迅速增长和职业的转换,要求具有通向终生学习的更具战略性的途径。我们需要从终生的角度来重新看待教育目标。我们应该把本科生教育看作是通向终生学习之路的一步,但肯定是重要的一步。这样我们可以使学习内容和方式更好地符合智力成熟水平以及学习者的需要。

例如,初等和中等教育应该集中发展语言和定量推理等方面的基本技能。本科生教育应使学生做好终生学习的准备,同时传授给他们技能,以使他们能在工作岗位上游刃有余。一个人事业的最初几年应该是试验的阶段,是冒险的阶段,因为通常最大的创造力都出现在这个阶段。在以后的生活里,他们就可能会有更多的接受通识教育的兴趣和需要来丰富其以后的生活。

在一个知识驱动的世界里,学习不会再被看作是一次就足够或者是一个断断续续的过程。人们需要不断的学习以使他们的知识和技能与时代合拍。由于这种需要,学生/毕业生和大学的关系也一样发展成为学习化社会的终生成员。就像我们所提议的,学生这个词不再适用于形容一个主动的学习者,也许学生和校友之间的区别也不再会有意义。

更适用于未来的大学与其毕业生之间的关系可以用学习化社会的终生成员来表达。不要把注册入学看成是参与一个特定的学位课程的学习,而要看成是与大学的终生合约,在这份合约中,大学允诺为其学习者或成员提供终生所需要的任何学习资源,无论需要什么、如何需要以及需要的地点在哪里。很明显,远程学习技术的迅速发展将会日益促进这种学习。我们也看到,校友们对继续与大学保持联系、进行终生学习的兴趣日渐浓厚。

本科生教育的未来

那么本科生教育的未来是什么样子的呢?显然,教室并不会消失。对年轻人而言,其本科生教育的寄宿方式也不会被虚拟大学或者教育娱乐(edutainment)所取代。这些传统的教学形式在很多人人生发展的某些特定时期还将会是有价值的学习方式。[19]

这些传统的形式将会和新的学习模式共存,在未来的时间里提供更广泛的学习机会。从学生到学习者,从教师到设计师/教练/顾问,从校友到学习化社会的终生成员,这些转变看来是可能的。随着这些转变和新选择的出现,学习者选择、设计并控制学习环境的能力和责任就会随之而来。

大学将会承担巨大的压力来转变以教师为中心的模式,在以教师为中心的大学中,教师决定教什么、谁来教、怎样教,以及在哪里教和什么时候教。大学将会转变成以学习者为中心的机构,学习者有更多的选择,他们决定学习的内容、方法、时间、地点以及和谁学习。这并不令人惊奇。在我们越来越民主的、市场推动的世界里,个人/消费者/客户所关心的内容已经成为大多数成功机构所关注的焦点。

大学仍将是培养和教育未来领导者的地方。年轻人心智的发展仍将是本科生教育最基本的目的。本科生教育不仅使他们做好就业的准备,同时也要为他们作为有贡献的公民而拥有有意义的生活做准备。

研究生教育

研究生院是一个泛泛的用来确定大学中研究生课程的词,这些课程计划通向高级学位,如文科硕士(M.A.)、理科硕士(M.S.)和哲学博士(Ph.D.)。在一些大学中,这些课程计划由一个明确的研究生院领导和管理;有的大学分散在各个学术部门中。许多专业学院授予其他的高级学位,如工商管理硕士(M.B.A.)、公共卫生硕士(M.P.H.)或者教育学博士(Ed.D.)以及工程学博士(D.Eng.)。理科硕士和哲学博士学位与其他的研究生专业学位的区别在于,这些学位的获得需要在学术性学科方面进行更为基础的学习(以区别于专业训练)。就拿哲学博士来说,要求进行原创性研究并据此撰写哲学博士论文。

一般而言,研究生学习的头两年主要由正式的课程构成,以讲授或者专题研讨的方式进行,这种学习有时与文科硕士和理科硕士学位有关。想要继续攻读哲学博士的学生通常需要通过涵盖其专业领域核心内容的综合考试,即所谓的预备考试或候选资格考试。如果他们达到了课程及考试的要求,就会被录取为哲学博士候选人,他们剩下的工作就是要在论文导师的指导下进行独立的研究。需要指出的是,在这一阶段中,研究生教育几乎成了学徒似的学习,有一个单独的教师为论文研究提供大部分的指导,还要决定研究生余下的教育活动的内容和学习年限。

在研究完成及论文写就之后,博士候选人要在论文答辩委员会前进行答辩,这是取得博士学位前的最后一道关卡。从最初开始学习到最后取得哲学博士学位的时间,各学科领域差别很大,从自然科学和工程学的六年到人文学科的十年甚至更多不等。

多数学生发现研究生院在他们所受过的教育中在学术方面是最具有激发性、最令人满意的地方之一。尽管他们所学的科目会很深奥,但学生和教师之间的指导关系更类似于像医学院这样的专业学院所用的非常实际的方式。在经验丰富的导师的指导下,人们期望研究生达到心智成熟来决定自己学习的课程,确定自己的学习进度。他们迅速地意识到个人责任感和自我控制,将研究生学习和本科学习分开。研究生可以按自己希望的那样去深入钻研某一科目,这种自由既令人满足,同时也很有价值——在以后的事业中不可能再有这样的机会了。

现行的研究生教育的模式主要是建立在研究生和导师之间既重要但又脆弱的关系之上,这种关系由指导关系发展到同事关系。在研究生学习的后期阶段,许多人在某一狭窄领域获得的知识可能会超出他们的指导老师。在这一点上,学习关系由本科生教育的师徒关系转变成了合作者和同事间所特有的同辈关系。许多教师认识到他们关系最紧密的朋友是自己的研究生。这是很自然的,因为几乎每一个学科教师和研究生之间的结合都相当紧密。教师和他们的研究生一起工作、一起学习。

研究生教育让学生领略到学术机构中不同的角色:学生、教师、学者和教师同事。研究生教育可以是令人陶醉的经历,因为学生可以利用大学和指导教师的声望,不用屈从于学术界诸如争取研究经费或获取终身教职等压力,能够培养出对学术的真正热爱。

然而,研究生的生活也并不是没有压力的,最大的压力来自于未来的工作。像我的许多教师同事一样,我是在20世纪60年代中期接受的研究生教育。苏联人造地球卫星上天后,对科学的重视吸引了很多人就读研究生,但越南战争和阿波罗计划的结束使哲学博士的就业前景陷入严重的低迷状态。虽然有关哲学博士开出租车的传言有些夸张,但对新毕业生而言,那仍然是一个令人焦虑的时期。

那个时候很像现在,人们开始质疑我们的社会是否需要哲学博士,我们的博士学位课程是否能反映研究生和社会的需要。

越来越多的关注

在高等教育面临着挑战和变革的时代里,对高等教育的性质和质量进行审慎考察并不令人奇怪。通常,教师和大学更乐于关注对研究生教育资助的数量和种类。研究生更关注就业市场和获得学位的时间。联邦政府关注的是和市场需要相关的高级学位的数目以及外国研究生的高比例。

但是,还存在着更深层和更麻烦的问题。现行的研究生教育高度专业化的形式可能不会再迎合学生和社会两方面的需求。许多研究生计划的淘汰率已经上升到了让人无法接受的程度,攻读哲学博士的学生中有50%以上不能毕业(法律和医学的淘汰率低于5%)。诸如研究生自杀和情绪不稳定等悲剧的发生,说明需要对学生和导师之间的关系进行重新考察。许多大规模的大学中,研究生助教成立联盟性组织的趋势也意味着我们也许需要重新考虑他们在支持大学教学和科研中的广泛作用。

学术界的观点　全国学术机构和政府机构最近进行的一项研究确认了一个共同认可的观点,即美国的研究生教育代表了世界上培养下一代研究人员的最大的努力。通过在承担国家大部分基础研究的高校举办研究生教育,我们的研究型大学已经创立了一套科研和人才培养系统,这是美国最大的长处之一,同时也是其他国家所嫉妒的地方。

多数教师坚持认为研究生教育是科研的根本。正是通过研究生和教师紧密协同进行科研工作这一过程,我们在创造新知识方面教育并培养了下一代教师。一些人甚至认为,联邦政府在研究生教育中最重要的作用就是通过研究生助教奖学金资助研究生,因为这在教育和科研之间建立起了最直接的联系。[20]

但是,人们似乎越来越认识到可能到了需要重新思考研究生培养方式的时候了,这一代学生的职业道路可能看起来与其导师的完全不同。相关但不相同的是关注研究生所面临的就业困境,关注根据目前和未来就业市场来改进研究生教育的需要。

供与求　美国的研究生教育系统在科研需求稳定或上升的时候会有所发展。冷战导致的国家安全需要,医疗卫生、环境等类似的国内重要问题,刺激了联邦政府对学术研究基本设施的支持,这也推动了对研究生教育同样的支持。从20世纪60年代到90年代,美国大学培养的哲学博士数量增长了4倍。

这种情况正在改变。冷战的结束、日渐激烈的以技术为基础的国际工业竞争以及科研经费上的各种限制,已经改变了哲学博士的市场。哲学博士的三大传统就业领域——大学、工业界和政府——都在经历重大的变革,这些变革可能会极大地改变这些领域对科研人员的需求。人们越来越关心的是,我们应该重新审视美国研究生教育的本质、培养能力和支持体系。[21]

是哲学博士过剩了吗?尽管当今哲学博士的失业率一直很低,但寻求教师职位的毕业生看来确实多于空闲的职位。也有些就业市场的指标疲软得令人不安,比如新毕业生首次就业的时间大大推后。这些迹象说明,如今哲学博士过剩——至少对空余的大学教师职位来说——将会持续,而且如果联邦政府对大学科研的资助降低,这种情况在新学期会变得更糟。

已经有迹象表明,在某些领域里所培养的哲学博士的人数已经远远超出了空缺的学术和科研职位。例如,在过去的10年里,联邦政府对生命科学的科研资助增加迅速,这导致了哲学博士的人数每年增加42%,现在估计几乎是学术性就业市场可容纳量的2.5倍。[22]结果,越来越多的博士选择了临时职位,例如博士后研究、兼职教师或者兼职研究等岗位。更明确的是,在生命科学领域,只有大约60%的哲学博士在毕业6年后找到了永久职位。生命科学家在找到第一份永久职位时平均年龄为35~40岁。

外国研究生对就业市场的影响又怎样呢？美国研究生教育的质量一直都像强力磁铁一样吸引着杰出的国际学生。事实上,在过去的10年中,多数美国大学的研究生人数增长是外国学生注册人数增长的结果。国内学生的注册人数基本持平,甚至有时还有所下降。

由于美国研究生教育具备的先进及高度专业化的特性,这些外国学生在自己国家找不到可以应用新学到的技能的工作。结果,大量美国培养的外国学生试图进入美国的就业市场。尽管雇用这些学生对美国来说是一种额外的人力资源,然而对留学生自己的国家来说却是明显的人才外流——但他们确实大大加剧了有限的就业市场中对教师和研究人员职位的竞争。同样,苏联解体和东欧剧变促使大批有才能的科学家和工程师来到西方国家。他们大量涌入诸如物理和数学等领域的就业市场中。

而且,削减国防开支方面的努力,并伴之以对工业科研实验室的重新定位,即从基础研究转向产品研究,也使得联邦政府和工业领域的就业机会减少。曾在这些领域工作的科学家和工程师重新流入市场。

扩大高等教育的需求　人们也一直关注美国研究型大学现行的研究生教育模式与高等教育的广泛需求之间的关系。美国教育委员会前任主席罗伯特·艾特威尔(Robert Atwell)在写给全体成员的最后一封信中指出,博士生教育并不是美国高等教育的王冠,而是我们一些问题的根源。[23]他认为，博士生教育和高等教育市场的需求之间差距巨大。在研究型大学中，相当多的教师游离于高等教育的主流之外，更不用说社会变化和财政现实了。他们不断地努力将研究生克隆成他们自己来帮助他们进行科研。结果，许多在非研究型高校找到工作的新哲学博士变得灰心丧气，他们经常对这些学校施加压力，要求它们成为研究型大学——当然，这就意味着要授予哲学博士学位。艾特威尔宣称研究型/研究生大学模式已在美国的高等教育中催生了强弱等级，而这恰恰背离了国家以及学术市场的需要。

学科专门化与克隆 人们希望哲学博士生们将他们的研究和论文集中在学科领域中的某一狭小方面。尽管人们希望研究生们在他们的论文研究中对某一狭窄学术领域做全面、深入的探索，但人们所希望的是他们能在这个过程中获得阐释和解决更大难题的有效的方法论。在这个意义上，博士生教育的目的就是要学会怎样在非常复杂的层面上学习。从自相矛盾的意义上看，通过这样专门的探究，哲学博士生们获得的训练非常适合进行广泛的研究。具有讽刺意味的是，正是哲学博士这种极专业的教育为日后成为高级通才提供了训练。不幸的是，极少有哲学博士认识到研究生教育的这种特点，也许是因为几乎没有教师承认或评价它吧。

很多新的哲学博士对个人和事业预期的范围过窄。他们觉得他们所受到的研究生训练已经使他们具备了解决高度技术性和专业性问题的能力。当然，他们真正所懂得的也是具有永恒价值的是如何从有效的、根本性的角度去系统地说明问题并且部分地回答问题。大多数人并不了解与那些没有哲学博士学位，但有几年工作经验，已然身在职场的同龄人相比，这些正是他们的优势所在。

然而，如今的科研问题越来越复杂，而且问题的解决也需要有多学科的团队合作。现在新培养的哲学博士，在学术上过于狭隘，过于以学校为中心，时间当然也过长。过于专门化的结果就是缺乏眼光和自信。新毕业的博士们常常认为自己在探索专业之外的领域方面是缺乏训练的。造成这种结果的部分原因在于典型的研究生课程缺乏严格的广度要求，也是因为对那些不想在专业领域里研究得过专过窄的学生不加以鼓励或很少鼓励，而是有很多含蓄的劝阻。

封建体制 美国基础研究的成功主要是依靠无数个人的努力，这从研究者申请研究资金这一过程中可以得到体现。这种对个人的重视明显反映在研究型大学的晋职和终身教职制度上,在研究生教育中也有所反映。哲学博士的培养最好形容成是学徒的学习。人们希望研究生们要早早地、紧紧地把自己同个别导师联系在一起。事实上,由于许多人的学业都由科研基金支持,这就要求这些学生去做与导师的科研基金相关的工作,几乎没有机会来拓宽自己的学习或者兴趣。在多数大学里,研究生论文的指导老师决定哲学博士生的研究内容、修业时间和经费,直至论文完成并通过论文答辩。在最好的情况下,研究生学习的这一最后阶段可以是非常有益的,这是由于在有经验的论文指导教师的指导下,研究生不仅了解了基础研究的错综复杂,也了解了教师行业的难题。但这也正是许多问题的所在。

许多教师几乎没有指导研究生的经验,有时会出现管理不当的现象。有时候,教师只是对学生的学习不够关心和注意。还有的时候,他们甚至希望延长学生的学习时间,以便他或她能继续为这个教师的某个关键科研项目出力。在不同的学科,研究生和论文导师的关系本质上也大有不同。例如,在自然科学和工程学科领域,研究生在实验室里和导师肩并肩地工作,几乎每天都进行交流。相反,在人文学科领域,普遍的是研究生和导师每年只见几次面,有时几乎得不到什么指导。

尽管绝大多数的教师都把指导研究生看成是非常重要的特殊待遇和神圣的责任,但无疑也存在剥削的情况。有些教师采取的几乎是带有封建色彩的态度,把研究生首先看作是为他们的科研项目工作的奴隶,而不是接受教育和攻读学位的学生。结果,一些研究生被严重滥用,被要求去做和他们的学习不相关的仆人般的工作,花费了很多不必要的时间,还要忍受教师的不负责任。

学生们很少会抱怨对他们的滥用,这并不奇怪,因为在多数的研究生计划中,教师对研究生完成学位和就业有着最终的控制权。大学也极不情愿干涉学生和导师之间的这种关系,甚至是嫌疑很重或有证据表明发生了明显的虐待事件的时候,大学也懒得插手。很显然,有必要改变研究生教育这种现行的模式,即使遇到教师为了维持现状而强烈地加以抵制也要改变。

联盟 美国大学中研究生助教建立联盟组织的趋势主要是受到经济问题和关系力量的推动。这也许部分缘于对研究生的滥用。在我们研究生教育的封建文化下,对研究生的滥用经常发生。在这种封建文化中,单个导师对研究生的学术进程、职业,甚至是生活质量有着绝对的控制权。如今,16所规模最大的大学都有研究生助教联盟,包括威斯康星大学、密歇根大学、加利福尼亚大学,以后可能会有更多的追随者。

然而,这些努力也许并不符合研究生们的最大利益。多数的教师对研究生都很负责,指导他们的研究和专业发展,还经常争取基金来资助他们的学费、生活费和科研活动。教师们努力工作为研究生教育获取经费,并推动大学把研究生教育作为扶持的重点。不幸的是,联盟组织不仅带来了新的参与者,还把一种新的对抗性文化带到教师和学生间本该是相互受益和互相支持的关系中。在集体谈判的框架内,联盟领导层直接和大学的管理者谈判研究生的地位。具有讽刺意味的是,教师和研究生都放弃了大学最珍视的价值——学术自由,因为每一件事情都可以在谈判桌上了断——不仅是补偿和福利,还有像课程结构、班级规模和研究生助教的选聘等学术上的事情。劳动管理谈判的对抗性质与应该存在于大学教师和研究生之间的平等的、以学习为中心的关系形成了对立。

虽然建立联盟可能是解决研究生福利或者教师责任等问题的办法,但重要的是我们认识到这种运动在一定程度上反映了要真正变革研究生教育性质的需要。研究生院的教师有责任面对现行研究生教育制度的缺点,这种制度常常容忍那些感觉迟钝或无责任心的导师对研究生的严重滥用。他们需要了解并弥合研究生教育和当代大学在其教学和科研上越来越依赖于研究生的劳动而导致的裂痕。认识不足或者没有着手解决现行研究生教育中封建色彩的缺点,将会损害研究生教育,正如将集体谈判这种格格不入的文化强加于此一样。

博士后教育 当然,研究生教育并不是以哲学博士学位为终点。在许多领域,一所大学科研实验室的博士后职位不仅很普遍,而且也是获取以后学术职位的必要条件。可以肯定的是,在某些领域,博士后职位有很强的智力方面的理由。这种水平的高级培训和专门化不能在常规的博士计划内完成。或者,一个人需要有同资深科学家工作的经历,不仅学习高级的科研技巧,更要学习获得资助的诀窍。博士后职位也使年轻的学者能够为一个更永久的职位积累发表的成果。

在过去的二十多年中,许多领域博士后职位迅速增加——从1975年的16829个到1995年的35379个——还有其他的原因。我们已经提到在生命科学等领域哲学博士培养过多。结果,尽管博士后只是临时的,对于那些不能找到永久性科研工作的博士或那些需要更多时间来积累工作所要求的论文的博士们来说,博士后已经成为一种过渡的方式。很多学者在无法找到更长久些的职位时,花5年或者更多的时间做博士后研究,常常从一个博士后站点转到另一个站点。这就导致了一个科学家所说的"拉瓜地效应"(Laguardia是纽约的一个国际机场,意即人来人往的中转站——译者)。许多新毕业生都围着博士后的职位转,消耗着重要的、有用的智力燃料,等待着获得永久学术性或者科研职位的机会。"[24]

也许更重要的是博士后在科研领域中所发挥的作用。与研究生不同的是,博士后有能力在实验室或者高级科学家的研究小组中取得丰硕的成果。他们有着很强的动力,工作极其努力,因为他们认识到,他们作为博士后的表现对于日后获得就业所必需的教师推荐信来说是至关重要的。他们很廉价,其工作的报酬一般只是教师或者科学家工资的一小部分(20%~30%)。事实上,由于不为多数博士后这种高级培训估算学费,因而许多机构中资助博士后要比研究生花费少。

因此,博士后人员成为许多机构中科研的骨干力量就不足为怪了。事实上,有人甚至嘲笑说博士后就是科研产业的流动工人,因为他们在找到一个永久工作之前,有时被迫从一个项目到另一个项目,从一个博士后站点到另一个站点,甚至是从一个机构到另一个机构。而且,与研究生相比,他们更是任由导师摆布,几乎没有大学的关照或保护。

绝大多数院校很少会做出努力来控制博士后的数量和质量,因为人选的确定、招收和资助都是通过个别教师来进行的(事实上,根据最近的调查,有些院校甚至不知道它们校园中博士后的数目)。[25]高校几乎没有管理博士后的政策,比如补偿或者福利政策、职位的时限等。除了导师的努力之外,高校基本没有博士后工作安置服务。大学对博士后缺乏监管,以及在一些学科中博士后教育发展成为教师终身教职轨道上的实质性的条件,这造成了学术领域让人难以接受的变化和不稳定状态。

根本性问题

困扰研究生教育的关键原因可以总结为一系列的问题。首先,研究生教育的目的是什么？是培养国家所需要的未来的科研人员吗？很明显,研究生教育的现行体制在这一点上做得相当好。研究生教育在培养高等教育所需要的教师上的作用是什么？一些人认为研究型大学现行的研究生教育模式不能满足大部分学院和大学的需要,比起科研,这些院校更强调教学。那么,在对下一代科学家、工程师和其他学科专业人员的培养上又怎么样呢？研究生教育应该在一定程度上为医学、商业和法律等关键专业提供教育背景吗？人们感觉到越来越多在自然科学和工程学方面受过高级训练的学生正转向其他的专业领域,如医学、法律和商业。我们的研究生教育应该对此做出回应吗？

除了培养人力资源,研究生教育通过研究生科研或教学辅助,在提供保证大学科研和教学使命所需的人力方面应该发挥怎样的作用呢？遗憾的是,自然科学和工程学领域的许多研究生计划,其规模极少是由国家需要或者哲学博士的就业能力来决定的,更多的是由所在院校的科研项目或者教育计划所需要的研究生助教的人数所决定的。

大部分哲学博士计划传统上将自己的作用定位于培养下一代的学者,也就是自我复制。研究生教育在培养那些未来职业重心为学术研究的学生方面是非常高效的。但是一半以上的新的哲学博士将会就职于非学术界和非科研机构,我们的研究生教育应该让他们为拓宽了的职业角色做好准备。绝大多数的学术性职位将会在那些不强调科研的学院和大学里。

现行的研究生教育模式在何种程度上适合于研究生可以获得的更广阔的职业呢？现行的体制强调专业化和研究的深度,这种做法经常被指责为克隆现在的科研教师骨干。尤其是专业化的培训,使研究生没能做好在那些注重本科生教育的大学中承担更多教师之责的准备。

资助研究生教育最好的方式是什么？从教师的角度看,研究生助教奖学金无疑是首选,因为它使得主要的研究者可以最大限度地控制研究生。然而,也有人会坚持认为,研究生科研奖学金最基本的目的不应该是为科研项目提供廉价劳动力,而是要支持研究生教育。

研究生奖学金是科研助教奖学金之外的传统选择,尽管人们对这种研究生的资助方式也有担忧。这些担忧包括是否研究生与教师的研究兴趣过于分离,是否这些奖学金具有的流动性会使最有名望的高校受益(更不必说那些环境好的院校了)。

另外一个引人注意的资助是研究生津贴。研究生津贴和奖学金之间最主要的区别在于这部分资金是为某一特定目的或项目拨发给大学的某些项目计划和学院的,然后再由这些高校分派给研究生。尽管研究生津贴在自然科学和人文学科领域不是研究生资助的主要形式,但在其他领域却是研究生资助的重要形式,例如保健科学,因为这些津贴可以使研究生教育得到更好的设计。

最后,研究型大学的研究生教育和其他高等教育的关系是什么?人们有这样的认识,即研究型大学——实施研究生教育最多的地方——离国内外迅速变化的高等教育越来越远。过去,这些大学不仅为美国的高等教育培养了绝大多数教师,也为其提供了最多的教学模式和课程内容。如今,研究型大学的模式对我们社会的学习需要是否适用,正受到人们的严厉质疑。

行动日程

为了应付这些挑战,我们需要考虑各个层面上可能采取的行动——研究生院系、大学、全国的高等教育。

院系层面 在院系层面上采取的行动可能会最有效地回应研究生教育所面临的挑战。尽管研究生教育的规模和哲学博士的培养都是很重要的问题,但这些一般不是院系层面上的问题。管理研究生教育的基本政策和规章制度也不是这一层面所决定的。最直接影响这一层面的主要是由研究生和导师之间关系所决定的研究生文化。

正是在院系层面上,人们需要认真分析多年来发展起来的研究生教育中的封建体制。尤其是各系和系领导必须在研究生与教师的关系中有更强的责任感来保护研究生的利益,在研究生与教师的关系中,教师的角色或是论文答辩委员会主席,或是科研项目主持人,或是教学指导。除非有人正式提出申诉,否则人们不会去审视这种关系。这种善意的疏忽必须要被一种新的文化所取代,在这种文化中,系里的全体教师要为研究生的福利负起责任。学生的学习计划应该是全系或整个项目的责任,不能由某一位导师来控制。导师对研究生指导的质量和特点应该进行经常性的评估。如果出现了比较罕见的滥用研究生的现象,不管是由于导师缺乏经验或是性格的原因,都应该毫不犹豫地收回导师指导研究生的权力。

各系应该仔细考虑研究生教育的规模。研究生的规模应该由导师的数量和就业机会来决定,而不应由教学和科研所需要的研究生教学和科研助教的人数来决定。各系应该尝试寻求一些其他的途径来满足对研究生助教的这些需求,例如,利用兼职教师来辅助教学或者是专职固定的科学家来满足科研项目的需要。研究生教育的最主要目的应该是教育学生。有些活动的价值,如做助研或助教,应该根据它们对教育学生所做的贡献来评价。

　　各系应该在为研究生提供就业信息和助教、助研职位信息等方面多做工作。虽然许多教授已经努力为哲学博士生安排工作,但教师们应该有更强的责任感来安排学生就业。这确实也是强调哲学博士培养和社会需要结合的重要性的一条途径。当然,研究生们应该获得最新的、准确的就业信息。这不只应该由研究生部门直接提供,学术性的单位也应该考虑为研究生就业任命一位教师作为调查员。任何一位承担论文答辩委员会主席之责的导师也应负起安排博士生就业的责任。

　　最重要的——也是最困难的——就是要让导师们转变他们传达给研究生的价值及期望。现行的体制更趋向于要复制自己,所培养的研究生承担越来越狭窄以及越来越有限的学术和科研的角色,极大地忽视了优秀学生的更广泛的兴趣,忽视了这一代学生日渐增强的多样性以及这些高学历人才在我们社会中所要发挥的复杂的、迅速扩大的作用。21世纪的机遇与导师们自己当年做研究生时已完全不同,这个时代要求更广博的学识,对科研和教学更全身心的奉献,以及更强的适应性。

　　大学层面　在大学这一层面,明显需要扩大对哲学博士的要求。在保留科研培训的模式以及被广泛认可的现行体制的长处的同时,如果我们的学术机构和它们的研究生被要求为社会做出最大的贡献,我们就必须实行变革。我们需要设置那些强调学科交叉的博士计划,也要设置包含不同学科间学者们合作的计划。必须认真关注培养跨学科人才和对高度专业化领域有深入理解的人才之间的适当平衡。在某种意义上,我们可以把哲学博士重新定义为研究生通识教育,不再是学术的克隆,相反,是要为一个人终生的学习做准备。

　　那些拥有校外经验和关系的博士生显然会有着更多的工作机会。为了培养更全面的研究生,研究生教育就应该提供各种选择,使学生有可能获得更加多样的技能。不应该让研究生过分专业化。为达到这一目的,重要的是要让学生对就业市场有更现实的看法。尤其是他们对那些非研究性院校对新教师所要求的经验和训练要有更深入的了解。

  大学应该通过在某些领域设立一体化的、面向实践的学位课程来更好地迎合社会的需要,这可以通过重新定义硕士学位或建立博士培养的其他方式来实现。全国都很关注如何使研究生获得实习经验。[26]为学生提供在工业领域、政府部门或各种学术机构工作经验的各种实习计划,在拓展研究生教育方面是非常有益的。教学实习也可以达到这一目的。对学术工作感兴趣的博士生可以在不同类型的教育机构中实习一段时间,也许是文理学院或者社区学院。

  大学层面的另一个挑战是缩减获得学位所需要的时间。在过去的几十年中,获得哲学博士学位所需要的时间稳定增长,有的时候甚至成倍增长到了 10 年以上。大学、大学的研究生计划以及导师都有责任缩短攻读学位的时间。甚至有人建议采用一种根本不同的方式,学位计划确定一个固定的攻读学位的时间段。要进一步考察,人们可以设想所有的学生都从一到两年的理科硕士计划开始,这个学位也可以作为那些对法律、商业或医学等专业感兴趣的学生的最终学位。哲学博士学位要求包括学位论文在内的两年额外的学习时间(或者包括理科硕士学位在内,总共 4 年时间),足以胜任绝大多数公共或私人部门的高级职位。最后,有兴趣在学术或基础研究领域工作的学生,可以通过博士后学习达到进一步学习的目的。这些学习可以提供科研所需的高度专门化的培训。[27]

  这样巨大的变化也许会在学术界内部引起很大的争议,也一定会有人反对,认为就精通某一领域和进行原创性研究所需要的时间而言,不同的课程计划以及不同的个体之间存在着巨大的差异。当然,也会有人就医学等复杂领域的专业教育提出论据,即这是一种长久以来被大家接受的时间固定的教育模式。对一些研究生教育计划来说,代替争论的应该是切实设立和实施固定学期学习的博士计划,让研究生和雇主市场来决定哪一种更合适、更有吸引力。

  国家层面 越来越明显的是,大学内部来自市场的培养哲学博士的动力在减小。更明确的是,在哲学博士的供应和市场需求之间几乎已没有什么联系。也几乎没有内部或外部的刺激要求研究生计划减少哲学博士的培养量。在多数大学里,哲学博士计划的规模和博士的培养主要由大学对教学和科研助教的需要来决定。特别是在自然科学领域,决定哲学博士培养的主要是科研资金的水平,而不是我们社会的需要。

迅速缩减那些博士供应过剩领域的研究生教育规模会引起科研事业的混乱,但是在有些领域,如生命科学,已经有限制研究生教育进一步增长的要求。困难肯定会有,因为只要联邦政府的科研基金继续流向各系,就会有扩大博士培养规模的压力。不过,大学和联邦政府应该共同努力,以在研究生计划的规模和可以获得的就业机会之间达到很好的平衡。

目前看来还没有严格限制外国学生修读研究生课程的情况,留在美国的外国哲学博士毕业生为这个国家的利益做出了重大的贡献。而且,已经有迹象表明,那些向美国派出留学生人数最多的国家,其迅速发展的经济正在创造出大量的就业机会。因此,许多学成的外国博士,不管是新毕业的还是有经验的,正开始回到自己的祖国。

我们支持研究生教育的方式一直受到特别的关注。现在的以科研为中心的模式趋向于把研究生教育看成是由科研基金的数目决定的副产品,或者看作是研究项目的廉价劳动力来源。由科研助教奖学金支持的研究生被迫为其导师的科研项目工作,而这些项目通常都和他们论文的主题无关。特别是如果研究生对科研项目做出了有价值的贡献的话,缩短获得学位的时间就没有动力。研究生也没有机会选择其他的课程来开阔视野。

在研究生教育的资助上,科研助教奖学金、教学助教奖学金、研究生奖学金和研究生津贴之间需要达到一个比较好的平衡。为了实现功能多用,联邦政府对研究生教育支持的机制也应该拓宽。从研究生奖学金和研究生津贴转变到科研助教奖学金,作为20世纪70年代早期支持研究生教育的主要形式,这就使得培训主要由赞助科研项目的需要来决定。也许比较均衡地利用培训基金、研究生奖学金和科研助教奖学金会使研究生教育更灵活。全美卫生研究所(NIH)长期以来利用精心设计的培训基金计划来加强关键领域的研究生教育的发展,并对此进行扶持。这种模式在研究生教育的其他领域也应该普遍应用。

联邦政府能够对人们关注的问题如修业年限施加重要的影响。

它可以在同行评议的过程中加入适当的刺激因素,使这些因素与人们所提议的学术性课程获得学位的平均时间相挂钩。这就需要认识到对研究生教育的支持是所有政府部门的责任,因为它们利用高校的科研成果,雇用高学历人才。

对新的国家政策的需要

在过去的半个世纪中,研究型大学在满足社会对科研、训练有素的学者以及科研人员的需求方面取得了显著的成功。然而,如今这些需求很多已经改变。研究型大学在研究生教育中的作用和其活动的性质正受到质疑。

由于第二次世界大战后联邦政府的政策在促进美国研究型大学的发展上起到了关键性的作用,所以人们也就有理由希望政府能够在解决研究生教育的某些问题方面发挥适当的作用。毫无疑问,我们国家的繁荣、安全和社会康宁仍将需要有足够多的高学历毕业生。自从以20世纪40年代的《退伍军人再适应法》和20世纪60年代的《国防教育法》(National Defense Education Act)为代表的教育方面大规模的努力以来,几十年中美国就没有一个明确的、一致的与研究生教育有关的人力资源发展方面的政策,这不能不令人担忧。相反,国家放任自流,其人力资源的培养在很大程度上是联邦科研和开发项目的副产品,而没有对国家需要进行战略性考虑。

就国家而言,势在必行的是对能够反映国家目前和未来需要的研究生教育有清晰认识并制定一致的联邦政策。[28]这个政策应该同有关研究和技术开发及应用的政策紧密协调在一起。应该通过联邦项目来实行,这些项目应该能够持续足够长的时间,以便在学术文化方面产生必要的改变,并且去扩大接受研究生教育的人在我们这个知识驱动的社会中所能发挥的作用。这项政策还应该反映国家需要不断变化的性质以及美国人口的日益多元化。

尽管人们一致认为美国的研究生教育质量一直以来都是最好的,但已出现了压力增大的迹象。这时候,教师、大学和国家的领导者要迎接挑战,担负起制定一套新政策、方针和行动的责任,这些新的方针政策不仅要适合于研究生教育,还要满足社会在新世纪中不断变化的需要。

专 业 教 育

美国大学最重要的使命之一就是要为学生提供某些专业性工作所需的高等教育。早期的殖民地学院主要培养神职人员和公职人员。随着时间的推移,大学引入了不胜枚举的专业教育计划以服务于日益复杂的社会。人们所熟知的如医学、法律和工程学等专业如今与知识管理、卫生系统管理等新兴的专业领域并存。

尽管在本科生教育中通识教育仍然是多数大学的核心任务,但它们在专业教育上也付出了相当大的努力。[29]事实上,由于许多专业学院(特别是工程、商业、法律和医药等)规模庞大,许多大学把师资和财政资源的重要部分——在很多情况下是绝大部分——投放到专业教育中。

专业教育在大学中的位置

如果把大学看作太阳系,按照哥白尼的观点,将会把文理学院以及它的核心学术学科作为太阳,四个内层的行星就是最有影响力的专业学院——医学、工程、法律和商业,然后就是其余专业学院的一系列椭圆形的轨道,这取决于它们在一个特定院校中的质量和重要性。事实上,有些大学已经差不多形成了双星系,在这种星系中,医学中心的规模和财政重要性几乎和大学其余部分相媲美。我的一些文理学院的同事认为,更合适的比喻应该是大学就像是围绕着一个巨大黑洞运行的星星。

不管它们的首要职责如何,现代大学中本科生教育和研究生教育在学术科目上都具有很强的专业特点。对于那些旨在为诸如工程、护理、教学或商业等专业性职业培养学生的本科生教育而言确实如此。那些目的在于为研究生阶段的专业课程做准备的"专业预备"本科专业,如医学预科或者法律预科,情况也是这样。甚至传统的学术专业也是建立在一系列的课程之上,而这些课程的目的是使学生做好在这一领域继续研究生学习的准备,也就是说为大学教师或学者等可能的职业做准备。在这个意义上,现代大学极力致力于专业教育和培训。事实上,这并不新奇,因为中世纪大学也是以神学、法律和医学等学术性专业为基础的。

但是也有一些很重要的不同点。因为绝大多数专业教育都要求与专业实践领域建立密切的联系,专业学院趋于紧密迎合社会的需要。专业实践和服务通常也是人们所预期的学生和教师活动中的组成部分。而且,由于专业学院和实践联系紧密,这些学校会更快地反映社会的变化。近些年来在医学院和商学院发生的巨大变化就是很好的例证。

在绝大多数专业学院中,教师和学生之间的关系也有所不同。多数专业学院的教师对培养下一代专业从业人员非常负责。这使得学校有一致的智力中心,除了这些,团队精神使学生和教师结成紧密的专业小社会。这与以学术科目间联系松散著称的本科生教育形成了鲜明对比。调查结果通常表明,专业学院的学生不仅学习动机更强,而且对他们所受到的教育也更满意。

然而,专业教育也有自己的缺点。例如,教师要平衡专业实践与教学及学术之间的关系,这一点常会给教师带来不寻常的压力,尤其是在获得永久教职之前的试用期内。在医学等卫生专业中这一点特别突出,临床专业的教师背负着很大的压力,他们要通过临床活动来获得经济来源。

专业实践所要求的知识迅速增长,这就使得许多专业学院的课程过多。这在工程学等本科专业学位课程计划中尤其严重,因为这种趋势是容纳越来越多的专业内容,牺牲本科生教育中的通识教育成分。知识过载(knowledge overload)导致许多专业学院对课程进行大改组,其中以医学和商业管理最为突出。

尽管很多本科生继续进行研究生学习或者进入专业学院,但最近几年中在诸如密歇根大学这样的研究型大学里出现了一种引人瞩目的趋势。我们发现,大约有1/3的四年级学生申请进入法学院。这些人中的绝大部分都会被录取并进入全美各地的法学院。然而,他们当中的很多人从没想过要成为执业律师;相反,他们把法律学位看作是进入商界和政界的通行证。他们明白学士学位,尤其是文科学士,不足以让他们找到有挑战性的工作,所以他们选择法律以便拿到以后成功的通行证。

当然,并不是只有法律吸引着普通学科的毕业生。大约有20%的毕业生会进入医学院。另外有20%的学生最终会进入商学院,尽管通常是在他们获得了大多数商学院课程所要求的工作经验之后。

这种面向专业学院的趋势与20世纪60年代的情况形成了对比，那时候学术性学科的研究生教育更受欢迎。但是如今，人们认为研究生院是在限制而不是扩大一个人的机会。而且，与获得博士学位等研究生学位所需要的冗长而时间不确定的学习相比，课程明确而又有时间限制的专业教育更能吸引学生。

然而，这种趋势也引发了一个令人感兴趣的问题：如果像法律和商业这样的专业课程计划成了有广泛职业兴趣的研究生们实质上的"通识教育"，那么这些专业学院的教师们就需要重新思考他们教育计划的本质了。毕竟，比起那些传授诉讼技巧的专业教育，一个公共或公司领导的教育也可以来自于不同的教育经历。他们也许会需要一个有些不同的价值体系，在这种价值体系中，真理是没有商量余地的，而底线也不总是首要的目标。

专业学院教师在大学中的作用

多数专业学院的教师都会认识到本科生教育和通识教育所发挥的重要的、中枢的作用。然而，尤其是在公立大学中，专业学院与那些文理学院相比拥有长久的传统和声望。虽然总是会有学术上的偏执，很多专业学院教师的工作领域与传统的学术性学科紧密相连，并且可以不费力地跨越学科间的界限。专业学院同样为高质量的教育和学术发展做出了巨大贡献。

专业学院的教师与学术性学科的教师一样有着牢固的、严格的学术和教学传统。许多专业学院教师的教育背景和学位与那些文理学院的同事相比本质上没有什么差别。确实，与那些高度专业化的文理学院的同事相比，他们所受的"文理科教育"更多。看起来有些奇怪——也很有讽刺意味的是——文理学院的教师有时会看不起专业学院的同事，把他们看作是大学里的二等公民。实际上，这些专业学院的教师常常是大学最受尊重的教师、学者和公民。

认识到很多专业学院的教师对本科生教育相当感兴趣也是很重要的。他们作为专业实践者的独特经验，再加上他们自己的学术训练和兴趣，可以使他们为本科教学和科研做出重要的贡献。

专业教育的未来

现在的大学毕业生面临着这样一个未来，其中不间断的教育将会成为终生的需要,因为他们一生中会多次更换工作,甚至是职业。为这样的未来做准备,学生就需要有继续学习的能力和愿望,能适应变化和多样性,并且在创造和适应未来的新思想和新形式的同时,能够欣赏过去的价值和智慧。当然,这些目标就是那些通常与通识教育有关的目标。

不幸的是,许多学生甚至在本科阶段就被迅速引入专业学习和培训,因为他们选择主修本科层次开设的那些专业课程,如工程、教育、护理、商业管理、美术和音乐。尽管许多这样的本科专业课程计划都试图通过在文理科领域设立一定要求的方式来扩大学生的教育经验,但这些专业迅速扩大的知识基础使得课程中专业训练的内容越来越多,这也是实情。

我们的研究生院和专业学院都善于培养各类专家。虽然知识密集型社会确实会需要高度专门化的专家,但借助智力软件的帮助,我们在全球知识网络中获取专门知识的能力也许将会使教育的广度要比许多专业中的深度更有价值。知识的时代将需要受过广博教育的问题解决者,这些人能够轻易地跨越专业的界限。显然这将需要更加重视通识教育,将其作为进一步进行专业学习的准备。

一种方法是把所有的专业教育和培训转到研究生层次。这样的话,首先就要求学生在进入专业学院之前获得一个文科或理科学位。但是这种方法面临着障碍:首先,这会给学生带来巨大的额外的经济负担;其次,这样的转变从雇主的角度来看可能不会伴以专业学位价值的显著提升,至少从起点工资上衡量是这样的。

现行专业教育的方法要求学生掌握有代表性的知识,人们希望这些知识在以后的专业实践中会有用处。当然,为了能在高度技术化的专业领域工作,如医学和工程学,某些层次的基础训练是必要的。但是商业管理呢?大多数商业领域的入门职位很少会用到在工商管理硕士课程计划中所学到的技能,相反,所需要的通常是在职培训中所学的东西。自然,大学教育所提供的更正规的知识和技能在人们以后的事业发展中会很有价值,但是不管是从学生的角度,还是从雇主的角度,在获取所需要的教育之前,等到需要某种技能的时候再学效率将会更高。

在一个不断变化的世界中,我们不应再设想专业教育能为一个职业提供足够的知识。或许我们应该更依赖"及时式"教育,即以模块方式提供的实用知识,而且当从业者在某个时候或某个地点需要的时候,甚至可以通过远程学习模式来获取这些知识。

这样的及时式教育在许多专业变得越来越普遍。例如,许多商学院发现,与传统的商业管理学士或工商管理硕士课程相比,他们的教师更多地参与到非学位的继续教育课程中(如行政人员的教育)。他们感到这种课程中的学习更有效——学生们更成熟,并且更有动力。而且,由于学生和雇主清楚地知道这种学习的价值,他们更愿意为物有所值的教育付费。

知识时代的一个最重要的含义就是需要终生学习。没有这样不断的学习,很多毕业生将被世界中出现的迅速变化所淘汰。终生学习的需求给高等教育带来了巨大的挑战,因为越发明显的是,以学校为基础的学位模式将不能满足这种新的需求。尽管很多高校已经建立了独立的教育部门为成人学习者服务——如推广教育、继续教育和终生教育等——但这些都被习惯地看作是非优先性的活动。

甚至在今天我们也看到世界上变革的力量将要求持续的学习,伴随这种学习的是各种教育层次和目标的融合——从广泛的通识教育到专业教育到专门的培训。学习、工作和生活在真正意义上交织在一起,在性质和内容上密不可分。在这种学习文化中,通常被我们看成是获得机遇所需要的学位,将会被更为即时的知识和技能所取代。大学的教育活动需要更能贯穿于学生的职业生涯及他们的一生当中。

更新大学的教育职责

大学所面临的挑战之一就是要解决同教育使命相关的自相矛盾之处。其最根本的使命应该是开发人类的潜能。然而,大学所制定的录取政策通常都注重选拔而不是开发人的才能,甚至是它们的课程只是用来淘汰和筛选,而不是培养学生的能力以进行某些课程学习。大多数大学都致力于创造性的学术成就和公共服务,然而很少有学校将这些活动统一到本科生教育中。

而且,学术界趋向于排斥那些能够改善学习的知识和技术,尤其是当它们威胁到熟悉的教学模式的时候。因为所有的重点都放在了科研上,大学不愿意用它们重视科研的严格方式来研究自己的教育活动。尽管大学在开发改变我们社会的信息技术方面发挥了领先的作用,但它们把信息技术应用于教学的速度却相当缓慢。当面对解决本科生教育的挑战时,教师们倾向于对课程的细节进行玄之又玄的争论,而不是致力于提升体现大学教育持久价值的全部的学生经验。

教师确实必须重新取得对本科课程的控制,摆脱相互分裂的各系的专制,而且要把课程建立在学生需要学什么而并非教师想要教什么的基础之上。尽管一般来说文理学科特别是人文学科对这样的努力会有极大的帮助,但它们不能垄断大学的智慧。本科生教育的许多目的——批判性的思维、交流技能、判断和容忍——也可以通过专业课程来实现。

然而大学教育的价值远在课程之上。它包括在一个学习社会中学生、教师和员工之间的一整套复杂的经历,它们的背后是大学所提供的丰富的智力资源和机会。它依赖于个人间的关系,有些正式的关系通过学术性课程,很多非正式的关系是通过课外或社区经历。在这些大学所提供的经历和关系的中心是对学习的专心追求,使人们认识到探究、发现和创造理应是大学教育所有层次的基础。而且,大学中所有的成员,无论是学生、教师还是员工,都是学习者。

第五章　科研与学术

政府关注的所有问题——健康、教育、环境、能源、城市发展、国际关系、空间领域、经济竞争以及防御和国家安全,其解决之道都依赖于创造新的知识,由此依赖于美国研究型大学的健康与活力。

——国家科学基金会主席艾瑞奇·布洛克(1986)

在20世纪,人们普遍地把大学的科研职能看作是高等教育的一个较新的特征。然而,这种把学术研究与教学融为一体的做法首先出现于欧洲的大学,并且于19世纪中叶被引入美国的高等教育。随着19世纪的推进,在新的科学方法以及工业革命需求的推动下,知识开始以惊人的速度扩展。从欧洲返回美国的学者们为高等教育带来了崭新的研究视角和学术自由。在这一时期,随着科研人员日益专业化,"系"作为一种建制迅速涌现,由此形成了我们今天所熟知的大学中的学术形态。

通过校园内的学术研究以及校园外的推广活动,大学成了美国农业发展以及向工业社会转变的关键。随着大学成为战时活动的重要的参与者,第二次世界大战为更多的活动提供了诱因,大学在诸如原子能、雷达以及计算机等领域取得了科学上的重大突破。在这一时期,我们的大学在开发知识并将其传递给社会以及作为一个充分的合作者与政府和工业界联手解决国家关键性的问题方面获得了宝贵的经验。战后,一种导致联邦政府与大学形成合作关系的新型社会契约逐步形成,这种合作关系的目的是支持和进行基础研究。由此,导致了一种新的高校模式——美国研究型大学的出现。

由瓦内瓦尔·布什(Vannevar Bush)主持的一个研究小组发表的有重大影响的报告——《科学,无尽的疆域》(Science, the Endless Frontier)强调了这种合作关系的重要性:"既然健康、福利和安全是政府本应关注的,那么科学的发展与进步势必会成为政府至关重要的利益所在。"[1]这种合作关系的核心是发放联邦政府提供的竞争性的、同行评定的基金以及大学和政府赞助者间契约关系的框架设置。联邦政府以这种方式为大学的研究者提供资金,让他们按自己的方式从事研究,并希望在军事安全、公众健康以及经济繁荣等方面产出对美国社会有重要意义的成果。

这种联邦政府和大学之间的合作产生了非凡的影响。联邦所支持的大学中的学术研究项目极大地加强了美国研究型大学的科学声望和成果。这种产生于校园内的基础研究已经对社会产生了巨大的影响。[2]这种学术研究在诸如医疗、农业、国家安全以及经济发展等应用性较强、目的性明确的领域中也发挥了极其重要的指导作用。这使得美国成了世界基础科学知识最主要的来源。它培养出众多受过良好训练的科学家、工程师以及其他能应用新知识的专业人才,并且为电子及生物技术等全新的工业奠定了技术基础。

在战后的数十年中,美国大学持续发展、变革。尽管新学科以及专业学院的形成速度有所减缓,但专业化的趋势却日渐增强。各系之间更为独立,在某些情况下,"系"由一些松散的教师小联合体构成,这些教师在某些精深的分支领域中与其他大学同行的相同之处要比同一所学校的同事们还多。对科学的慷慨资助也加宽了社会科学、自然科学以及人文学科之间的鸿沟。

由于"知识爆炸"的驱动,学术性学科内的专业化成了高等教育的重要走向之一。它使得学者和学生能对某些特定课题进行深入研究,与此同时形成能够协调一致进行交流与辩论的集中的学术圈子。然而在变化速度加快的今天,很显然我们需要对以学科为中心的大学文化和结构进行基本的改造。新的资助政策使这种改造变得越加紧迫,原因是资助机构越来越倾向于为那些由交叉学科的学者组成的研究小组提供资金。我们已经进入了高等教育中另一个学术迅速变革的时期。

所有的这些因素——国家优先发展对象的改变,智力潮流的转向以及大学本身特性的演化——都显示出美国高等教育的基本使命,即研究与学术,也同样可能发生改变。

政府-大学间的研究合作关系

上半个世纪学术研究中的基本结构在布什报告中有所描述。那篇报告的主旨是国家的兴旺、经济及军事安全需要不断应用新的科学知识,并且基于国家利益,联邦政府有义务确保基础科学的进步以及专业人员的培养。报告强调联邦政府的支持与赞助对于知识进步是极其关键的。它坚持这样一个不证自明的原则:政府必须保护"探究的自由",要承认科学的进步来自"自由的知识分子自由的行动",他们被解释未知的好奇心所指引,研究自己选择的课题。[3]

由于联邦政府认识到它没有能力有效地管理研究型大学或它们的研究活动,因此这种关系本质上演变成一种合作关系,在这种合作关系中,政府提供相对不受限制的资金以支持大学中的部分研究工作,同时希冀"绝妙的事情会发生"。正如学术研究的质量和影响所显示的,它们的确发生了。

联邦政府的资金通过一系列联邦机构来分流:基础研究机构,如国家科学基金会和全美卫生研究所(NIH);特殊使命机构如国防部、能源部、国家航空航天局(NASA)、农业部;其他各类联邦机构,如商业部、交通部和劳工部。在大多数情况下,用以扶持科研的机制是通过评优选拔研究基金的支持对象,做法是大学研究人员自愿提交他们感兴趣的科研课题的详细计划。负责资金的机构随后邀请各方面的专家,包括研究者的同行,来考察课题研究方案并对其质量和重要性进行评估。在这种考察及可利用资金的基础上,该机构再决定对某一课题是提供资金支持还是否决。如果决定给予资金支持,申请课题的学校将会得到一笔基金用以支持课题的研究工作,时间通常是一年至几年。

虽然源于自愿申请的基金支持是最普通的扶助形式,有些资金部门也会精选出一些符合计划要求的学校来从事具有特定目的的研究。举例来说,国家航空航天局可能为某项空间任务寻求一种特殊类型的科学仪器,或者是国防部可能需要更好地了解从特殊飞行器机翼反射的雷达信号。诸如此类的研究通常是通过资金部门及项目负责院校间的研究合同,而不是通过相对不受限制的资金来实现的。

最常见的研究资助形式是向个别教师提供研究经费,即所谓的单一研究员科研经费。这些经费用来支付:研究人员的部分薪水;做辅助性研究的学生及其他研究人员的工资;设备和设施;以及诸如出差旅行、出版等临时性费用。此外,经费也会为学校的一些费用提供支持,这些费用往往与研究项目有关但又很难从项目的角度来明确,这些被称为非直接消费或日常开支,这些费用的多少通过承担项目的院校与联邦政府协商而定。

虽然资助也可以通过向大型研究机构提供研究经费或订立合同,特别是通过各种由联邦政府机构所支持的研究中心和实验室来实现,但大多数的资金还是被直接提供给个人或者是小型研究小组。于是大学校园内便迅速产生了一种文化,它要求教师成为独立的"研究企业家"(research entrepreneur),有能力吸引足够的联邦资金来资助并维持他们的研究活动。在诸如物理学等许多领域,这种能够吸引充足研究资金的能力已成为比发表著作更重要的职称晋升和获终身教职的标准。有些院校甚至采取了放任自流的企业精神,这种精神在一位大学校长所鼓吹的言词中得到了最好的诠释:"我们大学中的教师可以做他们想做的任何事——只要他们能吸引足够的资金去支持他们想做的!"

当然,研究型大学的文化中也存在着许多缺陷。教师们很快认识到,使他们的研究吸引资金的最好方式就是使自己变得尽可能的专业化,因为这样做的结果是缩小了可能参与其研究项目评估的同一领域同行的范围。大学鼓励教师寻求更多的赞助资金用以支付他们的部分薪金,这样把省下的资金用来雇用更多的教师。结果,许多大学很快就变得过分依赖于赞助性研究项目对教师进行的资金支持。在许多领域,教师争取研究资金的压力极大。因此可以理解的是,比起他们自身所处的大学,许多教师更忠于自己的学科以及给他们提供资金的机构。

研究合作关系所面临的挑战

虽然根据卡内基分类法(Carnegie classification),125所大学被确定为研究型大学,但实际上在全美3600所高教机构中不到60所大学可以被真正确定为研究型/以研究生为主的大学。这些大学是全美乃至全球羡慕的对象。几年前,《纽约时报》的一篇评论称这些研究型大学为镶嵌在国民经济"王冠上的宝石"。它还进一步指出,大学中的研究工作是"纳税人为美国的将来所做的最佳投资"。[4]

实际上,在知识密集型的社会中,研究领域投资回报率是持续增长的。美国当今资本投资的平均回报率约为 10%~14%,但个人的研究与开发的投资回报率估计为 25%~30%。而社会回报率高达 50%~60%,大约是其他类型投资的 4 倍。[5] 在最近的一次调查中,当被问及哪一种联邦政策最能提高长期经济增长率时,经济学家们把对教育与研究的投资放在了首位。

在近期对美国工业专利技术的研究中表明,由公共财政支持的科学研究对经济繁荣的重要性尤为明显。研究显示,这些专利所引用的 73% 的原始研究论文都是基于政府或非营利机构所资助的研究。研究的结论是,这些由公共财政支持的科学研究已成了推动工业发展的"基础性支柱",并且为社会带来了相当大的回报。[6]

如果好消息是从研究与开发投资中获得的利益达到前所未有的高度——我们的研究型大学是世界上最强的——那么坏消息就是美国许多最知名大学中存在的令人惊恐的危机感。[7] 紧张的迹象到处存在。

最近对学术界的广泛攻击已经显示出媒体与政府对整个高等教育特别是研究型大学有一种怀疑,更确切地说,是一种敌意。这一点已经削弱了公众的信任和信心。双方信任的崩溃导致了大学与政府持续升级的对立关系,这种对立关系在近期有所表现,双方在诸如非直接费用偿还、科研作弊以及限制技术信息的流动等问题上发生了冲突。实际上,一些国会议员甚至常对大学研究工作冷嘲热讽。

来自校内校外的压力,例如科研费用的快速增长,公众要求对本科阶段的教学给予更多的关注,正促使大学重新协调其职能,由研究转向教学与公共服务。学术研究者的士气在过去十年中大幅下降,这在一定程度上归咎于争取和使用资助研究资金的压力和所消耗的时间,以及大学内学者小社会的瓦解。正如麻省理工学院校长查尔斯·韦斯特(Charles Vest)所说,如今的研究型大学过分扩张,但重点不集中,压力过大,资金不足。[8]

到底出了什么问题?在某种程度上,我们可以看到美国公众及选举的代表对于科学日渐增加的疏离感。而现代社会中人们所掌握的科学与技术之间的差距也在不断加大。我们可以体验到不断产生的平民主义的力量,它对我们社会生活的许多方面构成挑战——对专业知识、卓越及特权的普遍失信。不幸的是,许多科学家、大学及大学的管理者成了很容易被攻击的傲慢自大和精英论的靶子。

但是,从一个引人瞩目的悖论中可以说明可能会发生其他的问题。对研究基金所做的一项分析表明,20世纪80年代对研究与开发的实际支持资金的增长率与20世纪60年代相当,大约年增6%。然而,科学家的反应却显示出研究中存在着严重的资金不足。在1976年有63%的被调查者认为研究资金是足够的,而在1990年只有11%的人这样认为。[9]为了认识这种差距,国家科学院和国家科学基金会于20世纪90年代中期在全美几十所大学举办了一系列会议,与会的高校研究人员从新手到经验丰富的人员遍布各个层次。[10]这些会议上的讨论明确了几个引起关注的重要问题。

公众支持的动摇

教师们担心州与联邦政府收支失衡的加剧将会削弱对优先领域如高等教育的投资。因为国家试图以牺牲长远利益为代价换取短期利益。这种财政压力尤其会对研究型大学产生威胁。

联邦政府用于研究与开发的费用在20世纪90年代持续走低。20世纪90年代后期,美国经济的复苏使得联邦政府增加了对一些基础研究特别是生命科学的投资,全美卫生研究所对其预算大幅增加。然而,大多数的联邦科研项目,尤其是那些由承担特殊使命的机构如国防部、国家航空航天局所开展的项目仍没有恢复到20世纪80年代的水平。进一步说,只要那些津贴项目继续不受抑制,从长期来看,自由支配的国内消费、科研和教育计划以及联邦政府对研究型大学的支持就会存在一定的风险,特别是随着战后生育高峰期出生的一代接近退休,情况更是如此。

费用转移

还有另外一个困境。大学的服务对象们总是试图以最小的代价换取最多的服务。每一方都想从大学中获得比投入多得多的利益,并且想方设法影响其他对象。很少有哪一方能够正确认识大学及其多重使命。许多州和联邦机构仅仅根据它们所了解及与其打交道的方面来描绘大学,例如研究经费的获得或学生的经济资助。这一点在华盛顿尤其如此,在那里,联邦政府的各种力量都试图最大限度地从大学中获取特定的产品和服务。人们几乎认识不到联邦优先项目、政策或针对某个目标的资金支持的变动将不可避免地对大学的其他功能产生影响。

两个例子可以说明这一点。通过限制间接费用报销比例来降低联邦支持的研究项目费用就是费用转移的一个实例。虽然计算起来很复杂,但间接费用仍然是与联邦资金支持的研究项目有关的实际费用,因此必有人负担。这种费用很多确实是联邦政府通过层层的规章、核算、审计以及政策手段来直接控制的。严格说来,大多数大学在联邦政府给予研究资金少于研究总费用时的唯一应对途径就是增加学生的学费和杂费。如果联邦政府决定通过对间接费用定上限的方式来降低几百万美元的联邦研究支出,实际上它是让学生和家长来支付这些联邦研究项目的大部分费用,因为对大多数大学来说这是唯一的另一条资金来源。

联邦经费上的费用分摊要求可以说是另一个例证。尽管在这种要求背后有某种显而易见的道理。毕竟,费用分摊可以看作是一种定金,用来表示高校寻求经费的诚心。但它们会有严重的消极意义,因为它们常常导致将可任意支配的资金从教育上转向联邦赞助的科研项目上。

教师角色的变化

虽然政府-大学之间的研究合作关系已经为我们的社会带来了非凡的利益,但对学术界也有着不利的一面。教师奖励制度早已大大超越了"不发表就完蛋"(publish or perish)的阶段;相反,获得资助的本领,也就是教师为其研究项目吸引资金的能力,已经成了职称晋升和薪水高低的决定因素。施加在教师身上的事业成功及获得全国认可的压力使研究型大学的文化及管理发生了重大的变革。这种体制培育出激烈的竞争,强加给人们难以处理的工作安排,同时也导致共同目标和同事关系的丧失。它促使研究人员把他们的责任从学校、教学和教育中转向了他处。

一些教师表示了他们的担忧,觉得研究型大学实际上已经成了"科研控股公司"。许多教授极少表现出对自己所在大学的认同或忠诚,而把他们的研究工作视为自由市场经济的一部分。我们似乎已经丧失了过去联邦科研项目中的加强高校的理念。尤其值得关注的是,一些新教师过早地投入到竞争激烈的研究经费的角逐中。同时,许多成熟、有经验的科学家轻易就可能丧失他们的资金,而且从这种竞争激烈的资助研究市场中永远退出。更为普遍的是,这些教师认为他们被日常的种种压力剥夺了去做他们最希望做的事情的机会——思考、梦想、交谈、教学以及写作——这些压力迫使他们忙于合作性研究、组织研究项目以及与政府和大学的官僚机构打交道,所有这些使他们无法再安心于教室和实验室。

学术的因素

对新知识探索的好奇心以及研究成果在学术期刊上的发表已成为衡量学术成就与名望的标准之一。它主要强调成果的发表和争取研究基金的能力,所有这些常常与研究和教学之间应该存在的协同作用相抵触。除此之外,就科学方法本身来说,它更倾向于通过越来越专业化的化约性的方法和过程来发现新知识。

尽管政府与大学间研究合作关系所隐含的社会契约是建立在为社会提供实际利益的前提之上的,它同时也是建立在一个线性模式之上,在这种模式中,基础研究相继会导致创新、开发、生产以及社会收益。但实际上创新与应用的过程远不是按直线发展的,而往往是交织着一系列的活动与观念。因为商业应用常常使基础研究成为可能,因此,基础研究与应用研究之间的分别也变小了。实际上,社会收益包含着跨学科知识的统合,而这种活动正从大学奖励制度中分离出去。

真正的问题:改变模式

人们对学术界的普遍重视,特别是对研究型大学的重视都是受到变化的驱动。我们处于几个同时存在的模式变化之中,包括政府与大学之间研究合作关系的性质,大学本身的性质以及学术的本质。

国家优先发展对象的变化

正如我们在前面几章所提到的,刺激美国研究型大学增长的对于国家安全的考虑已随着冷战的结束而烟消云散了。包括研究型大学在内的国家基础设施的许多投资都是在冷战时期出于国家安全的角度来实现的。我们今天所面临的部分挑战,就是要理解并仔细说明那些能够刺激对研究领域进行持续投资的新的国家优先发展项目。尽管我们关注的焦点有许多——经济竞争、全美卫生医疗、犯罪、基础教育,但这些问题如何通过我们现存的科研基础设施得到解决是不明确的。

基础研究与应用研究间的恰当平衡也处于混乱状态,也许更明确地说,是受研究者个人兴趣驱使的探索研究和以满足国家优先发展的需要为目的的战略性研究之间的平衡。这种从研究实验室转向应用的非直线性的相互影响的技术特性也已经模糊了基础与应用、研究与开发以及大学与工业企业之间的界限。

最后,人们越来越关注联邦政府在这些领域中设立优先发展对象及基金项目的方式。美国研究领域的三巨头——研究型大学、国家实验室以及工业研究实验室——通常都是通过国会的组织结构来处理的,在这种结构中,大多数委员会及预算决定都是围绕着特定的有特殊使命的机构(例如国防、能源、健康与环境)来组织的。当然,试图改变整个美国研究机构的发展方向,使它们集中在新的战略性目标上是很有意义的,但在一个单独的委员会内或预算范畴之中这样做,其结果将会使我们的研究能力受到严重扭曲。

从合作关系转变为政府采购(Procurement)

近几年来,具有非凡创造力的存在于联邦政府和研究型大学之间的研究合作关系中的一些基本规律已经变得较为清晰。今天,这种关系正迅速从合作转为政府采购。政府正日益从大学的合作者即大学基础研究的赞助者变为研究的购买者,正如它购买其他商品和服务一样。同样,大学也正在向承包商的角色转移,和其他的政府承包商没什么不同。在某种意义上,经费已被看作是合约,并受制于其他联邦项目合约的控制、监察和责任。这种观点给研究型大学带来的是大群的政府职员、会计和律师,他们都有权确定大学是否满足了与政府达成的协议中的每一个细节。

我们无疑必须对公共基金的合理使用加以关注,但是我们必须关注重新恢复那种充满相互信任和信心的合作关系,并从今天这种对抗性的承包商-采购者之间的关系中走出来。当然,对于学术性研究最危险的征兆就是那种特别高效的长达50年的政府和大学之间的合作关系正在发生动摇,甚至崩溃。科学家和大学同时也在质疑他们是否可以继续依靠他们所信任的并且在创新、发明和创造力上带来巨大收益的那种稳固坚实的合作关系。令人担忧的是,这种为国家繁荣与安全承担重大职责的合作关系,当它对我们的未来至关重要时,在目前的非常时刻却受到威胁。

对于教学与研究态度的转变

近几年来,公众对于大学重点目标的关注已经由研究转向了本科阶段的教育。公众认可的大学应该既创造知识又传播知识,即国家应该对科学、技术及学术等领域的投资进行扶持的共识已经开始动摇了。由于研究使本科阶段的教育黯然失色,人们也开始低估研究工作的价值。社会也开始质疑,它是否应继续为教师们深奥难懂的研究工作承担费用,质疑为什么社会应当容忍个别教师利用公共经费去发现并应用知识,以使众多四年制学院转变为自封的"研究型大学"。教授作为教师-学者的内涵也被缩小了,人们认为大多数大学教师应把他们的角色主要局限于教师。

几十年来,人们大多认为研究与教学是相互促进的,应该在同一机构、由同样的人来同时进行。[11]例如,1996年,国家科学委员会(NSB)在一份主要的政策陈述中提到:

> 科研与教育的融合是国家利益所在,并且应该成为国家的目标。为了推进这一目标,联邦科学与工程学的各项政策应该加强努力,以促进科研与教学在各个层次上的融合,并应支持在这一领域中的创新实验。对于学术研究促进美国大学与学院教育过程的信心,巩固了公众对于科学和工程学的支持。联邦科学与工程学的各项政策,应促进公众对于那些在加强科研与教学协作中发挥领导作用的典型高校和项目的认识。[12]

高等教育长期以来都试图把研究与教学交织在一起,尤其是在促进公众支持大学的科研使命方面备受关注。但实际上,在联邦一级一直对这两项使命分别对待。教育部把它在高等教育领域的工作集中于旨在提高大学入学机会的资金赞助计划上。而诸如国家科学基金会和全美卫生研究所等研究机构,与担负特殊使命的部门如国防部和国家航空航天局一起,将重点聚焦在为科研提供资金支持上,这些研究大多与特定机构的项目及国家性的目标有关(一个显著的例外是科学教育,它一直是国家科学基金会的责任)。

实际上,科研与教学使命的融合只是在校园内部得以实现。就研究型大学的文化对于教学的影响问题,人们也有疑问。现在,公众及其选举出的领导人也在质疑大学科研工作的作用。彼得·德鲁克(Peter Drucker)曾指出:"我认为,在过去四十年美国研究型大学是一个失败。未来对于教育的需求不在研究这方面,而在学习这方面。"[13]

为什么公众要为这些教师的研究工作买单,特别是在他们以牺牲课堂教学为代价的时候?为什么某些大学能获取大量资金购买昂贵的科研设备,而其他许多大学却挣扎在维持基本教学的边缘上呢?

学科的神话

在课程开发、资源配置、课程管理以及奖励发放等方面,学术性学科在现代大学中仍居主要地位。这就不难理解为什么教师更倾向于忠诚于他们的学科而不是他们工作的学校了。利用信息技术快速发展形成的虚拟学者社区加快了这一趋势。有些人担心我们正失去学者社区内在的一致性。在我们设置了越来越强的学科课程的同时,我们也制造出了可以分裂大学的强大的离心力。

在某种程度上,这也是过去几十年中教学与学术简单化做法占主导的反映。或许是受20世纪诸如物理学和化学等学科惊人成就的鼓舞,现在有一个含糊的假设,即最复杂的现象是由相当简单的原理支配的。化学可以从原子物理学的角度来理解,反过来,原子物理学可以由数学原理来描述。生物有机体可以归结为分子生物化学。费曼(Feynman)曾经指出,通过科学的方法观察自然有点像观看一场复杂的比赛,在眼花缭乱中尝试猜出简单的规则。[14]当然,科学研究实际上是相当混乱且不合逻辑的,会犯许多错误,走许多弯路。然而,当我们最终把我们学到的知识呈现出来或授予他人时,我们总是想方设法使它看起来相当简单——同时也希望它相当高雅。

在学术和教学简约化上所取得的成功,已成为隐藏在学术日益专业化背后的推动力。但它培养出的大学毕业生看待世界的视角相当狭窄。甚至科学自身也对这种在许多领域中应用极端简约化的做法抱有日渐增多的怀疑,伴随这种怀疑的是与日俱增的对那些拥有整合不同学科知识能力的人的尊重。今天,许多人认为当今时代最重要的学术问题将不会通过学科专业化,而是通过把各个领域的知识融合在一起的方法加以解决。

交叉学科研究面临的挑战

对知识不完整性特点的关注由来已久。在 19 世纪末学科开始形成之时,就出现了在学术探究中使知识更具流动性的要求,有些学者引证黑格尔、康德甚至远至柏拉图和亚里士多德的著作中有关"学科交叉"的证据。那么为什么今天对于打破学科间的界限所做出的努力呈现出独特的重要性呢?部分原因在于伴随着知识生产的变化特性,新的重点也随之出现。在以前,变化速度本身从来没有成为学术界的中心议题。学科布局变化得如此迅速,以至于各系很难应付新的方法。生物学已由宏观发展为微观,并愈加依赖于物理学及化学等领域。物理学和天文学在获取和处理信息方面越来越依赖于诸如电子学和计算机等工程学领域。而文学批评则越加依赖于人类学及历史学等领域。

与此同时,我们不再忽视我们为这个更广的社会所创造出的知识的重要性了。我们在 20 世纪 50 年代就开始认识到知识的社会影响力,但当今信息作为基本的经济和社会力量正在逐步取代物质对象。我们已经完成了从原子到比特、从物质到知识的转换。在我们日益复杂、相互依存的世界中,简单狭隘的答案不能解释问题。这种交叉学科的冲击不是一时的风尚,而是对于学术研究活动特征的根本性和长期性的战略重组。

许多主要的基金机构已经开始从局限于传统的以学科为中心的领域转移出来,推动了联邦资助资金大量流向多学科研究小组,而不局限于单一学科领域的单独的研究者。在自然科学和社会科学领域尤其如此,在人文学科中这种方向的变化也显而易见。例如英语系,它主要关心的是影响我们文化的问题,考察权力和意识形态如何构筑我们看待世界的方式。[15] 由于国家及文化的界限变得越来越具有相互渗透性和模糊性,因而,国际主义的复杂性每天都在拷问我们尝试定义的"文化"和"世界"这两个词语的含义。

这些小的改变确实足以振奋人心但还远远不够,我们需要的更多。然而,我们的目标不应是强迫所有的学者去遵循这种新型的跨学科模式。不是所有的跨学科研究都是好的,正如并非所有单一学科领域内的研究都差。高质量的跨学科工作在不同学科中看起来会有不同,甚至对同一学科中不同的人也是如此。尽管有种种压力,一些教师还是强调只做他们所感兴趣的事情——研究或教学,而不愿把自己局限于单一学科的框架中。这些极为罕见的学者往往会形成一定的学术跨度,不仅使自己能轻松跨越学科间的界限,也使得他们可以和来自不同领域的同仁展开合作。他们将成为新的充满活力的学术社会的希望种子——在各自独立的院系之间建立联系。

为了某些追求,学者们需要从现行的"小智慧"转移到"大智慧"上来。他们或许可以克服自己在专业知识,尤其是在诸如工程学与科学等领域中的缺陷,因为智能软件系统发展到了前所未有的广度及深度,他们可以快速地、不费吹灰之力地从包容世界的各种知识的网络系统中获取必要的细节性知识。对于一些优秀的学者,解决的办法可以是在大学范围内安排职位。我们需要学会评估方法的多样性,并且对教师的职业道路形成一种更为灵活的认识。应该有折中派的空间,有极端专业化研究的空间,有让同事间相互学习的空间。我们需要学会单独工作和在团队中工作。

文化的限制

长久以来,我们看到教师工作评价系统形成了过分奖励专业化的趋势。我们已经形成了一套公司性质的教师奖励制度,那就是以论文发表数量及争取赞助的多少而不是以学术研究的质量及教学的质量为基础对教师的成就加以粗略的衡量。并且,教师职称评定及终身教职委员会更看重教师独立工作的能力。一位教师会很快认识到,顺应这一制度(如多出成果)的最好的办法就是更加专业化。

从真正的意义上看,由于我们没有能够建立更全面地衡量教师工作和成果的标准,所以我们可能一直在迫使教师进入狭隘的学科领域。这也许在我们寻找和聘任新教师的方式上表现得最为明显。我们首先规定的是高度专业化的、学科为基础的领域。直到我们开始从真正意义上雇用人员而不是仅仅填充职位,我们才不会在这条愈加狭窄的道路上持续走下去。

可以肯定的是,某种程度的帮派天性在发挥作用。我们中的大多数人在从属于一个群体、一个学派和一个学科时会感到更加自在。我们甚至经常从学科的角度而不是从研究活动的角度来定义自己和他人的身份,例如:"我是物理学家,你是历史学家。"在某种意义上,我们需要我们的学科文化。这种认同感往往导致我们抵触交叉学科的研究和教学。实际上,我们的研究计划评审小组和课程委员会经常轻视跨学科领域的研究,把它们视为各种大打折扣的材料所构成的大杂烩。

然而,我们中也有些人没有随大流,他们只是强调做事——教学或科研,而不把自己局限在某一单独的学科上。对于大学而言,应当鼓励这些"实干家"而不是"从属者"。但是,各所大学的资助研究一直被单一研究者模式所支配,这要求每一位教师要争取他或她在狭窄领域中的资源。这种模式使教师偏离学校的大目标,并把他们引向个人化专业化的事业轨道。

最后,显然在大学中存在着明确的学术影响力的等级——更准确地说,是一种学术等级。从某种意义上说,一种学科离"现实世界"越遥远和抽象,它的学术地位越高。在这种等级排序中,数学和哲学可能会位于顶端,自然科学和人文学科紧随其后,接下来是社会科学和艺术。专业学院在这种等级制度中处于相当低的位置,其顺序是法律、医学和工程学,而接下来的医疗保健、社会工作和教育则位于末端。

显然,在这种势利性的学术文化中,基础研究与应用研究之间的区别就变得非常显著了。然而,实际上,从图书馆和实验室诞生出的基础性研究成果到社会性的应用并不是直线性的,并且基础科学与应用科学的差别大多存在于观察者的眼中。[16]更进一步来说,虽然思辨性的学术工作有着优雅与精致的外表,至少跟复杂的、充满迷惑的、混乱的发明创造的途径相比是如此,但是后者的学术内容及重要性却在当今世界具有越来越强的意义,因为这一世界较之对现存或过去事物的研究,更加重视从未出现过的发明创造。我们必须抛弃学术上的偏见,并且对那些诞生出伟大思想的人、那些创造出新事物的人,以及那些伟大的教师、专业人员、领导者的学术贡献与成就加以承认和重视。

我们当今的大学和社会依赖所有这些人。

激发学术界发生变革的一些观点

可以肯定的是，大学的学术特性是具有活力的。取得各学科与交叉学科教学与学术之间的、基础研究与应用之间的、分析与创造之间的合理平衡，只是当代大学所面临的众多学术挑战之一。然而，这些并不新鲜。竞争的产生以及学术领域的此消彼长一直以来都是大学历史发展中的重要环节。

我们必须想方设法使学科适应不再容忍停滞和僵化的新现实。大学各系已经认识到，如果它们不做出让步，它们将注定失败。对于绝大多数交叉学科和单一学科的研究工作来说，持续性的对话具有同等重要的意义。各系设立标准、评估教师、监督质量并使大学从总体上具备承担其所有使命的意识。这个目标不是要消除连贯的对话，而是要开展对话，鼓励新的对话，扩大交流的途径，甚至是建立全新的模式。实际上，许多人认为大学各系是引导这种转变的最具前途的组织单元。然而很显然，这样大学专业化的程度会大大减弱，大学会通过或真实或虚拟的结构网将各部分更多地联系在一起，这些结构网在学科之间构成横向和纵向的融合。

许多大学已经在学科交叉工作方面打下了坚实的基础。举例来说，在某些大学中教授拥有多个办公室已经成为一个笑话（当然也存在经济压力）。常见的是教授门上的日程表标明一周中每天他都会在不同的地方。并且，在许多大学中有相当多的资源不再在学科间流动了。更确切地说，用于教育的资源沿着学科线流动，也就是说流动到学院、系及课程计划。因为校外的资金机构很少关注学科界限，它们倾向于支持交叉学科的研究，因此，学术资金往往在各学科之间流动。此外，较之那些旨在维持或加强现行项目的计划，新的研究计划在争取资金支持方面更胜一筹。尽管这在某些时候有成为时尚的危险，但它也代表了某种向前发展的能力以及逐步淘汰毫无效益的各种努力的潜在能力。

虽然资金在学科横向与纵向的流动中保持平衡，但学科可以控制其他形式的权力和权威并强化学科。各个学科系掌握聘任新教师、确定终身教职和职称晋升、发放薪水以及配置资源的权力。除了这些很有希望的力量，学校中还有一些无用的研究计划，它们耗尽了其他更重要领域内的研究资源,想方设法维持下去。虽然一些资源确实得以在学科间流动,但大多其他形式的力量和权威仅存在于狭窄的专业领域内。

或许,最直接的战略方法就是在大学中建立另一种本质上非学科性的学术结构。这种新体系可以在资金、教师、学生甚至是学位课程方面在自由市场系统内与传统的学科性体制开展竞争。通过这些竞争,这种非传统性的学术结构能够激发各学科领域发生变化——本质上是一个自然选择和发展的过程。

这里有一点需要说明:尽管鼓励易于形成这种交叉学科研究局面是非常重要的,但当它们不再有研究价值时,果断地把它们淘汰也是不可忽视的。我们需要对不同的活动采取不同的运作法则。例如,在存在于终身教职制的单独学科领域中,其前提往往是除非有终止它的有力理由,否则学科应该继续存在下去。或许交叉学科的工作应在带有"日落"条款(可定期废止)的前提下进行,或至少在这样的前提下,即除非它们能继续展示出其研究价值和重要性,否则应被废止。

另一个可能性就是,利用建立更加和谐一致的本科教育这一契机把教师们联系在一起。长久以来就有这样的认识,即学科的专业化会使本科教育的课程零碎片面。或许我们可以激励教师们一起重新设计本科教育的课程,把它们建立在涉及教师小组的学程和其他学习活动上。不是简单地把课程切割成片段分配给每一位教师,而是要求教师小组的每一位教师掌握他们所提供给本科生的所有内容。毕竟,这正是我们对本科生提出的要求,不是吗?对教师而言,这会是一个令人感兴趣的机会,教师们不仅跨越学科的界限一起工作,还可以拓展自己的学术空间。

对于建立新的社会契约的要求

正如前面章节所提到的那样,正在发生变化的研究与学术的性质,再次显示出目前的状况不再是美国研究型大学的选择了。进入21世纪,人们日益感觉到由政府-大学的合作关系所代表的社会契约不再具有活力了。[17]大学中各种共享研究利益者的数量和兴趣已日益扩大和多样化,与此相伴的是由于缺乏足够的交流以及缺乏在优先发展项目上达成一致的途径而导致的研究者或研究机构之间的疏离。缩减联邦机构、平衡财政预算、降低国内消耗的政治压力也会大幅度削减以大学为基础的研究项目的可用基金。政府官员关注的是大幅攀升的研究设施运行消耗,以及科学家及其所属机构不愿承认他们必须选择用有限的资金和既定的重点项目生存下去。

虽然这种研究合作关系所产生的重大影响,使美国研究型大学在学术质量以及学者培养上都居于世界领先地位,但它也有不利的方面。教师所承受的追求成功和认可的压力已给大学的文化和管理带来了很大的变化。同行评审的资金资助体制引发了激烈的竞争、强制的棘手的工作日程,同时它也导致了同事合作及学术共同体的丧失。它已经使教师对学校的忠诚转移到他们所研究的学科小社会上。发表著作和争取基金的能力已成为衡量学术成就与地位的唯一标准,忽视了诸如教学与服务等教师在其他方面的重要活动。

由于教师给予所在机构越来越多的压力,以促使它们接受研究型大学的文化和价值观,因此对整个高等教育事业也产生了类似的负面影响。坦率地说,有越来越多的机构强调科研使命,宣称自己为"研究型大学",同时把科研成就作为获得终身教职的一个标准,所有这些超出了美国的承受能力。随着数以百计的高校寻求或标榜这种特性,公众被搞得糊里糊涂。直接的后果就是公众越来越不愿支持或接受我们最出色的大学所担当的研究角色了。

此外,政府-大学的合作关系还没有充分考虑到科学事业中的其他一些重要参与者。学术研究者似乎经常会把对自己自发研究项目的支持凌驾于满足国家所面临的社会和经济挑战的需要之上。其他的人,包括一些国会议员,也开始把研究方法的可信性与纳税人的花费看成研究人员为自己提要求的特权——几乎是一种应得的权利——不管承担研究项目的学校的特定使命或所承担研究项目的重要性如何。他们质疑教师的目的,因为即使是受好奇心所驱使的研究工作,从长远来看也要符合社会利益。

有趣的是,近几年来,国家科研事业的其他机构也面临着类似的挑战。工业科研实验室已经并将继续接受对其过去研究成果的有效性及与公司现今目标相关性的全面考察。特别是随着冷战的结束,联邦科研实验室必须重新考虑并重新定位它的研究任务。而学术部门则刚开始这种痛苦的但也是不可避免的重新评估。[18]

然而,其中也可能发生一些其他的事情。我们或许会看到公众对高等教育态度的转变,他们会较少强调诸如"卓越""精英"等价值,而更重视提供花费少、质量高的服务,这是一种由"名望驱动"到"市场驱动"观念的转变。在过去的半个世纪中,政府-大学研究合作关系的布什模式是建立在相对自由的资金赞助之上的。政府为大学研究人员提供重要的科研所需的资源,是希望这些研究会在将来为社会带来好处。既然教师、课程计划及学校的质量被看成是具有长期影响的决定性力量,那么学术成就和声望就应受到高度重视。

今天的社会看起来不愿做这些长期的投资了,而更愿意从大学那里获取短期服务。虽然质量很重要,但是费用更重要,因为市场领域寻求的是低成本和高质量的服务,而不是名誉和地位。公众也在不停地追问:"既然一辆福特就足够了,干吗要去买一辆凯迪拉克呢?"由此看来,在过去半个世纪中推动研究型大学发展与竞争的精英文化将不再为美国公众所接受与支持。

我们发现自己不是向一种崭新的模式迈进,而是回到了20世纪上半叶的一种主导模式——"赠地"大学模式。回想一个半世纪前,当我们从农业化社会走向工业化时代的新社会时,美国也面临着一个相似的转折时期。在那个时候,在联邦政府、各州政府及各个公立高校之间形成了一种社会契约,其目的是协助我们年轻的国家完成这个过渡。这种社会契约在一系列土地赠予法案中得到了最好说明,而且包含下列义务:首先,联邦政府将联邦土地作为赞助高等教育的资源;其次,各州同意建立公立大学为地区及国家利益服务;最后,这些公立大学或"赠地"大学在开设诸如农业、工程、医药等旨在为工业社会所服务的应用性领域的课程计划的同时,还要承担为工人阶级扩大受教育的机会这样一个新的职责。

今天,我们的社会正在经历着一场同样深刻的变革,这次变革是从工业社会过渡到以知识为基础的社会。因此,这是建立新的社会契约的时候,这是一个为新时期的繁荣、安全及社会进步提供所需知识和人才的社会契约。或许这也是制定新的联邦法案的时候,这是一个类似于19世纪赠地法案的联邦法,以帮助高等教育事业满足21世纪的需要。

其他的国家重点项目,诸如卫生保健、环境、国际关系变化和经济竞争等,也会成为大学所承担的扩大了的国家服务任务的一部分,[19]以便为新的社会契约的建立打下基础。高校及学术研究人员也会相应承担与这些优先项目相关的研究工作,并为之提供专业服务。为了使正当的国家公共服务使命获得领导阶层和公众的长期支持,要求学术界设立新的优先发展项目,进行跨校合作,并且要依靠其多种能力。

当然,"21世纪的赠地法案"并不是一个新概念。有人建议设立类似于赠地大学中农业实验站的工业实验站。另一些人则提出,在当今信息化时代,电信的带宽可以是给予大学的、与一个世纪前的联邦土地相媲美的有用之物。遗憾的是,在当今的知识社会中,工业的延伸服务只能有边际效用。并且,国会早已把大部分的资讯带宽分给了传统的传媒业和电信公司。

康乃尔大学前任校长弗兰克·罗得斯(Frank Rhodes)采取了不同的方法,他发现19世纪和20世纪赠地模式的重点是开发我们国家丰富的自然资源。[20]那些农业和工程实验站以及合作推广项目都取得了巨大成功。可是,今天我们已经认识到我们国家未来发展的最重要的资源将会是我们的人民。

伴随着维持知识社会所需要的基础设施的建设,下个世纪美国赠地大学将把开发我们最重要的资源——人力资源作为最优先发展的目标。实用站点和合作性推广项目可能会指向当地人们的需求和发展的需要。传统的专业领域将继续在教育和服务方面发挥主要作用,而新的交叉学科领域应秉承赠地大学的传统,提供必要的知识及与解决问题相关的服务。[21]

在教育扮演重要角色的这一相对繁荣的时期,新的联邦职责的出现是完全可能的。但有些特征已经日益显现出来了。新的投资不可能出现在旧的模式之内了。例如,那种建立在选优及同行评审给予资金资助基础上的政府-大学研究合作关系取得了巨大的成功,但它还是一个仅有少量精英高校参与其中并可能受益的体制。21世纪赠地法案的主题将扩大这个基础,不是简单地把更多的资源输送给已有的机构,而是要更广泛地加强和分配这种能力,从而为我们的社会提供新的知识以及受过教育的劳动者。

其次,虽然国会和白宫都对经济的强盛持有日益增长的信心,但它们不可能放弃预算平衡限制,很多人相信正是这种制度促成了今天的繁荣。因此,许多通过额外拨款的新投资看来是不可能的了。然而,1997年的预算平衡协议实际上提供了一个新的模式,那就是税收政策可用作对教育进行投资的另一机制。

下面这个例子可以说明一种可能的方法。可以设想,联邦政府可以向工业界提供永久免税优惠,此优惠只针对工业界与各公立大学在特别的研究园区所进行的合作研发活动。各州政府也可以实施一些与联邦政府相配套的措施,可以通过建立研究园区以及帮助公立大学形成与工业界合作的能力等方式来进行。参与的大学不仅同意与工业界在某些感兴趣的项目上合作,还要重新构建其知识产权政策以推动这种合作关系的发展。除此之外,这些大学还可以通过以网络为基础的学习或虚拟大学等方式,增强其提供更多教育机会的能力。大学还将允诺与其他的教育部门建立合作关系,这不仅包括其他的大学,也包括基础教育系统及工作场所的培训计划。这仅仅是一个例子,其他的还有很多,但道理似乎很明确了。在知识时代的开端,应该建立一个蕴含19世纪赠地法案精神的新型的社会契约,这个契约把联邦、各州政府的投资与高等教育及工商业界联系起来,以满足国家及地方的需要。

保存国家资源

美国大学长期以来一直对美国的机遇与要求做出回应。在19世纪,通过建立大量专业院校和在主要领域中开发应用知识,它们积极配合联邦的赠地法案。在第二次世界大战后的岁月里,它们再次通过发展基础研究和高级人才培养能力来应对联邦政府的各种举措,而这些举措是布什报告《科学,无尽的疆域》的具体体现。

考虑到教师个人主义的、企业家式的特点以及大学松散的、动态的组织结构,这一点并不使我们太吃惊。我们可以说,作为结果,高校承担了太多的使命,但我们不能否认它们确实对社会所给予的机遇与挑战做出了相应的回应。如今,大学正在快速发展,再次对教师们对市场的理解做出反应。

但这其中也存在着风险。尽管教师们可能不喜欢,但他们对针对学术领域的批评是极为敏感的。这些批评包括:过多强调研究而非教学,哲学博士太多而工作机会太少,需要转向更具应用性的活动。他们正在快速地做出回应,以适应这一伟大的新世界。这一点只要调查任何一群新任教师就可以明白了。

现在已经有了关注的迹象了。在当今的知识经济中,推动繁荣的关键是那些有助于创新的因素,例如联邦研发经费、研发人员培养、中等教育和高等教育经费占国内生产总值的份额、保护知识产权所采取的步骤以及国际的开放程度。[22]所有这些因素在20世纪80年代均有所增长,因此一些人相信这为20世纪90年代的繁荣奠定了基础。然而,在20世纪90年代所有这些领域内的指标都有所下降,这引发了人们对未来10年中受创新和科技推动的经济能否持续增长的极大关注。

自从布什撰写其报告以来,不管是整个世界还是学术研究的结构都已发生了深刻的变化。但是,他所倡导的主要原则值得再次肯定。国家利益比以往任何时候都要求进行人力资本和智力资本的投资。正如布什明确表示的那样,政府-大学的合作关系不仅关系到研究成果的获得,还关系到为我们这样一个巨大的科技国家培养和保存人力资源,同时也要播撒下最终在发明新产品和推进经济发展及改善生活质量过程中结出丰硕成果的种子。

在美国研究型大学发展到对其他的社会需求做出呼应但不再回应学术要求的某个新阶段前,我们需要向全美国拨响让人清醒的洪亮的、清晰的闹钟,让我们的教师都能听到它的回响。尽管这确实是建立一种重新平衡研究与教学重点的新型社会契约的时机,但我们绝不能失去研究型大学创造反映国家需要的新知识的能力。

大学与联邦政府间的科研合作关系,对于我国乃至全世界仍具有巨大的价值。美国公众、政府和大学不应因短期内的方向或信心缺失而放弃这种科研合作关系的长远利益。每当社会的其他机构运转不良的时候,研究型大学都是一个真正成功的例子。我们必须使全美公众得到这种信息。我们必须对20世纪后半个世纪中政府、社会与研究型大学间极为成功的合作关系加以重新阐述,并使其重现活力。

第六章 服务社会

　　新兴大学和旧式学院最特殊的区别在于与公众和中小学之间是否有紧密联系,这一点在西方大学中尤为突出。我们已经很难想象50年前的大学是多么与世隔绝,大量的老百姓把大学当作既无用又无害的隐士,他们对大学的神秘生活毫不了解,对大学的追求漠不关心。但是我们都知道,近几年多数大学是多么引人瞩目。大学人士已经放弃了与世隔绝的隐士生活,已经开始寻求让公众了解他们的生活与目标,吸引各个层次人群的关注。公众对大学的捐赠使得大学乐意把它们的智慧提供给公众。

　　　　　　　　　　——密歇根大学校长詹姆斯·B.安格尔(1874)[1]

　　服务社会和公民的责任是美国高等教育最独特的主题。在这个国家里,大学与社会的关系特别紧密,历史上,我们的学院顺应了社会的需要,社会也塑造了我们的学院。

　　我们的高校、高校设置的课程、研究课题与专业课程计划以及非教学活动都是以服务社会为目的的。[2] 我们的学校是通过教学与研究活动来创造、保存和传播知识的最主要的机制,我们的学校还希望贡献和应用这些知识来服务社会,其中最主要的作用之一是公共服务。[3]

　　公共服务,也就是把大学里的知识加以传播和应用,来满足社会的特定的需要,这是美国大学一项长期的重要任务。在美国高等教育的早期,通过教育家埃兹拉·康奈尔(Ezra Cornell)和查尔斯·范·海斯(Charles van Hise)领导实施了《毛利尔赠地法案》和《威斯康星计划》(Wisconsin Idea),美国大学从那时起就期待着能为社会提供特别的服务。[4]

像我们提到过的情况一样,大学与它所服务的社会之间存在着一个不断发展的社会契约,公众支持大学,为它们提供资金,接受它们的学术与职业评判,并赋予它们独特的学院自治与自由。作为回报,大学有责任有义务提供公正的奖学金、高度的职业素养、对发展人才的承诺和对社会需求的敏感。为了保持独立与权威,大学就要有社会责任和公共义务,公共服务正是主要的义务之一。高校必须要准备好为达到这个目的提供各种各样的方法与鼓励措施。

公共服务是教学、科研和教师专业技能服务的扩充。公众通过纳税的方式对大学的支持意味着要求大学肩负起特定的责任,大学所愿意承担的社会的承诺也必须是明确而具体的。公众有权利询问公立大学如何来满足他们的需求,这些大学也有义务作出明确的答复。

与以往的大学相比,如今的大学提供了更多的公共服务,从促进经济发展、提供卫生保健到开展公共娱乐活动(如校际运动会)等等。然而,在一个经济竞争激烈、技术不断更新、社会日趋复杂的社会里却要求大学更多地为公众服务,这压得它们透不过气来。社会对服务不断增长的需求是我们当今的最大挑战。公众是否愿意继续支持高等教育,并不是取决于教学和科研的价值传统,而是取决于他们是否可以通过公共服务活动获得直接而迅速的利益。

公共服务的本质

高等教育的公共服务这个概念经常被引申为非教学活动的外延和地区性结构的扩张,如"合作性扩展服务"(Cooperative Extension Service)、大规模的医学中心、终生学习计划、社会经济发展和其他为专门满足公共需要而设计的特殊活动。许多大学为此成立了专门的组织,雇用了专门的人员,有时候这些活动与学术活动的联系并不紧密。

当公共服务界定在使公众普遍受益的包括教学与科研在内的更广阔的活动范围时,人们却经常给予它狭窄的定义。按照这种定义,公共服务只包括旨在满足社会需要的活动,而不包括机构自身。在这种环境下,公共服务主要被看作一个回报性的活动,只为了适应社会需要而存在,而不是作为一个大学的主要学术研究的出发点。

另外一个对公共服务的狭窄定义是把它看作是某人专业技能和学术专业发展的自然结果,包括为校外客户所进行的应用研究、咨询和技术服务、实践性工作、继续教育计划中的教学。从这个意义上来看,公共的或"专业的"服务只不过是教学和学术的应用而已。

尽管对大学没有满足社会需要的抱怨不曾停止,然而事实却恰好相反,因为美国大学间的竞争使得各大学对其服务对象给予了密切的关注。这种强烈的想获得回报的愿望使得很多学校把它们有限的资源从最主要的任务——教学与科研中转移到公共服务这方面来,以期引起公众的热望。为了参与回报这些不切实际的公众期望,取悦所有的人,高等教育已经把公众作为社会服务的主人,而把它们的学术任务置于边缘。如果我们快速看一看地方大学所在的社会里,我们会发现有数不清的例子:从再教育办公室到卫生诊所,从高技术产业培训中心到为中小学生组织的运动夏令营,就不难发现这一点。

然而,高等教育这些满足社会需要(甚至包括一些古怪的想法)的长期行为可能会起到反作用。这不仅刺激了公众对大学主要任务的不切实际的希望,还使得公众支持高等教育的态度更加狭隘。当它们努力向自己所推选的公共官员证明自己的时候,狭隘主义的巨大力量使得大学走进了一个越来越窄的胡同。当教师和管理者努力完成他们对公众服务的承诺时,甚至当他们意识到这将以牺牲主要的学术活动为代价时,他们感到了巨大的压力。

许多教师担心,大多数的大学公共服务与学术任务并没有很紧密的关系,但是这可能涉及大学公共服务的界定,因为大学的活动可以最大限度地使校园内的人和公众同时获益。例如,大学通过图书馆和博物馆(保存知识)、它们的音乐会(传播文化)、校际运动会(娱乐大众),它们对年轻人的监护以及其他一系列直接服务包括医院、测试实验室、出版社、旅馆和餐厅等都使公众直接获益。虽然不是传统意义上的延伸的服务,但这些活动确实为公众提供了更重要的服务。

大学最基本的功能仍然是学术活动,大学其他的主要活动只有与教学和学术相关联才具有合法性。从这个意义上说,基于教学与科研的公共服务并不是大学的功能,而是促进和引导大学基本工作的一系列原则之一。

然而,我们应该更广泛地思考大学教学与科研任务的传统定义,因为它们具有了更多服务性的特征。教学功能必须要有效地回应当今社会发生的主要变化。美国的日益灰色化,即人口中非白人的少数民族的比重在逐渐加大,以及面对技术发展和终生学习的需求,都要求扩大和拓展传统的教育功能。与此相类似,基础研究将作为大学寻求知识的基石,大学将继续提供更多的应用研究以满足社会的实际需求。今天,随着在许多领域里新知识从发现到应用的时间不断缩短,基础研究与应用研究的界限不再那么分明,研究活动将与大学的教学任务紧密地融合在一起。

毫无疑问,人们对公共服务的需求和由此给大学带来的压力将会不断增加。我们面前有无尽的可能性:经济发展与就业增加;卫生保健与环境质量;老年人、青年人与家庭的特殊需求;和平与国际安全;城市化与乡村的衰退以及文学艺术等等。同样毫无疑问的是,如果高等教育想继续赢得公众的支持与信心,就必须要在压力下继续提高自身的能力来服务社会。

在我们步入知识时代之时,大学传统的三项任务——教学、科研和服务——可能已经太过狭隘了,我们需要思考更多的现代形式以完成我们的创造、保留、融合、传播和应用知识的基本任务。[5]

公共服务实例一:学术医疗中心

专业医学领域的教育——医学、牙科学、护理学、药学和公共保健,已经成为美国综合性大学的一项主要任务。许多大学拥有并经营着医院,以支持在健康科学方面的教学与科研,还有一些学校为了开展临床培训也把社区医院作为自己的附属医院。

除了教学和科研的作用,美国大学长期以来在提供多样化的卫生保健方面还发挥着重要的作用。教学医院已经发展成为复杂的医学中心,提供更大范围的服务。卫生保健服务性质及成本的变化使得这些医学中心不断发展壮大,它们的规模很多都可以和它们所在的大学相媲美。

没有哪一个公共服务的领域像大学的医疗服务一样经历了如此大的变化,并且牵扯了大学领导如此多的精力。学术医疗中心综合了教学、科研与实际诊断,是综合性大学里最大、最复杂的一部分,仅在数量上就超越了大学其他项目的总和。医学教育提供的方式、医学研究处理的方法、卫生保健提供的方法与财政情况都发生了深刻的变革,给这些医学中心和它们所在的大学带来了巨大的挑战。

随着技术性医学的普及以及从显微镜生物学(例如在解剖学与生理学)到微生物学与分子生物学的转变,医学课程也随之发生了改变。以医学实践为基础的科学知识迅速增长,使传统的课程远远落后,许多医学院已经转而开设更多的整体性的综合课程,在这里,医科学生可以很早就开展诊断实践,开发各种研究的工具来寻求所需的知识。[6] 由于需要设备复杂的实验室以及高度专业化的技术人员,研究机构已经向一个更昂贵、更具竞争力的方向发展。

今天,我们发现面对着健康保健市场的变化,多数学术医疗中心处于很大的压力下。医疗保健组织的迅速壮大,医疗机构采用了按人收费的办法,戏剧性地改变了医疗保健的收费实质。也就是说,人们不是为了得到诊断而付费,而是为了保持健康而付费。由于医院能力的扩大以及营利性组织的介入,医疗市场的竞争非常激烈。由于学术医疗中心的教学功能、三级医院的临床使命(tertiary clinical mission)以及向贫民提供的服务,使得它们的开支要比社区医院高出25%左右,这就使得学术医疗中心面对着威胁它们生存的财务上的巨大挑战。市场是不会为昂贵的科研、教学以及诊断创新方面的昂贵花费而付账的。

简单来说,真正值得关注的是与健康维护相伴的风险转移。[7] 在过去的服务费模式中,费用是由第三方来支付的,例如联邦政府与保险商。因为它们为医疗付费,医生与病人都把目光集中在治疗的质量上而不是在花费上。经营性服务的介入把风险由第三方转嫁到医疗服务的提供者身上。医疗保险组织协商好每人的固定价钱,而不去考虑他们治疗的费用。按照这种方式,医疗服务的提供者不得不考虑患者维护健康的花费,这就造成了一定的负担。在大部分学术医疗中心,医院承担了最初的风险。

我们必须要明白,教学医院想要生存就必须要有自由控制开支的能力,要像商业那样经营运作,即使有时候会与教学与科研任务产生冲突,但也要有一个底线。具体地说,大多数教学医院与相关的医学院在医疗服务方面态度都极为强硬。这是由于它们正在试图转移诊疗费用带来的风险,首先是从医院职员和医学院开始。这就意味着无论是对医学院还是对它们所在的大学而言,现实都是非常严峻的。

几十年来,医学院都是校园中最繁荣的学术单位。医学院教师的收入要比其他学院教师的收入多得多——尤其是外科和放射科等临床专业,其收入又是其他科的几倍。医学院的设施数量多而且价格昂贵,医学院的教师中不少人是校园中雄心勃勃的企业家,除了教学以外,他们还兼顾其他大量的业务,例如给大公司做顾问或者本身就是科技创新公司的经营人员。

然而,医学院已经变成了财务上非常脆弱的机构。1995年,我们国家的医学院总共化费了超过300亿美元的费用,而它们的收入只有10%~20%来源于可靠的赞助,例如学费、捐赠或者国家的资助。[8] 此外还有20%来源于研究赞助经费及合同项目所得,剩下的大约50%来自于临床活动,这些费用或来自于教师们提供的临床服务,或直接来自于教学医院。[9] 当医疗卫生行业改组时,正是这部分临床收入处于最大的风险之中。

市场导致的变化非常迅猛,我们的社会对医疗的需求与医学院和其他教学医院提供的健康服务之间存在着不平衡的关系,这一点越来越清晰可见。许多专业医疗人员供过于求,当市场竞争越来越激烈时,情况就会变得日益糟糕,医院就会降低收费,减少床位,医疗卫生将更关注于疾病的预防而不是治疗。虽然医学院每年毕业的17000名新的医学博士与医生的总需求大约持平,但不可忽视的是,我们的医学中心每年要培养25000名高级专科住院实习医生。二者之间的不同在于是否接受过外国的医学教育,尽管有时候这些人就是美国公民,只是在国外的医学院学习过。

另外一个巨大的错位发生在医学中心培养的专科医生与初级保健医生之间。在医疗保健制度中,由于初级保健医生是医疗服务系统的最初切入点,所以他们成为创收者。相反,专科保健影响到成本,因为医疗提供者必须从其有限的按人头获得的收入中为更为昂贵的医疗程序付费。

医学院可能面临的最严重的挑战是不得不被重新改组和缩减规模。医院的规模与教学重点主要是由它们所属的医院对医生的需求决定的,以一种收取诊疗费的方式(fee-for-service mode)来运营。进一步说,今天的许多医学院太看重专业分科,同时它们教师的数量太多了,大大超越了教学的需求,这其中只有不足10%~20%是属于初级保健领域的。医院对医生服务的要求很高,它们有时会转向聘任和本大学没有联系的大夫,而医学院庞大的教师队伍给医学院和它所在的大学都带来了风险。由于缩减学术机构的规模是非常困难的事情,许多大学将改组医学院,这是它们在今后几年中最艰巨的挑战。

在很多大学里,学术医疗中心无论是就其规模还是其复杂性而言都可以与它们所在的大学相媲美,大学面临的压力和挑战它们也同样必须面对。我们同事举了这样一个例子:有些组织不愿做出改变,直到它们看见门前站着狼,它们也还要在确信这条狼大得足以能吃掉它们的时候,才会改变。如果是这样,它们就只需把眼光放在它们的学术医疗中心上,因为它们确实有能力吞掉自己所在的大学。现在有超过20%的医院正处于亏损中,当1997年的《平衡预算法》(Balanced Budget Act)中针对医疗服务的条款生效后,这种亏损的情况在今后几年中将会更加严重。

如同经历了多年的其他服务角色一样,已经到了使医疗服务与大学保持一定距离的时候了。一些大学已经得出了这样的一个结论,应该把它们的医院分离出去,创造出独立的医疗体系,让它们与其他的医疗机构合并或者干脆把它们卖给营利性组织。学术经营文化与极其缓慢的学术决策过程使得大学经营这样一个庞大的医疗机构越来越困难。对医学院关注太多,使得大学承担了更多的财务风险,并且分散了领导者们的注意力,而他们本应该把教学和科研视为其核心任务。

大学对教学医院权力的下放减少了医学院对其附属的学术医疗中心的影响。可以肯定的是,医学教师都会反对这种做法,这丝毫不会令人感到惊讶。但是,伴随医疗服务的这种经营的要求和金融风险似乎逐渐与高校的使命及文化相背离。我要重申一遍,公立大学可能存在一个巨大的缺点。来自公众的压力可能阻止了它们放弃拥有和管理庞大的医疗机构的进程,这些机构使大学处于不可估量的金融风险之中。

公共服务实例二:校际运动会

当代大学的服务活动有一个极端的例子,就是它们的校际运动会越来越威胁到其核心任务。很久以前,诸如橄榄球和篮球这样的校园体育活动仅仅是为本科生提供更多的课外活动,以及为师生和校友提供交流的机会。今天,大多数大规模的学校开展顶级的校际运动会很明显已经成为了公共服务的另一个领域,它为美国民众带来娱乐。的确,许多因素进一步使得这些高水平的比赛更像是高校经营的商业活动而非公共服务。然而,很少有运动会是可以盈利的,不仅如此,它们还需要有大量的补贴才能维持下去,因此,我们仍能够将其视为旨在娱乐大众的学院服务。

但是,无论这是一项商业行为还是公共服务,由大学操作经营的第一流的校园运动会已经面临着许多严肃的问题,这些问题来自校园内外:学院体育运动的准职业性质与学院的首要任务之间明显不协调;大学在一定程度上利用学生运动员,低毕业率和授予无意义的学位就是明证;为了取胜不惜一切代价的压力使得欺骗和丑闻不断出现;还有一系列的荒唐行为,诸如选手之间冷嘲热讽、教练谴责官员、大学生运动员犯罪或者吸毒这样的事情时有发生。

然而,学院运动已经成为美国大众娱乐的最主要的途径之一。教练成为媒体的宠儿,数百万美元的合约促使他们争夺职业体育这个领域。虽然学生运动员的收入相对低廉,但是他们经常受到名人的待遇,使得他们同大学隔离开来。电视转播的利益驱动扭曲了学校任务的先后顺序,他们规定比赛的时间安排,决定赛季的长短,随意改变或取消有关运动的会议。媒体制造出一种过度的狂热氛围,体育专栏作者努力模仿漫谈专栏作者的所作所为来迎合大众的好奇心。所有这些因素使得校际运动会由最初的课外活动变成了一场场商业演出。诸如美国大学生体育协会(NCAA)和运动员大会这样的本应该抵制商业行为的机构,也由于太过笨拙而起不到丝毫的作用。不仅如此,出于金钱的诱惑,大多数问题都发生在橄榄球运动和篮球运动中。具有讽刺意味的是,这两种运动最早就是在校园内兴起的。尽管大学管理的许多其他代表队的运动项目也面临着挑战,但与这两种明显高"收入"的运动项目相比依然相形见绌,而这两种运动项目已经被那些迎合扶手椅上的美国人的人们所掌控。

与从前形成的那种与大学关系不大的其他服务活动一样,今天我们所开展的大学校际运动会存在着一个致命的缺点,就是它们脱离了大学的教育目标和学术价值。从某种意义上来讲,我们已经允许娱乐产业的外来文化侵入了校园,并且腐蚀了校际运动会最明显的部分。这不仅驱使,有时候是认可了高校体育事业的人——教练、选手和球迷等——对学院价值的漠视,这其中还包括新闻界那些吃娱乐饭的人以及其他从高校体育中得益的人。而高校不仅不能控制这种局面,反过来还被这种文化所控制,甚至被扭曲。

高等教育领域中的很多人已经意识到了一流的高校运动事业与大学的教育任务之间的细微关系。许多人已认识到给高等教育带来严重危机的并不简单的是偶尔发生的丑闻与腐败行为,而是一种商业主义与伪善主义的文化。许多人也为此付出了多年的努力来改革校际运动比赛,或者至少是限制它们的增长以及消除它们给高等教育带来的消极影响。

然而美国公众对大学体育比赛所带来的娱乐却有着永不满足的热望,再加上体育媒体自助式的推波助澜,就大大阻挠了改革的进程。从电视机到因特网,现代媒体带来的无所不在的影响以及商业机会促使高校体育发展壮大,成为一种全国性的娱乐产业。大学的领导者们,校长和领导班子成员已经倾向于默许自己也加入这场体育产业的商业化竞赛中,而不是冒着受媒体与公众指责的危险来进行真正的改革。

但是今天,高等教育正在进入一个巨大变革的时代。由于应对知识社会挑战的难度系数不断增加,作为社会教育机构的大学如何能够继续生存下去也是一个问题。这个时代充满了巨大的变化,充满了变幻的模式,这就为重新检验所有大学活动(包括校际运动会)的真正的作用和特点提供了背景和依据。

我们有义务回答这样一个难题,即以现有的水平来举办的高校橄榄球与篮球比赛是否在21世纪也一样有意义。对于以教学和科研为己任的学术机构,是否有一个符合逻辑的原因来解释它们为何要成立并维持这样一个专业性、商业性的机制,难道仅仅是为了满足大众娱乐的需要和市场的商业目的吗?在面临着如何回应社会不断变化的教育需求的巨大挑战时,为什么大学浪费了资源、分散了领导权、削弱了其最根本的价值观念来向这些商业活动妥协?答案是很明显的。我们不会在娱乐事业上有所建树。我们必须要改革和重建校际运动会以适应学院的教学目的,或者把橄榄球和篮球联赛分离出去,使之成为独立的、专业的和商业性的组织,让它们不再与高等教育有任何的联系。

最直接的方式还是在一段时间内重建并保持校际运动会,我们需要将校园体育从娱乐产业中分离出来,并把它们与我们的教学任务重新连接在一起。这里,控制校际运动会和使学术价值与学校工作重点达成一致的关键,在于我们的高校必须要努力抵制将校园运动转变成娱乐产业的压力。高校要从那些为了自己的经济利益推动校园体育的人手里夺回控制权。这些人包括媒体、娱乐产业,甚至是教练和体育运动管理者本身。

人们对校园体育事业的改组与变革遭到了一个多世纪的失败,很明显,再进行改革就不是件容易的事了。教练、体育运动管理者、体育媒体和网络,他们都把校园体育当作一门娱乐产业而从中获益丰厚,他们势必会强烈反对改革。还有数百万的球迷与支持者,他们把美国大学仅仅看作是周六下午的娱乐来源,这些人也一定会抵制改革。然而,我们社会中的改革力量也是非常强大的,他们正在扩张到我们的所有机构中——我们的联盟、政府、大学甚至是我们的国家。高等教育所处的独特的变化时代为改革校园体育并使之与我们的教学任务重新联系起来提供了前所未有的机遇。

如果我们不能够做到这一点,就必须坚持做到让社会尊重我们作为社会教育机构的作用,并允许我们将校园体育分离出去,使之有更合适的归属。棒球的小职业球队联盟与冰球职业球队长期以来已经为年轻的、富有进取心的运动员提供了发展技术的机会,同时也娱乐了公众。我们没有理由不在橄榄球和篮球领域也创建一个类似的联盟,允许并促进运动员和教练进入职业运动,使得我们的校园重新关注那些不大受人重视的项目,并把它们重新纳入校际运动会的项目中去。当然这会有一些损失,因为把橄榄球与篮球分离出去,我们就不能再从它们那里得到资金来帮助其他的项目。但是,我们会发现这些都是很小的代价,因为只有这样,我们才能把注意力重新集中到教学的核心任务上,重建学术机构的尊严。

在我们进入美国校际运动会的新时代的时候,最根本的是大学要建立自己的高校体育的工作重点、目标与原则。高等教育面对着媒体与公众施加的巨大压力,必须要尽快实现这些目标。大学基本的学术价值终将会反映到高校体育事业中。如果我们要保持学院的价值与诚实,并能为社会真正的教育需求服务,我们就必须要改革。除此之外,我们别无选择。

公共服务实例三:经济发展

研究型大学已经成为区域性经济之中的重要一员。技术性经济发展的关键因素是技术创新、技术型人才与具有才能的企业家。研究型大学创造了以上全部因素。通过校园内的研究,它们为创新提供了必要的创造力和想法。通过教师的努力,它们为获得联邦大量的科研与发展研究支持吸引了必要的"风险资本"(risk capital)。通过教育项目,它们培养了科学家、工程师和企业家来应用新的知识。不论是通过传统机制如研究生和出版物,还是通过更直接的方式如教师(员工)企业家创立的公司、与企业进行战略性合作等,大学都是知识传播的关键。

1980年的《拜耶-多尔法案》(The Bayl-Dole Act)清晰地反映了联邦政府对于校园到市场技术传播的兴趣,政府允许大学和一些小企业可以保留以创新的名义来申请联邦科研与发展基金的权利。进一步说,政府显然愿意支持研究型大学对靠技术驱动的经济发展产生作用。[10]我们只需要看看麻省理工学院(MIT)对波士顿地区的影响、斯坦福大学(Stanford)和伯克利加州大学(UC-Berkeley)对加州北部的影响、加州理工学院(Caltech)对加州南部的影响以及由北卡罗来纳大学、北卡罗来纳州立大学和杜克大学(Duke University)的科研及成果转让活动,就可以知道这一点了。

在考察这些做法时,人们可以从中明确技术转让的几个关键步骤:

1. 吸引关键人物;
2. 创造知识;
3. 促进知识的转让;
4. 在校园内外创造足够的企业文化;
5. 创办或者吸收新的公司;
6. 帮助这些公司发展壮大。

大学主导的研究是新知识的源泉,这对刺激经济发展是很有必要的。据估计,美国新工作增长的50%以上都是由来自于实验室的新知识所创造的。[11]随着工业、基金和大学内部支持的增加,联邦政府通过研究捐款与合约为新知识的发展提供了资源。重要的是,这种支持主要是通过竞争性的程序来获得的,竞争程序取决于研究的价值,教师与学生的素质决定了研究方案的质量,也决定了是否能为科研吸引到外部的支持。有一个明显的迹象,最高等级的大学吸收了最多的研究资金,创造了最多的新知识,因此,最大限度上促进了区域性经济的发展。卓越决定了其影响力。

研究型大学,特别是公立研究型大学,都肩负着一个重要的责任,那就是努力使其智力资产从它们的学术活动转移到更广阔的领域中去,使社会受益也使其和我们的学术任务相一致。当教职员工——这些新知识的创造者获得激励、机会与支持,这种技术的转移就会更加频繁、更加迅速。大学是否能为这些杰出的教师与学者提供激励他们的环境与完好的外部设施,将会影响到研究型大学利用并保留这些智力资源的能力。在很多方面,最好的"学院"和最好的"企业"完全就是一回事。

进一步说,与更广阔的社会领域产生互动,在某些领域开展创造性的研究是很艰难的事情。知识的转化会对基础研究的质量带来积极的影响,因为它们在一些令人兴奋的高风险的跨学科领域中创造了工作的压力,使得知识有了突飞猛进的发展,而这在正常的工业领域中是无法获得的。由此看来,把应用研究同商业价值等同起来是错误的想法,知识应用的真正障碍往往是由于缺乏基础知识,而这种知识是通过基础研究来获得的。

虽然已经有了些令人瞩目的例外,但是绝大多数大学最起码在近期不会利用诸如专利证书和平衡附属公司利益等机制,通过对知识产权的直接掌控来获得巨大的收益。高校可以通过增加公共支持和私人捐赠,从发展迅速的技术转让中获得可观的间接收益。斯坦福大学来自休利特(William Hewlett)和帕卡德(David Packard)的巨大支持就是一个例子。

高校要尽量避免对教职员工有家长式的管理作风,大学可能是出于好意,想保护教职员工远离私有制残酷冷漠的世界,但是对于经历过这些事情的人来说,这种行为可能会束缚和限制他们的发展。这会阻碍其他人学习的进程(虽然有时候是来自于学校的粗暴的对待),特别是无法激励广大的教师参与到技术转化的活动中去。我们最好要设立这样一个前提,大学里的教职员工都是成熟的有责任感的人,他们将会很好地平衡学校的兴趣以及他们自己对教学、科研的责任心和他们对于智力资产发展转移的兴趣。避免冲突的关键是对公众保持透明。

总之,我们认识到只有人们高度合作,从校园到市场的知识转化才能取得成功。鼓励个别的研究者与发明家加入到这些活动中是非常重要的,我们要清除障碍与束缚,为他们提供最大限度的鼓励与支持。

技术转化中一个重要的因素是大学研究者与工业和政府之间的战略性同盟关系。这种大学与工业界的同盟合作可以看作两个不同器官之间的共生关系,它们相互联系使得彼此受益。当然工业界和大学都有"服务社会"的部分,但是它们的根本目的是绝对不同的,工业界寻求创造利润,大学寻求创造与保存知识,并把知识传授给学生。在大学和工业界的合作中,对于每个合作者而言,做自己最擅长做的那部分是非常重要的。

这种合作关系已经存在了很多年,它们都以一种传统的方式存在着,例如雇用毕业生、聘任教师作为顾问,或者对研究进行赞助等。今天我们面临的新的挑战,时代要求这种从大学到工业界的技术转让必须要大规模地缩减,以满足现有公司的需求和扩展新的产业。然而,如果不在大范围干扰校内责任,则学术机构就不能充分地满足工业界高度集中的直接需求。我们需要改善机制,以便通过财政帮助、设备捐赠、职员访问等方式获得直接的工业界的支持。有一点是很清晰的,那就是工业界和学院都需要一种更强大的、更精良的、更持久的关系以满足各种组织的需要。

服务社会新模式的需要

如同我们已经提到过的那样,美国大学与社会之间的关系已经保持了许多年并将继续保持下去。赠地法案建立了一种模式,通过这种模式,大学曾经传播和应用现有知识来为一个新生的工业化国家服务;通过以大学为基础的研究,联邦政府和大学之间的合作把工作重心转移到知识的更新上。今天,如同联邦政府作为一个主要的机构在社会关注的问题中发挥了很大的作用一样,大学也被寄予了很大的期望,要发挥其应有的作用,例如知识发展与应用的速度越来越快,这就要求我们在私有的工业界和政府机构之间建立一种新的关系。同样，大学既从公共领域也从私人领域获得直接的支持，在过去的每一天中，大学都被引入更新的、更广泛的关系之中。

因为美国大学拥有广泛的资源能够为公众服务，所以这一点很好理解。它们拥有历史悠久的公共服务机构，通过教育科研与服务活动为国家做出贡献。然而，除了历史和现实的需要，很少有大学能够在公共服务中处于战略性的地位，几乎没有哪所大学的领导和教师把公共服务置于高校工作的首要位置，就像博克（Derek Bok）所说的那样："绝大多数大学仍在某些特别的领域做着隔靴搔痒的工作，而这些领域却是社会对更多知识及更好的教育需求最强烈的领域。"[12]

确实，如果我们不仔细地筹划公共服务的作用，就会影响到高校的稳定。这里所面临的部分挑战不仅是要知道什么样的公共服务我们应该去做，还要知道应该在什么时候停止或者继续这些服务，更要知道在不影响高校重要工作的前提下如何更好地完成这些任务。有些时候某种特定的服务活动已经失去了效用，还有一些时候由其他的社会机构来履行公共服务可能会更加有效、更加适当，特别是在一些私人领域尤为如此。还有这样一些情况：公共服务的规模变得很大、很复杂，就会开始扭曲高等院校最基本的学术特质。

例如，因特网最初是由大学通过联邦赞助计划联合经营的，国家科学基金会网络就是这样的。但是在20世纪90年代因特网有了飞速的发展，其越来越明显的商业特征要求它要成为私有企业。今天，很多迹象表明，医疗卫生服务及其财政性质的变化也会要求从主要的学术医疗中心和医疗卫生系统中获得附带的利益。同理，虽然橄榄球和篮球这种商业化的运动曾作为公众娱乐的来源之一，但是，它们也破坏了高校的价值与尊严，所以校际运动会在破坏我们的高等院校之前也要分离出去。

教学与科研是大学最主要的功能，是对社会最重要的贡献，也是教师最大作用之体现。当大学变得过度关注其他活动时，它们不仅要牺牲其核心任务，还会影响它们在社会中的优先权。然而，公共服务是美国大学必须要肩负起的责任，公众对大学的支持、对大学财政与物质上的帮助，给予大学与众不同的权威与自由。这在很大程度上是期望大学做出更多的贡献，不仅是提供毕业生和科研成果，还要求大学的教师、学生和职工在满足社会需求等方面做出更广泛的努力。在近几年中,有些人担心人们对高等教育公共服务的作用不那么关注了,因为这本来就是我们许多院校最原始的领地。

  我们的高校需要不断地审视自己的作用,以满足社会不断变化的需求。当我们进入到更广阔的社会领域时,大学之间的联系将会更广泛、更复杂,依赖性也会更强。在这个变化的背景中,我们要明确一点,那就是公共服务仍将继续是美国大学的重要责任。

第七章 学　　术

  我们通过强调教学是道德职业、学术是公众信任、公共服务是社会机构的主要义务,来呼吁我们的大学同仁认识到他们在社区、地区和世界范围内的特殊责任和机遇。

——《格利朗宣言:大学千年》(1998)

  最近,许多大学的校长不停地奔走于各个学校之间,不断地提升自己的行政级别,直到他们升至学院或大学的领导地位。我的经历就多少有些不同,在成为密歇根大学校长之前,我的全部事业就是在这所大学做一名教师。因此,我首先把自己看成密歇根大学教师中的一员,而校长一职不过是另一项委任,倒像主持一个委员会,只是让我暂时离开教室和实验室。

  在教育和学术园地多年辛勤耕耘,让我从中体会到,大学教师面临的挑战可能比我作为大学管理者多年的艰辛劳动还要多。事实上,作为大学教授、学术界的一员,其含义远远超出其称谓,毕竟,我们的核心活动是或至少应该是学习、教学和科研。很少有其他努力能提供这种表达与活动的自由,很少有什么环境可以同大学校园中奋发、专注的氛围相媲美,而可以提供如此丰富和令人满意的机遇的职业更是少之又少。

  然而,今天在学术界也存在一种不安的情绪。可以确定地讲,对于多数大学教师来说,过去几十年是他们的一个黄金时代,他们所在的学校在扩大规模,各方面对教育和学术研究的支持力度不断加强,他们的工资增长速度也大大超过通货膨胀的速度,而且,大学教师至少拥有比其他多数职业更高的威望。然而,今天学术界内部的交谈已经显露出紧张的迹象,大家纷纷担心前途不保,不管是在他们工作的大学,还是在教师这一职业中,变化的时代正步步逼近。

美国教授的职务

公众,实际上也包括教师,都认为所有的教师是一个同类的群体,所有人都致力于相似的教学研究活动,都经历着相似的"不发表就完蛋"之苦,都承受着要么被聘用、要么被解雇的压力。然而,与美国社会其他各个领域一样,教师以及教师角色也具有丰富的多样性,教师活动涉及的范围也很广泛,包括为大学生、研究生、在职人员以及博士后提供教学,继续深造以提高教学水平,加强基础与应用研究,开发从单一的个体学习到上百人群体学习的模式,从事学科或跨学科的教学和研究,以及提供多种形式的公益服务。[1]

在大学中,的确有许多"教书匠"型的几十年如一日的教师:他们献身于教学,担负着学生的智力开发工作,并把学术的研究成果局限在几篇研究论文上。但是,与他们相比,内科学(internal medicine)的教师则要花费很长的时间致力于病人的治疗与照顾,通过不懈的努力来吸引科研基金用以支持实验室和学生的开支,他们还要对医学专业的学生和在院医师进行一对一的教学,还尽可能开设科技创新公司(spin-off company)推销某一项新的医学技术。对于一位小提琴专业的教授,在与研究生班的学生一起工作一天之后,第二天他们可能还要在音乐会的舞台上演奏。再比如,一位工程学教授,他要给本科生大班授课,主持有助理研究人员和毕业生参与的研究实验室的建设,担任高级政府顾问委员会成员,并负责把专利开发成市场产品的工作。所有这些人才都是大学教师中的重要成员,然而,他们的活动、视角、需求以及他们所关注的事情却大相径庭。

同样,一个教师在其职业生涯中,他的角色和活动也会发生相当大的转变。在他们事业的早期,大多数教师关注的是确立学术方向、建立学术声望以及提高教学技巧,一旦他们成功地跨过任用和升职这种初级障碍后,教授们就开始更多地忙于校内外的事务。一些人开始卷入更深的游戏中,用自己的知识力量来打造他们的学术领地;一些人则担任指导老师或政府与企业的顾问等更重要的角色;另有一些人则成为校园政治家,作为教师管理的代表;还有的从事行政工作,例如会议主席、教学主任,甚至是大学校长。但是,在各个领域和职业中,尽管大学教员扮演着截然不同的角色,但在直觉上和政策上,大家越来越倾向于他们的趋同性,认为大学教师都像历史学或经济学的助理教授。

也许,学院和大学本身的多样性是导致学术界多样性最根本的原因。在今天的美国,大概有7万名大学教师,其中28%是在研究型大学,26%在综合性大学,20%在二年制学院,8%在文科学院,其余的在专科学院,如私人业主学校。在这些教师中,有三分之二的人拥有专任职位,其中,多数拥有终身教职,大部分在二年制或四年制的公立学院和大学主要从事教学工作,在这些大学里,虽然严格地说,科研和服务也是教师业务的一部分,但沉重的教学负担和有限的学术资源(实验室、图书馆及研究生)使教师的学术研究陷入困境。更重要的是,大多数机构中的教师都已经联合起来形成了组织,因此,他们与行政机构以及被委托人的关系更倾向于协商劳动管理(negotiated labor-management),而不是共同管理(shared governance)。

与那些公立二年制或四年制学院与大学的教师相比,研究型大学的教师们更希望在一个良好的平台上参与教学、科研、服务以及管理活动,二者形成鲜明的对比。尽管在现代研究型大学里,教师角色极其多样化,教师的定位却仍然由学术科目、业务水平以及行政指派来决定。在学术活动或创造性工作中,以及在研究生和专业水平的教学中,校方鼓励和期望所有教师保持一定的活动水平。然而,在单纯的来自传统职责的课堂教学之外,研究型大学的教师拥有更多的自由和机会来担任广泛的角色,这就给他们带来了另外一项责任,为了支持他们的活动,研究型大学的教师要能够吸引或创造相当部分的必需资源,也就是说,希望多数研究型大学的教师既是企业家,又是教师和学者。

教师与大学

教师是大学的主要学术源泉,教师的质量和责任心决定了大学各方面的优异程度,它影响到大学的学术活动、学生整体的质量、教学本身与学术的优异成绩、通过公益服务更广泛地向社会提供服务的能力,以及从个人和公共渠道吸引资源的能力。

人才的聘用、留任与竞争

对于每一次对教师的任命与晋升,大学都必须把它视为一个重大的决定和难得的机遇。做出这些决定时,至少从理论上来讲,要把大学的质量放在首位。在教师任命、职位、报酬以及责任方面体现的政策、程序以及实践特点,都应该与整个机构的整体目标以及环境本身的变化相一致。从实践上来讲,做出这些决定应该在个别系科的层面,尽量少考虑那些宽泛的大学事务或更长远的问题。

今后十年里,许多大学将要通过退休经历巨大的人员调整。[2] 教师面临着新的机遇和挑战,他们可以利用这些职位广泛地支持、提高学术活动以及大学的质量。在培育下一代教师的背景下,我们必须应付大量的挑战。

尽管许多学院和大学的运作更像基础教育,运用联合教师(unionized faculties)和协商工资制度(negotiated compensation system),但业绩管理(meritocracies)仍不失为功能最好的大学制度。学术通常具有严格的标准,需要对其成员的能力进行评估,这不仅体现在提拔和授予终身教职等职位的决定上,也体现在对报酬的确定上。教师晋升的阶梯相对较短,主要包括三个层次:助理教授、副教授和教授,因此,教师的薪金文化通常主要是以工资为基础的一元文化。尽管在高等教育中,教师的荣誉和奖励也很常见,如捐助教授席位,但教师却更倾向于用工资来衡量他们的相对价值。《信息自由法》(freedom-of-information laws)要求,大多数公立大学应公布教师的工资,私立大学教师的工资也可以通过非正式的信息网,或通过研究其他机构报价的市场调查来进行对比。因此,教师报酬体系营造了一个激烈竞争的环境,可以使最出色的教师人才从一个学校进入全国甚至是全球的人才市场。

学术带头人如院长、教务长以及校长,花费了很多时间竭力为大学招募杰出的教师,还要阻挡其他大学挖走自己的优秀教师。过去,尽管我们一直努力在新教师录用方面制定一系列规章制度,例如,在教学年开始之际,通过非正式协议来约定学院避免吸收新教师,或者禁止利用减轻教学负担的前提来吸引优秀科研人员,但实际上,这些措施是没有标准的障碍,导致了残酷的人才竞争。学校越富有,越有声望,这种竞争就越发激烈。有一点可以确定,在高等教育学府,的确存在着等级差别,而这种差别在一定程度上取决于特殊的学术活动(这并不是由《美国新闻与世界报道》捏造的,而是由这些教师同行们所决定的)和财富。加利福尼亚大学成功地招聘到新教师后明确表示,有时候舆论也能在竞争中帮上忙。

但是,教师人才激烈的市场竞争也隐藏着危害。首先,这种吸引人才的努力是导致大学教育开支激增的主要因素,不管是我们提供优厚的条件吸引一位优秀教师离开他原来的职位,或者相反,我们学校明确表明要留住某位教师,这两种情况都严重扭曲了整个教师奖励模式。更重要的是,学校提供的种种条件会远远超出教师的工资水平,因而涉及一笔可观的"嫁妆",包括实验室场地、科研资助、研究生和科研助理的扶持,有时甚至包括减轻教学工作量。

除此之外,在整个高等教育中,几所最富有的精英大学,其影响特别具有破坏性。哈佛大学就是最典型的例子。它们通过从其他机构挖人来建设自己的大学,而不是通过自身水平的提高来谋求发展。在这些大学,资历较浅的大学教师极少有机会获得终身职位,因为,大多数资深教师的职位都已经被其他大学挖来的学者占满,而这些挖来的学者,是被其原来学院已经用了相当可观的费用培养发展起来的。那些精英掠夺者企图使这一掠夺过程合理化,他们辩称,通过从更广阔的人才市场找到最优秀的教师人才而不是从内部培养人才,可以创造竞争力来提高整个高等教育的质量。事实上,由于他们掠夺其他大学最优秀的教师,被掠夺大学的教育质量严重受损,即使从其他学校挖人的企图没有成功,也同样导致被挖大学资源分配的严重失衡,因为,它们不得不拼命努力以留住最优秀的教师。

终身教职(Tenure)和教师合同(Faculty Contrast)

当然,至少在公众的头脑中,与从事高等教育的教师有关的、最有意义的、最复杂也最容易引起误解的问题就是终身教职的问题。从理论上来讲,终身教职是保护学术自由以及保护大学教师避免受到校内外的政治迫害的主要机制。从实践来讲,情况大为不同。终身教职带来的工作安全感不但保护了优秀教师,也同样保护了那些没有能力的教师,使他们既排除了政治的干扰,又避免了大量在其他行业可能导致失业的业绩问题。自然,就是这种预设的工作安全感激怒了公众,因为,他们中的一些人已经感受到了公司裁员及工作竞争的刺痛。

由于终身教职体现了大学的一个重要承诺,它的授予遵循了严格的评估程序。教师首先必须作为教授助理,顺利通过 6~7 年的艰苦见习期,在此期间,他们的成绩以教师和学者的双重身份进行评估。在多数情况下,大学通过外部公断人来对求职应征者的证书进行评价,通常包括大学教师所在专业的主要专家。更重要的是,对于学校的决定来说,还会有其他因素的影响,如应聘者在大学优势专业领域的教学和科研的集中性,为终身教职提供的有效基金等。终身教职的评判过程是分阶段进行的,首先是系科级水平,然后是学院级水平,最后是大学级。在每一个阶段,任何一个否决都会终止整个评判过程。因此,只有顺利通过所有阶段的审核,才可以授予终身教职的职位。尽管大学和学院的学术活动具有相当的灵活性,但是,在大多数重点研究型大学里,新教师能够顺利通过终身教职审核这一关的还不到一半。

当然,终身职务在其他职业中也同样试行。大学教授们必须通过 6~7 年的艰苦的见习期,然后再决定是否被授予终身教职的职位前,必须面对本专业主要学者的严格审核。与他们相比,从事中小学教育的教师的情况则大不相同,他们只需要通过两年的工作之后,便可以获得终身教职,而且他们的工作还会受到教师工会合同(union contrasts)的保护。不管是雇佣条例(employment regulations),还是集体谈判合同(collective bargaining agreements),都为我们社会的许多其他雇员提供了有效的终身职位。从这个意义来讲,无论任何原因,解雇职员变成了一件非常困难的事。此外,我还将在本章后半部分讨论大学所录用的一大部分新教师在学校的职位都是临时的、兼职的或者是作为副手,而这些职位根本就没有资格被授予终身教职。[3]

长期以来,高等教育已经接受了保护学者的基本原则,以使这些学者可以努力工作而不用担心因所持观点不受欢迎而失掉工作的可能。1915 年,美国大学教授协会(American Association for University Professors)成立,满足了早期努力使学术自由法规化的要求。[4]1940 年,美国大学教授协会采纳了一项关于终身教职的书面政策,把它叫做"确保学术自由信条"或"职业吸引人才的最大限度的经济安全保障"。[4]

很多大学教师都相信,终身教职制度在大学的核心学术学科是一个有价值的、重要的实践,它可以保护独立的教学与学术避免批评和争议。对于拥有终身教职的大学教师来说,这种特权同样可以使他们为学校的利益承担更多的责任,而不仅仅关注个人的目标。但是,即使在大学内部,许多人都对现行终身教职制度的合理性提出了质疑。强制退休政策(mandatory retirement policies)的废除,正在导致资深教师群体摆脱终身教职的严格责任要求,同时,也正在剥夺年轻教师、学者的聘用机会。

对终身教职在专业领域中的价值,许多教师也提出了质疑。他们怀疑,是否有必要使用更多的教师实践者,是否有必要吸收专业人员进入大学做一段短期教学,再回到专业领域从事研究。教学与实践、大学与职业之间的密切关系在一些领域,如医学,工程学,视觉艺术与表演艺术是明显的,毕竟学生愿意学习并请教那些有经验的人、成功的艺术家或做出成就的人,而不是那些只会学习的人。对这些领域来说,教师是从社会上招收的,经过一段时间教学之后,他们还要回到社会。在这种情况下,终身教职制度显得似乎与他们毫不相关。

学术界逐渐开始承认,终身教职制无论是从观念上还是从实践上都需要重新评价,尤其是当这一制度被阐释为一种终身雇佣的保障时。人们正在考虑一种方法,即后终身教职考察(post-tenure review),甚至一些州的立法机关已经做出相应的规定。这种方法要求,大学教师即使获得了终身教职,之后仍需定期接受检查。这样,至少在理论上,为从工作岗位上撤掉那些不称职的教师提供了可能,同时,此类复查通常可以尽早发现问题,从而与教师一起努力采取更有建设性的方法保证问题的解决。另外一种方法是重新解释终身教职制,将其仅仅适用于学术任命的一部分,因为,在许多领域,如医学领域,大学教师工资中只有一小部分(大约20%或更少)来自大学的资金,而其大部分支持来自临床收费和科研拨款,终身教职的授予将会促使大学仅仅支持那些有学术资金的教师岗位部分。

尽管有许多人以学术自由为依据坚决支持终身教职的基本观念,然而,终身教职在如何提供和怎样解释方面有可能变得逐渐多元化,从而使其不仅在大学间,而且在大学内和不同的学术项目上呈现出多样性。对于学院来讲,在解决社会问题的同时,重要的是发掘新的雇佣模式以更现实地满足大学教师个人的不同需求。

不发表就完蛋,还是找资金?

长期以来,关于科研对教学的负面影响的争论突出了大学教师"不发表就完蛋"的压力。然而,在许多领域,真正的压力并不是发表文章,而是要成为一名成功的企业家,为自己的活动、学生以及系里吸引更多的资金支持。对于自然科学和工程学,这就是获得捐款的本领,即成功争取科研启动资金和合同的能力。对于临床学科,如内科学或牙科医学,这种工作的挑战就多少不同,它们的压力是从临床服务中获取足够的收入。

对于大学教师的这种企业家式的努力,现代大学非常重视,事实上也应该这样。因为没有科研资助基金和临床收入,大学就没有了实施大量研究生教育和科研活动的资源。同样,可以明确的是,这种对于研究型大学的生存和质量至关重要的进取文化,其竞争的节奏和特点,可能与从事本科生教育的教师责任产生某些不一致。因为通过教师创造财富资源来支持科研和研究生教育,这种需要会不可避免地使很多教师离开课堂,并且限制了他们本可以对本科生进行指导的时间和精力。

工作效率

这段时间,在校园里出现了一个新的以"p"开头的词"productivity",正在代替"parking"而成为教师们关注的焦点。从州首府到华盛顿,从公司经理到报社编辑室都有一个坚定的信念,只有大学的全体教师努力工作,在课堂花上更多的时间,大学教育才会在降低成本的同时提高质量。评论家指出这样一个事实,用学生面授课时计算,许多学院的教授一周在课堂的时间只有几个小时。(当然你可以说立法机关的成员每周的开庭时间也不过几个小时,或者新闻编辑工作者也同样用几个小时的时间来写稿子。)

可以确定的是,有时的确会出现几个明目张胆的不负责任的大学教师典型,他们打着学术自由的幌子躲在大学里。例如,一些大学教师就被允许不承担任何教学任务去开展科研,另外一些人则难得出现在学校里,对于他们的学生或者同事来说,相互联系似乎更不可能了。就像亨利·罗斯福斯基(Henry Rosovsky)在哈佛的毕业报告上所讲的,"大学教师群体很大程度上已经变成了一个没有规则的社会,或者稍有不同,可以这样说,作为终身教职的个别大学教师,他们经常是自行其是"。

然而,实际情况却要复杂得多。很少有人意识到,大学教师在课堂之外花费了多少时间来准备讲座、会见学生、参加各种会议、主持科研、争取补助、著书立说以及开展其他对学术至关重要的活动。今天,在所有高校中,大学教师的工作时间比以前延长了很多,平均每周要安排55个小时以上。在科研密集的大学,教师工作时间会更长。此外,有证据显示,大学教师获得了终身教职之后,他们工作的努力程度会大大提高,部分原因就是由于他们从考察期的压力中解放出来,可以更专注地投入研究。

工作效率的确成了一个重要问题,尽管这是实际情况,但不能归咎于教师缺乏努力,这是由现行教学与科研的劳动密集型的模式特点造成的。毫无疑问,这些模式正在转变,不是因为我们要求更高的工作效率,而是学生需要和学术变化的本质决定了这种转变。我们已经提到,学生和教学本质的变化要求教师角色的转变,当学生成为主动的学习者,当大学从以教师为中心变成以学生为中心的机构,当课堂经验转化成一个高度互动的社区,甚至可能会远远延伸到校园之外时,大学教师就要变革以适应新的学习模式。他们必须掌握一些对其中很多人来说还很陌生的技能——激发灵感、增强动机、营造主动学习群体以及其他的一些方法,这些更像大众教育和高密集科研出现之前大学教师的角色。

大学教师的角色必须多样化,他们要作为学者、顾问、评估者以及学习的保证者。当然,并不是要求所有教师同时扮演这些角色,这些角色在每位教师的职业生涯中也不是一成不变的。对于大学教师的角色,未来的学习机构很可能不但允许差异性,而且要求更大的差异性。

例如,对研究基金的限制,很可能使政府科研项目的倡议者把有效的资源只集中在那些科研发现方面真正杰出的大学教师,只有这些学者才会用一生中大量的时间扮演这个角色;另外的一些教师,可能擅长综合性知识、发掘课程内容并设计学习体验;还有一些教师也许善于与学生直接相处、合作、管理学习集体、为学生提供咨询和启发学生灵感。

毋庸置疑,大学教师的角色会随着时间而变化。年轻教师可能在科研和研究生教育方面负担更重一些。随着经验的积累,他们可能会转而担负起研究综合知识、设计新的课程、学习经验的责任。因此,对于大学来说,重要的是承认并接受教师职责的差异性。

退休与受到阻力的知识分子

在20世纪90年代取消指令性退休制度之后,随之出现了教师年龄老化的趋势,于是,一个新的问题摆在我们面前,为了给学术界补充新生力量,我们需要为年轻教师和学者提供更多的发展机会。尽管最初我们坚信,取消指令性退休制度不会产生明显的效果,但最近的调查表明,相当一部分年近70的学者仍选择继续工作。[5] 这种情况并不意外,因为大学的文化为教育和学术提供了绝好的、支持性的有效环境。

在教师退休的问题上,出现了一个很有意思的财政方面的创新,多数大学都为全体教师和职工提供了养老金固定缴款计划,每年在每个教工的账户里存入一定数额的钱作为延付投资。教工退休时,账户里积攒的钱就被用来购买年金保险或重新投资到其他能获取利润的机构里。因此,当一个人年纪越大,通常就挣得越多。但是,对于学校来说,每年对退休计划的补助也是一笔可观的数目。除此之外,年龄的增长可能对退休年金的价值产生实际的影响。年龄影响以及年金补助的发放这两个因素都会刺激人们尽量推迟退休年限。

推迟退休造成了这样的结果:事实上,年龄歧视会成为一代人学术生活的一个特点,这种年龄歧视不是针对上了年纪的人,而是针对年轻人,因为我们剥夺了他们发展学术事业的机会。越来越多的教师努力从事大学兼职工作以维持他们工作的灵活性,当人们把年龄歧视与这一事实联系起来,几乎可以看到美国教授的职位或聘期正发展成职业等级制度,一大批年长并相对成功的资深教师已经获得了奖励,并将尽他们的努力来长期维持这样的报酬,而越来越多有才华的、饥馑的、失落的年轻学者正拼命地寻找从事学术的机会。

也许,应该呼吁那些资深教授,他们有责任和义务在事业的后期做出某种意义的让步,给下一代留出发展的空间,尤其是当这些教授这样做没有严重的经济损失时。实际上,在一个关于研究型大学未来发展的全美会议上,我的一位同事向那些听众提出了类似的挑战,听众中大部分是有资格的资深教授和学者。我的同事主张,能在最大程度上帮助学院走出尴尬境地的方法就是退休！马上退休！

当然,我们还可以采用不太激进的方法。大学可以考虑一种新的退休计划,即当大学教师所投的年金保险的收入超出了他们现行工资水平的时候,大学将停止向他们发放奖金。为吸引活跃的大学教师退休,大学还可以采取措施,使他们退休后的地位更具有吸引力。针对那些愿意保持旺盛活动精力并且靠自己退休的年金保险而不用学校基金来支持的教师,大学甚至能够在校内为他们设置新的职位。事实上,如果大学教师可以在年金保险支持下工作足够长的时间,比如说10年,那么这些职位甚至有可能成为学校赋予的以教师名字命名的大学教授职位,因为节省的工资开支与私人捐助一个教授席位的所需资金相当(通常是100万~200万美元)。

学术本质的变化

就像大学其他方面一样,学术也在逐步发展,并且以重要的方式发生着变化。

教师差异的扩大

我们已经注意到,是我们学术活动的多样性导致了教师角色与其职责的巨大差异。以下一些例子展示了不同学术活动导致教师角色的对比:医学教师负责临床照顾,工程学的教师承担着技术转让的义务,商业教师负责繁重的咨询活动,生物医学的教师则主要与博士后学者一起工作。关于教师的特点,还有一种逐渐扩大的差异,如性别和家庭责任的不同,这些差异要求教师与大学之间的关系必须变得更灵活、更适于变化。例如,对于许多大学教师来说,获得终身教职的试用期经常处于他们即将组建家庭的重要时期。然而,许多大学不去适应这一现实,而是继续坚持传统的模式,经常迫使教师在专业进步和家庭责任之间做出选择。

临时或兼职教师职位

近来,大学为研究生提供的越来越多的步入学术的初级职位实际上是兼职的工作。新哲学博士(New Ph. D.)的角色广泛多样,可以担任博士后的助手、临床教授、大学讲师、指导员以及研究科学家与技人员等。从这种意义来说,所有这些工作都不是通往终身教职的途径,即不是通向永久的教师职位。此外,大学教师还有了越来越多的附属职位,比如助理教授(adjunct professor)或实习教授(professors of practice),这样的职位还包括来自大学之外如企业或政府的有着全职工作(full-time position)的个人,他们为学院提供教学与科研服务。

由于终身教职制度的限制和指令性退休制度的取消,更加灵活的兼职教师里出现了越来越多的业务骨干。举例来说,在今天的大学教师队伍中,40%以上的人具有兼职岗位,比例从研究型大学的30%到社区学院的60%以上不等。[6]事实上,在一些新兴的学校,如凤凰城大学(University of Phoenix),所有参加教育活动的教师全部由兼职岗位的实习人员组成,正如凤凰城大学的一位导师所说:"你应该知道我们现在并不是在学术界,我们不是专业教师,我们只是负责教学的专家。"[7]

随着在高等教育中临时或兼职工作的比例不断上升,大量的问题产生了。例如,当大学教师中很大一部分成为临时教师而没有了终身教职这一制度的保护时,那些包括学术自由和大学讨论在内的传统的价值观念还能够维持吗?诸如分权和通识教育的传统还能够继续吗?随着临时教师岗位数量的日益增多,大学教师的性质会不会发生改变呢?

教师的职责

对上述问题的担心,也许是由于我们倾向于太过狭隘地建构和评价教师的职责。我们没有发现,一直以来,教师的兴趣和技能随着时间在不断发展,随着教师经验的积累、知识面的拓宽,教师整合与应用学问的能力也在大大加强。

欧内斯特·博耶尔(Ernest Boyer)在他的《重塑学术》(*Reinventing Scholarship*)一书中提出,我们应该通过发展他所谓的"创造力合同"(creativity contracts),通过对大学教师多年专业目标的界定,来重新认识和发掘学术的潜力,以及从一个学术中心转到另一个学术中心的可能。[8]例如,一位大学教师,可能在他早期事业的大部分时间致力于专项研究;后来,这位学者可能希望研究一些综合性问题,于是,他开始花时间读一些其他领域的书籍,写一些说明性的论文或书籍,或者花时间与其他大学的导师讨论其成果的应用问题;再后来,这个"创造力合同"可能就集中在一个应用项目上,这个项目可以让这位教授介入学校咨询或成为一名政府机关的顾问。

此外,我们应该向那些资深的大学教师强调我们的信念,即这些范围广泛、偶尔还具有高风险的活动具有很重要的意义。因为活动的基本目标之一是知识的更新,也许,可以利用休假的时间达到这一目的。假设我们可以确定一些在知性上远离教师的基本学科的学术单元,积极地鼓励大学教师利用休假的机会对这个完全不同的学术单元进行教学和科研。例如,一位人类学家在一个专门学校如医学或商务专业学校度过整个假期,一位工程学教授可能利用休假从事历史或社会学的工作,一位医学教师会对法律或哲学一试身手。这种休假不仅会给那些访问教师提供了完全不同的经历,而且这些教师还可能会在他们的休假工作地产生某种影响。

改变惯例

对于现行的任命、提升以及终身教职政策和程序,我们有必要进行评价,也许有必要进行改造。我们要组建和支撑一个强大的学者教师群体,他们是以一种有效的、合作的方式服务于学校的杰出的教师群体,其所有的活动都遵循最高的道德标准。与此同时,所有的改革都应该与大学的需要相一致,有利于大学保持学术自由,增强机构的灵活性。

由此看来,下面几个问题尤其值得考虑:我们在教育责任、学术前途以及任命模式方面应该怎样对大学教师进行规定?我们怎样认识和容纳在不同的学术单元以及不同的教师个人职业两个维度上的多样性?我们应该怎样制定教师政策以承受那些高风险的学术活动?如何敏锐地觉察出由性别和民族因素带来的挑战?怎样致力于在教师的专业需要和个人志向之间找到平衡点?当教师的问题紧紧地控制在系或学院的层面上时,我们怎样才能保证对教师的任命与提拔符合大学优先目标的发展?

教育与教师的权利

现代大学是如此复杂而具有多面性,好像越远离一所大学,对它的认识就越清晰。具有讽刺意味的是,有时最难理解大学的竟是那些在校园里的人。多数教师都存在这种情况,他们几乎被划分成了封建等级差别的结构,各个学科的教师之间通常很少联系,即使是相邻学科的教师也是如此,更不用说他们和全校学生、教师以及职工之间的沟通了。然而,如今除了仅通过共同关心的停车场联系外,从地方报纸获得的错误信息也成了教师们联系的纽带。

许多大学教师对日益关注成绩评价与工作效率有着一种恐慌,尤其是当用商业或政府的语言表达时。大学教师讨厌把教授作为大学"雇员"的说法,教师更多地向兼职或非终身教职途径的转变对教师管理也产生巨大的威胁。他们看到,越来越多的专业管理者来管理大学的各种复杂事务,这种趋势对教师管理构成又一大威胁。然而,在飞速变化的时代,大学教师如果想在大学发展中扮演重要的角色,不仅需要对推动社会和大学变化的力量有更深刻的理解,还要积极地思考他们与现状的严重背离。

员　　工

我们可能会认为,大学就像一座城市,有建筑、道路、花园、剧院、公寓住宅和街区,为了学校的各项活动,所有的这些基础设施都需要知识渊博的专家来建造、维护、使用并进行修理。比如说,密歇根大学的安阿博校区,它拥有3.7万名学生、3000名教师以及1.7万名工作人员,校园具有2600万平方英尺的设施场所、3000英亩土地以及每年30亿美元的预算经费。成千上万的学生、几十万的病人以及几百万市民的生活都依靠学校活动的能力和质量,而学校各种活动又取决于大学里的质量和努力。

在多数规模较大的大学里,员工的数量相当于大学教师的几倍,他们的特点就是在职责、活动、经验、能力方面存在巨大的差异,比如在财政、保健和设施等一些领域,他们各方面的差异是相当明显的。同大学教师一样,很多资深的员工受过良好的教育并获得相应的证书,事实上,一些员工已经被大学教师接受为同事,并被邀请参加教学与科研活动。

虽然我们一般认为,大学之间的竞争是针对优秀学生和教师的竞争,但是,很显然,大学员工的素质在决定大学的质量时同样具有重要意义。现代大学需要具备较高能力的员工来管理,他们要主持一个一年耗资几十亿美元的复杂的工程,寻求私人捐助和政府支持,维修那些精密的技术元件和设施,向学生和病人提供周到细致的服务。除了这些服务,我们还期望员工能够为大学提供重要的领导人才,在很多情况下,其领导能力与整个大学的命运休戚相关。

例如,在20世纪50年代到60年代这10年间,密歇根大学就是因为员工在商业和财政方面卓越的能力和领导使其入学人数翻了三番。类似的情况发生在同一时期,斯坦福大学的快速发展同样归功于员工对土地财产明智的管理;在哈佛大学,员工对超过140万美元的巨额基金进行专业经营似乎是一个传奇故事;在过去的20年里,耶鲁大学员工的筹资能力也不同凡响;加利福尼亚大学的员工不但管理着9个主校区,还有3个大型的能源部的实验室。过去几十年里,高等教育的经历强调招收并保留高质量的员工是多么的重要。

当然,教师群体与员工群体之间存在巨大的文化差异。尽管大学教师有预期的责任,但他们享受着更大的自由——表达自由、教学和科研的学术自由。相反,对于那些员工,完成工作则要求具有高水平的专业能力。这两种文化的差异,尽管时常有一定的模糊和混乱,但一般认为,主要区别就是,对那些员工,可以不必提供与他们的教师同事同等程度的选择权和决定权。

然而,带有戏剧性的是,虽然员工没有教师更多的选择权和决定权,但是许多员工却比学生或教师更加忠实于大学。一方面,这是因为他们的工作比学生和教师更固定。对于学生来说,他们实质上只是一个旅行者,在校园度过短暂的几年时间,因而,只窥到大学无数活动的天窗一角;同样,对于很多的大学教师来说,他们把在大学的工作简单地看成迈入学术的阶梯,他们留在大学的时间以及对大学的忠诚是有限的,通常只通过他们对自己学科和职业的忠诚来衡量。相比而言,虽然承担的职责不同,但许多员工却把全部的精力倾注在一所大学,结果,他们不但显示出比教师和学生更多的忠诚,而且,还维持了大学工作的连贯性、法人社团记录(corporate memory)和学校发展的动力。更具讽刺意味的是,有时候在对大学、大学活动甚至大学历史的看法上,大学员工比在校时间较短的教师和学生有更宽广的视野。

教师通常认定自己是大学的核心,虽然他们也满怀希望地公认学生是大学的第一客户。然而,尽管这种观点在教学和学术这一中心任务上无疑是正确的,但是,当代的大学也参与了很多其他的活动,从保健事业到经济开发以及公共娱乐,在这些活动中员工起着关键的作用。比如,一些种有大型植物的大学,聘请有经验、有能力的设计师和工程师,这些人才可以与顶尖公司的对手相媲美;一些大学的高级职工与大型企业高层决策者实力相当,这也不稀奇。

然而,在高等教育中,对这些员工相对低的认同和报酬,成为大学吸引和挽留杰出员工面临的一大难题。确实,有时大学给员工的环境较之商业或企业有更多的自由和灵活性,但是,在私立部门可能给员工开放的晋升渠道在大学却经常被学术需要阻断。例如,没有任何一位员工曾经怀有成为学校首席执行总裁的雄心壮志,因为,这一职位通常要留给教学管理人员。此外,在多数大学,人力资源开发功能明显滞后于其他部门,而且,人力资源开发对职业进步的关注又相对较少。因为,公司的专业化服务如会计、投资管理、设施管理等能为员工提供更诱人的报酬和职业前景,这也成为大学迫切需要从外面越来越多地引进人才的理由之一。

学 术 管 理

关于学术管理的观点,体现出大学教师的矛盾心理。教师抵制乃至痛恨具有传统商业和政府命令式的管理方式。现实中,许多教师选择在学术方面发展,部分原因在于他们知道,在学术研究中,不再会有直接命令式的监督或强迫性的责任。教师通常能做他们希望做的事情,只要他们在各自的领域有很强的教学和学术能力,还能够开发支持这些活动的必需资源,他们就能够享受这份特别的自由,至少在某些大学是如此。

如果认为大学应该比照企业和政府来运作,那么这方面的任何建议都会触怒多数大学教师。把大学错误地当成公司,把学生和大众当成顾客,或把教师当成公司职员,这样的低层次管理者,是非常值得同情的! 教师们通常看不起那些在学术管理问题上纠缠不清的人。甚至当他们的同事想要争取领导权时,也会受到一定程度的鄙夷,会成为教师群体中不合时宜的人,他们即使成为学术管理者,也不会被真正的学术团体所接纳,不管他们前期成果多么显赫。

然而,大学教师也探寻领导能力,他们的领导才能不是从教学与学术的细节来考虑,而是从一些更为抽象的方面来考虑,如能否为大学发展提出规划、明确表达并维护基本的价值观、激励乐观情绪振奋人心等。在大学爬满常春藤的围墙外,暗流涌动,各种政治势力、贪婪、反理性主义、平庸等都可能威胁到大学的学术价值观,大学教师也在为避免这些势力的危害而寻求保护。

在很多大学里,管理的概念不会引起人们高度的重视,尤其在教师群体中。然而,那些大型的、复杂的组织不但需要最高领导来为组织领航,在有重大决策出台时,还需要各层领导的有效管理。所有的校长、院长和主任都听到过这样的建议,在教师中随意选择任何教师,都能够成为令人满意的管理者。毕竟,如果你能成为一名精通的教师和学者,那么这些技能应该很容易迁移到其他领域,如行政管理。然而,在现实情况中,管理才能可能与献身创造性学术的能力一样是不可多得的人类品质,而且,我们也没有多少理由去推测在某一特性方面是天才的人在其他方面也会是天才。

诚然,商业、工业和政府的一些组织逐渐认为取消一些管理层,拉平整个管理结构是很重要的。尽管教师、媒体、政治家甚至一些董事会成员也这样想,但大学却继承了早期学院生活简单而且机构规模很小的特点,所以,其管理机构跟企业相比显得很单薄。事实上,大学和其他社会机构一样,当面临着世界变化带来的机遇和挑战时,它们会更加依赖强有力的领导和有效的管理。

但是,在很多大学,仍然有诸多迹象表明,教师与管理层之间的分歧越来越大。大学普通教师和学校管理者看待世界的眼光截然不同。[9]对高等教育面临的机遇和挑战的理解与看法,两者也有重大的分歧。显然,这种分歧以及随之而来的教师对大学领导缺乏信任和信心,严重地削弱了大学通过制定艰难而重要的决策继续前进的能力。发展大学教师的宽容能力,支持强有力的校长领导,这样的大学有充分的理由成为21世纪出现的领先大学。[10]

如今,日益盛行的校长轮换制度,使得公立大学的校长平均任期还不到5年,其部分原因是由于教师对现代大学的本质缺乏理解,对领导阶层缺少支持。另外一个原因来自大学所承载的日益增加的压力以及大学董事会品质的下降。一些校外的集团,已经利用教师与管理者之间的分歧来攻击大学。而且,一系列特殊利益集团也在利用这种分歧,推出一个又一个的政治议程,更不用说一系列的个人行为了。

在某种程度上,教师与管理者之间日益扩大的分歧与大学本身性质的变化有关。现代大学是一个大规模的、复杂的、多维度的组织,它不但从事着传统的教学和科研任务,还同时进行着其他的活动,比如卫生保健、经济开发以及社会变革。同时,对学者知识上的要求,使教师也越来越关注于本学科,而很少有机会参与体现大学特色的更广泛的其他活动。尽管教师是,而且应该一直是大学学术活动的中流砥柱,但是,对现代大学履行的其他职责,他们中却很少有人有深入的理解与应有的责任感。

日益增加的复杂性,沉重的财政压力以及政府、媒体和公众普遍要求的义务的增多,已经向大学提出要求,大学应该拥有比以前更强大的管理。最近,间接消费偿还、无关的商业收入税、财政资助和学费都牵涉复杂的会计决算、财政管理和监督。也许,以前我们的社会以及各类政府机关把大学看作具有良好意图的教育与学术的慈祥管家,而今天,与其他拥有几十亿美元资本的企业一样,我们的大学面临着同样的压力、规范要求和责任。

大学教师日益专业化、教师人才市场的压力和大学在一定程度上已经成为教师事业发展的中转站,所有这些都损毁了教师对大学的忠诚,并在许多教师中形成了"与我何干"的想法。大学的奖励结构——工资、晋升和终身教职——显然是一种实力主义结构,其中造就了明显的"得势族"和"失势族",前者通常很忙而不再过多参与大学事务,后者日益失落也发着没完没了的牢骚。但是,他们每一个人又都像发出吱喳声的轮子,通过淹没别人的声音而凸显了自己。

最后,在许多巨型大学里,中层领导职位,如系主任或项目主管的权力和吸引力被淡化,因为日益繁重的任务对大学的管理高层提出了更高的要求。另一个原因是,教师们对直接管理他们的人抱有深深的怀疑。结果,许多大学的管理体系中出现了混乱无序。在这种结构中,教师管理者身处系主任的职位却没有管理的职权,更不用说去领导他们的教学集体了。同样,对于资历较浅的教职员工,缺乏事业发达的途径和锻炼成长的机制,因而影响了中层管理队伍的成长。

毫无疑问,大学依然是一个自下而上的组织。像在其他社会机构一样,大学的领导权同样起着关键的作用。如果我们认真考察一下大学的任何重要成就,就不难发现,优异项目的取得、大学对社会影响的扩大都离不开一位负责的、强有力的、有远见的和高效率的领导。也许,这位领导是一位主要的研究员,或者系主任,或者院长。事实上,最令人震惊的是,在有些情况下,学术机构中最危险的人会掌控大学的领导权,这是一种可怕的中央管理(central administration)。

第八章 资　　源

　　我们发现在美国社会和经济背景之下,有一颗定时炸弹在嘀嗒作响。当就业对学历要求不断提高的时代,数以百万计的美国人却失去上大学的机会。除非我们对原有体制做出彻底的改革,控制开支,控制学费的急速增长,并为高等教育增加其他的收入来源,否则这种局面无望改变。

——《全国高等教育投资委员会报告》(1997)[1]

　　在第二次世界大战后的10年里,不断增多的公共职责支撑了美国高等教育的发展。这一时期,公立大学把州和当地政府的拨款视为收入的主要来源,学费收入所起的作用相对较小。即使是在私立大学,联邦研究经费的大幅增长和学生财政资助计划也为大学赢得了越来越多的公共支持。这种增长不仅表现在个别大学规模的扩大和高等教育事业整体的发展上,也体现在大学活动和职责范围的重大拓展方面。如果大学资金有源源不断的增长,响应教师提出的倡议或满足广泛的社会新需求就会变得简单一些。

　　20世纪70年代,随着公共支持的增长速度开始减缓并下降,高等教育的资源状况开始发生变化。各级政府的公开抵制导致了对税收的限制,而且,政府还把有限的公共资源重新划拨给其他优先考虑的行业,如卫生保健与罪犯改造。由于学生和家长是大学教育最大的受益人,不管是否声明,州和国家的公共领导人都有着明确的意图,他们把纳税人支持高等教育的重担更多地转移到了那些受益的学生和家长身上。20世纪70年代早期,联邦一系列学生财政资助计划的政策决定已经体现了这种意图,因为这些政策能够使公立大学和私立大学维持高学费及高资助的政策。

尽管面临着公共支持的下降,社会对高等教育的需求却继续扩大,高等教育事业也得以不断发展。[2]强大的地区利益驱动导致地方性大学数量的增多,导致先进的大规模投资项目在地方大学的增加,尽管这样做会进一步冲淡有限的公共资源并进而威胁到整个教育质量。

在20世纪80年代早期,大学和学院第一次对缩减的公共支持做出了反应,它们采取了一些短期的行动,例如缩减维修设施、配套服务等一些不重要的开支。随着财政状况不断恶化,尤其在那些边缘或质量较差的领域,许多学院开始减少学术项目。学院为了弥补公共支持减少所带来的损失,开始通过提高学费来增加收入,也就是说提高学费标准,在某种意义上是要求学生、家长和忠实的校友承担较大份额的高等教育开支。

对大多数高等教育机构来说,学费上涨只是一个近期选择。在私立学院和大学,如果没有实质的财政资助,学费已经上涨到没有多少家庭支付得起的水平。同时,公立大学所收取的学费要低得多,因为,即使是小幅度的上涨也会引起公众的强烈反响,进而通过政治努力对其进一步限制。[3]

为了提高收入,许多学院和大学又转向了另一种更具吸引力、更容易被接受的方式,即个人筹资(private fund-raising)。虽然私人支持的数额越来越高,但寻求这种帮助的大学数量仍急速增长。不论是公立大学还是私立大学,在私人筹集基金方面动作都很大,它们都在竞争私人捐赠。另外,从卫生保健到提供住房到提供服务,大学已经在探索其大量的自助性辅助活动能否会带来效益。但是,对于很多大学来说,这些活动的收入潜力有限,因为州和联邦机关会加以限制并课以重税。

多数大学已经意识到,它们应该把关注的焦点放在分类账目的另一面,即开支。在提高效率和生产率方面,所有的大学都有潜力。大学不仅应该减少开支,提高工作效率,还应该考虑减少活动的数量以更好地整合有限的资源,这些措施可以使一些机构在保留自己现有计划和活动投资的同时,达到预期的质量标准。对于大多数院校来说,需要有所为、有所不为,以便集中资源提高质量,这是一个需要经历的痛苦过程。

客观地说,在我们的学院和大学中,大多仍然需要改变它们基本的模式以实现对教育、科研和服务职能的管理和资金筹措。可以肯定的是,20世纪五六十年代大发展时期,高等教育在不断加强的公共和私人支持下,具有较高威望;到了八九十年代的停滞时期,主要通过对传统模式的小范围调整来应对变化。确实,高等教育已经受了各种各样的挑战。然而,依靠现有资源,高等教育现行的财政与传播机制已不能充分满足社会需求的变化。而且,至少在现行体制下,多数院校的现有资源远不能保证教育和学术质量方面的开支。[4]

尽管现在经济的繁荣给高等教育带来了一些好日子,但很多人认为,困难时期才刚刚开始,因为政府在考虑其他一些社会优先领域,比如对老年人事业的重视,势必占用更多的工作资源。这样一来,对有限的公共资源的竞争将更为激烈。如果我们不改变高等教育筹措资金的方式,不对教育服务日益增长的要求、教育服务相对应开支的上涨,以及公共支持的减弱或停滞进行综合考虑,那么整个国家的高等教育事业就会陷入财政危机。[5]

本章将研究大学资源基础的变化,大学应该采取哪些有效方法来应对这些变化;此外,还将考察学费即"向学生征收的大学教育费用"的含义。

受局限的未来

像社会上其他的事业一样,大学的运作需要足够的资源来满足各项活动的开支。对于很多学术性机构来说,由于活动的广泛性和支持者的多样性,其运行成为一项很复杂的工作。无论是公立大学还是私立大学,非营利性的大学文化需要一种与商业和贸易不同的经营方式。

对于它们目前所从事的活动,大学通常始于这样的假设:这些活动不仅很有价值,而且是必需的。接下来,它们开始寻找资金来源,确定为这些活动提供基金支持。除此之外,由于通常会出现许多突发的提议,如扩展现行活动或开展新活动,大学一直在寻求更多的资金来源。最近,人们已经慎重考虑重新分配的可能性,即把现行活动的资金通过重新分配拨给最新尝试的活动。对大学来说,经济领域采用的旨在削减开支、提高生产效率的策略还是新鲜事物。

多数大学的收入来源依赖于以下各项：
- 学生所支付的学费及其他费用
- 州拨款
- 联邦科研补助及合同
- 捐赠与基金收益
- 附属设施收益（如医院、住宿公寓和竞技比赛）

节约开支的对策包括：
- 限制开支
- 资源管理战略
- 替代性革新
- 整体质量管理
- 重塑管理体系
- 选择性增长策略
- 组织重建

在以上对策中，每一种选择的可行性和吸引力都各不相同，它取决于学院机构的本质以及政治环境的特点。由于很多公立学院在很大程度上依赖州政府的拨款，因此，一种拨款对策的出台很可能是为了提高政治影响，从而保护或促进州政府的支持。小型私立学院能获得的捐赠有限，主要依赖学费及其他费用，因此入学和学费价格的制定在财政策略中发挥着关键作用。以科研为重点的大学，如麻省理工学院和加州理工学院，则重点依赖联邦政府的科研支持并力求影响联邦政府的科研政策。

虽然所有的美元都是钱，可是这些钱在支持大学运行方面，其用途却存在着巨大的差别。多数资金被锁定在特定的用途上面，例如：由科研补助及合同提供的资金通常被限定在非常具体的科研活动方面；大多数私人赞助的资金也有特殊用途，比如支持学生的财政资助计划或者某个具体的建设项目。学费的收入和州政府的拨款通常有很大的灵活性，但同时也会有很多的限制，例如，要求用来对某一个学术活动提供支持，或者对那些是本州居民的学生提供帮助。

为了更好地理解为高等教育筹措资金的一些情况，我们有必要对各项收入和支出予以简单的说明。

联邦政府的支持

正如我们以前提到的,联邦政府为学生财政资助、大学科研、研究生教育和医疗保险提供了大部分的资金来源。尽管在20世纪90年代后期,强劲的经济势头为国家加大支持力度提供了可能,可接下来的20年将是资助力度的停滞或衰减期。而且,联邦政府提供的多数支持都直接或间接地(通过税收优惠)对学生个人进行财政资助,或者支持卫生保健领域,而不是直接针对大学。即使这些资金直接拨给大学用于科研和研究生教育等,但通常来讲,仍有严格的开支限制,必须遵守相关的联邦法规,按要求办事。例如,职业安全与健康局、环境保护署、核管理委员会和美国残疾人协会等组织做出的有关规定,大学在资金使用时,对其不能不理不睬。

虽然今后几年联邦政府的支持将继续是高等教育的重要资金来源,尤其是对于那些科研和研究生密集的大学更是如此,但是人们还是忧心忡忡。20年之后,如果不对联邦授权项目做重大调整,或者国家生产力没有大幅度的增长,当出生高峰一代步入退休的行列,联邦政府的职责和收入的失衡状况很可能会更加严重。而且,联邦政府规定不断增加的趋势还将持续(健康、安全、利益冲突、科学管理不善、涉外问题),因而,执行这些规定所付出的费用也将不断提高。

州政府的支持

自从19世纪70年代后期以来,在调整通货膨胀的基础上,州政府对高等教育生均支持额度一直处于下降的趋势。[6] 20世纪80年代,高等教育的总经费45%来自于州政府,到了1993年,这个比例下降到35%,这种下降的趋势一直持续到今天。对于公立学院来说,和第二次世界大战前后约53%的支持额度相比,州和地方政府的投资已经降到了第二次世界大战以来的最低点。联邦政府通过未备资金条款(unfounded mandates)的授权,如医疗保健(Medicare)、医疗保险(Medicaid)、平均每日上课人数(ADA)和职业安全与卫生条例(OSHA)而转移的开支,已经动摇了州的预算。在州预算中,许多州指定拨款在罪犯教育与改造、基础教育上大规模投资,所有这些花费已经削弱了州政府支持高等教育的能力。事实上,在今天的许多州,对监狱的拨款已经超出了对高等教育的投资,而且并没有下降的迹象。[7] 人们越来越多地认识到,与20世纪80年代经历的财政紧缩的需求不同,现在州政府对高等教育支持力度的减弱,实际上表明州政府对公共事业资助优先领域的重要转移。在大多数州,在今后更长一段时间内,公共财政支持高等教育的力度,似不会明显加大。

学　费

无论是公立大学还是私立大学,它们的大部分收入都来自办学运作的过程,包括所收取的学费、房屋租金、诊疗收入等。在很多州,甚至对大学的拨款指定用于教学活动。对于多数大学来说,最重要的可以控制的收入来源就是学费,即学生为获得大学教育需交纳的费用。在公立和私立的学院或大学里,在很大程度上,大学教育真正的费用依赖于公共或个人的资金补贴。而学费收入,常常由于财政资助计划而不被看重。从学生的角度来看,这无疑有重要的意义,而从财政运行的角度来说,这也同样具有重要意义。因为,财政资助计划在很多学院就是直接地取消学费收入,尤其是在差额上。事实上,一些学院已经发现,那些必需保护学生提供有效申请资金的财政资助计划中,增加的开支已经超出了学费增长带来的额外收入。对大多数学院来说,市场的力量或政治压力有力地限制了学费的增长和收入。

私人募捐

对一些大学来说,私人募捐为加强支持提供了绝好的机会。[8] 对于私立的学院和大学,私人募捐,尤其是增效捐款一直具有关键的优势地位。即使对于公立大学,在面对反对学费增长的强大的政治势力时,私人募捐也可以作为一个更加现实的选择。然而,开展新的募捐努力是一笔主要的花费,一个比较成熟的项目的管理费用高达总捐献资金的15%~20%。但是,无论如何,与私人募捐相关的费用还是值得考虑的。例如,哈佛大学1998年投入了3500万美元资金和250人,募捐到了4.27亿美元。

人们捐助大学有很多原因。有些人是为了表示感谢,回报大学曾经给他们提供了受教育的机会;另一些人支持高等教育是把它作为影响将来的一种方式;还有一些人,希望通过捐赠建筑物来使姓名与建筑同存,通过捐款使自己英名不朽。捐款是贡献资金,其所有权和经营权永远归大学所有。基金运作所得收入一般用于:资助杰出的教师

(或捐助专家席位)、学生(捐助奖学金或助学金)或者某一学术项目。通常来讲,为了满足捐助者的愿望,捐助人的名字总是会与受捐助的活动联系在一起。

既然捐赠基金的管理是为了永久地向捐赠者的初衷表示敬意,那么,经营基金所得的收入中,只有一部分投资基金用于指定的目的,其余部分则进行再次投资,其目的是在面临通货膨胀时保持基金的购买力。例如,虽然一个捐赠基金可能获得了10%的收益,其中只有4%可以用来进行分配,而其余的6%用于再次投资,从而使捐赠的基金得以增值。

然而,即使是在20世纪90年代,捐助基金投资的收益通常能达到15%~20%时,很多富裕的大学用在分配上的资金也不过3%或者更少,因此,资金增值的数额巨大。例如,当前哈佛大学有140亿美元的基金;耶鲁大学,65亿美元;得克萨斯大学,49亿美元;密歇根大学,25亿美元。[9]人们已经开始关注,庞大的基金只有如此少量的开支是否妥当,这种为将来投资而不是满足当前需要的做法是否合理。事实上,正像已经指出的,我们认为,从财政角度来看,一些大学更像银行而不是教育机构,因为管理、经营捐助基金的投资已成了它们最重要的经济活动。

然而,必须强调的一点是,在1998年,美国只有31所大学拥有超过10亿美元的基金。事实上,在全国3600所院校中,只有10%拥有超过5000万美元的基金,而绝大多数院校的基金量低于1000万美元。因此,基金的收入对少量的精英学院具有非常重要的意义,而对于美国高等教育的大多数院校来说却是不合理的。[10]

辅助基金

大学利用所得资源,从事了很多其他活动。技术转让、特许权证书和商业开发的净值收益已经为一些研究型大学提供了源源不断的收入。另一些院校也从事了很多辅助活动,包括保健知识传播、扩大服务范围和领域以及其他以校园为基础的活动,如提供住宿公寓、供应食品和经营书店等。

在大学,通过辅助活动而获得的收入,尤其是在大学的医院,在过去的几十年里,已经成为其资源基础发展最快的部分。然而,这也是大学的资源基础中最不确定的成分,因为它们的收入都取决于快速变化的市场。随着经营管理、人头税和新的以营利为目的的卫生保健提供者的进入,院校内的医院已经成为"濒危物种"。大多数其他辅助的活动,例如校际运动会很少能带来足够的收入支撑自身运转。然而,有些渠道偶尔也可以获得机会积累资金。例如,继续教育就成为产生额外收入的最好机会,由商学院发起的行政教育计划也为我们提供了成功的范例。在与学院的教学任务一致的前提下,高度市场化之后,高质量的活动计划所产生的资源直接支持了大学。

再谈企业式大学

我们在第三章中已经提到,支持高等教育的有效资源具有多样性和变化性,这一特质已经刺激了大学及其教师的市场化或企业化行为。对于大多数的公立大学和私立大学来说,能够为学术活动提供支持的最重要的资源是通过学院的企业化活动而获得的。例如,通过吸引充足的学生入学带来必需的学费收入,通过竞争联邦科研补助金或通过寻求私人捐赠来增加资源。结果,在开发支持大学活动必需的资源方面,大学教师越来越成为行家里手。[11]

市场驱动和企业化文化在缔造一个能够经历财政风暴、具有高度灵活性的大学的同时,也只获得了很少的有利结果。很多当代大学像一个大型购物中心,其计划和活动只取决于可利用的资源而不是战略意图,在这些项目中,自然科学和工程学拥有很强的资源优势,通常会成为胜利者,而其他像艺术和人文学科,则很少有机会争取到外部的支持,通常会成为枯竭的一潭死水。而且,随着大学资源的投资组合中不同成分的此消彼长,大学的职责和活动就得不断转变以适应环境。从另一角度来说,我们改变的收入来源以及过时的消费结构表明我们任务的本质就是变化。但从长远来看,我们不能够仅仅依赖于用一种收入来源代替另外一种,或者在边缘学科削减开支,而必须考虑改变整个混乱的活动状态,以应对顾客变化的需求。

高等教育的开支

今天的大学就像一家联合企业,存在大量不同的商业链:教育(本科生、研究生、专业人员),基础研究和应用研究,保健事业,经济开发,娱乐(校际运动会),国际发展,等等。其中每一项活动的支持都有一系列的资金来源作保障:学费、服务费、州拨款、联邦补助及合同、联邦经济援助、私人捐助以及辅助性收入。我们面临的部分挑战就是理解这些资金的交叉流动,也就是资源在不同活动之间的交叉补贴。

大学开支的一般情况

有大量因素影响着大学教育的开支:付给教师和员工的工资,建设并维护教学设施的费用,基础设施如图书馆、计算机中心和实验室的费用,以及行政服务的开销。[12]当一个人努力理解高等教育费用不断上涨的实质时,他会很容易把费用上涨的责任推到外部力量,如争取高质量的教师、员工和学生的需要,联邦条例和规定中的各种税收,或者我们社会中日益增多的诉讼官司,这些方面都明显地影响到了大学的费用,这不是一小部分。同样重要的是,这些大学自身经费使用没有采取最有效的方式,不是有系统地按程序进行运作,这就允许甚至助长了浪费与重复现象的发生。

许多年来,大学的消费增长比消费价格指数上涨的速度要快得多,这在某种程度上反映了这样的事实:大学是劳动密集型与知识密集型的运作机构,大学所购买的各种类型的商品和服务的价格上涨速度远远高于通货膨胀率。大学运行成本在过去的20年获得了最快的增长速度。此外,大学必须在专业人才市场进行竞争。因此,在某种程度上,一直存在用人成本的更快增长。还有一点需要强调,一直以来,大学不但为它们购买的商品和服务支付着高额费用,而且还在继续购买更多的商品和服务。在大多数的研究型大学,费用的增长高度集中在设施设备及其他非工资领域。

那么,管理方面的开支情况如何呢?关于高等教育最重要的话题之一就是大学在管理上开销过多,这个话题对教师及董事们同样具有吸引力。事实上,这并不能说明任何问题,因为即使是效益最差的企业,管理费用占总预算的比例比任何一所学院或大学都要高许多倍,根据企业和政府所采用的标准,美国大学的管理是很薄弱的。事实上,鉴于这些大学机构的设置越来越复杂,承担的责任和义务越来越多,其管理的薄弱已经到了非常危险的程度。

教学和科研活动一直是高等教育主要的消费领域。虽然消费的增长是由于外部的市场力量作用的结果,不是哪一所大学可以控制的,但是,既然认识了大学决策过程的基本特点,通过有效的管理提高质量、降低成本还是存在一定可能性的。

消费的动力

在很大程度上,市场驱动的外部因素影响大学在教育目标结果方面的开支,如目标成果的综合性和质量。这种目标要求同等程度的大学在教师和学生方面展开激烈的竞争,它们必须满足教师工资、工作量以及其他方面市场规律的要求,它们还要有效地争取优秀的研究生和本科生。教师又需要计算机方面的服务、图书馆资源、实验室设施、员工支持以及如旅游这样的相关费用。关于综合性和优秀程度的差异性选择导致了不同的市场,潜在地降低了成本资源。

然而,很多导致高费用的外部因素并不是受市场引导的,而是规章、制度和社会合力作用的结果。服从联邦和州规定的执行费用是昂贵的,据估计超过学生全部学费的10%。[13]地方、州、国家以及世界性的组织开展广泛的重要活动,大学要向它们提供所需的公共服务、时机和人才。

从另一个角度来说,大学的组织结构本身就是一个主要的消费动力。它包括重要的实质性花费和与集权的官僚政策相关的一般管理费用,以及像现代大学这样大的复杂组织的程序运行成本。在多数大学里,有一些活动,如财政经营、购置物品、绿化管理以及信息技术并不能简单地被理解成小范围的、低效的、以顾客为中心的工作。

另一个重要的消费动力是与空间有关的消费,它构成了大学全部预算的重要组成部分。这类消费包括重新建设和重新规划,以及与此相关的设施使用、维修、保安服务与安全措施。很明显,空间的增长限制在大学全部资源的基础上,限制在集中分配决策中。分配决策在一个水平,而评估需求在另一个水平,这一事实极有可能导致分配不当、效率低下以及超出最佳供应空间等问题。

最后,理解知识本身的增长对开支的影响也是很重要的。随着与学术和专业学科相关的知识的突飞猛进,教学的花费与奖学金也在不断增长。大学教师在学科、系以及学院不断扩充知识基础,他们在资金、人事、学生以及空间方面就具有不断的扩张动力。

文化因素

我们同样应该知道,一定的文化因素支持着现行的高等教育的开支结构。[14]大多数机构关心的是收入,而不是支出。我们希望吸纳最有声望的教师以及在标准考试中取得最高分数的学生。对于高等教育的领导,我们评价的标准是看他们能否成功地增加州拨款和私人捐助,我们很少把关注的焦点更多地放在传统的成果评价或增值判断上,如学生的学业和学术的影响。

高等教育长期以来具有不朽的功能。富有的捐赠者宁愿捐助富有的大学,从而把自己的名字与优秀学院中的建筑或他们捐助的桌椅联系在一起。确实,一些校园已经成为建筑园林,远远超出了对学生教育的需要以及教师的学术需要。在高等教育私人捐助中应了一句老话:富者越富,穷者更穷。

另外一种情况是,社会在通过媒体以及选举的公共官员关注和影响着大学教育开支上涨的同时,却继续传达这样的信息:一个学院的教学质量和声誉是与费用直接相关的。比如,《美国新闻与世界报道》每年醉心于为不同大学提供的本科生教育进行排行。[15]这种排行榜基于大学教育质量复杂的对比权衡,学生和家长都很重视这种划分。同时,对大学的排行也为《美国新闻与世界报道》提供了不菲的收入来源。然而,当人们仔细分析这个排行榜时,就会发现,那些花费水平最高、学费也最高的院校都毫无疑问地处于榜首位置。《美国新闻与世界报道》的排行榜如此依赖每个学生或每位教师的花费标准,致使公立大学几乎全部从领先行列的院校名单中被排除。具有讽刺意味的是,同样是这份杂志,曾是对高等教育费用增长的最尖锐的批评者之一。正如它所批评的,这种排行向我们暗示:大学的花费和收取的学费越多,它在排行榜所处的位置就越高。但是,反过来,这份杂志本身已经成为高等教育开支增长的重要驱动之一。

成本控制与提高生产率

一直以来,高等教育太关注教育质量与成本之间的关系。而当大学面临着资源变得日益匮乏的时代时,懂得如何在控制成本的同时提高质量就变得至关重要了。

对于工业和商业领域来说,20世纪80年代是一个非同寻常的时期,它们在质量、生产率及成本的控制方面都进行了学习、变革与提高。虽然敏锐地区分高等教育与私立部门之间的机构差别很重要,但是,通过思考工业领域经历的质量提高,考虑其对高等教育的启示,也同样可以获得有价值的观点。[16]包括商业、政府以及保健事业等诸多组织中的人们已经了解到,为了提高质量以及改善整体机构的运营,他们需要仔细研究并确认他们的顾客,更多地了解顾客的需求与期望,然后,根据掌握的情况,努力提高自己的运营水平。

事实上,大学也有顾客。最明显的顾客是机构中的外来人员,如预期的学生和教师。但是,顾客也可能是来自内部的,也就是说,一所大学很可能是另一所大学的顾客。注意锁定顾客并理解他们的需求与期望,对于提高质量以及更好地了解并降低不必要的开支起着关键的作用。

20世纪80年代,工业领域经历的质量变革可以给我们另一个主要的启示,即追求一定程度的质量显然会增加开支(例如,聘用明星教师,增加对本科生的专门项目,增加工作人员以改善对各项活动服务质量)。但是,追求一定幅度的高质量确实可以做到减少成本,这是"高质高耗"传统思维的一个重大转变。因此,如果一个学院致力于在提高质量的同时控制成本,它必须尽可能地理解成本与质量的关系,更具体地说,就是怎样既提高质量又降低成本?对于大学来说,要做到这一点,有如下几个途径。

第一,对于那些不能满足现实顾客需求或勉强满足和超出顾客期望值的资源和活动要认真审核或取消。

第二,追求质量的中心环节是在所有工作程序中消除浪费。质量的提高要求对主要工作程序进行认定和分析,删除那些只具有辅助价值或者没有价值的程序或活动。

第三,通过要求内部提供的服务与开放的市场提供的有效服务进行竞争,有效地提高质量、降低成本,允许各单元把中心服务看作一个简单的卖方候选人,而不是唯一的、优先的服务提供者,努力把市场竞争中质量与成本的市场规则引入到大学中来,这一要求有时会有一定的难度。

第四,为了把大学办得更好,对于每一项关键活动安排,很重要的一点是弄清到底世界上哪些大学表现最好,并将其作为大学工作的目标。这一至关重要的过程,在商业领域被称为找准"发展坐标",就教育领域而言,这样做有利于大学的继续完善与提高。

第五,为了同时在提高质量、降低成本方面取得更快的实质性进展,大学及其各部门领导人必须把质量放在机构战略的核心位置,这通常被称为"战略质量管理"(strategic quality management)。此外,在大学领导人和大学社区成员心目中,质量策略必须经历有意义的转变。我们应该从以前"在所有领域都要做得更多更好"(包含所有的资源需求)的观点转变到"在我们选择的领域做到最好"(不是所有领域)。我们应抱有这样的观点,"不惜使用任何手段寻求质量提高,同时使成本降低或成本适中或成本相对较低"。

对质量的考虑,在工业领域同样已经历了很大的转变,从将其视为一个质量检查的问题到质量保证的问题,从管理的问题到战略机遇的问题,这一系列的变化历经了近六十年。在大学,我们必须少走弯路以更快前进,因为一种与工业不同的、经过深思熟虑的、把质量作为一种战略机遇的想法,可以为大学带来许多潜在的益处。在高等教育领域,有很多资源来引导我们的努力,但是,对制定提高整体质量却没有现成的路可以走。但是,我们有理由相信,在与工业或保健事业类似的环境中,这种方法也能够为我们大学带来同样的成功。

但是,人们必须仔细考虑企业模式中哪些方面可以充分地被大学利用,哪些方面会给学术使命带来损害。例如,最好的企业实行的如人力资源开发及员工福利策略在高等教育中却一直未能实现。另一方面,企业的秩序是依赖其自身的特点,如团队合作、对企业的忠诚、纪律以及等级制度,而这些与大学中强烈地推崇个性、创造力以及创新能力的学术传统格格不入。

资源分配

在过去的几十年里,我们可以越来越明显地感受到,面对资源基础方面的快速变化,大学必须发展更有效的预算系统,从而能够支撑大学的核心使命——教学、科研和服务。[17]优秀的管理者在获得必要信息及合适的激励时,会做出更好的、成本效益更高的投资抉择。大学面临的第一个挑战,就是选举出优秀的管理者并为他们提供适当的培训。第二个挑战是,在尊重每一个决定的前提下,确定权威决策所处的合理层次,如果决策层过高的话(例如让校长来为个别教师指定课程),他们就很难理解对个人或单位造成的直接影响;如果决策层过低的话,他们就很难把握对相关个人或单位带来的间接影响(例如,如果让每一位教师都自行选择课程的情况)。

许多大学,尤其是公立大学,几十年来都一直依赖于一种基于资金会计体系的被称为"增长预算"(incremental budgeting)的资源分配系统。[18]在这个系统中,一个单位在每一个财政年度的资金预算始于与前一年度相同的资金支持水平,考虑到通货膨胀、单位需要和愿望的增加以及大学可以提供额外资金的能力,再累加一定量的资源配给。这些资源,不是为战略管理着想,而是受历史传统的影响被分割成不同具体的基金,例如公众的教育基金、限制基金、限制的可消费基金、辅助基金以及资本基金等。除了作为记账工具之外,基金之间还建立了防火墙以限制资金的转移。

在第二次世界大战后的 30 年里,公共服务的发展超过了通货膨胀水平,在此期间,资源分配系统充分发挥了作用。大学每年都会在不影响现行活动资金流动的基础上,用额外的收入来开展许多新的活动,做很多重要的事情。但是,20 世纪 70 年代后期开始出现了公共支持尤其是州政府支持的衰减,这种情况一直持续到今天。显然,这种"增长预算"或基金记账方法已经越来越不能应对新的机遇和挑战。事实上,更为有限的资源基础最终导致了所有大学活动的资金饥饿状态。

在前几年,高等教育的资源基础受到了更多的限制,如果它们想维持其核心价值及使命特征,很多大学将被迫放弃增加的预算。大学必须发展开发优势的能力,提高为优势目标分配资源的水平。要达到这一目的,有很多途径,人们可以在中心机构决定的基础上,通过教师咨询团来继续实施目标资源的重新分配。但是,如今在很多大学,不但多数费用都是用丁基础水平的开支,而且,大学收入的大部分也同样依赖基础水平的收入。因此,中心资源管理模式与高度分散的资源生成与消费很不配套。

另一种选择是,分散整体的资源管理,例如哈佛大学以及其他一些私立学院采用的"自收自支"的预算策略。在这个体系中,每个单位对其财政运行享有充分的权利并承担全部责任。然而,在实现全校性的价值与目标时,这种高度分散的方法不具备可行性。

许多私立大学以及一小部分公立大学,包括密歇根大学,已经选择了一条中间路线,通过一个名叫"责任中心管理"(responsibility center management)[19]的系统来实现分散资源管理的目的,这是一个由学术单位、行政单位及中心管理三方合作共享资源分配决定的过程。在这个最简单的形式中,整个系统允许各单位保留它们自己开发的资源,负责满足它们的开支,然后对所有开支征收一定数额的税,建立支持中心工作的中心公共资源中心(如大学图书馆),并为那些不能带来足够资金支持其活动的学术单位提供所需的额外帮助。

更具体地说,"责任中心管理"有三个目标。第一,资源分配由大学的价值、核心使命以及大学重点工作来引导,而不是由外部力量来决定。第二,为大学辨别各种繁杂信息的真实性提供了框架。第三,允许学术与行政单位作为合作伙伴,共同参与决定资源分配。

显然,在大学快速变化的资源环境中,与基金记账体系伴随的高度集中的增长预算已经不能再满足需求。简单地全面缩减开支不足以成为一个长期的策略,它只能使大学从一个困境陷入另一个困境,并逐渐萎缩。

以替代实现创新

收入渠道的减少、失控的成本驱动,带来了实质性的财政压力。在正常的、具有长期增加预算的传统的大学环境中,可能会带来负面影响,如何使这些压力变成积极因素?如何才能找到资金支持的新思路来保证可持续发展?

最具戏剧性的变革必须以大学规划的方式进行。大学规划的设想必须在紧缩和限定的收入基础上启动,首先发展开支预算,然后通过价格上涨(如学费)弥补费用计划与收入目标之间的缺口。这种方法不再可行,甚至也不能被大家接受。通过替代而不是由增加资源来实现大学的发展必将成为有效的管理哲学。替代是指为了做一些新项目不得不取消某些原有项目,对大学来说这是很痛苦的,伴随着这种痛苦的认知,我们不得不更多地、仔细地考虑以确定大学的优势。例如,一个学术单位希望抓住机会从事基本学科领域的分支学科,它可能必须取消其他方面的活动以便为新的尝试提供更大的发展空间。

我们不必消极地看待限制成本的必要性,应该严肃地对待成本效益和机构的效率问题。这是拥有众多客户与信托人的大学重建信誉的好机会,同样也是向潜在的公共或私人大学支持者证明自己的好机会。应该让他们知道,以后所提供的支持将会广泛地用于教学传播、科学研究和公共服务项目。

几乎所有这些评论背后都有一个基本的前提,即高等教育不能继续使用"成本增加"计划。我们不能总是在一个既定的单元开始我们的活动,并在活动过程中分配已有资源,然后依靠额外的资源来实施一个新的计划或创新性的活动。相反,我们必须考虑取消、减少或改变现有的活动,以便为我们认为更重要的活动提供充裕的预算成本的空间。

现在,通过减少开支提高工作效率,提高活动质量来产生灵活的运行资金,对大学来说并不是一件容易的事,将来也不会太容易。但是,既然这些在其他环境中已经做到了,在大学也应该同样能够做到。

改组与重建

除了继续努力控制成本、提高工作效率以及非增长的替代性革新,大学需要沿着工业发展的足迹探询更基本的问题。大学需要转变思路,从询问"我们做得正确吗"到"我们在做正确的事吗"。大学需要直面挑战,克服困难,改组与重建机构中最基本的活动。

多数大学都考虑过重新规划管理程序,如金融操作的管理、学生服务和科学研究管理。但是,既然大学的核心活动涉及学术过程,势必需要重新考察大学基本的管理程序,这带给大学的挑战更为严峻,首当其冲的就是要坚决抵制教师文化的商业操作,当然还存在着其他的根本障碍。

几十年来,大学用"输入"——学生和教师的质量、资源、设施等这一术语,而不是"输出"即学生的表现来定义学术质量。重新思考大学的核心学术功能则要求转变观念,从重视教育资源转向重视教育结果,这一转变使大学由关注教师的生产率转向关注学生的生产率,从教师的学科兴趣转为学生的学习需求,从重视教师的教学风格转向重视学生的学习风格。这就要求重新定义我们的大学:它是以学习者为中心而非以教师为中心的机构,以学习者为中心就要关注最基本的过程,如决策怎样制定、信息如何分享、如何教授学生、教师如何工作、科研如何进行以及附属企业如何管理等。

在控制成本方面,大学能够采取的内部措施也存在一定的局限性,终身教职或集体协商决议限制了学校精简人员,政治的压力会影响招生的水平和项目的广度。而且,事实上,至少在目前的高等教育模式中,许多机构在节省开支方面所做的有点偏离正轨。具有讽刺意味的是,在许多大学中,唯一可以不受限制予以调整的是质量,在特定的预算之内努力减少成本有时只能靠降低质量标准来完成,这与商业部门形成了强烈的反差,高等教育的收入驱动模式导致的却是项目质量的严重下滑。

即使那些接受重建学术程序挑战的大学也遇到了挫折。[20]节省经费、重组、改组与重建的模式可能不会获得实质的收益,大学和高等教育事业的根本改革才是问题解决的关键。这是本书后面章节的话题。

大学教育的成本

我们已经讨论过,资源限制对大学意味着什么,然而重要的是,我们还需要考虑它对大学所服务的对象,特别是学生意味着什么。除了对教育质量的影响,大学变化的财政状况与它们提供的教育服务的收费价格直接相关,也就是说,与学生和家长支付大学教育的费用直接相关。

今天,在高等教育领域,大学教育的成本肯定是一个最充满争议的话题。学生和家长、纳税人和政界人士、媒体和公众都对大学教育的成本问题十分关注,他们质疑学费价格水平的攀升,有些人甚至开始怀疑大学教育是否物有所值。的确,大学教育的成本是一个重要的问题,但它同样也是一个包围在重重假设与现实中的问题。[21]

其中关注的问题和假想有以下一些:
- 多数大学的学费价格水平已经失去了控制。
- 高等教育不断提高的学费价格水平使得只有富人才能达到。
- 学费上涨的速度快于消费价格指数,这一事实表明大学的低效和对市场的压榨。
- 家庭所付的教育税应该足以抵消在公立学院和大学的学费。
- 大学教育不再物有所值。

然而,事实表明情况要复杂得多。[22]1999 年,四年制私立大学每年的学费平均为 14508 美元(与上一年相比增长 5%),而由于大量的公共补贴,四年制公立大学的学费平均仅为 3243 美元(增长 4%)。[23]此外,财政资助计划为学生(增长 6%)提供的补助和贷款超过了 600 亿美元,相当于每位在校学生 4000 美元。高等教育公共补贴、学费和学生财政资助之间的平衡决定了对学生的大学教育的实际成本。

在第二次世界大战后的几十年里,对高等教育的公共支持通过不同的渠道获得了大幅度提高。大学可以从州和当地政府获得拨款,争取联邦政府意在支持学校科研的项目拨款,接受学生财政资助计划的资金,在具体学科如健康专业获得联邦补助,高等教育通过多种渠道获得了大量的公共支持。因此,家庭以学费形式支付的大学教育费用部分一直稳步下降,这种状况一直维持到 20 世纪 70 年代。

可是,正如我们前面所提到的那样,在 20 世纪 70 年代关于高学费(高额学生财政资助政策)政策发生了重大转变,通过财政资助项目,政府把对高等教育的支持从大学转到了学生身上,可是,这只是暂时的。当其他社会优先事务,如健康保健和对罪犯的改造开始与大学竞争州和联邦拨款时,情况就改变了,支持高等教育的重任更多地从纳税人身上转移到了学生(或家长)身上。确切地说,每个学生的平均学费由于通货膨胀的调整,在过去 20 年里大约翻了一番。[24] 然而有趣的是,今天,由学生和家长提供的大学教育开支的份额反而下降到比 20 世纪 70 年代更糟的 20 世纪 50 年代的水平,甚至在过去 10 年里又再次下降,从 1986 年至 1987 年的 69% 下降到 1997 年至 1998 年的 55%。但是,学费价格的增长与逐渐减少的对高等教育的公共支持已经引起了公众对高等教育购买力问题的强烈关注。

为了将假想与现实区分开,我们需要仔细考虑与大学教育开支相关的两个问题。第一,我们必须理解大学运营的成本、学生实际支付的价格和学生通过这种教育所获得的价值三者之间的关系。第二,我们需要考虑究竟应该由谁来支付大学教育的费用:家长、学生、州纳税人、联邦纳税人、私人慈善机构还是最终的消费者(商业、工业和政府)。很重要的一点是,要认清高等教育的质量得来不易,必须有人为其承担费用。在我们的社会中,真正争论更多的不是费用问题,而是谁应该承担高等教育的费用。

学　费

对于学生和他们的家长来说,决定大学教育费用的因素有很多:为教育教学支付的学费、住宿和伙食费、书本费、旅行的费用以及其他附带的费用。既然学费代表了大学为它所提供的教育开出的价格,它就是这里最紧要的关注对象。

首先,必须确认,没有任何一位学生为大学教育支付了全额的费用。所有大学的所有学生在满足其教育费用时,都通过公共和私人基金的使用得到一定程度的补贴。通过私人捐赠的收入,许多私立大学能够将学费(价格)定位在实际教育费用的1/3~1/2的水平。公立大学通过公众税收支持和财政资助项目能够成功地将学费"价格"减少到微不足道的水平——低到实际费用的10%。

举例来说,1998年到1999年,在密歇根大学,一位本科生的实际教育费用每年为18000美元,密歇根居民在本大学的本科学费为每年6000美元,约占实际费用的30%。要完成教育计划就要依靠大部分来自州纳税人和私人捐赠的补贴。如果我们再减去州内学生可以得到的平均财政资助,实际每个学生的平均学费价格每年仅为3000美元。

无论是公立大学还是私立大学,尽管学费价格都在上涨,但它们仍然保持适中,并且,对人们来说,大多数学院和大学的学费都可以负担得起,这是非常重要的一点。确实,在某些大学,如哈佛、斯坦福和麻省理工学院,一年的学费达到了20000美元甚至更多,但仅有不到1%的大学生会就读这样的精英学校。[25]事实上,今天超过80%的大学生就读公立学院和大学,在这类学校里,学费每年平均低于2000美元。这样看的话,目前只需花费每周150美元或每年7500美元来供一个孩子生活之用。

目前,人们对提高大学教育费用的关注还有另外一个原因。如前所述,近一个世纪以来,在某种程度上,高等教育的费用一般要比通货膨胀增长更快。幸运的是,同期的平均家庭收入也在实质性地增长,只要家庭收入的增长与学费增长处于同一速率,那么大学教育的开支在家庭开支中所占的比例就会大致相当,这种学费的增加就可以被人们接受。但是,在20世纪80年代,高等教育的公共补贴开始减少,学费价格上升,而与此同时,家庭收入的增长速度开始放慢。20世纪80年代以来,送一名学生到公立大学读书的费用从平均家庭收入的9%上升到20%,而送一名学生到私立大学读书的费用从20%上升到了40%。[26]难怪人们对大学教育的费用会有强烈的不满,因为,支付大学教育的重担从纳税人到家庭的转移最不合时宜,此时,正值家庭预算面临着与日俱增的压力。

财政资助

对于孩子就读公立甚至是私立大学的费用,虽然有许多家庭有能力承担,但也有很多家庭并不是这么幸运。尽管学费价格不断上涨,更多的美国人仍然比历史上任何时候对大学教育都更有购买力。一个明显的证据就是,大学招生人数在历史上达到最高比例,有三分之二的高中毕业生能够继续到不同水平的大学就读,部分原因要归功于有效的基于需要的财政资助计划。事实上,对于高中毕业生来说,通往大学教育之路的关键并不是低学费,而是基于需要的财政资助计划。对于进入公立大学的低收入家庭的学生,联邦政府、州政府和学校财政资助捐助的平均值一般要超过学费的数额,所以,事实上他们是根本不用支付学费的。

正如已经提到的,所有大学的学生,无论是在公立大学还是私立大学就读,都可以获得公共或私人基金的大量补助。当州和联邦政府对教育开支的补贴下降时,不管是降低对大学的拨款还是财政资助计划,学费就理所当然地要上涨。大量的新增学费收入用来保证针对低收入家庭的财政资助计划,换句话说,公立大学就像私立大学一样,要求富裕的家庭支付比实际学费更多一点的费用——当然不是全部费用——这样就能保证财政资助计划帮助那些不太富裕的学生进入大学。

学生和家长已经注意到,联邦财政资助计划发生了本质的变化,即对公立高等教育的税收支持已经下降。20世纪80年代,对学生的联邦资助,有三分之二是以补助和提供半工半读工作的形式出现的,剩下的三分之一是补助贷款。今天,情况完全相反,补助只占到了联邦资助奖学金的三分之一,另外三分之二发展为贷款。尽管财政资助计划仍然很重要,但在过去的10年里,资助的增长主要体现在学生贷款上。到了20世纪90年代初,联邦贷款计划的性质再次发生变化,议会扩大了贷款适用范围,对中等和上中等收入家庭的学生放宽了获得贷款补贴的条件。[27]同时,联邦拨款计划中旨在帮助低收入家庭学生的真实资金,如佩尔助学金,却下降了。

在克林顿政府后期,作为议会和克林顿政府关于平衡1997年联邦预算而达成的协议的一部分,新的课税扣除和课税减免部分,主要用来帮助中等阶层的学生和家庭来支付大学教育的费用。[28]而且,1998

年的《高等教育法》要求增加联邦财政资助,虽然采取了这些积极措施,人们还是担心,联邦政府将不再直接干预学院和大学的资源需要,也不再改进高等教育的入学渠道。事实上,有人提出1997年的《预算平衡法》中将400亿美元的税收作为广大中等阶层的补贴,在政治上很受欢迎,但与国家的战略发展并不一致。人们担心,税收补贴的主要影响将会流入中等阶层的消费,而不是扩大大学教育的入学机会。

学费水平的确定

学费水平的确定涉及一系列复杂的因素,包括在校的教育教学费用、可用来补贴教学费用的其他收入来源(税收、私人捐赠和捐款基金的收入)、与其他大学竞争生源以及一系列的政治因素,这些因素交织在一起,以不同的方式共同影响学费水平的确定。

传统上,在很多公立大学,确定学费水平首先要对大学学术项目运行的费用进行评估;然后要对其他来源的可得收入进行评估,如州政府拨款、联邦支持和捐款收入;最后,确定的学费水平要达到能弥补预算的运行费用与其他收入来源之间的差额。使用这种模式,学费、大学开展活动的费用和可用资源三者直接相关,来自学费的收入结合其他的收入处于一个谨慎的平衡框架中。当任何一项收入下降,其他收入必须填补空缺。更具体地说,来自其他来源的支持减少,特别是州政府拨款和财政资助的减少,都会导致学费水平提高。

与公立大学不同,私立大学依靠高学费(高额财政资助)战略。相对公立大学的"成本驱动"途径,私立大学倾向于"市场驱动",它们的学费制定,首先是基于对市场的把握以及与之竞争的大学的学费水平(尽管注意避免联邦政府对价格制定的限制)。这样,学费收入与其他预算收入(捐款收入和科研支持等)就可以限制成本预算。由于激烈的市场竞争,不同声誉的私立大学通常使用不同的学费标准。

尽管有这些不同,公立和私立大学的学费水平都受到政治因素的显著影响。提高学费会引发学生和家长的强烈反响,进而引起媒体的关注,导致州和联邦政府采取一定的行动。同样,政治压力在限制私立大学的学费方面也起到一定的作用,因为可以肯定,即使学费持续上涨,人们仍然会继续要求进入相对优质的大学。

改变模式

传统上，我们在高等教育中一直使用"出钱上学"（pay as you go）的模式。也就是说，大多数学生或他们的家长以每学期支付学费的方式来获得大学教育。对于一个家庭（或一名学生）来说，大学教育被视为一种临时增加的开支，这项开支要靠紧缩家庭预算或者可能要靠学生兼职打工来支付。由于教育的费用、价值和价格已经提高，这种传统的模式对学生和他们的家庭来说负担已经越来越重。在私立大学，大学教育每年的全部开支，包括学费、食宿等等，一般是 15000～30000 美元，这对大多数家庭来说是无法接受的。即使是在公立大学，所有费用（主要是食宿费而非学费）也要在每年 8000～12000 美元。显然，支付大学教育的费用成为家庭一项沉重的负担。

"通过上大学来实现成功"已经是一个非常重要和非常美国化的传统。然而今天，上大学变得很困难，因为大多数学生打工的工资没有与教育费用的上涨保持同步。"半工半读"（Work-study）计划仍然很重要，学生可以从工作经历中得到教益，然而，对大多数支付学费的学生来说，这种最低工资型的打工不再是一种有效的途径。因此，很多学生转而寻找可以在全部时间学习和全职工作之间转换的合作教育项目。但不幸的是，这样的项目一般只能在热门的领域中可以获得，比如工程学就有为学生设立的合作教育项目，在这些项目中，学生可以较早地锻炼和发展技术能力，同时也给老板带来收益。

"为大学教育进行储蓄"（saving for a college education）已经成了另一种支付大学教育费用的方法，但是，很少有家长能真正攒到那个数目。事实上，储蓄能力低可能正是导致公众关注大学教育费用增长的主要因素之一。为此，发展更多的正规项目，帮助家庭采取更为系统和自律的方法来积累教育孩子的必要资金，已经引起广泛的关注。

很多大学曾经向家庭提供了这样的机制，即在入学时提前支付学费，这样就不必担心学生在大学期间的学费上涨。尽管这些临时的经济行为是由大学自己来做，但更多的时候是与商业组织共同安排的。一般的想法就是交纳所有费用，或者在整个学习过程中以固定利率分期付款，付款利息所得抵消一切学费的上涨。

近来，很多州都推出了类似的提前支付学费计划。在这个计划中，家庭可以以现在的价格购买"未来学费"（tuition future）的信用卡，并可以在将来的任何时候兑换成现金。比如说,一个家庭可以以总额或分期付款的方式以现在的价格购买四年大学教育的合同,这个合同就可以保证这个孩子在将来的任何时候进入大学学习,无论那时的学费是多少。不过,此类项目的前提是学费增长率大致相当于预付款项的利率。

传统上,我们认为大学教育是消费品,要求支付学费、食宿和其他入学的费用。由于这些开支常常超出大多数学生或家庭在入学期间能够获得的收入,因此,无论是大学储蓄计划还是贷款计划都将在未来发挥越来越重要的作用。

彼得·德鲁克曾经建议,我们确实应该考虑用不同的方式为大学教育筹集资金:"美国高等教育的基本问题就是,在传统上,它的定价方法与食品、肥皂或鞋子的定价方式没有什么不同,消费者付全款即可拿走商品。但是,大学教育不是一个可以在短期内全部消费完并不再有的消费品,它是毕业生在一生中获取能力的一项长期投资。"[29]

在现实中,大学教育是人们对未来的一项长期投资,或许在一定程度上,我们可以把它看成生活中对其他物品的主要投资,比如说,我们借钱买了一辆汽车和一所房子,接着,我们在很长一段时间里边享受这些商品边偿还贷款。大学教育似乎很适合这种模式,因为,这样做不仅提高了借款者的生活质量,还增强了他们赚钱的本领,这样一来,借钱者就更有能力偿还贷款。

德鲁克建议,支付大学教育的费用从"前期"(front end)——当大多数学生没有钱也几乎没有赚钱能力的时候——转为后期,到那时他们不仅有足够收入,而且收入还在不断增加,特别是那些选择日后支付而不是在入学期间支付学费的学生,要同意通过扣除工资来分期付款。针对后期付款的学生,还可以要求他们购买20年期的人寿保险作为"债务担保";对于年轻大学生,购买这种保险的费用是最低的。

经过这些步骤,学生偿还对大学所做的学费投资,要求是在他们具有赚钱能力的未来,这是有市场保证的,几乎没有风险,而且还能带来合理的回报。曾经是学生,现在成了领取工资的人,可以负担每年的还款。对于毕业生的家庭,大学教育的经济负担会很轻或根本没有。对于大学来讲,它的学费肯定会得到偿付,而且,可以在不脱离市场价格的情况下支付教师与课程发展所需的费用。

进一步来说,作为一个社会,或许我们应该将大学教育与社会保障体系一同考虑。就像我们在社会保障项目中所做的一样,也许我们应该重建联邦学生贷款项目,来促进通过扣除工资支付学费的行为。另一种选择是将美国国内收入局(Internal Revenue Service)作为收集代理处,使用税金评估策略。其基本的想法就是将支持高等教育的负担从上一代转移到最直接受益的学生一代,而对于受益学生来说,要求在他们一生中有能力支付这些费用的时候偿还。

在某种意义上,依据1992年《高等教育法》实施的福特直接借贷计划(Ford Direct Lending Program)就是这样做的,它允许学生通过他们的学院和大学直接从联邦政府接受教育贷款基金,从而节省大量的管理费用,同时避免了商业贷款企业的官僚作风。同时,直接借贷计划给基于未来收入基础上的将来还款以及通过扣除个人所得税征收还款提供了契机,大大降低了高等教育筹措资金的风险,这一点也很重要。例如,类似于1996年克林顿政府首先实施的国家服务计划(national service initiative),临时收入(income-contingent)贷款的偿还就减轻了大学毕业生的债务负担,或许还促使他们在国家急需的领域里工作,比如教学、公共卫生和社区开发等。

当然,对于这样的措施,公众对大学教育价值的态度必须发生重大转变。尽管学生和家长支持直接借贷计划,但它却遭到了银行业和高等教育中某些人的强烈反对。但是,由于不管是个人还是社会都认识到大学教育日益增加的价值,认识到大学更需要发掘新的筹资机制,因此最终这个计划得以继续实行。

更宽广的视野

目前,关于大学教育的成本、价格和价值的争论向我们揭示了可以采取三种不同的方式,通过这些方式可以重建美国高等教育的筹资体制。这三种方式都有这样一个前提,即大学必须通过控制成本使学校更有秩序,同时消除不必要或重复的项目,转变自身以更好地服务于社会。

方式一:高等教育作为公共商品 这种方式要求重建高等教育作为公共商品的原则,用强有力的公共支持来获得低开支、高质量的高等教育,以满足知识经济的需要。这一方式将放弃过去几十年来主导美国高等教育的高学费或高额的财政资助政策。这样做出于以下原因:这样的高学费高资助的模式会给人这样的印象,即高等教育主要是个人受益的,从而使公众担心,对大学教育的支付能力产生误解,这种模式会进一步拉大公立和私立高等教育的距离。因为,尽管公立大学和私立大学都通过联邦财政资助项目和税收政策得到很高的补贴,但是私立大学在制定非常高的学费标准时只受到市场的限制,而公立大学的学费标准却受到强大的政治干预,并被限制在了较低的水平上。

这种方式认为,作为一个国家,我们应该肯定高等教育代表了一个社会对未来所做的最重要的投资之一,因为它是为我们全体人民的投资。今天,我们很幸运能拥有世界上最完美的高等教育体系之一,但我们还要记得,这是过去几代人高瞻远瞩、不懈努力的结果,他们打造了和支撑着高质量的教育机构,除了提高教育质量,他们还为更多的人提供了史无前例的教育机会。

我们之所以能继承这些大学,就是由于前人的付出与牺牲。我们有义务做负责的管理员,做负责的家长,支撑这些学校继续服务于我们的孩子,服务于我们的子孙后代。很清楚,如果我们尊重这种对后辈的责任,就必须把个人的和公共的投资优先放在教育上,放在我们孩子的未来上,放在我们国家的未来上。

为所有愿意和有学习能力的人提供受教育的机会符合我们的国家利益。如果我们要达到这个目标,就必须制止对高等教育公共支持的下滑,并再次肯定一代又一代的付出与努力,正是这些不断的付出塑造了我们的国家。当然,这种方式也面临巨大的挑战,由于公众继续强烈反对增加税收,我们面临的地方政府、州政府和联邦政府的财政限制在今后几年很可能会加剧。

方式二:提高价格来反映实际成本　　更多地依靠市场的力量来消除对高等教育的隐性补贴,提高价格能更准确地反映实际成本。这种方式与第一种方式形成鲜明对比,它甚至是一种更多地依靠财政资助来为无法支付学费的人提供支付的方式。人们对这种方式有很高的积极性,部分原因在于,提高学费对中高收入家庭的学生入学不会形成阻碍。在某种近似的意义上可以认为,创造更多的入学机会,使用联邦政府的钱来补贴中高收入家庭的学生的借款成本,对那些更需要帮助的学生无济于事。因此,如果想用日益有限的资金来支持高等教育,就要提高大学教育的价格,使其更准确地反映实际成本,特别是在公立学院与大学,这具有一定的合理性。

有些人会进一步提出,公立大学的低学费原则实际上是一种社会政策的严重倒退,它牺牲了穷人的利益,补贴了富人。因为,很少有家庭会支付足够的州税(state taxes)来补偿他们的孩子在公立大学的教育开支,低学费补贴了大量中高收入家庭,他们足可以将孩子送到费用昂贵的学校,这种对低学费的补贴是由低收入家庭支付的税款提供的,由于财政资助不够充分与及时,他们的孩子却永远没有机会从公立或私立大学的四年大学教育中获益。

当认识到公立高等教育日益成为高收入学生的选择时,这个问题变得更为严重了。1994 年,公立大学入学的学生中有 38% 来自收入高于 20 万美元的家庭,而 1980 年这个比例是 31%。[30]家境富裕的学生和家长不断考虑,当他们可以在公立大学获得几乎同样好的教育时,而其价格又仅为私立名牌大学的三分之一,为什么还要选择那些私立院校呢？事实上,有几个州,现在就读于公立大学的学生的平均家庭收入要高于私立学院。很明显,这引发了一个公众政策问题,因为那些可以负担更昂贵的私立学校的更富裕的学生,在公立高等教育中正在取代那些来自不富裕经济环境的学生。尽管公立高等教育将学费调整到正常的水平,但它仍是值得怀疑的社会政策。实际上,我们让那些不能负担大学教育的人纳税来补贴那些有能力负担的人——这是牺牲穷人的利益,为富人谋福利。

方式三：将负担转移到下一代 第三种方式将从根本上改变种种有关美国高等教育支持的假设与所依赖的价值观。这种方式不再将支持高等教育看作是一代对下一代的义务,而是采取措施由直接受益的学生来承担,作为对未来的投资。这种方式既肯定大学教育在知识密集型社会中日益增长的价值,也考虑到家长和纳税人面对有限的资金和其他社会优先事务时对支持大学教育的抵触。正如我们已经提到的,这种方式将转变人们的观念,支付大学教育不再是家长的责任或义务,而是学生这一代的个人投资,它要求一种完全不同的集资方案,如 20 世纪 90 年代教育部实施的直接贷款或临时收入偿还计划,把高等教育的筹资看作投资机会而不是社会义务,这样可能更适于当今市场驱动政策的现实。

尽管这些都是大大不同于目前高等教育集资模式的方法,但是很清楚,如果我们继续目前的做法,我们很可能在今后几年里要遭遇灾难性的打击。矛盾早已被揭示:学院和大学,如果一方面继续仅仅依靠学费来平衡社会对高等教育的要求和增长的开支,另一方面在公共支持上停滞不前,那么数百万美国人会发现大学教育的价格超出了他们的支付能力。

很明显,我们需要控制成本和重建公共投资,而建立一种全新的模式,能够长期为支撑高等教育争取支持与筹集资金,才是我们工作的重中之重。

第九章 多 样 性

  我现在的目的仅仅是要提醒您,在远远不能称其为负担的开支下,我们繁荣的密歇根州,通过创建者的智慧,成功地为其子民提供了高等教育,而且不分出身、种族、肤色或贫富。

——密歇根大学校长詹姆斯·B.安格尔(1879)[1]

  美国高等教育拥有显著的特征与强大的生命力,它不断随着时间的变化,扩充自己的职责领域,在这个多元文化的社会里,致力于为社会各个阶层提供服务。高等教育放宽人才政策,吸纳多样化的、有才能的学生和教职工,他们拥有不同的民族、种族、经济、社会、政治、国家和宗教背景,因此,比起其他任何"排外"的学术机构来,高等教育拥有的可以利用的才能、经验和思想资源更加广泛——这种资源的多样性给美国大学的教育增添了活力,促进了教学与学术的革新,有助于挑战长期持有的假设,探询新的问题,开拓新的领域和研究方法,并产生检验学术成果的新观念。

  不同的人口增长模式,以及来自亚洲、非洲、拉丁美洲等地的拥有显著差异的移民潮流,正在改变着美国的人口结构,此时,我们比任何时候都更需要包容性和多样性。据推算,到2030年,大约有40%的美国人属于少数族裔群体。到21世纪中叶,美国可能就不再有任何多数民族群体了。我们的社会正迅速地发展成为一个真正的多元文化社会,它容纳了文化的、民族的和种族的显著差异。经济和社会日益全球化,在这种背景下,美国的人口组成发生了革命性的变化,这就要求美国人和来自世界各国的人交往相处。由于我们服务的人口本质的急剧变化和全球性责任的需求,美国高等教育必须在性质和结构方面进行深刻的变革。

在美国人的生活和教育机构里,人口的迅速多样化产生了显著的活力和无穷的能量,同时也引发了诸多冲突,它向我们的国家和教育机构提出挑战:对那些带有自身特点的群体,我们必须最终战胜对他们长期持有的歧视与偏见,尤其重要并极具破坏性的是对不同肤色人群的歧视与偏见。遗憾的是,至今,在我们社会关系中,种族依然是一个重要的因素,不管是歧视还是被歧视,都会深刻地影响到人们的机遇、经历和前途。为了改变这种种族和文化的对抗性态势,我们需要更多地去了解别人的想法与感受,学会协调种族和文化上的分歧,我们必须用知识和理解来替代陋习。美国人会逐渐地意识到,在种族问题上,我们还有很长的路要走。

20世纪可能是最令人难忘的,不仅由于我们在学术和技术上取得的所有进步,还由于那些因宗教、种族和民族歧视与偏见而引发的恐惧。我们的任务就是消灭这一邪恶的传统。如果有人怀疑这一任务的紧迫性,他们只需环顾今日全球,回想一下那些因宗教、种族和民族因素带来的浩劫。这些浩劫使几百万无辜的人丧失生命,数百万人流离失所,这些浩劫使一个完整的国家变得四分五裂,使邻里反目成仇,并且毒害了几代人的思想和心灵。从卢旺达到东帝汶,从科索沃到中东,暴力的钟声永无休止,痛苦的起义有增无减。因此,有些人想以此证明我们的宽容与理解的理想是不能实现的,对于这种失败主义的观点,我们不敢苟同。我们必须勇敢地迎接这一挑战,战胜歧视与偏见,在这场艰苦卓绝的斗争中,美国的大学和学院发挥着重要的先锋作用。

在国家致力于结束歧视、实现机会平等的努力中,大学肩负着特殊的使命,必须立场坚定,毫不动摇。近年来,学术界为实现多样性做出了不懈的努力,其成果有目共睹。然而,不幸的是,这些进步却引起了越来越多的对抗性反应,对这一点,我们并不感到特别吃惊。越来越多的美国人反对我们采取多样性(如平权行动)的一贯做法。[2] 联邦法院正在为一些挑战种族优先权的案件做出裁决;各州的选民正通过投票的方式来实现先辈们为之奋斗的民权。在这关键时刻,大学需要的是具有更大的多样性,并且要率直而勇敢地讨论这种需要。对学术界来说,这种开放的讨论显得尤为重要。为实现多样化的目标,我们采取不同的方法,尽管这些方法的优劣还需要进一步的讨论。但是,当我们的国家乃至整个世界都更加趋于多样化,更加相互依赖、相互联系时,当务之急是要坚持我们大学的基本任务,达到自身的多样性。[3]

多样性的实例

在高等教育中,我们习惯于集中在种族和民族问题上来讨论多样性,本章的大部分也会讨论这些问题。但是,重要的是,我们要认识到人类的多样性是个更加宽泛的概念,它不仅指种族和民族的差异,还包括性别、阶级、出身、性倾向等诸多特征的差异性,这些因素也影响着学术团体的性质。无论是从狭义还是广义上来说,要在美国高等教育中寻求多样性,我们就有必要拥有一个令人信服的理论基础。首先也是最重要的,寻求多样性取决于我们的道德责任感与民主理想,基于与社会订立的契约。同时,我也相信,多样性与我们的教育和学术密切相关,是保证大学教育质量和学术质量的关键因素。我国的大学赶上了一个千载难逢的时机,它促使大学成为积极的社会典范,在处理人类生活中最持久也似乎是最棘手的问题上保持领先地位——战胜恐惧、排斥或对"他"人伤害的冲动。当然,除此之外,学术界寻求多样性还有更具说服力的实用的理由。

社会和道德责任

美国的学院和大学建立在一个这样的原则基础上,即通过促进知识的进步和教育学生学会生存这种方式来服务于社会,接受教育的学生不仅可以提高自己,还能运用自己所学的知识服务于社会或他人。因此,高等教育,实际上包括所有的教育机构,都有责任来塑造并传播这种基本的公民道德和民主价值观,并帮助推广能使之发挥效用的经验和技巧。在这个意义上,根据我们的学术活动和大学社区的包容性,高等教育反映社会多样性增长的使命,部分依靠美国大学对自由、民主和社会正义最基本的社会的、制度的和学术上的支持。

为了实现这些崇高的目标,我们的学院和大学必须战胜社会中根深蒂固的不平等现象,为那些不能充分参与社会生活的人提供更多发展的机会。多少年来,我们的大学一直在致力于拓宽职责范围,不分种族、国籍、阶级、性别和信仰,为每一个人提供平等的机会。大学不仅是社会相互作用的典范,还要为整个社会提供更多的领路人,同时,也为了回报那些建立和支持大学的人们。为每个人提供平等的机会是公平和社会正义的基本问题,如果我们想要信守我们的价值观、责任感和目标,这个问题必须得到解决。

教育质量

然而,大学是所有社会机构的灵魂,但不是心脏。在我们的校园里,尽管道德和公民教育的理由令人信服,但是,对于一所大学来说,赞同多样性的最有力的理由可能和学术质量有关。

也许,这个看法最重要的一点是大学多样性在学生教育中所起的作用。在大学校园里,学生的生活可能会发生重大的改变,因此,大学有责任为年轻人创造尽可能好的教育环境。学生的学习环境取决于整个学生群体的特点,学生们在课内、课外生活中不断的相互学习与交流,分享着共同的教育经历。因此,学生群体越具有多样性,学生就有更多的机会接受不同的思想、观点和经验,也有更多的机会去互相交流、获得人际关系的技巧,并消除彼此的隔阂,结交更广泛的朋友。

大量研究表明,丰富多样的教育经验有助于学生的学习,而多样性是提供不同教育经验的关键因素。学生的青春期晚期和成人期早期是发育中的关键阶段,多样性(种族的、人口的、经济上的和文化上的)可以使他们成为自觉的学习者和有判断力的思考者,也为其将来成为民主社会的积极参与者做准备。[4] 在多样性环境下受到教育的学生,更有动力和能力加入到这愈加多样而复杂的民主中来。[5]

在现代美国生活中,我们必须接受这样一个事实:持续的种族与民族隔离,过去是,现在也是,基本上塑造了美国白人和少数族裔的生活经验和态度。[6] 在很长的历史时期里,不同种族的美国人生活在分隔的世界里,在很大程度上,至今仍是如此。事实上,在很多地区,人们之间的隔离程度比以前更为严重。在日常生活中,很少会有不同种族与民族的美国人进行有意义的相互交流。而大学在民族和种族交流方面则具有独特的优势,它拥有多样性的学生群体。所有的学生,无论是多数群体还是少数群体,都可以在这种多样性中获得深远的教益,因为在一个多样的教育环境下,学生们学到的更多,思考得更加深刻和全面。研究证明,一个大学的学生群体的种族多样性,在为学生创造自觉的思考模式中可以起到关键作用,而这种自觉思考的模式,正是教育者所期望的。

知识活力

同样,多样性是增强学术活力与拓宽学术领域的基础。除非我们吸纳多样性的人群加入到学者和学生行列,否则,我们就不能指望产生我们所需要的知识活力,不能积极应对以深刻变革为特征的社会。由于社会的迅速复杂化和飞速变革,我们不得不利用更广泛、更深入的人类智慧与理解力。过去,当我们仍然把社会想象为一成不变时,我们的社会可能能够容忍单一的答案,但是今天,我们对社会静止的假设,已经不再具有合理性。随着知识的进步,我们发现了几年前无法预料的新问题;随着社会的发展,一些我们一直关注和熟悉的问题变得难以琢磨,针对一个领域的解决方案应用到另一个领域时,常常被证明为无效甚至是有害的。当我们解决越来越复杂的社会问题时,我们行动中不可预测的风险大大增加。在新的观点、革命性的技术以及知识的指数性增长的冲击下,许多学术性和专业性的科目已经彻底地改变了它们的基本原理。

在这个复杂多变的时代里,一所大学要想繁荣发展,就必须抵制任何消除选择的倾向,这一点对我们非常重要。只有拥有多种途径、多种观点、多种观察方法,我们才有希望解决当前面临的复杂问题。在美国社会中,大学比其他任何社会机构更加支持学术自由,在讨论问题时,对不同观点也更为开放。我们必须不断地奋斗以保持这些优良的传统,使我们的大学成为一个可以海纳百川,汇集无数经验、方法和文化的开放之所。

容纳少数群体,除了能增强知识活力,还可以使大学开发丰富的人类资源,这些资源是从未被充分利用过的全人类的才能和经验。似乎很明显,实际上,在一个多元化的社会里,如果没有丰富的多样性,没有对新观点、经验和才能所持有的开放性,我们的大学就不会享有如此的盛名。在未来的岁月里,我们的大学、国家乃至整个世界,需要利用对不同观点的洞察力去理解万事万物,才能有效地发挥作用。

服务于变革的社会

在未来几年,迎接多样性挑战的能力将成为我们国家力量与活力的根本体现。正如我在本章开始提到的,目前,少数族裔群体已经遍及世界,在下一个世纪,他们将成为我们的多数人口,因此,我们的文化需要正视这样一个现实。举例来说,当我们进入下一个世纪的时候,进入大学的美国人,三个人中就有一个是有色人种,大约50%的学龄儿童(K-12)是非洲裔美国人或拉丁美洲裔美国人。现在,在美国,包括2650万非洲裔和1460万拉丁美洲裔的人口,到2020年,就会拥有4400万非洲裔和4700万拉丁美洲裔美国人。一些人口统计学家预测,到23世纪晚期,拉丁美洲裔的美国人将成为美国最大的民族群体。

事实上,我们当中的大多数仍然与自己的族源血脉相连,他们为此而感到骄傲,这种牢固的富有成效的民族认同,必须与我们充分参与国家的经济与公民生活的能力共存,而且,事实上也能够做到。在这个瞬息万变的时代,为了激起相互有益的凝聚力和果断力,我们必须寻求建立并加强公民价值观的共同基础,此时,多元主义不断向我们的国家和机构提出挑战。

人力资源

我们深知,对国家的政治和经济生活来说,未来人口的发展趋势还有其他的重要含义,尤其是对教育。显然,今后我们需要受过教育的劳动力,这就意味着,美国再也经不起对少数族裔以及妇女所带来的人力潜能、丰富的文化和领导能力的巨大浪费。正如早期由农业社会发展为工业经济一样,传统的工业经济正在向一个新的、以知识为基础的经济转变。如今,由于人力和知识是新增财富的源泉,为保证我们的国际竞争地位和国内生活质量,我们的社会日益依赖受过良好教育和训练有素的劳动力。

在培养劳动力方面,高等教育将大显身手。例如,1960年在美国仅有1%的法律学生和2%的医科学生是黑人。[7]经过平权行动、财政资助政策和积极的扩大招生,到1995年,法律和医科学生中黑人的比例已分别占到7.5%和8.1%。显然,将更多的少数族裔吸引到专业计划中来,向那些被国家忽视的社会群体敞开机遇的大门,我们的大学已经能够做到。为扩大少数族裔和妇女的教育成果与劳动参与,我们的大学还必须付出更多的努力。这样做不仅因为它是一项良好的社会政策,而且是因为我们再也经不起对这些才能的浪费。在未来的岁月里,美国需要唤起的是全体公民的共同努力。

多样性的挑战

尽管美国的高等教育一直在设法营造和保持多样性的校园环境,然而,达到这一目标并非是一帆风顺的。歧视和偏见一直是我们国家的沉重负担,它们困扰着我们的邻里、城市和社会机构。虽然我们把美国看成一个大熔炉,不同的文化为了相同的目标而汇集在一起,但实际上,对于我们当中的大多数来说,并没有在这个熔炉里冶炼成一个有机的整体,仍然带有各自民族与种族的局限性,甚至排斥其他的民族和种族。我们总是通过与他人的区别来定位自己,很难想象用别人的眼光来观察世界。而且,对于一个被传统束缚的机构来说,比如大学,改变总是一项很艰难的任务。事实证明,在充满差异的领域更是如此。

种族主义的挑战

和社会上的现象一样,偏见和无知也一直充斥着我们的校园。尽管几十年来,美国社会一直在努力通过立法削弱种族隔离,然而,在住房和教育方面,种族隔离问题依然很严峻。此外,对大多数学生来说,在完成小学和中学教育时,并没有进过招收足够其他种族学生的学校,也没有在一个各种族良好相处的街区生活过。

白人和有色人种的历史经历显著不同,种族问题仍然在影响他们的观点、感受和阅历。譬如,大多数美国白人会认为:无论背景如何,对美国人的日常生活和未来前途,种族的影响很小,无论是从个人还是从社会方面,黑人都享有和白人同等的待遇。相反,大多数的有色人种感到,种族问题仍然很严重,很多人声称:在商店、饭店及公众场合曾遭遇有歧视的对待。[8] 我们的社会,有意无意地继续保持了旧习,强化了种族优越论的观点。

以上所有这些经历和想法,伴随着新学生来到校园,这是很平常的事情。在校园里,对许多学生来说,与自己背景不同的学生一起学习和工作还是第一次。我们的校园在许多方面就像一个透镜,把所有的社会问题聚焦在面前。校园也经历了种族事件、冲突和分离主义,是偏见与恐惧将我们分离,要战胜它们并不是轻而易举的事情。当它们发生的时候,我们必须明确地、大胆地表明:校园不容忍种族主义的存在。同时,为了促进对社会价值观的重新思考,鼓励社会关系中崇高的文明礼仪,我们还需要实施一些计划。另外一点也非常重要,就是为了促进交流和公开讨论,在学校的各团体之间发展新的网络与论坛。

来自社会的挑战

在一个越来越多样化的国家,白人、黑人、拉丁美洲人、美国印地安人和一些其他种族的群体,它们之间一直存在很深的分歧。但是,这些分歧并不是与生俱来的,更不是生活中不可更改的部分,它们只是混乱未决的过去的产物,居住地和教育的差异使民族和种族群体继续保持隔离的状态。令人遗憾的是,在美国社会,几乎没有什么地方可以使不同背景的人相互交流、相互学习,并且,为理解差异和发现共同点做出努力。在 20 世纪末,我们所面对的基本问题是:如何在那句古老的格言"百川汇海"的指引下,通过努力来消除我们的分歧,在多元中建立统一,承认多样性,并从中学习和培养广泛的民主。这些仍是我们未竟的事业,它的成败直接关系到我们的未来。

大学,作为一个社会机构,可以从我们的历史和开放的传统中找到指引。我们必须设计这样一个蓝图:一个更具多样性、更加宽容的环境,一个更加多元的世界性群体。在这个群体里,清除一切障碍,使所有人共同参与大学生活,所有人都可以从人类多样性的丰富土壤中汲取营养、发展自己;在这里,作为学者的群体和民主社会的公民,我们大家共同建设性地工作。因为,这是我们必须接受的挑战。作为公民,我们不得不重申对正义和平等应尽的职责;作为学者,我们必须毫不动摇地承担我们对学术自由和追求卓越所负的使命。

用不同的眼光看待不同

要想改变我们的校园,我们必须勤奋地工作,鼓励对多样性的尊重,在年龄、种族、性别、残疾、少数民族、国籍、宗教信仰、政治信仰、经济背景和出生地等所有的人类特点上,体现我们的尊重。但是,在这样做的同时,我们也许会陷入两个误区。第一,我们必须认识到,不同的群体有不同的特点,同一群体里的个人也有差异,我们必须抛弃一种假设,即来自不同群体的人们必然会与我们具有相同的需要、经验和观念。同时,对于另一种同样有害的假设,我们也不能屈从,即"他们"都是相同的,并无区别。一个群体里的很多人,可能在生活中拥有共同的难题、经验和文化,但这并不能允许我们把他们归于特定的一类,如"白人""同性恋""拉丁美洲人"。我们在寻求一个这样的群体,在这个群体里,不同的文化和民族都被尊重和承认,而且,每个独立的个体,都有机会找到属于他或她自己的路。

第二,在承认差异的同时,我们应当认识到:不是每个人都会因为他的不同而要面对相同的结果。在校园里,一个亚洲裔美国学生和一个非洲裔美国学生或是一个白人女性或残疾人,他们的生活体验是不同的。我们不应该忘记,差别的问题不可避免地要和能力、机遇以及群体和个人的特殊历史背景牵涉到一起。当我们追求一个多元文化的校园时,我们应该意识到,平等需要努力和资源,需要我们改变教育结构与教育的投入。我们必须学会有差别地看待差异。多种文化的大学可能是多种肤色的一群,就像一幅织锦,它们必须被紧紧地编织在一起,每一根丝线,既是整体图案的一部分,又都保持着自己的特色。

变革的挑战

我们不要自欺欺人,这一点是很重要的。虽然大学是社会的一部分,但是它没有社会变化得那么快,那么容易。作为一个国家,让所有人获得公平和正义,需要艰苦卓绝的斗争,我们还远远没有达到这一目标。在面对种族与民族的不平等问题时,我们正在触及美国历史上最痛苦的伤疤。

整个20世纪的后半叶,在我们的社会与社会机构里,争取更多种族平等的努力取得了一些进步,部分归功于我们的政策和计划,这些政策和计划,已经把种族作为一个显性特征来对待。有一段时间,高度选择性录取的大学把种族作为决定学生入学的因素之一(其他包括体育特长、艺术、科学和领导才能、校友子女,或独特的品质与经历)。为了帮助那些经济困难的少数群体,我们已经发展了特别的财政资助计划。经过确认的少数族裔教职员工,也通过既定"目标计划"(targeted programs)被招募进来。

但是,尽管把种族作为一个明确的考虑有一定的促进作用,但是,我们用它取得多样性和解决不平等的做法却正受到公民投票、立法和法院的有力挑战。例如,有几个州,现在正采取措施,禁止大学入学时考虑种族问题。在这种情况下,为了达到同样的多样性目的,我们有时也可采取其他的途径,如接收一部分中学毕业生,考虑其家庭收入情况,照顾低收入家庭。然而,可靠的证据表明,这些替代性方法不能满足我们的要求。[9]以收入为基础的办法(Income-based strategies)也许不能有效地替代优惠入学政策,因为,来自贫困家庭的、有充分的学术准备并且符合那些高度选择性大学入学要求的黑人和拉丁美洲裔美国人简直太少了。此外,学术水平测试(SAT)、美国大学考试评估(CAT)和法学院入学考试(LSAT)等标准化的入学考试,在评价学生的才能和决定其入学资格时,它们的价值是有限的,尤其是对少数民族和种族的学生,由于系统的影响,针对学生的潜能,这些测验更加缺乏诊断性。我们有广泛的观察数据表明:一个人的种族和民族认同能够人为地抑制其在标准化测试中的表现。[10]

因此,在今后的几年里,争取多样性的进步可能需要战略上的重大改革。不幸的是,我们要走的路既少有人走,也没有清楚的路标,只能靠自己摸索前行。在美国社会里,由于极少有真正多样性的机构可以借鉴效法,我们还必须开辟适合自己发展的新道路,创建新的社会模式。

我们知道,在密歇根大学,要取得多样性,不仅需要一种责任感,而且,还要制定一个周密的计划。我们要把它看成一种长期行为,这不仅需要足够的耐心和领导者坚定不移的决心,也需要校园内外所有支持者的共同努力和承诺。

密歇根使命

在密歇根大学,争取多样性的努力获得了可观的成绩。对我们来说,思考这些经验可能会大有裨益,因为,这些事发生在我的校长任期内,所以,我可以对其中一些经历的成功与挫折做一番叙述。像大多数高校一样,密歇根大学取得多样性的历史复杂而又充满困惑。我们的大学,在太多的时候,看来好像向前跨越了一步,而紧接着又后退了两步。在为高等教育扩大包容性的战斗中,尽管入学权和平等权还一直是我们大学努力的中心目标,但我们依然为大学一直处于先锋地位感到自豪。

早在1817年,密歇根大学就努力使大学教育普及到所有的经济阶层。詹姆斯·安格尔(James Angell),早期的密歇根大学校长,清楚地阐明了这一理想。他提出,大学教育的目标是"为普通人提供不普通的教育"。[11]大学在创建之初,就招收了大批有着不同欧洲民族背景的学生。在19世纪初,由于欧洲大陆和其他州的新移民的涌入,密歇根州的人口急速膨胀。到了1860年,大学董事会把"偏爱"(with partiality)转到了"来自全国各个角落的外来学生的名单上",之后,来自其他州和国外的学生达到了46%。今天,密歇根大学有来自一百多个国家的学生。

1868年,第一个非洲裔美国学生就来到了密歇根大学的校园,然而,在南部重建后的几年里,歧视却不断加剧。在20世纪初,黑人学生组织起来,互相支持与帮助,在20世纪20年代,他们发动了餐厅抗议运动。直到20世纪60年代,种族骚乱终于爆发为全校范围内的一致行动。尽管大学已经做出努力,使自己成为一个更具多样性的机构,但是,无论黑人学生还是白人学生,都因为我们过慢的进展而丧失了信心。1970年,他们组织了第一次"黑人行动运动",管理中心的大楼被占领,学生们也联合起来,抵制上课。然而,许多实质性的进步恰恰就源自学生们所显露出来的团结一致,由于这种团结,校园里非洲裔美国教师和学生的数量增加了,新的目标和计划建立起来,过去的计划又重新注入了资金。但是,仅仅几年之后,外来学生的入学人数再次下降,资金也开始缺乏。到了20世纪80年代初,黑人学生的入学人数才又开始增多,但仍未达到我们10年前所定的目标。

我们的大学在经历了两次学生暴动(黑人行动Ⅱ和Ⅲ)、几次令人不安的种族事件、传媒的负面报道、对杰西·杰克逊所做出的沉思之后,再加上强大的立法和政治压力,不得不重新系统地审视校园里这个棘手的种族问题。温和地说,这是一个基于密歇根行动主义传统的纷乱时刻,在这种情况下,我们的学生重新唤起大学的责任感,并促使大学忠于自己的承诺。

不仅是黑人学生要求改变,拉丁美洲裔的学生也加入到抗议的队伍中来,从黑人行动的一开始,他们就参与进来。但是现在,作为独立的群体,拉丁美洲裔的学生发出了自己的声音,他们要求社会对自己的境遇给予更多的关注。

关于美国印第安人,我们大学的记录令人失望,他们也开始抗议了。具有讽刺意味的是,在1817年,当地的部落割让出1920英亩的土地给东北地区建立"密歇根大学",然而,这些本土美国人的入学率仍然相当低,在大学历史的多数时期还不到0.5%。

在亚洲人和亚洲裔美国人的入学方面,密歇根大学的记录多少要好一点。从历史上看,在为亚洲学生提供更多的机会方面,密歇根大学发挥了主导作用。在19世纪末,密歇根大学成了第一批接收亚洲学生的大学之一。在美国,它是第一所向日本公民授予博士学位的大学。结果,密歇根大学成为针对亚洲人的主要教育中心。近年来,亚洲裔美国学生的数量比其他群体增长得都快,但是,在20世纪80年代的抗议运动中,亚洲裔美国人也发出了自己的声音。

很明显,到20世纪80年代末,密歇根大学在竭力体现我们国家和世界的丰富多样性的努力中,在教师、学生和职工方面,未能取得足够的进步。正如我们从少数族裔和女性选民中了解到的一样,单纯敞开学校大门并不能为这些群体提供足够的机会,他们仍然受到源自社会的、文化的和经济方面的歧视。少数族裔群体通过努力来到大学,之后,他们还会遇到通向成功和进步的重重障碍,因为,我们的大学和国家的文化仍然被白人和男性所统治。

由于地理位置的原因,我们还面临着一项特殊的挑战。作为一所州立大学,我们有大约三分之二的本科生来自密歇根州,这其中,又有几乎一半的学生来自中心城市底特律地区。令人遗憾的是,在黑人和白人学校隔离的程度方面,密歇根州是全国最严重的四个州之一。在本州,82%的黑人学生就读的学校里,没有白人学生;而在超过90%的白人学生进入的学校里,黑人学生的人数还不到10%。[12]而且,底特律种族隔离的严重程度名列全美第二(仅次于印第安纳的加里)。到了20世纪90年代,底特律居民的隔离程度,比20世纪60年代还要高。在底特律的周边地区,尽管白人离毗连的、少数族裔占多数的城市很近,但通常他们也只居住在许多市郊的社区里。因而,从种族隔离程度如此严重的环境中招收大量的大学本科生,给我们的大学带来极其严峻的挑战,也是我们不可推卸的责任。

我们深知,要迎接这些挑战,达到多样性,大学必须进行彻底的变革。我们所做的第一步就是要召集一个教职员团队,他们对组织变革和多元文化环境有直接的经验,我们需要一支自由的、不受任何限制的策划队伍,既需要优秀的管理者,同时也需要社会科学、管理、法律和社会等各方面的专家教师通力合作。大学用了一年多的时间进行激烈的讨论,认真地研究论证,最终达成初步的目标提纲和一个增进多样化的计划,并在1987年将其公之于众。基于我们对其他战略性规划积累的经验,我们知道,制定的计划应该是长期的、具有战略性的,它的操作细节问题有待于通过广泛的协商后进行完善。实际上,我们的计划只是一个路线图,它为我们指明了方向,标出了目的地,为我们到达目的地提供了激励,也为每一个独立的学术或管理部门应采取的具体步骤分配了任务、权利和应负的责任。随着计划的发展,我们应注意保持校园社区的多元化,这对我们来说的确困难,但是,这是完成计划不可缺少的必要条件。

对大学来说,还有一点非常重要,就是要尽可能多地吸引选民参与到计划中来,针对计划的目标和策略,进行平等的对话与协商,以期在我们的校园内外逐渐建立广泛的理解与支持。早期计划方案的形式是提纲式的,表达是笼统的,在管理层和教职员中广泛地传阅,然后把他们提出的宝贵意见补充到计划当中,因而这是一个有机的、系统的计划,其发展方式是为了促进公开地交换意见。计划的主旨是:建立一个大学不同支持者共同参与的程序,这样能更好地把他们的观点和经验反映在计划的文本中。这个计划将为我们继续讨论大学的实质提供一个对话的平台,从这个意义上说,我们希望的是一个动态的参与过程,而不仅仅是上传下达。

在最初的两年里,我们和校园内外的不同群体进行了数百次的讨论。我们深入到校友、捐赠者、市民还有政界领袖和政治团体中,会见了无数的学生、教师和职工团体,我们谨慎地向每一个人传达相同的信息,以建立诚信,博取选民的信任,这种会见一般是启发性的交流,有时也会出现争辩,但极少唇枪舌剑。我们逐渐获得了越来越多的理解和支持。尽管计划本身来自于管理层,但设计详细的行动方案并继续开展工作却需要各部门和每个人的共同努力。大学的出版物、管理者的演说和会议、教师职工团体的研讨会都表达出同样的信息:大学要想生存,并服务于这个多元化的国家和世界,就要在教学和科研上努力追求卓越,而多样性将会成为这种努力的基石。

第九章 多样性

在最初的策划过程和早期开始的多样性的宣传中,得到了当时的校长哈罗德·夏皮罗的大力支持,我那时是学校的教务长。1987年,我被提名为他的继任校长之后,抓住每一个机会,反复阐明我的战略目标:在取得多样性方面,密歇根大学要成为我们国家的领路人,促进教学和科研的国际化,以及为21世纪的学术机构建立一个知识的基础平台,在未来的几年里保持我们的绝对领先地位。

关注我们的计划,是长期的战略重点,也是关键的一环。虽然大学是社会的一部分,但是改变起来却没有社会那样迅速和容易。大学很容易变得踌躇犹豫、灰心丧气和烦躁不安。为取得更长远的、系统的改变,大学必须采用一种更具战略性的方法,放弃那种代表过去的反应性的、无计划的努力。当我们向传统的角色和特权发起挑战时,损失在所难免,特别是仅仅关注大学招生、在校生保持(retention)和学生人数是不够的。把工作重点放在反歧视运动上具有一定的局限性,如果没有更深层的、更根本的制度上的改变,就其本身来说,正如整个20世纪70年代和80年代,我们所做的努力,不可避免地要遭受失败的命运。

这个计划实施的基础是它的前期成果。我们面临的挑战是说服公众,必须抓住时机,构建一个更具多样性的未来,这和每个人的命运休戚相关。我们需要更多的人相信,多样性可能带来的收获,要远远大于必要的损失。要做到这些,首先也是关键的一步,就是把多样性和卓越联系在一起,将其作为大学要实现的两个最紧迫的目标,要让大家认识到,未来我们的国家和世界,将成为一个多元文化的社会,在这样的社会里,我们的两个目标是并行不悖的,不仅互相补充,而且还紧密地联系在一起。在开展这个计划的时候,我们开始将其命名为"密歇根使命:学术卓越和社会多样性的战略结合"(The Michigan Mandate:A Strategic Linking of Academic Excellence and Social Diversity)。随着讨论范围的扩大和经验的积累,这个计划得到了不断的修改与补充,直到数年之后,它才作为一个最终的成果被提出来。

发展"密歇根使命"的最初几步为:① 为了达到完成、使用和评价多样化的目的,发展一种经过周密策划的战略性措施;② 促使公众对我们的目的和目标给予强大的理论支持;③ 给予完成任务所需的资源。以其他领域的战略典型为基础,计划的目标简洁明了,行动和评估机制要具体,同时,要与不同的选民和个人进行广泛交流,反映他们的直接意见,保证计划的灵活性。

关于"密歇根使命"的任务和目标,可以做以下简要的陈述。

理论 认识到大学的两个目标,认识到多样性和卓越的互补性和紧迫性,并为实现这两个目标全力以赴。

人数 在学生、教师、职工和领导者中,致力于对少数族裔群体进行补充和给予大力支持,帮助他们更好地发展。

环境 在校园里营造一个良好的氛围,寻求、培养和保持多样化和多元化,重视和尊重每个人的尊严和价值。

还有一些更加具体的目标与这些总的目标相联系。

教师的招募与培养 要实质性地增加在每个少数族裔群体中保有终身教职的教师数量;增大少数族裔的教师在获取专业成就、晋升和延长终身教职方面的机会;增加少数族裔在领导岗位上的数量。

学生的招收、毕业和服务项目的扩大 要增加在校和入学的少数族裔学生的数量,在所有学校和学院中,快速增加少数族裔学生的数量;提高少数族裔的毕业率;对那些中途退学的少数族裔学生,发展新的计划,把他们吸收回来;策划新的并加强原有的教育服务项目,促使这些服务项目不断扩大,对少数族裔申请学士、硕士和职业培训的总数量施加明显的影响。

员工的招聘和培养 在所有工作岗位上,都要为达成平权行动的目标而做出努力。在大学重要的领导岗位上,增加少数族裔的数量,加强对少数族裔员工的支持系统和服务。

多样性环境的改善 要促成一个文化多样性的环境;在校园里,明显地减少种族歧视和偏见;增加社区范围内对多样性的责任感;要发动学生、教师和员工加入到多样性的运动中来;要拓宽发展多样性的基础;要保证学校的政策、惯例、业务和我们建立一个多元化文化社区的目标一致;要增进各群体之间的联系与交流;要为少数族裔能够表达他们的需要和经验提供更多的机会,并直接促进改革的进程。

为使我们的大学朝着这些目标前进,我们发展了一系列谨慎而集中的战略性行动,以我们大学的价值观和传统为基本框架。这些战略性的行动建立在我们对校园文化深入理解的基础上,以我们的教职员和各部门高度自由和自治为特征,它是由高度的竞争精神和事业心所激励的一种独特的文化。

"密歇根使命"的第一个阶段是从1987年到1990年,它关注的重点问题是提高大学群体中少数族裔的比例。我们的方法主要基于对一系列行为提供支持,如激励获得成功、鼓励科研活动和重视创新、支持广泛的实践等。计划并没有强调固定的数字目标和定额,也没有强调要取得的明确的增长率。

现在,我给大家举一个非常成功的范例,我们建立了一个"机会目标计划"(Target of Opportunity Program),旨在增加各类教师职位上少数族裔的数量。传统上,大学的教师都专注于各自学科领域内的学术专业,这本身是值得称赞的,必然会培养出超乎寻常的意志力和学术品质,这一点,我们在全国的大学内都能看到,但是,这也可能变成一种束缚。近年来,实际上,大学里的教师经常是做"替代式"(replacement)的研究而不是做"提高性"(enhancement)的研究。为了达到"密歇根使命"所确定的目标,我们的大学必须从这种传统观点的束缚中解放出来,为此,核心管理层向学术部门发出如下指示:对那些能够丰富部门科研活动的少数族裔的教师、学者,要灵活而富有创造性地进行选择;不要局限于现在从事的狭窄专业,不要为部门内是否还有教师职位而担忧;招收少数族裔教师的主要标准是看他能否为本部门的进步做出贡献,如果能,那么密歇根大学就可以为招收这个人提供有效的资源。

我们要做好打一场持久战的准备,这一点非常重要,因为,从一开始我们就预料到,在计划的早期阶段,我们可能会出现很多失误,会遇到无数挫折和打击,当一个又一个拥有特殊利益的群体向我们连续施加压力并提出要求和进行威胁的时候,不要因此而受到干扰。对一些狭隘的问题或议程,当我们需要采取特别的态度的时候,我们持长期作战的观点尤其重要。时常,当一个又一个的难题被内部或外部的利益群体当作试金石来检验大学的承诺时,能够临危不乱,确实非常困难。当这些压力可以被我们理解而同时又无法避免的时候,大学的领导层不能把计划仅仅放在短期的反应性的层面上,只有坚持执行计划的长期性和战略性,才可能获得成功。我们需要抵制诱惑,不要被发生的事件所影响,紧紧盯住我们将会取得的成果。来自大学内外的支持和帮助,也是我们取得成功不可缺少的因素,但是,基于大学在过去20年里获得的经验,要获得成功并不仅限于此,我们有必要拥有一种策略,设计一个用来指导制度变革的计划。

在后来的几年里,通过"密歇根使命"和许多其他计划,校园里的多样性获得了极大的改善。但是,增加少数民族或种族的学生数量,只是计划中相对容易的部分,大学为不同的学生聚集在一起提供了可能,使他们可以在一起工作,到同一间教室上课,但这并不意味着我们拥有了一个有机的群体,因为,仅仅靠增加人数和使人们一起相处并不能保证人们相互尊重,也不能形成一个有凝聚力的群体。建立一个有凝聚力的群体,建立一个使所有成员的经验、特殊力量与才能都得到利用的群体——这是"密歇根使命"在第二阶段所面临的重要挑战。更确切地说,我们认识到,传统的社会机构——城市、社区、教会、学校、商业和贸易区——都没有能够建立一种团体感,也没有能够为我们提供创造性交流的模式,而这种创造性的交流和团体感正是我们所需要的,它是建立一个基于普遍的相互依赖、信任和尊重的新型集体的灵魂。在今日的美国,就是在我们的大学校园里,有许多学生平生是第一次与拥有不同种族、国籍与文化的学生走到一起,在相同的环境下,他们将要一起生活、工作和相互学习。因此,在现存的大学结构中,不同群体之间产生很多紧张状态和经常的隔离也就不足为奇了。可能需要几代人的共同努力,才能缓解这种形势。

到 1995 年,在实现多样性方面,密歇根大学取得了很大的进步,"密歇根使命"的各个方面都是非常成功的,其结果远远超过了我们最初建立一所更具多样性的大学的目标。经过十余年的努力,大学少数民族和种族的学生、教师和员工的在校人数翻了一番。但是,也许更为重要的是,他们在大学里所取得的成就也显著增多,学生的毕业率已经上升到了公立大学中的最高水平。在教职员中,获得晋升和终身教职的机会可以与他们的大多数同事相比,被任命到大学领导岗位上的少数民族和种族的教工越来越多。不仅在校园里,多样性被人们接受并得到更多的支持,而且由于多样性校园的声誉日隆,许多学生和教师开始纷纷来到密歇根大学。此外,也许最为重要的是,当我们的学校在民族和种族上变得更具多样性的时候,大学里的学生、教职员和学术研究的质量也达到了历史最高水平。这一点似乎验证了我们的观点,我们对实现多样和卓越的两个抱负不仅是和谐一致的,而且实际上也是密切相关的。

总之,尽管"密歇根使命"取得了成功,但我们应当指出的是,如果没有几千名教师、学生、员工、校友和支持者的实际的帮助与支持,没有任何一个计划、承诺、目标和行动可以使我们做到这一点,是他们使

第九章 多样性

变革成为可能,而且他们至今仍在为此而奋斗。

作为一个具有多样性的学习社会,在改革的道路上,密歇根大学仍然在继续前进。

密歇根女性议程

当我们为完成"密歇根使命"目标而努力的时候,在校园生活中,另一个明显的不平等也不容忽视。如果我们要达到完全意义上的多样性,我们必须关注长期存在于女性教师、学生和职员中的问题。尽管我们做出了许多承诺,并不断地进行努力,但是我们并没有把女性当作完全平等的伙伴,没有促进她们获得足够的能力参与到学校生活的方方面面,参与到大学的领导中。

我们引以为荣的是,密歇根大学是美国第一批接受女性学生的大学之一。那时,美国其他的大学冷眼旁观,许多人认为,这个危险的试验会以失败而告终。1869年,第一位入学的女性成为一名真正的先驱,她经历了详细的审查并成为人们厌恶的对象。许多年来,在使用设备和加入团体方面,大学里的女性都受到了不平等的对待。但是,在19世纪最后的几年里,密歇根大学在国内树立了强有力的领导地位,到1898年,密歇根大学的女生入学人数大量增加,她们所取得的本科学位占到了总体的53%。

不幸的是,在20世纪的早期,曾经令人瞩目的进步出现了倒退,"二战"结束后,退伍军人的回归使这种情况更为加剧,学生群体中女性的数量急剧下降,直到20世纪七八十年代才再次回升。历经了几乎一个世纪之后,在1996年,女性学生的数量才再次超过男性学生。在过去的几十年里,大学采取了很多措施来吸收、提拔和帮助支持女性教师和员工,并修改了学校的政策来反映她们的需求。然而,要达到真正平等并非一朝一夕的事,我们还有许多工作要做。

挑 战

尽管在教师的雇用和终身教职的聘任上,女性的总数在许多领域中有所增加,但是,20世纪末,在大多数研究型大学中,新雇用的女性数量却变化不大。在一些学科中,如物理科学和工程学,这种不足尤为严重。"玻璃天花板"(glass ceiling)现象依旧存在,并使我们深受其害。这种现象指的是:虽然没有正规的限制,由于隐性的偏见,女性不能进入资深教师和管理人员的行列。当你沿着学术阶梯拾级而上的时候,就会发现,女性的比例越来越小。此外,雇用女性为博士后学者、讲师、临床教师或是科研科学家的情况越来越多,但是,她们并没有获得终身教职的机会。由于对不同教师获得终身教职的途径有严格的划分,女性几乎没有机会向终身教职进军。

女教师的留任也是一个严峻的问题。研究显示,在经历从助理教授到准教授这一关键步骤时,女性比男性更不容易受到晋升审查和晋升推荐。女教师和男教师一样,她们到大学来,是为了做一名学者和教师,但是,由于女性在我们机构中的数量不足,在董事会以及辅导教师的责任中,女教师要明显地牵扯更多的精力。当这种情况影响到所有级别的女教师时,那些低职位的女教师就要付出更高的代价。

对女性来说,在晋升和留任的问题上,最艰难的时期是她们学术生涯的早期,也就是她们作为助理教授并试图获得终身教职的时候。因为,董事会的工作和对女学生的辅导非常需要女教师;同时,照顾家庭的责任也会使她们不能得到足够的重视和支持。即使作为辅导员、合作者和行为榜样,她们得到的帮助也很有限。部分原因是由于前期在低职位时,女性的工作过于繁重,导致高职位的女性数量减少。所有的女教师都说,她们的困难在于要同时应付教学、科研、正式和非正式的咨询、部门或大学范围内董事会的工作以及繁重的家庭责任。很多女教师感到,困难并非来自公众的、有组织的歧视,而是来自一个要求越来越高、竞争性越来越强的工作环境,并且由于要照顾子女,她们在个人生活方面要比男同事承受更多的压力。

我们之所以提到在资深教师和学校领导层中的女性过少,部分原因在于"渠道效应",即低职位的女性数量不足。同时,高职位女性的缺乏也在于资深男性教员和管理者在制定法规和执行评估时——无论是有意还是无意——对女性存在一定程度的偏见。老同学关系网、传统习俗和习惯大量存在。女性会有这样一种感觉,在自己的领域内,要取得成功,就要遵守由男人们先前定下的游戏规则。正如我们的一位女教员说的那样:"我的职业是男性导向的,非常平等,只要你像男人一样做事,男人们就会对你一视同仁。"

除了教师群体的女性问题,我们在员工领域也正面临着严峻的挑战。在高等教育中,我们没有做足够的工作,将女性放在主要的员工岗位上以备日后委以重任,我们没有给女性提供登上高级管理职务的垫脚石。许多人认为,她们更多的时候是充当了别人晋升的垫脚石。我们对待员工福利的指导原则也需要重新思考,我们应该进一步建立一种更为灵活的福利计划,使其可以适合所有雇员的特殊情况(如除了家属健康服务之外还有儿童入托),而且,我们还要达到不论性别、同工同酬的分配目标。

我们所关心的问题,大都出自女性高度集中,同时也是地位较低和权力较小的群体——如学生、低级职位的员工和教师。在位高权重、令人羡慕的职位上迅速增加女性的数量,可能就是变革最有效的杠杆,这样,不仅会改变决策权利的平衡,而且会改变人们对与大学息息相关的人和事的看法。最后,我们要使大学的政策和实践在许多领域内能够更好地和女性学生们的需要和切身利益保持一致,这些领域包括校园安全、学生公寓、学生日常生活、财政资助以及儿童入托。

如果我们能够将优秀的女性学生吸引到校园,我们就能吸引更多的女性加入到资深教师和领导者的岗位中去,长远地看,这一点非常重要。在科研领域,我们还需要对女性进行更多的鼓励和支持,而在过去的几十年里,她们一直不受欢迎。尽管在过去的几十年里,许多尽职的女性和男性共同做出了努力,但是,我们取得的进步仍然十分有限,不容乐观。在奔赴多样性的征程中,我们的学院和大学远没有达到它们应该达到的目标,也没有达到它们必须达到的目标。大学应该成为一个为女性教师、学生和员工提供一系列机会和帮助的机构,在我们大学生活中,女性应该成为正式的成员和平等的伙伴。在高等教育中,当大量女性教师、学生和员工在众多的岗位上取得令人瞩目的成就时,她们仍然和许多无形的压力、歧视和那种依旧萦绕心头的被忽视的感觉作斗争。只有扫除障碍、鼓励女性参与大学的所有活动,才会改变我们的大学,建立一个女性和男性共享平等与自由的社会,在这个社会里,他们是合作的伙伴,共同承担社会赋予的责任。

计 划

很明显,20世纪90年代,在参与学校活动方面,大学没有提供给女性足够多的机会。我们不是低估所做的努力,在大学社区内几百名热忱的工作者中,有男性也有女性,他们为了女性的平等长期而投入地工作着。但是,我们的行动虽然有良好的出发点,却极其缺乏连贯性,没有明确的目标和战略,各个部分之间又过于独立,不能保证持续地进步,没有划分相应的职责。这再次使我们认识到:密歇根大学需要一个有着明确目标的、大胆的、战略性的计划,即在各领域、各层次吸收女性并促进她们的进步。我们可以用目标来检测计划,我们的进步也可以被更广泛的大学社会所监督与分享。

为了达到这个目的,密歇根大学发展并实施了一个伟大的战略,我们称之为"密歇根女性议程"(Michigan Agenda for Women)。虽然议程中的行动是为了解决女性学生、教师和员工的问题,但其中的许多方面也可以使男性受益。正因为"密歇根议程"(Michigan Agenda)需要整个大学的共同努力,所以,它的成功也应该使全体受益,无论其性别。

在"密歇根议程"的执行中,我们了解到,对于大学的不同部分,我们需要使用不同的战略。在学术部门,作为教师、职工和学生的女性,参与程度会有很大的不同。在一个领域行之有效的工作方法,在另一个领域内可能根本行不通。在某些领域,如物理科学,学生和教员中的女性很少,对她们来说,有必要设计和执行一个可以贯穿整个渠道的战略,要能从幼儿教育到高中教育,一直延伸到本科生和研究生的教育,再到教师的吸收与培养。对于其他领域,如社会科学和法律,女性学生的人数已经很多了,我们应该努力的是,如何引导女性能够继续进入研究生和专业的研究中去,并使她们最终进入研究院。还有一些系科,如教育和人文学科,它们所面临的问题是,女性学生和低职位的教员比例很大,但高职位的女性极少。

在大学中,非学术的行政管理领域,也存在相当大的差异性,其中的许多部门,历来很少或没有让女性担任过主要的管理职务。为了适应女性人数的这种变化,我们要求每个部门发展并提出一个特别的计划来解决吸纳女性的问题。这些计划将要获得集中审查,每年对各部门的发展情况,要对照计划做出评估,而且要正式作为预算讨论的相关部分。我们所面临的挑战是如何建立这样一个程序,既要容许总体的主动性,对个别部门的行动计划,又要保留其局部发展潜力。"密歇根女性议程"的目标,在于建立一个让女性可以全面发展的工作和学习环境,这个计划代表了一个开始、一个蓝图,它随着时间而发展,随着与大学社会内更广泛的群体的交流而完善。

自女性议程提出以来,几年间,我们已经取得了很大的进步。现在,职业学校里有超过半数的学生是女性。女性在管理、行政和经营等部门也担任重要职务。这些进步是我们持续发展的基础,直到达到男女的完全平等。

政治正确性的困扰

当学院和大学正努力使自己更具人员接纳性的时候,永远不能忽视的是在学术论坛方面保持多样性的重要。我们的一项基本义务,就是要保护不同观点与意见的表达,不管是在课堂上、科研中还是公众论坛上。我们的学术自由一直处于危险中。当校园在为接纳更多的人而奋斗的时候,在校园内外,有些人却一心要限制和排斥那些与自己观点和论点不同的人。

无论是过去还是现在,校园内外都有不同形式的极端主义,它们威胁着学术自由,威胁着我们作为教师和学者的尽责能力。近来,大学因为容忍校园内的一种特殊形式的极端主义而受到批评,这种极端主义被公众称为"政治正确性"(political correctness),这一称呼容易引起误解,我们将其定义为:要把一种全新的正统观念加于我们的教学、学术甚至是言论的企图。在关于政治正确性的问题上,那些对大学进行攻击的人说,它不仅威胁到教学质量,而且威胁到学校的基本价值观,即言论自由和学术自由。实际上,在所有的政治层面上,都有极端主义威胁我们的基本价值观。

对学术的攻击

对学术自由和学校自治的威胁由来已久,同样,大学内部在关于自身的发展目的和方向上也不无冲突。几个世纪以来,不同的人或集团为了控制学术,一直存在持续不断的纷争。宗教和政治力量,一心要伺机利用学术达到自己的目的。来自各种各样的狂想者和机会主义者的周期性破坏,对于美国大学来说,已经不再陌生,他们总是企图把特殊的信仰或正统观念施加于大学的学术或教学之上。这些历史经验警示我们:当学术自由受到威胁的时候,其所带来的风险,无论是对个人还是对知识生活,乃至我们大学的完整性,都一样高。[13]

不幸的是,在当今世界,对学术探索来说,威胁的势力非常猖獗。确实,在有些地方,大学被关闭,教师和学生被捕入狱或被杀害,图书馆被焚毁。在另外一些地方,僵硬的政治和宗教的传统控制着教育和研究。为什么会出现这种情况呢？答案似乎很明显——自由而开放的研究是不能被暴君、意识形态上的狂热分子、被激怒的暴徒和寻求优势的狭隘的利益集团容忍的。当然，并不是所有针对学术的威胁，都带有非常明显的破坏性和恶意。今天，我们所经历的许多威胁，它们的出发点都是良好的。很多时候，它们只是联邦或州官僚为博得政绩而出台的新规定，或是对正确行为的一种宣传与激励。但是，有时，这些行为极为缺乏远见，它们只关注短期目标，而很少考虑对知识和机构的自主性可能造成的长期损害。

大体说来，学术自由已经存在并繁荣了几百年。这应当归功于我们对社会贡献的内在价值，这种内在价值也唤起了全世界学者的勇气，去保卫自主权、抵抗暴君、坚持自由和学术探索。最终，这些自由赢得了社会的理解，尽管可能非常勉强，因为社会早已认识到，如果想要把青年人教育成文明的世界公民，促进学术以服务于社会利益，就必须给予学者和他们所在的学校以自由。[14]但是，我们永远不能满足于我们所获得的自主权和自由，因为我们与社会的契约是脆弱的。像所有的自由一样，科学研究的自由需要保持永久的警惕性，过度或失去这种警觉都将招致外部权力的干涉。我们不能滥用学术自由，也不能将其视为想当然。它的危害，并不仅仅在于我们某个个别机构的自由与价值的缺损，而是对人类最高尚的、最持久的机构所取得的成就的侵蚀。

关于政治正确性的辩论

批评家指责我们制定了一种新的正统观念，把一个"政治正确性"的单一标准加于许多根本不同的目标。有些人公开谴责我们把对其他文化的学习加入到我们的课程中，并将其作为我们传统课程的一部分；我们开展平权行动，努力营造一个更具接纳性的校园，也有人对此进行反对；还有人批评我们进行跨学科研究的新模式，批评那些他们认为削弱了传统的价值观和公认为传统的东西；或者，他们挑剔一些更具哲理性的问题，比如，他们认为相对主义要优于绝对的道德标准，等等。

当然，对我们的政治正确性进行批评的人当中，许多人本身就是极端主义者和辩论家，他们带有自己的机会主义政治议程。关于这个问题的许多文章都肤浅得令人沮丧，而且，缺乏事实根据，明显地言过其实,有些是纯粹的意识形态上的游击战。许多评论揭开了当代公共传媒品质降低的全新一页,它们通过天花乱坠的宣传,播出单一的原声摘要,以及迎合时尚和低劣的偏见去讨论重要的社会问题。其中的一些人,一直在为公众的不满和失望寻找新的发泄渠道。过去的几年里,大学一直在经受着责难。有一些反对政治正确性的议程是我们所熟悉的因循守旧的极端保守之物,这些议程求助于辩论,企图阻止我们对人员和思想越来越广泛的接纳性,他们不惜任何代价维护现状,以保护自己不劳而获的特权。

与此同时,我们必须面对一个痛苦的事实,在过去的十几年中,关于校园里政治正确性的评论家中,并不缺乏那种带有破坏性的甚至是荒谬可笑的极端分子和狂热分子。政治正确性是个真实的现象,左翼评论家和右翼评论家一样向我们展示了他们的刺耳、褊狭与极端。在意识形态上,要求政治正确性的支持者采取的态度很强硬,有时试图控制甚至是完全消除持不同观点的人的言论。在我们的大学校园里,当如此愚蠢和极具破坏性的行为还不能称为猖獗的时候,这些事例已经严重地损害了重要的学术价值,并为学术界的批评家充当了出气筒。这样一来,在校园里,我们就应该留意一下对这种新形式的极端主义进行批判的人所传达的基本信息。他们在意识形态上所传达的一些东西,在我们的学术社会中,不是对我们的基本任务和价值观不懂,就是没有接受,他们的行为激起公众对学术界的强烈不满。既然这个问题关系到我们作为教师和学者应当具有的价值观,我们就必须站出来和学术同僚及评论家进行一番辩论。

评论家们攻击的目标是什么?

"政治正确性"只是对有关大学的许多问题的一个代称。

坚持"正确的"语言 学校里的许多人提出,我们的大学变得越来越文明,变得越来越具多样性,因此,对那些过去受到孤立和歧视的人,我们必须尽量有意识地给予照顾和体贴。有些人提出,我们要对语言进行规范并实施"言语准则"。而事实上,鼓励人们对别人进行关心体谅和要求人们这样做是两码事。评论家们断言,谴责性的言语不管里面有没有特别的字眼,也无论是否出于好意,都会使对方受到伤害或感到尴尬。在我们的校园里,就有这么一种人,他们自以为是,对别人怎样使用语言指手画脚,其效果是,不仅未能说服别人,反而招来别人的厌恶。

体谅训练 作为一个文明的社会,我们是否应该试着让彼此之间更加体谅呢?当我们更具接纳力的时候,我们是不是应该加强彼此之间的理解,学习一些可以帮助我们在一起工作和学习的技巧呢?但是,这里我再次重申,以一种单一而正统的观点对我们的学生、教员和职员进行教育和强迫其接受是两码事。批评家提出:作为大学的教师和职员,我们可以要求统一标准的文明行为。但是,如果我们不能对自己所拥有的价值观做出妥协,我们就不能要求"正确的"思维方式。

侵扰 同样,也有一些批评家,对我们禁止种族歧视和性侵扰的法规和政策进行指责,这种特别的批评引发了一场艰难而动荡的辩论,人们对此意见不一。不可否认,在校园里,确实存在对这种法规和政策进行滥用的可能,但同时也应该承认,的确也存在一些恶习直接导致了我们要制定相应的法律和法规。如果脱离由种族偏见和歧视所带来的暴力和恐惧所构成的历史框架,我们就不能理解这种侵扰和威胁。一件事可能对于一个群体来说,仅仅是恐吓,但对于歧视的受害者来说,就是一种暴力威胁。我们最大的希望是可以改善校园的氛围,可以把这个问题提出来让大家讨论。

有关多样性的必修课 许多大学认为,在这个多元文化的社会里,在这个人与人之间的联系日益密切的世界里,我们应该(甚至是必须)对我们的学生——当然也包括我们自己——进行教育,使我们了解其他群体的文化和经验。这些大学认为,关键的一点是,在一个充满了种族、等级、阶级、信仰和国籍等差异的世界里(这些差异影响到我们每一个人并威胁到我们社会的存亡),我们所有的人都要尽可能正确地全面地理解群体之间相互关系和相互作用的实质。同时,我们要通过很多不同的途径为学生提供多样性的教育。

批评家们直接质疑学校是否可以出于好意而要求学生修习一门课程,而这门课程只提供某个学科的、单一的、正统的观点,如多样性的益处。这种质疑是恰当的,像许多其他重要课程的设置一样,必须经过公开的广泛的讨论。令人欣慰的是,在密歇根大学,教师针对这些公开讨论,我们已经进行过许多次,我们拥有一个良好的教师自治的体制和传统,这是我们态度谦虚以及严肃对待知识的最好例证。在以后的讨论中,我们将继续保持这种态度,这也证明我们可以公开讨论这些问题,并能取得实质性进展。

对教授的谴责和威胁 批评家们指出了一种片面的不能容忍的形式,这种形式使一些教授受到了极端主义组织的威胁。他们指责教授们讲授"不正确的"科目,把"不正确的观点"传授给学生,以及在"不正确的"领域做科研。很显然,对不同意的观点提出质疑很重要,但是,对来自那些与我们不同的人的威胁性的攻击,我们是不是能够永远容忍呢?有损我们名誉的是,似乎在我们的校园里,许多人已经接受了时常进行的威胁和疯狂的攻击,这些人里有学生,也有教师,他们认为这是适当的行为。对那些给某人或某种思想喝倒彩的人,或是想通过威胁把观念强加给别人的人,或是认为应通过支持者的多寡来判断一种思想而不是通过其价值来判断的人,我们均不能接受。

也许这种威胁隐含着一种企图,只不过采取一种更微妙的形式。尽管是善意的,在级别晋升或是人员雇用以及专业进展的决定上,这种威胁仍然试图施加一次正统政治的检验。显然,在学术界,我们不能迫使任何人对任何观点保持沉默,但是,对一个观点的判断,应该取决于它本身的价值,而不在于是谁提出来的,也不在于我们是否喜好或是否同意。

对校园的发言人或群体或个人的审查 在我们这个共同体里,一些成员提出,考虑到会带来矛盾冲突和一些敏感性的问题,应该宣布禁止一些人或某些观点进入校园,根本就不应该邀请那些有争议的演说者,至少也应当阻止人们去听。很明显,这些人似乎认为言论自由只适帮用于他们,并不适用于那些被他们否定的人。这种行为真是莫大的讽刺,因为,在大学的校园里,干扰或阻止某个人的出现,恰恰是引起人们对这个人关注的最有效的方法。

课程的"正确性" 在课程改革上,大学受到了来自极端主义者和激进主义者的全面攻击。有些人想要把我们的课程限制在一系列固定的、狭窄的伟大名著(great books)上,它们代表着西方文明的传统。另外一些人则认为,所有的"已故的白种欧洲男性"(DWEMs, dead white European males)的著作都不重要。改变我们的教学,使其跨越时间、围绕世界,并包括更广泛的经验和感情,难道我们这样做错了吗?很明显,在一个多数人都来自不同的背景和信仰的世界里,我们必须使我们的学生为将来的生活做好准备,但是,这是否就意味着我们必须抛弃或玷污代表我们基本传统的学识呢?毕竟,我们许多最基本的观点,都源自西方文明的遗产:我们对理性主义、科学知识和人类进步的观念所持有的信心。可以说,抛弃对我们文化根基的学习,就是抛弃我们对自己"源自何方又为何物"的理解。

对种族和性别的研究 有些人,对我们发展的新学科提出质疑,如我们对种族和性别的研究。毫无疑问,一所真正严格而具有活力的学术机构,会不断地发展新领域、新思想和新观点,创制新的范例和与之相适应的组织结构,这才是研究型大学最伟大的功效之一。幸运的是,如果我们使用传统的严格的学术标准,我们在任何新领域内,对发展的过度或不足都可以进行详细的审查和实质性的讨论。从这个角度来看,对我们来说,新的思想或领域并不是一种威胁,而是对我们独特地位的保护与加强。当然,新的思想或领域也不能逃避持久的检验,要看它们在学术上是否具有价值,是否可以促进人类对世界及人类自身的理解。

平权行动 实际上,针对政治正确性的诸多批评,都是针对我们大学中弱势群体援助项目而来的。批评家们宣称,事实上,平权行动促成了更多的隔离、割据和有差别的教育服务。他们认为,我们的计划是不符合民主原则的,容易引起分裂,而且,最终会对它的受益人造成伤害。对那些在历史上受到歧视的种族所给予的"优待",是我们关注的核心问题。纵观高等教育的历史,我们所具有的一个最重要的、最显著的特点就是试图服务于全社会的人。我坚信,平权行动是我们达到这一目标的重要手段。而且,我们也认为,一个人所具有的诸多特性,如种族、性别或社会、经济背景,与他所具有的学术能力毫不相干。谈到这里,有必要说明,允许对平权行动的价值进行公开辩论的重要性,我们对此拥有强有力的论据,但只有在公开的讨论中才能公布于众,因为,只有公开的讨论才能容纳全部的观点。而且,如果存在达到目标的更好的途径,更有效、更恰当的方法,我们会悉心听取。

坚持学术上的价值观

我们在考虑批评家们的理由时,越来越明显地感到:关于社会和机构转变的步伐、范围和方向,是高等教育中的批评与反批评的重点问题之一。其中,很多涉及我们为达成广泛的接纳性和对观点与人员更大的开放性所做出的努力,还有很多是关于所谓的代表时代特色的新知识时代提出的知识挑战。对这些评论里的一些肤浅的、短暂的和机会主义的东西,我们不能反应过度,否则会阻碍我们继续进行更重要的讨论,如对未来一些基本问题的讨论、大学使命的更新,以及对变化的应对。

今天,我们的大学正在尝试解决一些人类经验中最痛苦、最持久也是最棘手的问题。在我们努力解决种族差别论和男性至上主义的同时,我们正和存在了几个世纪之久的偏见和歧视作斗争,这些歧视和偏见已经并正在掠夺这个世界最珍贵的文化智慧、人类才能和领导能力。同时,我们正在应对一场知识革命,努力把跨学科的、比较的和国际的观点和经验吸收到我们知识的框架中来。知识正在改变我们的校园和社会,我们要拼命地跟上它飞速的步伐。

在当今时代,我们必须对新的范例、新的理论和新的知识组合保持开放的态度,才能解决知识上和实际中遇到的问题。社会里的许多人,可能忽视或否认正在发生的变化,但是作为教师和学者,不能这样不负责任。大学经常会成为改革的先锋,这不是一个令人舒适的位置。很可能在某种程度上,最近惊动整个校园的强烈的批评是一种古老行为的体现,即因为信而责备信使。有些人居然认为我们对正在发生的社会改变负有责任,在某种意义上,我想他们并没有错,毕竟,我们正在为一个改变的世界而教育我们的学生,而且我们正在产生大量的知识,也正是这些知识促进了社会的变革。

难怪会有些人受到威胁,很多人没有安全感和受到牵连;难怪随着我们的社会影响越来越大,我们成了特殊利益矛盾冲突的竞技场。我们正处在社会的深刻变革之中,骑虎难下。

我们已经谈到了一些活跃的势力,它们威胁到了我们讨论重要问题的能力,而且损害了我们的教学和科研任务。虽然,这些势力给我们带来了危险,但在面对它们的时候,我们也并不是孤立无援的,我们最好的保护就是几个世纪以来的传统和价值观,正是它们保留和发扬了学术自由的基本原则。只要大学存在,它们就会繁荣,因为,正是这些传统和价值观代表着理性在人类事物中的运用,代表着通过理性研究对真理的自由追求,它们是大学可以信赖的基本原则。

经过了几个世纪,我们已经发现,大学追求真理的目的和手段经受住了考验。虽然我们并没有达到完美的程度,但是,确实找到了一种思考问题和解决难题的方法,它可以为我们提供启示,并引导我们解决新的、更大的问题。将我们紧紧团结在一起的是对真理的追求、经过检验的方法、学术的基本原则与价值观。几个世纪以来,这些价值观得到了社会的支持,全世界的大学都在对一代又一代的年轻人进行教育,想方设法教会他们对追求真理的崇敬,同时,也培养了他们追求真理的能力。大学的方法和原则,成功地丰富了知识的宝库,增进了人类理解。尽管时常不情愿,但社会已经赋予我们在认知领域追求学术的自由,也确立了我们不可取代的社会地位。

面对批评家,学术界最有效的保护就是要坚定地维护教学和科研的正直。对待这一主要任务的忠实态度,是我们面对批评家攻击的最好防御,也是我们为人类提供的最好的服务。在这方面,有一点是确定无疑和无法改变的,那就是,如果没有追求真理的自由,我们就不能彻底地履行我们教学和科研的主要职责,我们也不能向社会提供急需之物。追求真理的自由是大学的生存之本。

总而言之,通过我在密歇根大学的经历,我更加确信,对于21世纪的大学来说,卓越与多样性不仅是可以共存的,而且是可以互利的两个目标。在一个日益多样性的国家和世界里,大学群体的多样性在很大程度上决定了大学学术活动的质量,也决定了大学与社会的相关程度。毕竟,我们的社会契约是同整个社会签订的,是整个社会在给予我们帮助和支持,而不是少数几个有特权的人。除了有助于我们履行社会义务,多样性还直接有助于为我们的教学和学术增添知识活力。社会的多样性为我们解决深奥的问题和使其概念化提供了不同的方法,从而为我们的教育、学术和公众生活注入了新鲜血液。

今天,美国的高等教育,与50年前甚至是10年前比起来,更加显示出丰富的多样性。然而,我们的大学既不是单调的整齐划一,也不是无法容忍的歧视或隔离,二者在不断地转变。我们跨步向前,须知不能有片刻停留。

第十章 技　　术

　　信息技术对当今世界的冲击远甚于 19 世纪蒸汽和电力的应用所带来的冲击。它更类似于人类祖先对火种的发现，因为它为我们进入新时代的革命性一跃铺平了道路，而新的时代将深刻改变我们人类的文化。

　　——雅克·艾塔利《新千年：未来世界秩序中的赢家与输家》(1992)[1]

　　如果要列出在很大程度上决定了 20 世纪进步的社会部门，当数交通运输及其相关的工业——汽车、飞机、火车、石油、航天器。随着郊区的发展与国际间贸易和文化的交流，交通运输决定了我们的繁荣、国家安全甚至文化，同时也创造了建立美国大学所需要的巨大财富。

　　如今情况大为不同了。我们已经跨进了一个新时代，在这个时代里我们见到的计算机、网络、卫星、光纤等技术领域所取得的巨大进步，使我们进步的动力由交通运输变为了通讯。我们现在面对着这样一个世界，在这个世界中无数台计算机可以轻松地接入全球性的信息平台中去。这些飞速发展的技术正在彻底地改变我们收集、使用和传播信息的方法，它们改变了人与知识的关系。

　　从更广的角度来看，如今我们看到了几个主题的集合：在一个知识本身成为决定安全、繁荣和生活质量的关键因素的时代里的大学的重要性；我们社会的全球性；信息技术的便捷——计算机、电子通讯和多媒体——可以实现信息的快速交换；网络化——个体间和机构间非正式的协作与合作在一定程度上取代了更为正式的社会机构,如政府和国家。当电视机成了计算机,然后又成了人们连接网络的窗口,我们也看到了技术的整合。结果是计算机、电子通讯、娱乐和商业正在合并成为一个巨大的、价值万亿的"信息娱乐"市场,这又属于一个集合。尽管技术促成了这种集合,但真正的受益者将是那些能够提供信息内容的组织,无论它们是娱乐性的公司(如迪斯尼),还是软件公司(如微软),或是教育机构如大学。

以前我们曾指出对作为社会机构的大学来说,知识既是媒介又是产品。因为信息是知识的原材料,我们有理由猜想一种每 10 年以指数增加的、拓展我们的信息能力的技术会对我们大学的使命和功能产生何种深远的影响。

作为知识服务器的大学

在谈及大学的主要任务时,人们经常提到教学、科研和服务。这些使命也可以被看作是 20 世纪大学所扮演的一些更为基础的角色的简单表现形式,它们是对知识的创造、保存、综合、传播和应用。如果我们使用最新的计算机网络语言,那么我们的大学可以被称作是一台"知识服务器",它可以为当今社会提供多种形式的知识服务(如创造、保留、传播和应用知识)。

从这个较为抽象的观点看,非常明确的是,尽管我们的大学作为知识服务器这一基本角色没有随着时间而改变,但这个基本角色的表现形式却改变了——而且实际上是彻底地改变了。我们先来考虑大学作为"教学"这一角色。教学也就是传播知识。虽然我们通常会根据课堂模式来想象这一角色,即由一个老师来教一个班的学生,相应地,学生会阅读老师布置的文章、写论文、解题或是做实验,另外还要参加考试。但当今一代学生明显会要求一种完全不同的方法。我们已经注意到,今天"即插即用的一代"(plug-and-play generation)很可能会要求大学用高度互动和协作的教学模式来替代课堂讲授。

21 世纪大学里的教师可能会发现他们需要放弃自己原来作为教师的角色,而成为学习活动、学习过程和学习环境的设计者。将来的教师可能必须抛弃目前这种单独学习的方式,在这种教学方式下,学生将主要通过自己阅读、写作和解题来学习。作为替代,教师将需要开发集体学习方式,学生们一起工作、一起学习,教师的角色不再是一名教师,而更像一名顾问或是教练。教师将较少关注于对知识内容的确定和传授,他们的主要精力将放在对学生的主动学习过程进行鼓舞、激励和管理上。当然,这要求我们在对研究生的教育上做出很大的改变,因为今天的教师中几乎没人接受过这种训练。

我们同样可以在大学扮演的其他两个角色中发现深刻的变化。创造知识的过程正迅速地从一个独立的学者发展为学者的团队,而且经常要跨越几个学科。使用信息技术来模仿自然现象已经创造了第三种研究的模式,这与理论和实践是相同的。正在出现的全新的研究方法可以帮助学者解决以前无法解决的问题,如:证明数学领域的四色猜想,分析至今仍需要合成的分子结构,模仿宇宙的产生,还能对众多的文献档案进行分析以发现隐含的主题或进行比较。甚至知识创造的本质也在某种程度上从对已有事物的分析转移到对未有事物的创造——这与学者的分析技巧相比,更多地吸收了艺术家的经验。

知识的保存是大学变化最为迅速的功能之一。计算机,或更精确地说,是从打印到图像到声音到感官体验的不同媒体通过虚拟现实的"数字集合"对知识造成的冲击,很可能会超出仅作为印刷机的范围。几个世纪以来,大学里的知识聚焦点一直都是图书馆,它对书面作品的收集保存了人类文明的知识。今天这些知识以多种形式存在——作为文本、图像、声音、程序和虚拟现实模拟,而且它几乎真的存在于天空中,以数字符号的形式分布于全世界的网络中,任何人都伸手可及,而绝对不再是学术界里少数人的特权。图书馆不再仅仅只是一个收藏场所,而更是一个知识的导航中心,一个信息回收和传播的推进器。[2]在某种程度上,图书馆和书籍正在融为一体。最深刻的变革之一应该包括软件程序助手的开发,它代表它的人类主人对知识进行搜集、整理、连接和归纳。我们可以用极高的精确度和几乎零成本对数字信息进行复制和传播,我们的这一能力已经动摇了版权和专利权的根基,而且很可能会导致对知识产权的所有权性质进行重新定义。[3]对大学的知识产权进行法律上和经济上的管理正迅速成为高等教育所要面对的最复杂、最关键的问题之一。

同样明确的是,社会期待从大学得到知识的应用,而来自社会的需要将继续支配知识应用的变化。在过去的几十年里,人们要求大学将知识应用到广泛的领域中去,从提供医疗服务到保护环境,从城市建设到整个大众娱乐(虽然有时很难理解大学校际体育运动是如何体现知识的运用的)。在以后的日子里大学一直会受到挑战,要解决社会中不断变化的应优先考虑的问题,如经济竞争力、基础教育和全球变化。

大学的这些抽象的知识中心的角色存在于大学的整个历史之中,并且只要这个非凡的社会机构继续存在,这个角色就会继续存在下去。但是知识的创造、保存、综合、传播和应用这些基本功能的具体实现仍将发生深刻的变化,就像以前经常发生的一样。这样看来,变化和改革的挑战对我们保持社会中的传统角色是必不可少的。

因为大学主要传授的是知识,所以信息技术所取得的巨大进步会对大学产生深远的影响。迅速发展的技术正在彻底地改变我们收集、使用和传播信息的方法。大学的传统模式受到了直接挑战。在传统模式中,知识的创造、保存、传播和应用的过程仍以书本、黑板、演讲和静态图像为基础。

过去的几十年里,计算机已经发展成了一个强大的信息系统并且可以和全世界的其他系统进行高速连接。公共和私人网络可以以极低的成本向全世界的观众即时传播声音、图像和数据。虚拟环境的创建可以让人类的感官处于人为建立的图像、声音和氛围之中,把我们从现实生活中自然规律对我们的束缚中解放出来。由可视和可听的数字通信系统促成的紧密而有力的多人关系正在普及。它们导致了一种既联系紧密又十分分散的人类社会的组成,这些人乐于通过感官刺激分享新的体验和智力活动。以计算机为主的学习系统也正在开发,它开创了一种新的教学和学习的模式。新型的图书馆也在开发之中,开发那种让人们从分散的计算机系统内获得大量数字化数据的能力,这可以让使用者通过信息网络从远处就可以获得信息。

知识积累的新形式也在发展之中,文本、动画、声音和操作指南(关于如何建立新的感知环境)能在动态传输中得到压缩,这在以前是不可能实现的。这种新知识形式的应用对作者、教师和学生的创造力和意图都是一种挑战。计算机、网络、高清晰电视、无处不在的运算、知识机器人等技术完全有可能使我们对大学的未来性质所做的大多数设想和假设都难以成立。

尽管数字时代会为我们的将来提供大量的机遇,我们必须注意的是不能仅仅对过去进行推断,更重要的是对将来的所有可能性进行考察。[4]我们有理由相信,我们现有的机构,如大学和政府机构,这些进行智力工作的传统组织,可能在将来会被淘汰,而与我们的未来毫不相干,正如20世纪50年代美国的很多公司一样。很明显,我们需要探索一种新的社会结构,以便能够感知和理解正在发生的变化,而且能够参与到对这些变化进行控制和适应的战略性进程中去。

数字时代

信息技术的发展

要理解和领会信息技术正在发展的速度到底有多快并不是件容易的事。40年前,最早的计算机之一ENIAC有10英尺高,80英尺宽,包括17000只真空管,重达30吨(在密歇根大学计算机科学系的门廊上,我们把十分之一的ENIAC作为典型来展出)。今天你能买到的一张音乐贺卡上所带的硅片都要比ENIAC的更加强大。现在一台价值1000美元的笔记本电脑已经比20世纪90年代早期价值2000万美元的超级计算机拥有更强大的计算能力。在信息时代的最初几十年里,硬件技术一直沿着"摩尔定律"预测的轨道发展,即芯片的密度和运算能力每18个月就要翻一番。[5]这相当于计算机的运算速度、存储能力和网络传输速率每10年要增长100倍。在这样的增长速度下,到2020年,一台价值1000美元的笔记本计算机会拥有100万千兆赫的计算速度,几千兆兆位的存储器,连接到网络的数据传输速度为每秒千兆赫。换个说法,这台计算机在数据处理和存储器容量方面几乎可以和人的大脑相媲美。[6]

随着新的通过经验改进的遗传算法(genetic algorithms)的出现,软件方面的发展也非常迅速。当网络可能将我们淹没在知识的海洋中时,我们开始使用智能软件"助手"来作为我们与数据世界的接口。它使我们能够漫游这个电子的世界,使我们能够找到任何问题的答案或是对我们可能拥有的请求做出回答。

人类互动的实质

信息技术对我们今日世界所带来的最重要的影响并不在于持续增长的运算能力。对我们来说最重要的在于带宽——我们可以传输数字信息的速率——的飞速增加。从仅仅几年之前的每秒 300 字节的调制解调器，发展到现在我们每天在家里或办公室使用的每秒 10 兆字节的本地局域网。现在将本地的网络连接在一起的主干通信网是每秒传输速度为 10 亿比特的网络。而且，随着光纤电缆和光学转换器的迅速投入使用，每秒可以传输万亿比特的网络已经近在眼前了。

因此，人与数字世界相互作用和人通过计算机与其他人相互作用的性质也在飞快地发展。我们已经从通过电子邮件和电子会谈等简单的文本联系发展到了图形用户界面（如 MAC 和 WINDOWS 界面），又发展到了具有影像和声音。随着传感器和机械执行器的快速发展，通过遥控进行的接触和行动很快就可以实现。使用者的界面也越来越完善，从一维的文本界面到二维的图形界面，又发展到三维的模拟和角色扮演界面。有了虚拟现实的帮助，我们很可能马上就能通过虚拟的环境，通过"远程即席"与其他人进行交流了。我们可以使用软件程序作为我们的代表、我们的数字助手，在一个虚拟的世界里和其他人进行交流。

这一点非常重要。当我们想到以数字媒介进行交流的时候，通常我们会想到电子邮件或可视电话的烦琐不便。但是，正如威廉·沃尔夫（William Wulf）所说的那样："别去考虑今天的远程电信会议技术，想想摄像和三维的逼真度。别去考虑我们从网络获取信息的烦琐操作，想想在这样的一个系统内进入全世界的图书馆就像进入一台手提式电脑一样。别去考虑电脑使用界面的不灵活，想想它极高的逼真度和高度的智能化。"[7]信息技术将会让人类以我们希望达到的任何程度的逼真度进行相互交流——三维、多媒体、远程即席，这只是一个时间的问题。最终，我们会达到一种足以使我们远程教学的逼真度（还有大多数其他的人类活动）达到可以和面对面的交流相媲美的程度。

虚拟环境

虚拟现实——通过视觉、听觉和触觉创造一种虚拟的感觉体验——已经在训练、虚拟实验和游戏中使用得非常普遍。但是高等教育更有可能首先使用分布式的虚拟环境。[8]在这种环境中，计算机创造出完善的三维图像世界分布在网络上，人通过软件程序作为代表加入进来，在这个世界里进行真实的交流。这种虚拟世界中用来代表人的程序,我们称之为"化身"。在这里我们的目标不是要模仿一个具体而真实的世界,而是要创造一个能够更加支持人类交流的数字化的世界。分布式的虚拟环境所需要的软件程序的性质要适合交际。软件的设计不是为了模拟现实,而是为了使人们能进行交谈和进行其他形式的人类合作。

这种可参与的虚拟世界能够彻底改变我们工作、学习和娱乐的方式。举例来说,人们可以想象一下,我们可以通过一条巴黎街道的分布虚拟环境来教授法国的语言和文化。这条虚拟街道的两旁可以排列着建筑物、商店、博物馆,还有公寓。在这个世界里,学习语言的学生和教授语言的教师将用化身来代替,伴有说本族语的人,甚至软件助手。进入这个虚拟世界的学生可以在一个没有压力的环境中通过与其他人对话来练习一门外语,并体验一种文化。

我们还可以想象,还有许多其他的虚拟环境可以支持学习环境中所需要的人类交流。今天我们甚至已经拥有了对大学校园进行模拟的虚拟环境,包括注册办公室、教室、咖啡屋和娱乐设施。

无处不在的运算

这里有一个有趣的练习。想一想你一天的活动,从早上醒来的一刻起到你结束一天的工作回床睡觉为止。试着确定出你遇到计算机的不同场合。当我们当中的大多数人首先想到的是办公桌上那台可靠的老式台式电脑时,他们并没有进行更多的思考进而认识到我们被计算机所包围。我们所用的无线电闹钟里包含着一个计算机。我们的手表是带有记时电路的计算机。我们的房间里充满了计算机,它们控制温度,为我们冲泡咖啡、烤面包,还为我们的电视调台。现在新型的汽车也具有更多的计算机和电子设备——至少从成本来看超过所用的金属和塑料。我们的寻呼机和移动电话都是计算机。我们的工作场所充满了计算机。甚至我们使用的信用卡也变成了一个微型计算机,它可以对我们的消费进行追踪。

信息技术——计算机,网络等等——正在迅速地充斥着我们的生活,像一个世纪以前的电能一样,它正从我们的面前消失。[9]今天我们不需要电线就可以将灯泡和电源连接起来。我们只需要开一下开关(或可能只需要进入一个房间,让其感知我们的存在)灯就亮了。现在具有超级计算能力的芯片和高带宽的网络正在成为便宜的商品。信息技术在我们的日常生活中如此普遍,以至于当我们对它越来越依赖时,人们往往对其视而不见,不以为然。

也许无所不在的运算的最终例子是将无数的计算机和网络与我们连接在一起,以拓展我们的个人能力。想象一下"身体网络"(body net),它由分布于我们衣服上甚至是植于我们体内的计算机和相关设备组成。这些设备在无线的"身体网络"内进行天衣无缝的连接,既可以作为一个整体发挥作用,还可以连接到世界范围内的数字化网络。[10]在某些情况下,甚至我们的神经系统也可以接入网络。由碳原子构成的身体和由硅原子构成的芯片融合在一起,有可能发展成为一种生理空间和计算机空间的"神经空间"(Neuromancer)。[11]电子生活掩盖了真实的世界。但是,很明显,这两种属于身体的"实体"将以很复杂的方式重叠和交织在一起。

正在改变的生活方式

信息技术已经引起了我们生活方式的深刻变化。[12]我们感到时间和空间正在放松对我们的限制。我们当中许多人已经没有了每天需要上下班的负担,而改用通过计算机、调制解调器和传真机进行"电子通勤"。有人还发现,自己已经被传呼机和移动电话这样的电子脐带牢牢地拴在了工作场所。电子邮件、有声邮件和传真正在快速替代"蜗牛邮件"。无论是一个大学的系、一家商业企业,还是个人,都趋向于不再使用电话号码或地址,而改用网址的统一资源定位器(URL)来作为自己的标识。

我们日常生活的其他方面也发生了巨大的变化。在数字时代,比特商业驱使着经济活动。比特商业是指对数字化信息的生产、传播和消费。物质的市场正在飞快地消亡,而以网络和计算机为基础的"虚拟"市场正成为经济活动的平台。但是,这里有一点非常不同。数字信息与自然资源、人力和资产等其他任何类型的经济商品不同,非常有趣的一点就是信息资源不会枯竭。使用数字产品实际上只能增加而不是减少它。数字产品可以被无数次复制,同时保持高精确度,而且几乎没有成本。[13]所有权、版权、专利权和法律这些建立在物质基础上的概念可能再无用武之地了。

在知识的海洋里我们需要助手

数字化信息通过数字网络快速增长和传播的趋势对我们来说也

是一种挑战。广阔的互联网和由此而获得的信息宝库有可能会将我们淹没。任何有"网上冲浪"经验的人都会发现,在网上开心很容易,但是要确切找到你所需之物通常会很难。进一步说,生活和工作在一个知识丰富甚至可以说是知识泛滥的世界里,会让我们有限的处理信息的能力负荷过度。

网络已经发展成了一个复杂的、有创造力的有机体,它的发展超出了我们所有人的理解能力。它不再是一个仅仅结合了文本、图像和声音的媒体。它把观念混合在一起并促成了无数人的交流,它已经能够做人类无法解释的事情。

因此,我们将需要智能软件助手作为我们与数字世界的接口。许多人已经开始使用一些初期构想在网上对数据库进行查找,如电子邮件过滤器或是网络爬行者的使用。但是,随着人工智能和源编码的使用,我们可以想象,使用者可以派遣智能助手在数字网络中搜寻具体的信息。这些智能助手也可以用来代表它们的人类使用者,作为化身与其他人的智能助手在网上进行交流。

这里有几种有趣的可能性。因为软件助手可以很容易地被复制,我们可以想象一个电脑空间里很快就会充满了无数的软件助手——这有点像软件病毒,它们可以不断地繁殖,最终造成计算机系统的瘫痪。已经有证据表明,软件助手之间会发生"战争",一群使用者的助手会将另一群使用者的助手找出并摧毁。也许最重要的进化阶段会发生于网络系统的这种分布式的处理能力容许出现一种"应急行为",即软件助于开始表现出自我组织、学习的能力和智能行为。也许我们有一天能够区别出电脑空间里的同伴的真伪。克拉克(Clarke)在《2001年的硬件抽象层9600:太空奥德赛》(*HAL 9600 in 2001: A Space Adyssey*)和吉布森(Gibson)在《神经空间》等科幻小说中所写的预言也有可能实现,这一切可能距我们只有几十年之遥。

对高等教育的意义

一位19世纪的医生,如果突然被传送到一个现代化的手术室,这里配备了所有现代医学的先进技术设备,我们可以想象一下他的反应。这名来自过去的医生可能什么也不认识,可能甚至认不出病人,他当然不能做任何有意义的事情。我们做一下比较,如果一位19世纪的大学教授被传送到今天的大学课堂里,这里的一切可能对他来说都很熟悉——同样的讲台、黑板,还有准备做笔记的学生,甚至连讲授的科目——文学、历史、语言——可能都很熟悉,而且以完全相同的方式教授。

大学应该处于知识的创造和传播的先锋地位。但是它的主要活动——教学——如今所采用的方式却几乎和一个世纪前相同。人们期望科技能引起根本性的变革——电视、计算机辅助教学、无线通讯——但科技似乎只触到我们的教室便不留痕迹地消失了。诚然,信息技术对经营管理的效率产生了重要影响。它改变了研究的方式以及知识保存和综合的方式。但信息技术对教学和学习的影响却很有限,它主要被用于一些边缘领域,用以扩展现有的以教室为中心的教学模式。

今天我们有理由相信,数字技术将能够真正地改变我们的大学,也许变得我们都无法辨认。其原因何在?不同之处在哪里?是因为新的技术可以使我们挣脱时间和空间对我们的束缚吗?是因为它那无所不在的性质吗?都不是。其原因在于数字技术快速发展的能力,它可以形成人类交流的新形式,可以促进联络,还能激发全新类型的人类社会的形成。它将促使高等教育的工作将重点由教转为学,而且它还将把大学从以教师中心的机构转变成以学生中心的机构。

那么对于一个"虚拟大学"(cyberspace university)来说,它可能的模式是什么呢?我们怎样为学习者创造一个数字化媒体的环境呢?

虚拟大学

也许最受欢迎的新途径就是所谓的虚拟大学。对此最普遍的看法是,这是一种传统的远程教育的网络延伸。在计算机语言中,"虚拟"是个形容词,意思是在功能上存在但不具备形式。一所虚拟的大学只存在于电脑空间,它没有校园,也许甚至没有一名教员。它使用复杂的网络和软件环境来打破教室、时间和空间的限制,使任何人在任何地方、任何时间都可以进行学习。

多年以来,大学利用被动的电信技术(如电视)来扩大对一部分人的教学,这些人不能或不愿参加以校园为基础的课程学习。在这种最简单的形式下,这种远程教育是一种真正的"头部特写"模式,教师的讲座仅仅是通过实况或录像带进行远程播放。公共频道上也有过此类教学讲座,如"日出学期"(sunrise semesters),以书面函授做补充。还有一种更为有效的方法是播出现场有助教直接指导学生。近来,(信息)技术已经容许通过电子邮件、聊天室或双向视频交流来进行信息反馈。

虚拟大学的最简单的概念是通过因特网使用多媒体技术来实现远程教学。这样的教学既可以传送到工作场所,也可以传送到家里。在一种形式下,这种以因特网为媒介的教学可以是同步进行的——教师和学生在同一时间共同进行交流互动。虚拟大学的另外一种有趣的教学模式是异步交流,即教师和学生在不同的时间交流互动。在某种意义上,后一种形式的教学与函授教学很相像,只是利用多媒体计算机和网络替代邮寄文字资料。对于这种异步交流的教学模式,已经有充足的经验可以让我们得出这样的结论,即至少对许多课程来说,它和课堂上的学习过程同样有效。此外,由于我们无需对校园的基础设施投资,长期看来,可能我们的费用会极大缩减。由于使用了价廉的传送机制(如因特网)将课程传递给一个潜在的巨大的学生群体,很多人希望虚拟大学所提供的教育费用要远低于校园教育。目前,在高等教育市场中,已出现了以营利为目的的机构通过虚拟大学的形式来与传统的大学和学院竞争。[14]

虚拟大学对于成年学习者的吸引力更为明显,因为他们的工作和家庭责任使他们不能参加正规的校园课程学习。[15]但也许比较令人惊奇的是,现在许多在校学生也在一定程度上利用虚拟大学社区来补充他们的传统教育。宽带数字网络可以用来提高校园里的几百间教室的多媒体的性能,并将它们和校园里的学生宿舍和图书馆连接起来。电子邮件、远程电信会议和合作技术正在把我们的大学由一个分级的静态的组织转变成为一个更具活力的人人平等的社会。

远距离独立学习社区

许多人相信这种有效的以计算机和网络系统为媒介的学习将不仅仅是那种通过函授和广播进行教学的一种延伸。施乐公司帕洛阿尔托研究中心(Xerox PARC)的布朗(John Seely Brown)和杜吉德(Paul Duguid)认为,这种虚拟大学的模式忽视了大学学习过程的本质。[16]他们指出,把学习当作是一种信息的传递、把学习者当作成被动的接受者的这种想法是错误的。布朗和杜吉德把学习过程看成是植根于经验和社会交流的过程,所以学习需要一个群体的环境。

这就是大学的价值——创建一个学习的社区,并且使学生加入到这个社区中来:本科生加入到与学术性科目及职业有关的社区中,研究生和专业学生加入到拥有经验和专门知识的更加专业化的社区中。从这个角度说,大学所扮演的一个重要角色就是要通过授予学位来证明学生已经拥有了与各种群体在一起的足够的学习经验。

一旦我们认识到大学的主要能力不仅是传递知识,而且要在复杂而强大的网络系统和各种社区中发展知识,我们就会认识到虚拟大学所使用的简单的远程教学模式是不充分的。我们关键是要发展以计算机作为媒介的、从时间和空间的束缚中解放出来的交流和学习的社区。

以计算机和网络作为媒介进行的远程教学模式使我们的大学越过校园的阻隔在任何时间为任何地方的学习者提供服务。对那些愿意和能够建立这种学习网络的机构来说,它们会发现所服务的学习社区会以指数的速度增加。由此来看,传统的"过时式"(time-out-for)教育模式能够更容易地被"及时式"的学习模式所替代,后者更适合于一个将知识作为动力的社会,在这样的社会里,学习和工作是融合在一起的。

在这里我们应该认识到异步学习(asynchronous learning)的重要性。[17]在面对面的对话中,地点不同,但时间是同步的。在异步交流中,听到的声音并不是当时发出的,而是一段时间后的重复。这种延迟可以让我们在异步交流的过程中进行思考。这种异步交流十分适用于网上,因为它可以让分布在不同的空间和时间中的人们进行群聊,而且成本低廉。除了通过电子邮件和电子公告牌等简单的交流方式外,角色扮演的方式似乎也很适用于学习。这种软件程序设计不仅可以提供产生交流的虚拟环境,而且可以为参与者提供共同的内容来观察、使用和讨论。这使网络成为一个既能交流又能传播数字内容的媒体。这种以网络作为媒介的学习社区容许开放式的学习,学生可以自主决定学习的时间、地点和与学习社区交流的方式。[18]

来自电脑空间的竞争

当然,在高等教育中信息技术的使用已经非常普遍了。无论校园内外,越来越多的课程正在通过因特网来提供。不同地区的学生通过虚拟社区聚在一起进行电子交流。但在大多数情况下,显然信息技术并没有得到充分的利用,它仅仅作为我们学习和教学方式的延伸,而并没有带来真正的改变。[19]

诚然,我们现在关于远程教育的概念,即使是以虚拟大学的形式通过因特网来实现,也仍然是和传统的观念和手段结合在一起的。[20]但是,随着真正的学习社区在电脑空间里的建立,对于传统的教育机构来说,它们将会因为感到更多的竞争压力而被迫做出改变。大学将继续是各种教育计划"内容"的主要来源,但其他一些对于内容的"包装"更具经验的机构,如娱乐公司,可能会在为大众市场提供教育服务方面与大学进行竞争。在同样的意义上,我们有理由相信,教师组织和教授个别课程的角色将会发生迅速的转变。当高等教育由手工作坊转变为大批量生产的时候,教师也将成为设计小组的成员为广阔的市场开发产品。

这些改变也将会迫使大学进行结构上的重组,也许会分成各个组成部分的职能,如资格认证、指导、研究和教学。本质上,传统的课堂讲授体制在知识的传播上缺乏效率,当具有活力的、以电子为媒介的技术被应用以后,它的重要性就会降低。这种技术能够拓展人与人之间直接接触的活动范围,如对学生的指导、个别辅导和动手辅导(hands-on mentoring)等。

具有讽刺意味的是,学习社区的电脑空间模式是一种可以使高等教育回到古老传统——弟子们围绕在学者的周围,相互之间的联系极为紧密——的机制。在某种程度上,它承认大学的真正优势存在于教学的过程当中,存在于各种需要人与人之间交流互动的活动中,如社会交往、咨询、个别辅导以及动手辅导等。在这个意义上,至少在早期阶段,与其说信息技术会改变高等教育,不如说它可以为更多的人提供受教育的机会。

文理学院一直强调实行以指导、动手辅导和个别辅导为基础的教育方式,所以,将来的知识媒体不会对它有太大的影响。而对那些规模大的、主要依赖于非个人化的集体教育的综合性大学来说,处境会很危险。这种传统集体教育的很大一部分可以由商业性或电子化的教育来完成。毕竟,规模大的大学的主要职能就是传播大量的信息,这完全可以通过信息技术快速有效地完成。虚拟大学即使遵循常规的远程教育模式,也会在教育质量和费用方面对规模大的大学构成强有力的挑战。

也许我们应该将更多的注意力放在发展一种新的更适合于信息技术发展的学习结构上,其中之一就是关于"合作的构想"。[21]这是一种先进的分布式的教学平台,它使用多媒体信息技术来解除空间、时间甚至是现实对我们的束缚。它将支持和提高智力协作。人们一致认为,计算能力的下一个主要模式是朝向协作的方向变化。不仅是科研,还包括商业、教育和艺术等一系列需要人们协调合作的活动,都会得到这个模式的支持。也许这种合作的一些形式对于在商业社会中普遍存在的"学习组织"来说是一个非常适合的学习平台("加工"),也许对于下个世纪的世界性大学来说也是一个基础。这种合作可以很好地成为一个通用的平台,我们将在这个平台上构建信息时代的工作场所。

这里有一个非常重要的含义。信息技术可能会允许——也许甚至是要求———种针对学习组织的新的学习模式,它不通过传统的教学组织如研究型大学、联邦研究实验室、科研项目、中心和研究所来实施。如果是这种情况,我们应该优先考虑建立起一个网络,将我们的学生和教师以及世界上其他人连接起来。与过去我们为建立一所大学而在校园、交通和城市基础实施方面所进行的庞大投资相比,建立这样的一个网络系统所需要的投资并不是很高。我们应该加深对先进的信息技术和社会体系之间的相互作用的理解,把这件事提到日程上来已为时不早。在将来的某个时刻,我们可能将二者合为一体,使其形成一个完整的体系。

大学的一些运营问题

要跟上信息高速发展的步伐,适应它对大学活动所带来的影响,这对所有大学来说都是极大的挑战。挑战之一来自财政,因为据经验估计,对于大多数大学来说,如果要跟上信息技术的发展,它们每年要拿出预算的10%作为投资。对于一所规模非常大的大学来说,如密歇根大学,这个数目可能会达到每年数百万美元之巨。

但是还存在其他问题。我们所面对的学生是"即插即用"的新一代,他们已经能熟练地使用计算机并具备网络知识。他们希望——实际上是要求——大学拥有完善的计算机环境,而许多大学对此却没有充分地做好准备。更广泛地说,信息技术正迅速发展成为大学的战略性资产。它对大学完成学术使命和进行管理服务至关重要。我们必须拥有信息技术的坚实基础,并为全体教员、职员和学生群体提供服务。

在用信息技术给自己定位时,大学应该认识到当代生活中的几个实际问题。

高校高速的网络系统正成为知识驱动的企业(如大学)可以利用的而且是必不可少的部分。现在学生可以用合理的价格买到功能强大的计算机,但这些计算机将需要网络平台作为支持。我们对教师的需求将持续存在,最急需的可能是大学里诸如艺术和人文学科的教师,他们可能无法获得有力的外部支持。

过去,技术一直被看作大学的一项基本建设费用开支或仅仅个别人可以获得的试验性工具。将来高等教育应该把信息技术既作为投资,又可以作为一项战略性资产。它可以被全体教师、员工和学生群体使用以支撑和推进大学的使命。

以下内容是针对这种投资的一些可行的指导方针,它们是从密歇根大学和其他大学的多年经验中总结出来的。

为"大型信息通道"(big pipes)投资

当计算机的处理能力增强的时候,对大学最重要的是通讯技术带宽的增加。我们首先要考虑的是通过因特网与校外资源连接和将学生、教员连接在一起的内部网的性能。最重要的是连通性,它对数字化媒介社区的形成和支持具有关键作用。

大学正在努力跟上学生对连通性的需求。今天的本科生每天都要用几个小时与老师、同学以及家庭进行交流,同时还能从网上获取全球资讯。仅仅是要保持足够的调制解调器接口的数量以满足校外学生获取校内资源需要和因特网的要求就已经使许多大学负担过重了。给校园安装上现代的网络系统——一个"线路工厂"——已经成为大学要面对的一项最关键的投资。

由于多方努力,因特网正在迅速地发展。大学的一些研究项目(如"因特网2"计划)和联邦政府的更大范围的努力(如"下一代因特网"或"国家信息平台"计划)都为因特网的发展做出了贡献。这将迫使我们的大学迅速发展,从而与有效的主干网络的带宽保持一致。[22]

为实现多供应商和开放的系统环境而努力

大学应该避免将自己限制在一个狭小的领域内。当信息技术变得更像一个商品市场的时候,新的公司和设备就会不断地出现。校园内的多样性同样也需要一个多样化的技术平台。人文学者将需要有效的网络系统来进入数字图书馆和进行图形处理。科学家和工程师需要的是强大的并行处理能力。社会科学家可能要寻找的是管理庞大的数据库的能力(例如数据仓库和数据挖掘技术)。艺术家、建筑师和音乐家需要多媒体技术。商业和金融需要的是快速的数据处理、稳健的通信,还有高度的安全性能。

将这种复杂的、由多个供应商形成的环境连接在一起,对我们来说是一项挑战,因为它们使用不同的设备、不同的软件和操作系统。由于这样的原因,重要的是坚持开放系统技术,而不能依赖专用系统。可喜的是,大多数的信息技术正在从专用的主机中脱离出来而转向以标准的操作系统为基础的客户服务系统,如 Unix、Linux 或者 Windows-NT。现在有很多商品化的而且是现货供应的软件可供这种开放形式的系统使用。

当数字技术变得越来越普及的时候,大学有必要做出明智的决定,以确定哪些设备将由学校来提供,而哪些设备应该由学校里的个人来负担。大学将继续提供网络系统和专业的运算设备。但购买其他数字设备,如个人通讯器的费用无疑将由学生和教职员个人来支付。

大学将需要使不同的技术结合在一起共同发挥作用。我们除了可以将声音、数据和图像与网络融合在一起,还有可能将教学、管理和科研等领域结合应用。当大学尝试通过技术手段(如智能卡)以使大学提供的网络服务和接入费之间取得平衡时,资金将成为一个重要问题。

学生参与

对于是否应该要求学生购买自己的计算机这个问题一直存在争论。学生对信息技术的使用和经验与日俱增。根据 1997 年的调查,密歇根大学发现入学新生里有超过 90% 的学生对计算机拥有至少三年的使用经验,而且基本上所有快毕业的高年级学生都表示自己在校期间经常使用计算机。有超过60%的学生在入学时就拥有计算机,而在毕业的时候拥有计算机的学生人数要远远超过这个比例。我们的学生现在每个星期花在计算机上的时间大约是12~14小时,其中几乎有一半时间是用来上网。可以顺便做一下对比,我们的教师表示,他们每周大约要在计算机上工作20小时,其中很大一部分是在家里完成的。超过90%的教师拥有个人计算机。[23]

大学应该做好准备以支持学生的这种个人计算机拥有量,因此要在学生宿舍和学生的共同活动区提供稳定可靠的网络连接。大学应该和社区电信公司进行磋商,这包括电话和有线电视公司,以促进校外通讯,而且同时要提供足够的网络通讯接口以便于校外学生使用。

大学可以和硬件制造商进行磋商,以使学生在购买个人计算机的时候得到优惠,但大学扮演的这一角色却颇受争议。本地零售商抱怨这是一种不公平竞争(虽然实际上它们之中的大多数在随后的软件和周边设备的销售中获利极大)。我相信,大学有责任帮助学生获得计算机的软件和硬件,这些已经成为他们接受教育过程中不可缺少的东西。

当个人计算机技术已经在学生群体中饱和的时候,大学应该继续建立公共的计算机机房,在这里学生可以接触到更为先进的科技。实际上,这种由多台计算机共同构成的场所在功能上类似于过去的图书馆。学生在这里可以找到对学习有用的知识,同时这里还是学习、聚会和合作的场所。

文化问题

尽管对技术平台和支持服务所做的必要投资会造成大学的经费紧张,可最严峻的挑战可能还涉及大学的文化问题。我们已经注意到,不同的学科和项目对于技术的要求会有很大的不同,而且这些需要可能不会与我们的财力相符。大多数大学都要面对一个重要的战略性问题:我们是应该将信息技术的发展认真地进行协调和集中,还是应该让其在不同的部门、在相对的不受约束的状态下自由发展呢?也许是由于我们的规模和高度分化的文化,在密歇根大学,长期以来我们更乐于采用百花齐放的政策。我们一向支持革新,我们鼓励创新,鼓励某些部门走在最前面去探索新的技术。这已经使我们的某些研究处于领先地位,而且成了大学其他部门的领路人。

另一个文化问题所涉及的是在这个大学社会里哪些人将推动变革。我们许多刚入学的学生很快就已经掌握了超过教师的计算机使用技能。我们从经验中得知,率先采用新技术的将不会是教师,而恰恰是学生。作为数字一代的成员,他们更能适应这种崭新的技术。他们是能够容忍错误的一代,他们愿意排除新的硬件和软件中出现的不可避免的故障。

尽管今天的信息技术主要是用来对传统的教学方式进行补充和充实,但是从长远看,它将很可能改变我们的传统模式,很可能会改变我们做学问的方法。而且它无疑将改变教师、员工和大学之间的关系。例如,当人们越来越将大学视为一个"内容提供者"(content provider)的时候,随着商业化课堂、学习软件的发展,我们将需要对一些问题重新做出考虑,如教师的课程资料所有权。

我们可以举出一些例子来说明这种现象。比如,现在许多学生已经开始以网络为平台进行学习,而且日益将教育掌握在自己的手里。他们依然注册攻读传统的课程计划,接受久经时间考验的教学方法,如课堂讲授、家庭作业和实验室实验。但是许多学生在自己学习时却采用多种不同的方法。他们使用网络使自己成为"开放的学习者",他们利用世界范围内的资源和网上社区来为自己的学习目的服务。

效率如何呢?信息技术无疑能够提高学术课程计划的质量。但是从私营部门获得的大量经验已经表明,只有在对根本的工作过程本身做出重新安排,信息技术才能够提高工作效率并降低成本。换句话说,在我们能够从信息技术上取得经济效益之前,我们必须首先重新考虑我们现有的教学和学习模式。

现在,我们需要认识到,对新兴的知识媒体的有效使用将要求——实际上是促进——高等教育中的教学和管理过程有一个大的转变。如同过去一样,传统的教师组织和文化起初可能会抵制这些技术的使用。但是,众多的学习者和开放式的学习环境会使信息技术的应用由可能变为必然。

没有人知道发生在世界结构中的这种深刻变化对我们的学术工作和整个社会意味着什么。正如麻省理工学院建筑学院的院长威廉·米切尔(William Mitchell)所说:"信息生态系统就像一个残酷的达尔文领域,在这里产生了无穷无尽的突变,那些不再能够适应或参与竞争的就会马上被淘汰。真正的挑战不在于技术,而是在于为了我们想要的生活和想要的社会想象并创造一种数字化媒介的环境。"[24] 对我们来说,现在最重要的是对信息技术给我们带来的这种新的模式加以尝试,否则,我们会发现自己在没有真正了解决策的后果时,就对该如何使用信息技术做出了选择。

本章结束语

很明显,数字时代对当代大学提出了许多挑战,同时也提供了许多机会。在美国高等教育历史中的大多数时期,我们都希望学生能够来到一个具体的地方,一个校园,加入到教学过程中来,这包括非常完整的学习,主要由公认的专家进行讲授和讨论。当时间和空间甚至可能是现实本身对我们的限制被信息技术解除后,大学作为一个具体的场所还将继续拥有它的实际价值吗?

近期内,看起来很可能大学会继续作为一个具体的地方、一个学者的社区和文化的中心。信息技术将以传统的形式补充和丰富大学的传统活动。可以肯定的是,现在的高等教育方式会发生改变。例如,学生们可以选择寄宿、走读、在线或虚拟大学的方式来完成自己的大学教育。他们可以对自己的教育负有更多的责任,拥有更多的自主权。这样看来,信息技术正在迅速成为我们社会中的解放力量,它不仅将我们从日常的脑力劳动中解脱出来,而且以一种我们无法想象的方式将我们连在一起,并战胜了时间和空间对我们的束缚。此外,这种新的知识媒体使我们能够建立和保持一种新型的、脱离时空束缚的学习社区。

但是它也为大学带来了一定的风险。信息技术会成为一个十足的诱因,使我们的高等教育变得千篇一律,也许会使我们的质量向彼此的最低水平看齐。它可能会带来教师和电子出版商间的无控制的协议,从而弱化我们的智力资源。它无疑将使我们的大学面对竞争,竞争不仅来自其他教育机构,还来自商业部门。

这是我们要共同面对的挑战。作为学者、教育者和领导者,我们要制定一种战略性的框架,它能够理解并适应这种惊人的技术将给我们大学带来的冲击。我们正在开始一场革命,它让无论何处的人都可以获得我们这个世界所积累下来的信息知识,信息技术将我们联系在一起,进入一个从未有过甚至无法想象的新社会。它对教育、科研和学习具有大学不能忽视的非凡的意义。

第十一章 管理和领导

再没有比着手率先采取新制度更困难的了,再没有比此事的成败更加不确定,执行起来更加危险的了。这是因为革新者使所有在旧制度之下顺利的人们都成为敌人,而使那些在新制度之下可能顺利的人们成为半心半意的拥护者。

——尼科洛·马基雅维利《君主论》[1]

现代大学是我们这个时代最复杂的社会机构之一。这种机构对于社会的重要性、它的活动、它的支持者以及它所服务的社会的不断变化的性质,所有这些都意味着富有经验的、高度责任感的和开明的大学管理和领导是极为重要的。然而许多大学的领导者,尤其是那些公立大学的领导者,都认为当今大学所面临的一个巨大的挑战,既不在于财政上的限制,也不在于学生的能力和研究机构的效能,更不在于当前机制的转变。他们认为,最大的挑战在于对大学内部以及大学与外部社会的管理措施和管理方式的改革。

美国大学长期以来实施一种包括公众监督与托管制度、大学教师管理制度、富有经验的短期行政领导制度在内的分权管理模式。然而当分权管理中的股东介入了大学的发展方向,它就出现了一种抑制变化的倾向,从而造成大学不能与社会相呼应的尴尬的局面。

政府在董事会尤其是在公立大学的董事会中模棱两可的态度,不仅分散了它们在重要的责任和服务使命上的注意力,同时也打击了许多有经验、才能和献身精神的人服务于这种事业的积极性。政府和各州在履行职责和公共监督的名义下,对大学事务进行越来越多的干涉。这种做法不但会践踏学术研究的价值,也会使我们的科研机构沦为平庸。此外,虽然公众希望大学能对自身进行有效的管理,但在此过程中交织着的来自公共法律的各项限制却使得这一希望变得尤为困难。阳光法案禁止董事会与行政管理者之间展开大量的讨论,甚至大学中最敏感的事务,如校长的筛选也要在公共领域内进行。

将教师纳入到分权管理制度中的努力遇到了阻碍。确切地说,教师管理在诸如雇用人员和任期评估等学术研究问题上仍将具有有效性和必要性,但在诸如财政、资金、设备和外部关系等更广泛概念的学校事务中,允许教师参与的难度却在增强。教师间所具有的辩论及达成共识的传统,加上学术系科间高度分化的组织,看起来与大学决策过程所需的广度和快捷越来越不适应了。

像其他的社会机构一样,在充满着变革、挑战与机遇的时代,大学更需要强大的领导阶层。然而,正如马基雅维利所说的那样,在这样的一个时期内,这种领导权将会有所限制。当今,大多数大学中的领导环境不支持,甚至不允许这种强大的领导阶层,并且大学校长和高层管理者的推翻率是相当高的。当今在大学需要具有决断力的、有勇气的、敢于梦想的领导者时,大学校长任期的缩短和吸引力的下降,对大学的未来产生了重大的威胁。[2]

管 理

纵观大学的历史,由于其学术过程的特性,它被赋予一种独特的管理地位。大学一直保持着这样的一个观念,那就是它的教学与学术活动能够由其自身进行很好的评判和指导,而不像其他的社会机构那样由外部的力量进行管理,例如政府和公众舆论。这种努力的关键是形成共同管理的传统,它包括以下几个重要的部分:作为更广泛公共利益的服务者和保护者的、由非教育专业人士组成的董事会,作为对教学和学术了解颇深的教师,以及作为领导者和管理者的大学管理机构。

在过去对美国高等教育管理制度的关注往往集中在以下两个问题上:首先,在以那些主要的社会机构为特征的政治环境中,人们总是关注大学是否能继续维持其学术研究任务的独立性、自主性和必要性,其次,人们对"分权管理制度"这一概念也给予了长期的关注,在这种制度中,由校外的管理者组成的董事会必须要与大学教师分享权力。

然而,在今天,第三个重要的问题也凸显出来了,那就是以大学为主要特征的现行分权管理制度能否灵活地去呼应并适应这一变幻的世界。由于它们的管理制度具有强烈的政治性,公立大学在这一方面面临的挑战尤为特殊。基于这个原因,本章的讨论将集中于与公立高等教育相关的管理制度问题上。可以确信,这些问题对于公立和私立大学都具有普遍的意义。但是,对公立大学的管理来说,需要特别关注复杂而多变的政治环境。

学校自治

大学和它所服务的社会之间的关系是相当微妙的。因为大学不仅是社会的服务者,同时也是社会的评论者。它不仅要创造并传播知识,还要对已存在的评论体系和价值观念采取一种独立的质疑态度。为了发挥这种评论角色的作用,作为大学与社会之间的社会契约的一部分,大学被允许拥有一定的自主权。这种自治是建立在独立的教学与学术价值观念基础上的,而这种价值观念必须要把分歧当作可以容忍的而且是正常的状况。

为了达到这一目的,大学拥有三个重要的传统:学术自由、终身教职和机构自治。[3]虽然在实际操作中各大学和学院之间存在着相当大的差异,但在这些传统上却达成了共识。学术自由通常被定义为思想自由的一方面,这种思想自由与学术社会中教学和学术活动相关联。它是在这样一个前提上被定义的,那就是评论者只能在思想上或者行动上完全脱离行政、政治和宗教限制的环境中才能达成。

教师的终身教职的概念与学术自由紧密联系。经过一定时期的试用阶段,教师可以获得终身教职,这为教师提供了一种保护,以此防止他们由于教学或者研究的内容而被辞退。虽然在实际操作中把终身教职的含义扩展到了提供工作保障这样一个更广泛的形式,有时甚至为教师工作不佳及能力低下提供保护,但在理论上它的目的是保证学术自由。

大学一直努力通过学校自治平衡其学术自由和以课堂为中心的服务,这实际上使它远离了基于大学教育使命相关的各项决定。这样做的意图在于,在大多数教师的头脑里,政府,也包括董事会,可能关注其教育政策而非学术政策。举例来说,政府可以为一个特定的研究机构规定一门课程的主要特性,却不会规定课程内容的细节、教学方法和科研等与学术能力相关的各项内容。

高校自治的目的在于使与大学学术任务相关的各项决议与政治干预相分离。私立大学通常都能远离这种干预,然而公立大学由于依赖社会和政府的支持,只拥有比较软弱的自主权。在许多情况下,州宪法中有明确的条文,授予高校的董事会独有的管理和控制大学的权力,同时假定州的执行及立法机构没有这种权力。在其他的情况下,由法律条文提供的高校的自治基本处于名存实亡的状态。

不管公立大学的自治有多么正式,也不管它是宪法还是其他法律规定的,许多因素导致了这种独立性的动摇。[4] 实际上,政府通过立法、行政和司法活动能轻而易举地干涉大学事务。例如,在许多州,有关公开公共组织会议的阳光法案或信息自由法已经膨胀到了能使公立大学的运行瘫痪的程度。大众的态度也会通过控制学费或管理标准而时不时地影响公立大学。

大学的自治也依赖于公众的态度及其服务于公众的水平。如果公众或媒体对大学失去信任,并对大学的责任、成本或质量缺乏信心,就会对"学校自治的意义和对象"提出质疑。从长远来看,高校自治基本上还是依赖于政府与高等教育机构之间的信任度。

政府的影响

虽然各学院与大学的基金主要来源于国家财政拨款、学生交纳的学费以及私人捐赠,但是联邦政府却在决定当代大学的性质方面发挥着重大的作用。虽然国家在早期对于联邦政府卷入高等教育领域进行了抵制,一系列的联邦政策和法规还是大幅度地扩展了大学的教育机会和它所提供的服务。从1785年《联邦条例》到《赠地法案》和《退伍军人再适应法》,从"二战"后建立的政府与大学之间的研究合作计划到《机会均等法》,从联邦给予学生的财政支持到对慈善赠与的税收优惠,所有这些都清楚地表明,联邦政府已对美国的高等教育产生了巨大的影响。

州政府已被历史地赋予了支持和管理美国公立高等教育的职责。在表面上,宪法中体现的各项原则使得教育问题成了政府指责的对象。公立学院和大学在很大程度上成了政府的傀儡。当然,联邦政府在形成高等教育的发展方向方面发挥着极其重要的作用。但是联邦政府的这种影响是间接地通过接受高等教育的群体,而不是通过对高等教育的提供者进行直接干预来实现的。

通过宪法和法规,国家按照管理机构的分配层次对公立大学实施管理。这些机构包括立法机关、行政机关的分支机构或者拥有同等权利的董事会、机构董事会和机构执行管理部门。在这些层级机构之外的因素(例如学生、大学医院中的病人以及法人委托者等)很少被纳入到决策过程中来,尽管它们很重要。

作为政府实体,公立大学必须遵循管理其他州立机构的规则和法规。现在,政府越来越依赖于强大的法规(作为鼓励制度和其他缺少指令性的运作模式的抵制)为其所控制的下属实体提供引导,而这一事实意味着大多数的公立大学必须在日常事务的基础上应付多种法规的要求。这些规章很多,从合同订立到人员要求,从购买物品到州外旅行的限制等,不一而足。政策制定者不愿摒弃那些缺乏选择性的法规来确保他们影响力的平衡。法规是一种手段和工具,他们对这种工具得心应手,并且没有别的途径可以保证这些机构参与学术界以外设立的优势项目中去。

虽然法规或许成了联邦政府影响大学事务的最普遍的政策工具,但管理分配和使用国家基金的政策才是最强有力的干预。第一,这种预算经费是对一些特殊的机构活动实施鼓励或禁止的唯一有效的手段。第二,预算问题被定期检查——通常是以年为单位。第三,预算经费影响着大学机构运作的各个方面。

除了建立在公立大学和联邦政府之间的运作关系的细节性特征之外,还有许多与公立大学政策相关的基础性问题。例如,谁是公立大学服务的"公众"? 在过去的好时光中,当政府的财政拨款是公立大学机构的基本资金支持的时候,这个答案显而易见。公立大学属于全体人民,受纳税人的支持并对公民负责。今天,国家财政拨款在公立大学的实际运转预算经费中所占的份额越来越少。而公立大学基础建设所需资金的份额越来越多地来源于私人赞助和学生的学费。现在,其他的重要因素也应被纳入到考虑之中。而这些因素在通常以政治结构为特征的联邦政府中没有充分地呈现出来。谁代表在学术医疗中心接受治疗的患者的利益? 谁代表来自于其他州或者国家的学生的利益？谁代表诸如联邦政府、工业部门和基金董事会等其他重要的赞助者的利益？

董 事 会

由于具有与大学有关的"公共"权威,这种由非专业人员组成的董事会已成为了具有美国特色的机制。[5] 其他许多国家通过强大的政府部门强行进行政治干预。在美国,长期以来,人们一直利用由受托人或董事所组成的董事会对大学进行管理,以确保大学远离诸如此类的政治干预。[6]

美国高等教育中由非教育界专业人士组成的董事会的作用非常简单,至少在理论上是如此。董事会对于关系到学校福利的基于信用及法律职责方面的关键政策的制定与采纳拥有最终决定权,同时它也担负着挑选大学校长的职责。由于受到专业知识的限制,董事会成员需要掌握必要的经验和经历一定的培训才能行使其在政策开放、学术研究项目和管理专业化等方面的职责。举例来说,几乎所有的董事会在学术问题上都与大学教授们分享权力,通常都同意教师来管理学术性的课程计划。此外,由于需要在学术、财政、法律方面的必要经验,大学的日常管理工作被授权给了校长和大学管理机构。

虽然董事会成员不必卷入到机构的日常管理中,但人们却希望他们以董事的角色出现,为当代和将来的一代保护和保存这一结构。虽然他们不能总在大学的教师、学生和管理制度上与大学保持一致,但人们希望他们成为可爱的"批评家",他们总是从学院的利益出发,从不依据自己的行动议程或为自己的拥护者而行动。

虽然私立大学的大多数董事会都能以这种精神发挥作用,但是公立大学的董事会却往往沦为政治上的牺牲品。它们往往与那些各种各样的成员所代表的特殊政治机构形成狭隘的利益关系。在任命董事会成员时,政治上的考虑常常是一个主要的因素,而且也经常是采取行动和决策的重要因素。[7] 许多公立学校董事会的成员都把自己看作机构的"管理者"而不是"信托者"。因为比起他们所属大学的利益来,他们更关注个人的事务和特定的政治机构的职责。他们还被各个州的法律规定的会议原则所限制,这些法律要求他们的会议、目的和书面材料必须要完全公开,并且让公众了解。在这种情况下,公平的探讨和周密的考虑就都不可能了。

最近由董事会协会(Association of Governing Boards)所做的一项调查表明,在公立董事会中存在着许多弱点。[8]正如董事会执行总裁汤姆·英格拉姆(Tom Ingram)所说:"如果想要达到服务公众的目的,美国的公立高等教育中的董事职责需要进行一次全面的改革。而改革成功与否取决于法律制定者、董事以及公立高等教育领导者在当代大学的董事会中的角色、职责和权力方面发展的一种相互的理解关系。而这种新型理解关系的核心是使当选的政治领导者们意识到受政府和公众支持的现代的、复杂的大学所处的独特地位。"

许多公立大学董事会中的董事缺乏对高等教育的基本认识或是足够的献身精神,他们不理解被公众信任的董事会的服务的概念,也不理解他们对整个机构的职责。公立董事会倾向花费太多的时间集中于管理问题而不是政策问题。没有经验的董事经常会忽视暂时的困境或者陶醉于权力。他们认为只要制定正确的战略计划,做出正确的人事安排,那么所有的事情将会变得非常完美:他们的职责将会完成,他们对大学的个人影响将会显现。

相对于私立大学的董事会(30～50名成员),许多公立大学的董事会的规模是相当小的(8～12名成员)。对于他们来说,扩展机构利益的范围和满足当代大学的需要变得非常困难。此外,这种小型的董事会容易受制于特殊的利益团体、狭隘的个人眼光或者各个成员的个性。

选举公立大学董事会的政治进程很少屈服于那些具有丰富的经验和能力并了解当代大学的复杂性的个人及团体。实际上,我们当中最有能力的、最富经验的、最具技术的、最有爱心的并奉献于高等教育的公民往往会拒绝这种公立学校的董事身份,因为他们不喜欢他们所看到的东西。[9]他们拒绝成为政治化董事会的一部分,拒绝在州政府官僚体制的众多规章下工作。其结果是由于相对不足的经验和高度政治化的姿态,许多公立大学董事会成员在大学中得不到足够的尊重。这一点会在董事会和大学教师之间——有时甚至是在董事会和行政部门之间——产生巨大的鸿沟。

今天,公立高等教育面临的一个重大的挑战,就是要确保这种复杂的重要机构的董事会的经验、质量和声望。就像董事会协会报告中所指出的那样,当代政治的分歧和争议削弱了董事会的选举和执行职能。通过政治选举选择董事会成员的做法很早以前就已经失去意义了。但是即使是州长任命的过程也没有产生出对当代大学实施管理的强有力的董事们。对于许多经验不足的董事会成员来说,董事会任命对于他们个人生活的重要性使他们相信,董事会比其所服务的机构有更重要的意义。以前曾有这样一句格言:"没有比其自身的董事会更好的大学。"然而今天,看起来这条格言反过来才更适合现在的公立大学:"几乎没有和其所服务的大学一样好的董事会。"

为了改变这种状况,董事会协会做出了一系列重要的推荐性建议。协会强烈建议各州改革董事选拔的方式及董事会的工作,要把明确的标准纳入到董事评选中,并且制定出一套确保这种标准得以实现的程序。董事会协会要求州政府扩大公立大学董事会的规模以容纳更广泛的公民观点和经验,并减轻特殊的成员个性对董事会的影响。它确信董事应在限定的任期内被选择,但同时也要确保董事会的连贯性。对于少数几个继续使用普选来决定大学管理机构的州(如密歇根州、科罗拉多州、内布拉斯加州和内华达州)来说,这点尤为重要。因为这种做法将鼓励董事按政治职能而非协商职能来开展他们的工作。

现代大学是现代社会最重要、最复杂的机构之一,它要求一个深具经验和卓越的董事会。允许政治使命和政党政治来决定董事会的成员任免将会招致灾难。尽管这样的政治性过程可能会反映出大学的公立性质,但这种过程必须要经过彻底的考察,要公开评价董事会候选人的材料,以确定他们是否具有胜任这种重要角色所需的经验和能力。此外,所有的管理机构都应该处于日常的公众的监督之下,并要为自己的行为负责。

教 师 管 理

在当代大学中实际存在着两种层次的教师管理制度。大学学术任务管理制度的核心部分通常不在董事会或校长这一层面上,而是在大学院系的学术单位这一层面上。大学里一直都存在着这样的一个前提,那就是教师应该在学术问题上进行自我管理,例如决定课程内容、人员雇用及其他重要的学术议题。在个别的研究团体、科系的层面上,教师管理机制在诸如雇用、晋升、授课内容以及资金的分配与使用等相关重要决策上扮演着极其重要的角色。在这一层面上的教师管理机制通常涉及各种类型的董事会,例如晋升董事会、课程董事会和执行董事会。虽然行政领导、各系主任都具有相当大的权力,但它通常只会得到本单位内的教师领导者的支持与接纳。

第二个层面的教师管理机制是在学校的层面上,它通常包括选举的教师代表,如同学术议员一样。他们参与学院问题的讨论以及指导大学行政部门。很长时间以来,教师都非常乐意并习惯于参与学院的事务并与大学领导共同管理。从权利和其影响力来看,这与在学术团体层面上的教师管理制度是大相径庭的。因为在学校范围内的教师管理机制只是对学校中的问题进行建议性的指导,它并没有实权。即使他们参与一些重要问题的讨论,但实际上他们并不实施管理权。许多重要问题实际上都是由大学行政管理部门来决定。

美国高等教育的历史表明,实际上教师对大学发展的影响相对来说是不大的。确实,人们通常都会认为高等教育的改革和发展在很大程度上受它所服务的社会、政府决策和市场需求所制约。

这方面的原因很多。教师在他们所控制的学术领域是很有影响力的,他们能对其进行有效的管理。然而学院内部的复杂性使他们的介入变成了学院管理制度的大问题。这就使最新的纪律管理部门对一些具有全局性、战略性的问题的管理变得尤为困难。[10]自从对大学进行了高度集中的管理,人们就会发现在大学中存在着一种烟囱式(chimney)的管理结构,它与大学全校范围内的需要与重点格格不入。大学更广泛的关注往往被认为是别人的事情。

除了这些问题,人们还发现让教师董事会参与制定学院的发展目标是非常不明智的。这些目标与个人的目标不同。实际上,它的一个非常重要的特征就是阻止教师在学院层面上管理。权威总是与责任相连的。院长和校长可以被开除。董事可以被提起诉讼或强制离开董事会。然而通过诸如学术自由和终身教职等重要的学术传统,教师们大多不会受到这些辩论和推荐的影响。即使他们不重要,也不能罢免他们,因为他们的存在合法。所以把教师团体变成与管理阶层相适应的有责任的团体是非常困难的。

许多大学都实行分权管理的模式,从教师阶层中选举出他们的高级领导、院长、系主任和行政管理人员。这些学术领导对他们的决策和行动负责。即使从管理部门下来了,他们仍然是教师。然而,即使是那些最优秀的教师,一旦他们被选为管理人员,由于被这些新的任命所玷污,他们马上会受到同事们的怀疑。

然而,阻碍教师管理的还有另外一个因素。正如我们所看到的,教师分散在学术学科及专业学院中,同时在许多领域中还要应付强大的市场压力,这导致了一种学术文化,即教师必须首先忠实于学科,然后是学术团体,再然后是他们的学校。许多教师都被市场压力和机遇所左右,从一所学校转到另一所学校。相反,许多非学术人员却终身只待在一所大学,他们更忠诚,对许多事也有更宽阔的视角,对学校的本质也看得更透。虽然教师否认他们对管理层的影响,但由于教师自己的学术文化就是放弃对学校的忠心,再加上现代大学的复杂性,从而导致了当前的局面。

还有许多别的因素影响着分权管理的效率。当越来越广泛的社会和政府代表要求所有的社会机构为质量和生产率承担更大的责任时,崇尚个人自由和协商决定的教师文化就受到越来越多的怀疑。而且,在急速变革的时代,当决策和行动变得很紧迫时,权威就应更倾向于集中,以便使机构能更灵活、更负责任。或许,就是由于学术学科的特殊性,大学应付许多问题的能力很差,从而也就不能赢得个人的信任。如果高等教育要能应对我们社会的超常变革和挑战,就必须给学术界的一些人最终的决定权,来保证来自教师和员工的好想法得以实施。当我们要加强领导者的权威和责任时,我们就需要建立一个发挥个人创造力的体制。

在做出独立决策和采取行动之前的大量磋商、论辩、协调这种学术传统是我们面临的最大的挑战之一。因为这个过程不能跟上高等教育的深刻的变革。浏览一下私人部门变革的显著速度——通常以月而不是以年来计算——就会明白大学也必须具备更快发展的能力。这就要求大学的领导者不必经过传统的协商程序而偶尔地进行艰难的决策,并采取有力的措施。

领 导 权

正如在其他社会组织中一样,领导权在大学也发挥了至关重要的作用。如果我们很仔细地看看大学的任何一项重大成就——高质量的教师和学生,优秀的教学计划,强大的社会影响等等——就不难发现,这都需要一个强有力的、有远见的、工作效率高和有责任心的领导人。领导权分布在学术机构,体现在系主任和项目主任、教务长和经理,以及教师和学生社团的领袖人物身上。然而,在大多数机构里,领导的责任和权威来自金字塔式组织的顶端,即来自大学校长和董事会。

美国大学的校长制度却既特殊又复杂。欧洲和亚洲的高校领导人的角色——院长、副校长、校长——临时指派给一位教师,有时候是由选举产生,他们一般没有实权,他们只是教师利益的代表。相比之下,美国的校长有更多的实权。虽然当今的大学校长比以前校长的实权小了,但是他们对美国的高等教育却有着至关重要的作用。他们的领导权在当今变革的时代仍是一个关键问题。[11]

责任感和权威性

一所重点大学的校长是一个不寻常的领导位置。虽然大学里的任何事情都是由校长来负责,但是大学管理活动的直接权威却几乎始终如一地表现在其他地方。在大学管理的责任感和权威之间有一个错位,而这在其他社会组织中是不存在的。

大学学术组织的最显著的特征就是创造性。请考虑一下吧。教师职务在社会中有两个特性:一个是学术自由,就是说教师可以教或者是学习任何他感兴趣的东西;另一个是终身教职,也就是说他一生的就业得到了保障。教师做他们想做的事,去他们愿意去的地方。有一个古老的说法认为管理教师就像是在管理一群猫,但我认为更像是推了一车活蹦乱跳的青蛙。他们如果在一个地方不快乐的话,就可以跳到另一个他们自认为快乐的地方。

大学具有公司性质的一面——有专业人员负责财政运作、设备维护、公共关系的交流等——按照企业的指令—交流—控制的等级制运作。毕竟,重点大学实际上是有着几十亿美元资产的企业,它们有着现代企业的所有责任和要求。然而人们偶尔也会发现,其常规的权力范围也会受到侵蚀,就像是"我只选择我想做的"。这种教师观念总是影响着专业人员。确实,在采纳一些在商界极为成功的提高生产力的方式方法时,学术方面的模糊与公司性的文化一直是个巨大的挑战。

校长选聘

尽管这个职位压力大又很辛苦,但许多人把大学校长看成是学术阶梯的最高一层(虽然大多数教师都倾向于把这个职位看成几乎是最底层,但这也表明任何觊觎这个职位的人确实缺少能力、判断力,甚至是道德品质)。然而如果仅考虑这个显赫的社会机构的重要性,那么大学校长可能是——至少应该是——一个重要的职务。因此,期望大学校长的选举应该是一个严谨的、深思熟虑的理智的过程,这是合乎逻辑的。然而实际上,大学校长的选举是大学董事会从事的一项复杂而耗费时日的工作,其工作程序类似拜占庭选举教皇而不像选举公司的 CEO。事实上,在公立大学里,校长选举更类似于政治选举而不像是选举学术领导。

选举过程通常开始时很理智。先由优秀教师代表组成筛选委员会。他们从上百个候选人中选出一个供董事会考虑的"短名单"。这种工作看上去非常直接,但是在公立大学由于阳光法案的影响,实施起来却非常困难——这些法律要求管理团体公开开会,还要允许新闻媒体对它的公开性进行采访。因此,选聘委员会中的教师会受到来自同事、邻居,甚至偶尔会有学校董事们的竭力游说,这些说客试图说明最佳的人选就在他们最终提交给董事会的候选人名单上。

在教师选举过程中,在重点大学中存在着一个趋势,就是用选聘公司来帮助进行校长选拔。这些选聘顾问能帮助教师选聘委员会使选举过程步入正轨。他们能帮助学校收集背景信息,发展实用的课程表,甚至能决定主要的候选人。而且,特别是对于公立大学适用阳光法案来说,选聘公司能提供一个安全可靠的、候选人不受公众干扰的交流机制——至少在选聘的早期阶段是这样。

当然,有时候使用选聘顾问会有一些负面影响。有一些选聘顾问总是在很短的时间内从事很多工作,这就导致了在对候选人的背景调查方面出现很多纰漏。更有甚者,一些选聘顾问总是试图推荐自己喜欢的候选人,这样就大大地影响了选聘。但是,大多数的选聘顾问还是发挥着很专业的作用,他们视自己的工作是辅助选聘而不是对选聘施加影响。

虽然校长选聘工作的早期阶段总是由教师筛选委员会控制得比较周全,但最后的选聘阶段往往要受到奇怪的政治和人为因素的干扰。董事会成员总被内部组织(如教师、学生和管理人员)和外部组织(如利益集团、赞助人、政治家、新闻界)游说。既然董事会的选举变得无关紧要,那么在董事会成员中个性比较鲜明的人就能对选举结果有很大的影响。

由于校董会自身是政党政治的产物,因此公立大学的校长选聘的政治性很强。许多州都制定了"阳光法案",不仅要求候选人公开,还要求校董会对候选人公开进行面试,甚至是对比和挑选。校长选聘的这种公开性使媒体不仅在评价候选人时而且在给校董会成员选择特定人选施加政治压力时造成非同一般的影响。

这种公开华丽的选举场面给选聘过程的公正性和候选人都带来了很大的危害。实际上,很多有魅力的候选人就是考虑到公开暴露他们的工作的风险而干脆就不参加这种公开的竞选。依据"阳光法案",大学发现它们的校长候选人局限在没有什么要对公众公开的那些人,如教务长、系主任这样低职位上的人选,或许还有较低等级机构的负责人,甚至是政治人物。相对于获得这种重要职位的任命来说,这些候选人公开参选的风险很小。

校长领导权

包括大学校长在内的许多领导人,都非常确信现今的公立大学基本上是处于无政府、无领导的状态。的确,现代大学几乎难以让人理解,因为大学的新领域和复杂性超越了校内外多数人的能力,大家不能真正洞悉大学无数的相互作用的任务和角色,人们对这些方面的认识还远远不够。许多人相信,大学校长至多只能在一两个具体领域来改变大学发展的轨迹。

确切地说,在高等教育领域有许多例子都证明了那些有非凡的洞察力和能力的校长对他们自己的学校和高等教育方面都有重大的影响,如密歇根大学的安杰尔校长、哈佛大学的艾略特校长、芝加哥大学的胡宸校长等。

但是,现代大学越来越复杂,其职责不仅包括进行传统的教学、研究和服务,还包括健康保险、经济发展计划、社会变革和校际运动会等。现代校长的工作实际上相当于从事《财富》杂志 500 强公司的 CEO 的工作。在这样的大学中,他更多的是扮演了企业家的角色,因为校长的主要职责就是为教师的教学和学术研究筹集必需的大量资金——来自州,来自联邦政府,来自私人赞助。

但是,大学校长还有其他的职责。校长已经变成了大学和它的知识、教学质量、真理、自由、学术和公共利益的捍卫人。他无时无刻不在与象牙塔外的黑暗势力作斗争。

大学校长的领导作用到底是什么？首先,它是独立的领导权。人们期望大学校长应当能领导并辅助大学保持并提高它的质量,这就需要大胆的、有创造性的设想,能使大学的整体质量与社会、资金、生源不断提高。他们还需要把目光放远一些,并对传统的价值有很坚定的认识,这是很重要的。

既然所有事情最终都要由校长处理,那么校长在管理责任方面就要有一个明确的责任权。然而,这些工作都需要有经验和能力的专业人士来承担。所以,校长的第二个作用就是有眼光发现人才,聘任他们担任重要的职务,支持并保证他们的工作和活动顺利进行。

最能被称为象征领导权的重要职责范围很广。在大学负责人这样的角色中,校长有责任处理大学内外的各种复杂关系。内部关系包括校内的学生、教师和员工。外部关系包括校友、学生父母、地区、州以及联邦政府,商业和劳工,基金会,高等教育系统,媒体和公众等。必须指出的是,各种各样的团体的多样性需求使内外关系的管理变成了非常复杂和费时费力的工作。

校长的最后一个领导作用可以被比喻为牧羊人。实际上,校长通常是学校的领导之源、活力之源、情感支持之源。这种关键的作用校长必须时时铭刻在心,不仅在与大学同事在一起工作时,而且包括在诸如处理各种突发事件和与校外交流等广泛的大学事务时。

因此,有一个非常重要而且明显的现实是,没有一位校长能完美地实现这个角色的各个方面。首先必须考虑校长角色的哪一个方面最适合发挥他(或她)的能力。然后,召集学校班子和高级职员来扩展和执行校长的领导职能,完成校长职责范围内的所有的工作。

领导大学有多种方法。[12]一些校长采取听天由命的方式,认为既然大学基本上是不能管理的,那最好就把注意力放在战术性的事务上,使得学校在其他领域以一种漫无目的的方式发展。例如,他们或许会选择一些事情制定一些短期计划——协调与州的关系,或是从私人部门筹款,或是学生生活等。这种自由放任的方式,其前提是设定大学依靠自身就可以做得很好。虽然,大多数高校在没有任何战略性的方向时也会随意发展一段时期,但最终他们会认识到自己被困在一个缺乏战略导向、被动反应的泥潭中。

有些人则将自己视作变革的推动者,为他们的大学设定大胆的愿景规划,并努力推动这些愿景的实现——就像将军领导部队进入战场,而不是在远离前线的地方发号施令。这些大学领导者认识到,要想赢得这场战争,有时就需要有个人的牺牲。提出这些大胆愿景及领导变革的风险很大,而这种领导者的任期都很短暂,至少在公立大学是如此。有这样敢于冒险的校长们不时出现,高等教育应该是幸运的,只是他们如不再在短短几年中消失就好了。这种超级明星般的校长,其影响力一般大大超过了那种被动、保守和任期长的校长。

更多的人将校长职位简单地视作个人职业生涯的一步,从一个学术机构到另一个学术机构,或者在公立和私立大学的岗位转移。虽然有些频繁流动的校长在一所大学的短期任期中能取得很大成就,但更多的人只是采取温和的方针,迎合董事、教师和校友的要求,并避免任何会引发乱子的事情发生。大多数学校校长任期短暂(现在平均不到5年)与许多校董会从校外寻求校长人选的倾向有直接关系。

在过去的好时光中,当选为一所大学的校长通常发生在职业生涯的后期,通常是50~60岁。一般在这一职务上服务5~10年,然后退休。然而,今天的大学所面临的挑战需要校长具备充足的精力与耐力。这是适合青年人的工作。我们发现这种频繁流动的校长模式已经成了一种标准,在几所大学中充当执行角色的个人通常每5年左右就从一所大学转到另一所大学,恰恰在蜜月期结束前(或裁减来临前)离开。

领导的环境

教师对领导这一概念具有矛盾心理。一方面教师们抵制并谴责以传统的商业和政府的金字塔式的组织模式为特征的领导方式。实际上许多教师在学术领域发展事业,是因为他们知道在大学没有所谓的"监督者"给他们直接下命令,并对他们负有责任。这些教师通常可做任何他们想做的事情。只要他们在自己的领域中,做好教学和科研工作,他们就可以享受这种额外的自由。

然而另一方面,教师们也在寻求某种领导,这种领导不是反映在教学与学术细节上,而是表现在为大学提供某种抽象的视野上,表现在清晰地阐述并捍卫基本的价值观以及激发乐观主义和激动兴奋的感觉上。他们也在寻求某种保护,以便远离政治、贪欲、反智主义以及平庸等对大学的重要价值观——知识、智慧、卓越、服务——以及真理、公正和美国方式产生威胁的力量。

现在的许多大学中,教师与行政管理之间的鸿沟日益加深,普通的教师看待世界的方式与大学的行政管理者是不同的。[13]他们对于高等教育所面临的机遇和挑战的认识和理解也存在着严重的分歧。很明显,这种鸿沟和相应的教师对于学校领导的信任和信心的缺失,会严重削弱大学做出艰难而重要的决策及向前发展的能力。实际上,今后几年出现的领先大学将是这样的大学,它们的教师宽容,并支持铁腕校长。[14]

校长流动性日益提高,其原因一部分可归咎于教师缺乏对当代大学本质的理解,也缺乏对大学领导的支持,当然也归咎于各大学所面临的压力以及其董事会质量的下降。这种教师与管理层之间的鸿沟已被外部团体用来攻击大学,例如国会对于间接成本的攻击,媒体对于政治正确性的攻击,以及各种引起嘘声的事件。这种隔阂也被一系列特殊利益集团用来推动这种或那种政治意图的实现,更不用提那些个人的意图了。

在某种程度上,教师与管理层之间的鸿沟的拉大也与大学自身的变革的性质有关。现代大学是一个大规模的、复杂的、多维的组织。它不仅要负责传统的教学与科研任务,还要负责诸如卫生保健、经济发展以及社会变革等其他活动。与此同时,对学术研究的需求使得教师把精力集中在自身所在的学科内,因此很少有机会参与到更广泛领域的大学活动中来。虽然教师们是而且应该一直是大学学术研究活动的基石,但他们却极少深入理解现代社会中大学的许多其他使命并为此承担责任。

由于政府、媒体和大多数公众的要求,大学的复杂性、财政压力和职责变得越来越强,这需要一种比过去更加强大的管理制度。[15]最近,因联邦科研政策、人事关系、财政援助和学费协议以及州基金发放模式引起的抗议浪潮等,都涉及复杂的政策、财政和政治问题。

教师的日益专业化、市场对他们技能的压力以及大学在一定程度上已成为了教师事业发展中转站的事实,破坏了教师对大学的忠诚,并刺激教师们产生了"我能从中得到什么"的想法。大学的奖励制度——薪水、升迁及终身教职显然是根据个人能力或功绩而进行提升的体制——其中存在着鲜明的"得势族"(haves)和"失势族"(have-nots)。前者通常太忙,不能完全投身于大学事务;而后者却越来越失意,牢骚满腹。然而,他们经常成为吱吱作响的车轮,试图压倒别人的声音以吸引注意。

最终,许多大型的院校都出现了诸如系主任或项目主管等中层领导地位权威和吸引力下降的现象。这种现象的出现,部分要归因于对大学管理结构日益增强的职责要求,部分归因于正式的教师管理机构通常对所有的行政管理岗位怀有质疑的态度。迈入诸如系主任等领导岗位的教师们完全没有管理的权力,更不用说去领导这些机构了。对于资历较浅的教师和员工来说,大学缺乏培养其领导能力的职业途径和机制,这也极大地损害了学校的中层管理。

全美高校董事会协会(AGB)发布的全美大学校长委员会(NCAP)报告,阐述了现代大学的校长权力有所局限,不足以提供足够的领导权威的观点。[16]该委员会还强调,它认为许多学院和大学中的管理结构是不健全的。在高等教育理应机制灵活时,由于受到无法及时做出反应和抉择的管理传统和机制的阻碍,大多数学校都运行缓慢,并且过分小心。而这一处境的核心是大学校长职位的先天不足。该委员会发现,大学校长的权威受到其所有伙伴——董事、教师和政界领袖——的削弱,并且有时校长也缺乏决断力而不愿意为变革冒风险。

结果,该委员会得出这样一个结论,即大多数大学校长目前不能有效地领导大学。他们开展工作的基础比美国社会的其他主要机构的基础还要薄弱。他们常常缺乏有效管理所需的权威,而且常常是被迫去讨论、磋商并寻求一致。更常见的是,当争议出现时,校长们却发现他的大学董事会并不支持他们。

随着董事和教师陷入范围广泛的日常决策的过程,校长们却被困在要求过度协商的泥沼中。这是一种为了达成一致意见而无法承担的要求,也是对变革的恐惧。实际上,不管是董事会成员还是教师,仅通过他们永无休止的磋商或公开反对,就能有效地否决行动建议。

然而,高等教育的管理是相当复杂的,尤其是在这样一个拥有诸如教师团体和校董会等各种各样机构的世界中,大学的管理有时会背离大学的最佳利益。正如该委员会所指出的那样:"现今的大学分权制度导致管理不善。不管问题的形成是由于缺乏勇气去领导变革的校长造成的,还是关心橄榄球队更胜于大学目标的董事们造成的,或者是不愿放弃现状的教师们造成的,事实是这每一种力量都是进步的绊脚石。"

在这方面,公立大学似乎面临着更为重大的挑战,因为现在存在着很大的压力,要求大学去寻求既能维持现状又不会触礁的领导者。简单地说,在多数大学中的现行领导环境既不能容忍,也不能支持强大的、具有想象力的领导。公立大学中的董事会过于政治化,过分关注于个人的意图,并受制于某些特殊利益集团,同时受到敢于挑战现状的人的威胁。教师们高度分散化,安于待在自己狭小的圈子里,并抵制任何会威胁现状的变革,即使这种变革会给大学带来利益。分散在大学各机构中的是一大群"圣牛"——陈腐的计划、过时的做法、老旧的政策——啃食着未来希望的种子,这些"圣牛"受到那些试图握紧权力和控制力的人的保护,甚至是以牺牲大学的未来为代价。公众的意见多数是保守的,尤其是当他们受到媒体操纵时,即使是最迫切的变革也会被阻挠。

一些人甚至建议大学校长应仅仅是大学董事会的一名雇员,并强调在公立大学事务中,校长和其他高级官员本质上是高级公仆,因此,他们有责任全心全意并默默地贯彻董事会的决议和命令,而不管他们是否同意。从这种意义上来说,大学校长被看作是执行董事会政策的管理者,而不是大学的领导者。

变革时代所需要的管理和领导

希望几十年前甚至几百年前形成的管理机制能很好地服务于当代大学或更广泛的社会,这是非常不现实的。很明显,21世纪的大学需要新的管理和领导模式,以对我们社会的需求变化、机遇挑战和教育机构作出回应。当代大学有许多任务、许多责任、许多管理资金的人和许多重叠的权力范围。从这个角度来说,分权管理模式还有许多值得借鉴的地方,例如,公众监督和董事管理的传统,分享学院内部学术问题的管理传统以及有经验的行政管理的传统。

然而,实际上分权管理涉及教师、董事、员工和管理人员等诸多力量之间的动态的平衡。公立大学董事会日益政治化,教师联合会运用权力实现特殊利益、延期行动、阻止改革的能力的增强,以及软弱、无效且任期很短的行政领导制度,这一切都使大学面临诸多风险。很明显,到了重新审视我们的大学管理制度的时候了。

董事会应聚焦于政策制定而不是管理问题。它们的任务是为大学提供战略性的、保障性的、关键性的服务。而教师应成为学术决策过程的真正参与者,而不仅仅是行政管理机构的看门犬或是现状的捍卫者。教师也要接受并承认,如果他们的大学想在充满变革的时代获得辉煌,强大的领导权——不管是来自于系主任、院长还是校长——是至关重要的。

对于当代美国大学的校长制度,也需要重新进行公正的评估。由于责任与权力之间的不平衡,大学校长制度是我们社会最薄弱的环节之一。然而它无疑是一个重要的岗位。虽然特殊的领导风格适用于特殊时期的特殊机构,但在本章中所描述的一般领导特征却更具有普遍性。

董事会、教师、学生、校友及媒体都倾向于用当前的问题来评判一个校长。然而一个校长给予大学的真实影响,通常在他任期结束后许多年才会显现出来。决策或行动的制定,应在大学长期存在的传统和历史的基础上确立。它不仅要服务于当前的大学,还要代表将来几代人的利益。

然而,正如马基雅维利所说,领导一场变革的初始阶段是既富有挑战性又极为冒险的时期,改革的阻力会非常强大,并会受到政治对抗性的威胁。作为试图照亮前路并领导高校变革的人之一,我可以证明,改革者的生活是异常孤独、冒险的,并屡屡受挫。

的确,当前的需求是如此强大,过去的传统又难以挑战,在这种情况下,为未来采取行动,往往荆棘丛生。然而,或许这正是大学校长最重要的职责所在。

21世纪的大学

第三编

● 变革带来的挑战 ●

第十二章　大学的转型

　　从一个陷入危机的模式向一个新模式的转变实际上就是在新基础之上的重建,要改变这一领域中一些最重要的理论、模式或方法。

——托马斯·库恩《科学革命的结构》[1]

　　本书一再重复的主题就是高等教育改革的必要性。如果学院和大学想要服务于迅速变化的世界,就必须进行改革。我们已经认识到,作为一个社会机构,大学改变社会和适应社会的能力总是引人瞩目。大学已经有了明显的改变,就是在今天也依然在改变。现代大学改革的推动力主要是社会变革、经济要求、科学技术,这些力量也许要比现行教育机构的适应能力要强得多。我们已经看到了高等教育的危机,有必要重建大学的模式,甚至是彻底改造大学。

　　挑战之一是要认识到与大学有关的各方人士对高等教育变革所持的不同意见,并加以处理。一则简单的轶事就可以说明这一点。几年前,我做了一项非正式的调查,通过调查学校内的一些群体来确定它们对未来10年中大学变化的认识。等级从0~10,0代表没有变化,10代表彻底的变化,也就是彻底地改造大学。教师对变化的预测都非常谨慎,答案主要在3~4这个等级范围以内。学校管理者——院长、教务长之类的人——都表示可能会有更根本的改变,答案主要在7~8这个等级范围内。

　　在一个全国性的大学校长会议上,同样的问题摆在了大学领导者们的面前。我的多数同事都估计变化的等级约为20——只有10个等级啊！顺便说一句,这也是我对美国大学将要发生变化的程度的估计。这并不令人感到吃惊,原因就在于大学校长的职责包括要协调大学及其为之服务的社会之间的复杂关系。他们比大多数人更能意识到这个世界迅速而深刻的变化对大学具有多么大的挑战。

教育机构必须要具有更强的适应力和应变能力来为这个变化中的世界服务,这也是显而易见的。如果想要保存最基本的传统和价值标准,大学就必须要改变自己。我们所面临的挑战是要学习怎样来营造环境,在这个环境中,变化不是被看作威胁,而是令人兴奋的从事大学主要活动的机遇。当然,这一活动就是学习。我们必须要形成更加灵活的文化,把偶尔的失败看作是任何雄心壮志的努力都不可避免的经历,这样才有可能取得成功。价值标准和目标常带给我们使命感和群体感,在保持它们的同时,我们必须要学会尽快地适应。我们要问自己:我们的学生在21世纪都需要什么?在新世界里人们都要求什么?在我们牢牢坚持已经指导了我们两个多世纪的发展历程的根深蒂固的、普遍的价值标准的同时,我们怎样才能为了一个变化的世界制定我们的使命?

改革的能力和更新的能力是接下来的几年中我们要努力达到的重要目标——能使我们再一次转变自己的能力,就像大学以往多次的转变一样,转变为能够为变化的社会和变化的世界所服务的机构。这样的机构转变在社会的其他部门中已经很普遍。我们经常会听说公司通过改组来适应市场的变化。政府部门也面临转变的挑战,使得面对自己所依赖的社会时反应更加迅速、更有责任心。然而大学所需的转变更具挑战性,因为大学多样的使命和数目众多的参与者使大学所遭遇的挑战远比商业部门和政府部门复杂得多。这种变革必须采用战略的方法,而不能仅仅是做出反应,要深入理解大学的使命和特点、以往重要的传统和价值标准,并对未来的前景有清晰的令人信服的认识。

规　　划

高等教育的战略规划已经取得了一些成功,尤其是在研究型大学的规模、广度和复杂性方面。对很多人来说,甚至是"战略"这个词都会使一些教师感到恐惧,并向官僚政治的策划者发起尖酸刻薄的攻击。大学常常倾向于背离甚至是抵制外部的压力和机遇,而不能采取有力而坚决的行动来决定并追求自己的目标。而且,它们通常都忙于过程,而不是在目标上下功夫,忙于"怎样",而不是"什么"。

高等教育的一些领导者开始认识到,环境的变化需要采取更具战略性的措施来达到教育机构的转变。对高等教育来说,加大对机构改革规划和管理的重视是非常重要的。大学能否成功地适应社会上所发生的深刻变革,在很大程度上依赖于学校集体制定和执行适当的战略政策的能力。关键是要认识到在一个迅速变化的环境中,重要的是形成一个规划的过程,这个过程不仅能适应多变的环境,而且在一定程度上还能够改变这个随后几十年中大学所处的环境。我们必须要寻求进步的、灵活的并且适应性强的规划过程,能够适应多变的环境和并不确定的——实际上是完全未知的——未来。

传统的规划方法

第二次世界大战以后,战略规划对大学来说变得越发重要,这是由于高等教育试图迎合人们不断增长的教育需求,起初是退伍的士兵,接下来是迅速扩大的年轻人口。尽管多数大学在资源允许的情况下迅速发展,但也有像"加利福尼亚总体规划"(California Master Plan)等重要的规划努力。[2] 多数大学都有正式的规划部门,通常都由专业人员组成,设在主要的学校官员办公室。这些计划更多地集中在为支持常规的决议而收集数据上,而不是提供一个长期的规划。大学的这些规划行为本质上无疑是战术性的,通常在执行官员或者董事会层次的重要战略决策中发挥不了重要作用。

教育机构规划的边缘角色在20世纪80年代有所改变,因为这一时期大学开始挣扎于资源紧张和经常性的经济危机之中。规划就被用来决定大学里各项事物的优先顺序,确定作为候选的可能进行缩减或被取消的活动。如果有时不大情愿的参与者支持从商业领域借鉴的缩减规模、重组和改组等行为,规划部门就会变得非常活跃。随着20世纪80年代大学改革的步伐开始加快,这些正式的规划行为被大大忽视了,这是由于大学领导要寻求更直接的策略来回应一个接一个的危机。正式的规划也只是用来帮助制定资源分配的决定,而这些决定通常都已经由行政机制等制定出来了。

如今,尽管20世纪80年代和90年代的财政危机早已过去,人们越来越认识到大学最高领导层战略规划的重要性,尤其是在这样一个多变的时期。但在高等教育领域有许多规划的方法。就像在前几章中所提到的那样,一些大学领导认可这样一个前提,即大学基本上是难以管理的,因为受到了传统、文化、复杂性以及只允许向一个方向轻微偏斜的势头的限制。因此他们集中在一些特定的问题上,通常本质上都是战术上的,让大学继续按无确定方向的形式发展。每隔一些年,他们会选出一些项目固定下来,如一个周期选固定资本,另一个周期选筹集资金,等等。这种小赢(small wins)的方法本质上假定大学在很多方面会做得很好,大学的发展没有一个全面的策略。[3] 或许对于一些机构来说,在稳定时期,这是一个适当的策略。然而,当规划的环境出现重大变动的时候,这种方式会是非常危险的。与远景目标无关的一系列决策会导致事实上与大学长期利益相悖的战略。

大学选择的变革常常是小心翼翼的、渐进的、反应性的,这是因为它们觉得战略转变太冒险了。它们害怕出错,怕走错了方向,怕失败。当它们意识到渐进的做法有时会错过机会的时候,许多成熟的机构,比如大学,还是宁肯错过机会也不会向未知进军。

小赢或渐进策略的另一个特点是它们主要依靠外推而不是依靠内推来指导决策。[4] 也就是说,它们紧紧依靠推论过去来预示未来。但是在一个多变的世界里,过去可能并不是一个有用的向导。可能更适当的方法应该是这样的:首先确定一个机构的大胆的远景目标,然后形成策略,把未来远景和目前现实联系起来。这种方法有时被称作全景规划(scenario planning),因为对未来来说,会有很多可能的选择。[5] 尽管方案规划或者是内推法有时会没有特征,但是在一个变化的时期,它通常都会优于不能应付大变化的渐进式策略。

另一个与此不同的方法是机会规划(opportunistic planning)。这种方法是指制定能够利用各种机遇的灵活的战略,避免把大学限制在僵化的道路上,或者是陷于老路之中。在某种意义上,这相当于一个明智的推测方法,人们选择了战略目标——学校想要达到的目的,然后利用一切适合的方法,在机会来到的时候就改变路线,根据新的信息和经验来更新战略规划,头脑中一直牢记着最终的目标。

在机会规划中,人们假设计划的框架从来都不是固定的。事实上,最初所遇到的限制可能会转化为机遇。关键是要以这样一个充满挑战的问题开始:人们能够做些什么来改变规划的环境?如果采取主动的措施,我们一直有机会去控制那些束缚以及未来。我们几乎不会做一个一方得益引起另一方损失的游戏。相反,我们可能会有机会用适合的(或者不适合的)策略来增加(或者减少)资源。大学并不是一个封闭的系统。

在现代大学这样规模庞大而又复杂的机构里,通常不适合(或者不可能)集中管理多项活动和过程。然而,我们能够确立机构工作的优先点和目标,鼓励基层管理向着这些目标努力。为了能够达到目标,我们可以激发学校的各个进程,使战略规划和学校的目标相一致。我们所要寻求的方法要有准确的信息支持和强大的战略方向。

这里有一个重要的区别需要说明。战略规划是指应该做什么,也就是要选择目标("我们想要做什么?");战术是指为了实现目标的行动步骤("我们应该怎样做?")。还要注意到,长期的计划与战略规划也有所不同。长期的计划确定了量的目标,是明确的计划。战略规划确定了质的目标,是一种思想。因为战略规划应该总是和行动决策相连,比起战略规划,有的人喜欢用战略手段来指明这一点。

尽管有许多进行战略规划的方法,但绝大多数符合下面的步骤框架:

1. 使命、前景和战略意图
2. 环境评估
3. 目标
4. 战略行动
5. 战术的执行
6. 评估和评价

很明显,对机构使命的理解是有效规划的先决条件。前景的制定对战略进展也很重要。一个成功的战略规划过程在本质上是高度重复的。当前景确定以后,目标、目的、行动和战术就随着前进和经验而发展了。在一个迅速的、不可预见的变化时期,在特定时间所选择的特定的规划远没有规划过程本身重要。但是,人们又在寻找一个"适合的"规划程序使之与快速变化的环境相适应。

很多组织越过这一步骤去确定战略意图,即以现有的能力和资源不能够达到的远景目标。确定战略意图是要推动组织的变革。传统的观点认为战略主要集中在现有资源和当前机遇的结合点上;战略意图使得资源和抱负之间极不相符。通过这一步,我们能够要求大学开发新的能力来填平这一缺口。[6]

在密歇根大学,我们选择了一个特别改进了的机会战略规划,称之为合理渐进主义(logical incrementalism)。[7] 就像多数的战略规划过程一样,人们开始于对学校前景的描述。在这一前景中,人们制定了很广的但相当模糊的目标——例如优异、多样和团体这样的目标,然后调动学校中的各种因素努力来提炼并仔细说明这些目标,同时制定战略计划和实现这些规划的操作目标。合理渐进主义法成功的关键在于把麦壳和麦粒分离的能力,也就是提炼出那些能够促使学校向远景目标前进并能够保持其方向的计划(行动和目标)。

合理渐进主义是一项小赢的战略,要依靠一步一步小的努力来接近最终目标;它同时也是一项高度机会主义的战略,这是由于在环境允许的条件下,它能够开展更加积极的行动。在其他方面规划过程又是发展的,它从宽泛的目标及简单的战略行动过渡到越来越复杂的战术。

规划过程同时在学校的不同层面起作用,从整个学校到各个学术和行政单位。当然,协调各种规划过程的能力是这种方法面临的最大的挑战之一,也是成功与否的关键。

规划和变革的后现代主义者的方法

由于我的专业是自然科学和工程学,因此我的领导方式倾向于与战略程序一致。然而也要承认我特定的规划和决策方式相当不正统,有时会使正规的大学规划人员和我的执行官员同事们感到迷惑。当我要实施另一套日程和举措时,我曾无意中听到我的一位同事把我的方式形容为"开火、准备、瞄准"。

然而,这并不完全是我没有耐心、缺少原则的结果,而是我越来越感到传统的规划方式在重大变动的时期已不再行之有效了。有相当多的领导者在感到不确定的时候,都会落入"准备、瞄准……准备、瞄准……准备、瞄准……"的模式中,从来都不会做出决定。到他们最后被迫扣动扳机的时候,目标早已在视线之外了。因此,就有了我的"预想的、漫无目的"的规划和决策方法。[8]

传统的规划方法通常都不适合于迅速变化,甚至是变化不连续的时期。[9] 诸如全质量管理、过程重设等战术努力,以及确定使命和明确远景等规划方法,尽管对于现状的运转是非常重要的,却会在不稳定时期把一个机构的注意力从更加实际的事情上分散开去。而且,在传统的、大家都熟知的模式的基础上发生的渐进变革也许是最危险的方式,因为这样的模式也许并不适合于变化的未来。如果现状不再是一个选择的话,如果现行模式不再可行,更根本的转变才会是更加明智的。而且,在迅速变化的、不稳定的时期,有时在一个战略还没有经过详细考虑和完全形成之前,实施初步的战略行动也是必要的。

复杂的系统,不管是自然系统、社会机构还是学术学科,经常表面上看起来很稳定,实际上不断在波动,有时候存在于一个不稳定的平衡状态中。混沌理论(Chaos theory)[10]告诉我们,即使是非常小的变化都会威胁到力量的平衡。这一现象有时被称为"蝴蝶效应"(butterfly effect),这是指蝴蝶翅膀的迅速颤动会影响到差不多整个地球的天气。巨大的变动也通常都由一个新思想或者杰出的个人所引发。

把学科看成是复杂的、无序的系统符合哲学家托马斯·库恩(Thomas Kuhn)的科学革命理论。[11]库恩认为个别学科是在他所称的范式下运行的。在某种意义上,模式就是学术团体成员共享的,他们所共同接受的惯例或观点。范式不是规则,更像是有待研究的主题,有关世界的某种比喻或类推的信念和共享的价值标准。对库恩来说,大多数研究都不包括大的突破,而是要去除或努力去掉现存范式的细节。大的进步的获得和新范式的创立,不是通过渐进的演变,而是在智力领域达到饱和以后通过革命的、不可预见的转变所达到的。

这些观念所告诉我们:自然、知识和社会组织的转变,通常都是由一少部分具有非凡能力的杰出人才发动的。那些创立了新的模式的人,以及那些动摇了某个领域的结构的人,通常都非常年轻,或是这个领域的新人。库恩说,他们不受现行学科规则的约束,"尤其喜欢看到这些规则再也不能规定一个可玩的游戏,并且喜欢构思出另外的能够取代它们的一套"。然而他们也一定愿意冒险,在新领域确定的地方,参与到 S 型学习曲线中早期的、较平的、产出较少的部分中。这些学术的背叛者在挑战现状的同时,为我们的学术界注入了新的活力。

需要注意的是,这种观点意味着大学所面临的巨大挑战之一就是要鼓励更多的人参与到这一高风险、不可预见但又最终会有丰富成果的与缺乏活力的模式的对抗中来。我们必须刺激尽可能多的人走出思维的老路,鼓励实验,招聘不安分的老师,让人们"制造麻烦",使得常规比异常更加麻烦。

在复杂、多变的系统中,还有值得提出的变化的最后一个方面。

这些系统在无序状态出现之前的那一刻适应性最强,反应迅速。但是,在正常的时期,进化的、渐进的变化是足够的,当环境变化非常迅速的时候,更剧烈的转变就必不可少。为了转变范式,有必要将一个组织推向不稳定和无序。有时候,当外部的力量给组织带来危机时,这会自然发生;有时候这是一些革命活动的结果;有时候甚至是通过领导发生,虽然像马基雅维利所说的那样,这在一个组织内很难得到。

转　　变

像大学这样庞大、复杂并受到传统束缚的机构要如何转变才能完成使命、达到目的,并在一个有重大变革的时期内朝着战略目标前进呢?历史上,大学利用各种机制实现变革:
- 用额外的资源换取改革。
- 为获得大众对变革的支持,建立必要的意见认同基础。
- 更换关键人员。
- 采取计谋、秘密行动。
- 一个"尽管去做"的方法——组织管理严密的决议做出以后,迅速执行(遵循那句古老的格言"请求宽恕要比寻求许可来得好")。

高等教育在接下来的时间里转变其主要的范式需要一个更具战略性的方法,使之能够坚持到所期望的变化发生。一些机构已经开始着手实施类似于私营部门的转变议程。[12]其中一些甚至使用了相似的语言来描述自己的"转变",用"改组",甚至是"彻底改造"。但在这里大学面临着一个最大的挑战,这是因为大学的多种使命和多样的参与者使其复杂程度远超出商业或者政府部门。对于大学来说,机构转变的过程更加得复杂,或许风险更大。

一些人相信,高等教育只有在外部力量的推动下才会发生大的改变。当然,以前所发生的例子,如赠地大学的演变,第二次世界大战以后高等教育的发展,以及研究型大学的变化等,都受到了强大的外部力量和国家重要政策的影响。由内部的战略决策和战略规划推动的机构转化相当罕见。然而,在高等教育中,应对性的变化要比战略转变更加普遍,我们并不能由此得出结论,说大学不能够控制自己的命运。自身进行的战略转变是可行的,应付时代的挑战,这么做也是必要的。

在密歇根大学,一些年来,我们一直都在为这样的转变而努力。在20世纪80年代初期,就有必要改革大学的财政。20世纪80年代后期,我们在一些重要的部门进行了一系列的改革,例如大学医疗中心的改革。最后,在20世纪90年代中期,我们进行了更大的改革,使大学直接面对迅速变化的世界的挑战和机遇。

通过这些努力,以及其他公立和私立部门的经验,我们总结了改革的一些特征,这些特征在开始的时候就应该被意识到:

- 明确改革的真正挑战是非常重要的。通常情况下,挑战既不是财政的,也不是组织的,而是文化变革所要求的程度。我们必须要转变一些思想上和组织上的僵化的习惯,因为它们已经完全无法适应快速或激进的变化。[13]
- 教师真正参与改革的计划和执行过程是非常必要的,因为教师文化的转变是最大的挑战。教师的创造力和努力是成功的关键。政策不会扰乱大学,变化所发生的领域正是教师和学生所致力的大学的主要活动,即教学和科研。
- 外部组织的参与不仅非常有帮助,而且也能给改革带来可信度,并把有争议性的问题摆到桌面上来(如终身教职的改革)。
- 不幸的是,大学和多数的商业和政府组织一样,很少能够通过机遇的动力和刺激来进行彻底的转变。只有危机才能使组织决心改革,有时候这甚至都还不够。
- 作为计划、执行并向大学尤其是教师们宣传改革的领导者、教育者和福音传教士,校长必须要起到关键的作用。

机构的转变并不是一个线性的过程。它包括一系列同时发生且又相互作用的因素,例如确立一个战略远景目标,改进甚至是彻底改造大学的核心任务,重新分配使命和责任等。它又是往复的,因为当一个机构进行改革的时候,经验就可能使人们改变改革进程。要在大学这样的复杂的机构中有所进展,这就需要所有参与者的改革的努力,并使这些努力同其他的机构或个人的目标相一致。

为了适应变化的未来,大学需要考虑到所有的改革领域,而不只是财政的改革。[14]改革必须要包括机构的各个方面,包括:

- 大学的使命
- 财政改革

- 组织和管理
- 大学的总体特征
- 智力转变
- 同外部支持者的关系
- 文化转变

这样一个宽泛的、漫无目标的方法制定起来是非常复杂的,对它的领导也是极具挑战性的,但它的优势是能够在基层吸引大量的参与者。

机构改革中最重要的目的不是要达到一些特定的目标,而是要获得向大学未来宏大的远景前进的能力、能量、活力和努力。真正的目标包括摆脱大学在适应社会需要的过程中所受到的限制;抛弃没有必要的过程和管理结构;质疑现存的前提和安排;挑战、激发、鼓舞大学成员把机构改革看成是一个伟大的探险。

总之,所有努力的首要目标就是要获得战略转变的能力,这种转变能够使大学适应一个变化的社会和变化的世界。

转变过程中的步骤

经验证明,一个机构的转变不仅仅是可行的,也是可以理解的,在一定程度上也是可以预见的。这一过程开始于对外部环境的分析,并要认识到根本的改变是一个机构对其所面临的挑战最好的回应。最初都是难以控制的,充满冲突、否认和抵制。但是渐渐的,领导者和机构成员就会对他们的机构要变成什么样子有了共同的认识,都会把注意力转移到转变过程上来。在最后的阶段,基层的刺激因素和障碍都会出现,从而形成推动机构转变所需要的市场力量,同时也形成了评估方法来评估转变过程中的成功。一个可行的方法要包括以下几个步骤。

第一步,领导层的努力 大学的高层领导参与并支持转变是非常重要的。变革的领导也要有众多人士的支持,这其中有执行官员、系主任、院长,也可以辅之以机构变革方面的教师专家组成顾问团。

最基本的是大学的董事会要支持——至少不抵制——转变。关键的因素主要包括:同董事以一对一的或公开会议的形式所做的非正式的讨论;在关键的战略性问题上与执行官员所做的共同退让;与大学重要的来访群体举行共同会议;在转变努力开始之时,为董事们制定决策准备能够提供必要背景的意见书。外部的咨询机构也有助于为转变努力提供其他的观点和可信性。

第二步,寻求大学社区的参与　在学校中就转变目标和程序提供辩论的机制是非常重要的。在密歇根大学,我们针对诸如大学组织、杰出教师和学生的招聘和招收、管理过程的优化等关键问题设立了一系列校长委员会。我们也鼓励每一个学院都去确定一些关键的问题。

大学校园内有效的沟通对转变的成功是绝对重要的。因为私立部门在沟通计划的规划和实行方面有着丰富的经验,因此有时候雇用私人顾问来帮助计划和施行是非常明智的。

第三步,点燃转变的火花　机构的转变主要有两种方法。一种是"命令与控制"(command and control)方法,人们试图通过从上到下的命令和规则来开始并维持一个过程。然而,由于领导层从上到下权力下降很快,这种方法在大的机构里效果有限。另一种方法更适合于像大学这样庞大而又复杂的机构,它要创造自给的市场动力,例如,能够推动转变进程的刺激和抑制因素。对于我们的每一个目标,都需要确定目标极为明确的行动——即杠杆的支点——产生刺激和抑制因素并点燃基层转变所需的火花。在规划转变的时候,这个过程需要有真正的创造力。

重要的是要确定大学所有层面和不同单位的个体,他们接受转变并为了自己的利益而表现活跃。有些情况下,他们会是机构中最具影响力的教师和职员。有时候,他们又会是年轻的教师或者重要的管理者。我们需要制定一个过程来确定这些人并把他们吸收进来。要利用每一个机遇在大学的所有层面选择领导者——执行官员、系主任和院长、主席和经理——那些不仅仅了解大学中即将发生的转变的性质的人,还有那些在变革努力中能发挥有效领导作用的人。

大学转变的目标之一就是要授权给最优秀的教师,使他们能够影响大学的学术方向。这是一个特别的挑战,因为许多大学的教师受到规章制度、委员会和学术单位、效率低下的教师管理的束缚,使得那些最好的教师和学者被剥夺了权利,他们的声音被那些有时间、乐于玩弄校园政治游戏的工作上不如他们的那些同事所压倒。这就需要有决心和谋略来打破这些束缚,解放最优秀的、有才智的人们。

第四步,控制并且调整转变日程　由于像大学这样复杂的机构的转变是广泛的、多面的,挑战之一就是要把大学成员和多方面的支持者的注意力集中在最适合他们关注的日程的那些方面。例如,很明显,教师应该主要关注教育问题和智力变革的问题。由于董事会对政策和财政负有非同一般的责任,它在大学的财政和管理改组方面就要起到关键作用。可以要求那些有着强烈企业爱好和技能的教师和员工们指导开发大学的基于知识的服务的新市场。

大学和多数庞大、复杂而又等级分明的机构一样,倾向于变得更加官僚化、保守并抵制改革。它们受限于那些抵制冒险和创新的政策、程序、委员会和组织阶层。重要的是采取决定性的行动来简化过程、程序和组织结构,使大学能够有效地回应迅速变化的世界。

经验表明,促使现行的组织程序为了迎合变化的环境而改变是相当困难的。尤其是在大学中,从上到下的层级管理对学术文化的无政府状态影响力极为有限。一个办法就是要先确立、再支持"企业家主义的岛屿"(islands of entrepreneurism)——那些大学内部早已适应了迅速变化的环境的活动。另一个方法就是实施新的或最初所制定的带有变革所需因素的"绿野"(green field)活动。如果我们给予这些举措必要的资源和刺激,教师、学生和员工都会被吸引到这一新的活动中来。那些证明成功的举措会迅速发展,而且,如果设计合理,它们会从现行的抵制改革的活动中吸引资源。在某种意义上,绿野方法会创造出达尔文式的过程,在这个过程中,新的成功的举措会代替那些古老的、过时的努力。同时,不成功的举措在迅速变化的时期无法同那些还能够保持其适应性的活动竞争。

很明显,需要有大量的资源来支持转变,这在大学预算中可能会占到5%~10%。在新的资金有限的时期,要有极大的创造力(和勇气)来创造这些资源。正如我们前面所提到的对财政问题的考虑,通常情况下,支撑如此之大的转变所需的资金来源主要是学费、私人支持和附属活动的收入,因此,资金重新分配必须发挥重要作用。

第五步,保持住进程 庞大的机构都会抵制改革。它们会试图消磨领导者的意志或者等待他们放弃(也可能通过)。我们必须要给全校每一位领导充足的机会,使其能仔细考虑促使改革的问题,并鼓励他们登上改革之车。

对要发生的变革,我们要在使变革不可避免的各种力量(不论是威胁还是机遇)和使人们愿意冒险的坚定性和信心之间找到微妙的平衡。例如,甚至在我们勉强认识到大学变革重要性的时候,我们怎样才能建立起长期支持和保持大学活力的足够信心?

正如我们前面所提到的那样,从一个更加抽象的角度来看,大的变化包括使系统从一个稳定的状态到另一个稳定的状态。而转变本身也包括首先要将系统推向不稳定的边缘,这样就会有一定的风险。将不稳定时期缩短到最短是非常重要的,因为时间越长,系统就可能会向一个非预期的方向发展,或者带来永久的损害。

密歇根大学的经验

在20世纪80年代后期和90年代,我们在密歇根大学领导了一次这样的转变过程。和许多大规模的机构一样,战略规划在密歇根大学的实施采用了多种机制,包括正式的与非正式的,集中的与分散到各个单位的。我们首先采用一个传统的规划方法,通过展开全校范围的活动来达到说明使命和制定远景目标的目的。这正是挑战之处,因为大学的使命非常复杂多样,并且不断变化。大学不只培养人才,还包括产生知识和提供知识密集型的服务,如科研、专业咨询、医疗保健和经济发展。然而所有这些活动都是基于学习这一核心活动的。因此,我们集中到一个单一的使命说明上:"大学的使命就是学习,为州、国家和世界服务。"

许多成员参与到远景目标的制定上,包括教师、员工、学生和校友。尽管规划群体人员多样,但对远景目标的规划主要集中在两个重要的主题上——领导和优异,就像一个简单的远景目标所陈述的那样:"密歇根大学应该通过其学术计划的质量和管理,通过其学生、教师以及员工的成就,而把自己摆在21世纪领导者的位置上。"

这个战略规划被命名为"远景2000"(Vision 2000),我们希望在20世纪90年代末达到目标。我们认识到,这个战略规划本质上是一个定位战略。它的意义在于推动大学向一系列的宏大目标迈进,这些目标包括了各个领域,如质量、资金和多样性,但大都在传统的大学模式以内。我们通过一系列战略性的推动和举措来实施这一规划。每一个战略推动都被设计成一个自给的努力,都有着明确的理论和特定的目标。中心管理层面认真监控和协调这些战略推动力,因为我们意识到它们之间的相互影响会十分强烈。

在这一时期我们确立了大学的一些重要的战略方向,如为实现更大多样化的"密歇根使命"（Michigan Mandate）、重建大学、改组财政、密歇根计划、与州和政府的关系战略、科研环境、本科生教育和学生生活等。和这些举措相连的是在大学的各个层次吸收和任命有能力领导变革的关键领导人，从执行官到系主任，从院长到董事。"远景2000"的一些重要举措列表如下：

- "密歇根使命"和"密歇根女性议程"（Michigan Agenda for Women）（多样性）；
- 改善本科生教育的举措；
- 改善大学科研环境的举措；
- 鼓励和支持跨学科的研究的举措；
- 建立学生宿舍的生活—学习社区；
- 改善校园环境（校园安全、学生行为规范）；
- 开展新的学术活动（如分子医学、全球变化、人文研究所、新的音乐实验室）；
- 重建大学校园；
- 多种质量（全质量管理）；
- 多个途径（系统重建）；
- 密歇根计划（14亿美元）；
- 改组捐赠管理；
- 改组财政（如增加学费收入和私人支持来补偿州支持的减少）。

从各方面来看，"远景2000"的这一定位战略是成功的。战略目标一个接一个得以实现。由于这10年的努力，到20世纪90年代中期，密歇根大学变得更出色、更强大、更多样、更具活力。一些更重要的指标包括：

- 到20世纪90年代中期，密歇根大学的学术课程计划质量在全国排名为有史以来最高。
- 详细的调查表明，密歇根大学能够同世界上最好的大学争取最好的教师。为了吸引和留住最优秀的教师，大学在过去10年中提高了教师平均工资水平，达到公立大学最高水平，在所有公立和私立大学里排名第5～8位。
- 通过教师们的显著努力，大学的科研经费位居全国首位，从联邦政府、州和公司吸引的研究经费多于美国的任何一所大学

- (1996 年超过 4.5 亿美元)。[15]
- 尽管在过去的 20 年中州的财政支持急剧下降,这所大学依然成为美国经济上最强大的大学之一。它也成为第一所被华尔街评为 Aa1 信誉等级的公立大学,它的债券交易等级为 AAA。对我们的捐赠增加了 6 倍,超过 20 亿美元。感谢校友和朋友们的慷慨,在密歇根计划中,我们的大学成为第一所筹款超过 10 亿美元的公立大学——到 1996 年计划结束时共筹集到了 14 亿美元。
- 财政和行政管理的改组有了实质性的进展,包括全质量管理中的奖励机制、限制费用和分散的财政运转。
- 大学实施一个 20 亿美元的设施改进方案,重建、修复或更新了差不多所有的校园建筑,包括完成了主要的景观美化方案。
- 大学医疗中心(University Medical Center)经历了全面的转变,在医疗、科研和教学方面处于明显的领先地位,同时积累超过 8 亿美元。
- 我们建立了多所对大学甚至是高等教育都有重大影响的研究机构,如人文研究所、媒体联盟(Media Union)、分子医学研究所、戴维森新兴经济研究所(Davidson Institute for Emerging Economies)、陶博制造业研究所(Tauber Manufacturing Institute)。
- 通过密歇根使命和密歇根女性议程,我们使学生、教师、员工、领导层中的有色人种和妇女比例达到历史上最高,少数民族学生和教师增加了一倍。密歇根大学在建立多样化的学习社会以服务于有着高度多样性的社会方面走在了美国大学的前列。

通过"远景 2000"取得的这些成功并不是偶然的。这是在一个认真计划和实行的战略的指导下大家努力的结果。经过大家的一致努力,我们使密歇根大学成为世界上领先的大学之一。但是同时我们也认识到,我们只是在一个 20 世纪的模式里加强了大学,而这一世纪马上就要过去了。世界变化的步伐正在加快,我们意识到有必要再制定一个更加广阔的远景——在战略规划的语言里叫做战略意图[16]——目标是在一个巨大变革的时期里实现优异,走在前列。

因此,虽然"远景 2000"已经完成了实施阶段,但是我们已经开始致力于一个更加宏伟的规划,即"远景2017"(Vision 2017),2017年为密歇根大学建校200周年。这一战略旨在使密歇根大学在性质上得到彻底的改造,使其能具备更好地适应新世界和新世纪的能力。更明确一些,我们的战略意图就是"使这所大学能够更好地为一个变化的州、国家和世界服务"。

我们创造了一种校园文化,其中优异和创新是我们最高、最先的追求。我们改组了财政,使这所大学成为实际上由私人支持的公立大学。我们极大地提高了学校的多样性。我们利用先进的信息技术工具建立起教学和科研的现代化环境。然而,当改革每走一步,每一次开始实施一个计划时,我们都会越来越心神不定。

试验新模式

当我们认识到是什么力量推动社会及其机构变化的时候,我们发现它比我们所想象的要更强大、更深入。变化的发生比我们预期的更快。由于可能的范围扩展到包括更极端的选择,因而未来也就不再那么确定了。

我们得出了这样的结论,即在这样的一个变化迅速而又深广的世界里,由于我们面临着一个如此不确定的未来,最现实的方法就是通过实验和发现来探索大学的未来。也就是说,与其继续通过理论研究和论证来推测未来的可能性,还不如建立一些未来学习机构的模型来进行实验,这可能是更有效的途径。以这种方式,我们就可以主动探索通向未来的道路。我们认识到,大学的变化应该从我们作为咨询机构的这个基本属性开始。我们可以把转变看作一个学习的过程,保留我们最宝贵的价值标准,了解我们面临的挑战,通过实验使我们能更好地预见未来。在某种意义上,这种探索未来的方法已成为我们改革大学的理论。[17]

我们要怎样组织这些实验使它们能帮助我们更好地了解21世纪大学的形式呢?我们通过设定一系列假定的模式来进行这方面的努力,每一个模式都同现代大学完全不同。作为基线,我们确定大学传统的模式为:

- 在一个寄宿的校园环境中,以课堂为基础的教学。
- 四年制、120学时课程(包括讲授、讨论和特定专业的实验课)

的大学本科教育。
- 学生通过一系列课外活动增加经验,从体育到表演艺术到社会组织到政治,这些课外活动的设置目的是拓宽他们教育、社会和文化的视野。
- 学术性学科和专业学院的研究生教育
- 教师积极参加科研和学术活动
- 传统的服务活动,如医疗卫生和经济发展。

像在前几章中所提到的那样,这一传统的模式已经不能代表美国如今的高等教育了,但是可以把它作为一个有用的基线,由此来框定对未来可能模式的讨论。

我们在为未来的美国大学探索更具革命性的模式时面临着一个特别的两难境地。现代社会变化的步伐是如此之快,性质又如此深刻,以至于像大学这样的社会机构难于认识并理解变化的真正本质,反应不灵敏,适应也不充分。任何旨在弄清楚并分析大学新模式的努力都要认识到这些模式必须要适合于不断变化的环境。[18]

带着这一告诫,我们考虑一些能够说明关于21世纪大学广泛可能性的更刺激的主题。下面是一些"可能的未来",即21世纪大学的教育远景。它们说明了大学未来将要经历的转变。它们包括:

- 世界大学(the world university)
- 多样化大学(diverse university)
- 创造性大学(the creative university)
- 不分科大学(the divisionless university)
- 虚拟大学(cyberspace university)
- 成人大学(the adult university)
- 大学学院(the university college)
- 终生大学(the lifelong university)
- 无所不在的大学(the ubiquitous university)
- 实验室大学(the laboratory university)

首先,要明白大学并不一定会采取这其中的任何一种模式。但是每一种模式都有着21世纪美国高等教育的部分特征。而且,当我们试图确定能为一个迅速变化的世界所服务的大学本质的时候,每一种模式都可以为我们提供一条值得探索的途径。

世界大学

我们许多一流大学用了很长时间从地方性大学发展成州立大学,再到全国性大学。由于它们在农业和经济发展领域的服务作用,一些大学已经超越了这一点,形成了国际性的特征。而且,美国的研究型大学在世界的学术及科研中占据着主导位置,现在已有超过450000名外国留学生,并吸引着世界各地的教师。[19]由于这一全球特征,我们的有些大学可能发展成一种新的模式——世界大学。

世界文化在下个世纪的发展会带来多所世界大学的出现(欧洲、亚洲、非洲和拉丁美洲),并成为研究国际秩序——政治、文化、经济和科技——的焦点。由于20世纪后半叶美国高等教育的特征主要就是研究型大学,或许这些机构也注定在北美起到这样的作用。

多样化大学

大学如今要为一个多样性的社会服务——种族的、文化的、经济的和地理的——这一新的现实在未来只会加强。尽管学院和大学已经采取措施在校园里反映出这一多样性,但是我们可以想象出一个更加大胆的模式——多样化大学,这种大学可以从人类多样性中汲取智慧和特性。它可以为我们多样化的学习社会提供一种模式,在这样的社会中,人们就像在一个学者社区里一样生活、工作和共同学习,人们尊重不同、宽容多样。多样性对迈向新世纪的大学来说是非常根本的。除非我们能够吸引大量的人和思想,否则我们就不能够指望产生我们所需要的智力和社会的活力来迎合迅速变化的世界。为了使大学在一个复杂多变的时代里繁荣稳定,至关重要的是要抵制不考虑各种选择的倾向。只有方法、选择和观点的多样性,才能使我们有希望解决面临的问题。

在美国社会,大学要比其他社会机构更加追求宽容的前景和智力的自由。我们必须继续努力发展这一传统,并且使大学成为一个各种经验、文化和方法都被重视、被保护、被讨论和被接受的地方。对于这种模式最关键的是要认识到这些社会机构首先是"单一"的,而不是"多样"的。我们的挑战在于把单一和多样这两个目标综合到一起,而这种综合应该以既能加强我们学术优异的基本目标,又能为我们的学术使命和我们的社会服务的方式来进行。

创造性大学

支配20世纪晚期的专业——在一定程度上来说,20世纪晚期的大学——是那些操纵知识和财富的专业,像法律、商业和政治。然而现在有迹象表明,我们的社会越来越重视那些能够创造新知识和新财富的活动,像美术、音乐、建筑和工程等专业。或许21世纪的大学也会把学术的中心和重点从知识的保存和传播转移到创造上来。毕竟,创造的工具在范围和力度上都有了快速的发展。如今,我们完全能够利用原子创造原子。利用分子生物和基因工程,我们正在形成创造新的生命形式的能力。我们已经利用人工智能和虚拟现实创造了新的智慧生命的形式。

大学需要改组成完全不同于原来的样子,要强调各种传授和培养创造的艺术和技能的教学形式和课外经验。这可能意味着一个转变,从高度专业的学科和学位计划转到强调综合知识。大学可以同社会上其他有巨大创造力的团体、组织或机构,如艺术界、娱乐产业甚至是麦迪逊大街(Madison Avenue)组成战略伙伴。

但是,这就存在着一个巨大的挑战。我们在教授分析技巧的时候,极少了解与创造力有关的智力活动。事实上,现在的大学学科文化有时会歧视真正有创造力的人,因为他们与我们成见中的学生和教师的形象不大相符。

不分系科的大学

学科有支配现代大学的倾向,它们控制着课程设置、教师雇用和晋升等资源。我们建立了越来越强大的学科计划,然而,同时我们也创造了强大的学术力量迫使我们的学术社会离散。可以理解的是,教师越来越忠于自己的学科而不是学校。

然而,从一个更广的角度来看,学科阵型变化得如此之快,使得各系都难以应付。如今,在学科前沿的人通常都是那些跨学科的人。新的想法经常会在学科碰撞的时候产生。迎合知识本质的这些基本变化对于像研究型大学这样的机构的持续的有效性来说是非常重要的。

有很多迹象表明,未来大学的专业化将会降低,通过一个现实或者虚拟的结构网络的一体化,能够提供学科之间横向和纵向的结合。大家已经见证了基础研究和应用研究、自然科学和工程学以及各种科学学科之间区别的模糊。我们也正在看到基础的学术学科和专业之间的紧密联系。例如，一些最重要的基础生物研究，如人类基因治疗现在由医学临床专业进行。商业、法律、医药和社会工作等专业学院都致力于基础知识，就像社会科学的教学一样。同时，表演艺术也受到了人文学科的滋养——反之亦然。

虚拟大学

21 世纪的一些大学将会由无形的全球网络——"电脑空间"或者"虚拟"大学——把学生、教师和社会联系在一起。一些大学将会成为"知识服务器"，连接着一个巨大的信息网络，为任何有需求的人提供服务（教学、科研和公共服务）。由于分布式的虚拟环境将会越来越普遍，人们可以想象，课堂教学可以像"日用品"一样，以一定的价钱在任意时间提供给任何地方的任何人。

可以确定的是，有很多重要的力量来推动这样一个模式的转变。人们的生活不能有"暂停"，要从几百英里以外的家里赶到学校去参加学校的学位课程计划学习。他们有家庭、工作和其他的一些事情——障碍阻隔了许多合格的学生，通常是女性或者收入较低的人们，使他/她们不能追求自己的梦想。

虚拟大学的构想有一定的局限性。住宿有多重的目的，对本科生来说是非常重要的。然而这一新的由电脑辅助的远程学习和远程合作引出的新的可能性，在开发了人们全球范围内对话的巨大潜力的同时，也保证会增强所有的学术环境。

成人大学

为了在高等教育中做得更好，研究型大学就需要增加投入来吸引世界级的学者，维持庞大的图书馆，建设尖端的实验室。有些学校会认为利用学校为高中毕业生提供普通教育计划不再划算了，取而代之的是可能只录取成年的、在学术和情感上都已经成熟的学生直接进入学科的专业学习阶段或进入专业学院，这和欧洲和亚洲的一些大学有些类似。

对这种模式的研究也是由人口统计学推动的。很明显，一个老龄化社会将会有不同的教育需求和重点。而且，在一个知识驱动的社会里，对教育的要求将会不断增大，这就使全国劳动力对高等教育和培训的需求不断加大。老年人也越来越希望能有更正式的学习机会来充实他们的生活,成年人的教育需求的确令人惊奇。

因此,凤凰城大学等机构决定专注于成人教育就不值得奇怪了。除了市场机会以外,考虑这样的重点还有别的原因,甚至研究型大学也不例外。这可以使得大学把它们丰富的而且是昂贵的资源集中用在最有效的地方——智力成熟的成年学生,他们希望在特定的学科和专业中受到高等教育和培训。这样可以解除大学为他们提供普通教育和提供父母般照顾的责任,这是很多规模较大的大学无论如何也不能很好适应的角色。这也能够使得这些大学摆脱补偿教育,这是一项极不适当地使用研究型大学昂贵资源的活动。大学致力于为学术上成熟的学生提供高等教育和培训,可以增强大学的学术氛围,由此可以大大提高教学和学术的质量。成人学生更成熟,也更能从这些大学的资源中受益。

具有讽刺意味的是,大学集中于成人教育甚至可以减少公众对高等教育的批评。大多数的学生——还有父母——对大学三四年级的学术性专业和专业教育的质量都感到非常满意。而且,他们也很愿意支付必要的学费,一方面是由于他们接受高等教育和培训的高额支出,另一方面,他们也越来越能感觉到这将使他们的事业受益匪浅,是所谓"隧道尽头的光亮"。相反,学生和父母对于质量和花费的一些担心和失望都集中在了大学教育的早期阶段,集中在普通教育时期,因为他们感到这种教育形式和高中差不多。

大学学院

还有一种与成人大学不同的模式。近几年来,有人呼吁研究型大学要努力提高本科教育,特别是一二年级阶段的质量。[20]这里我们必须承认,规模较大的研究型大学在提供普通教育和帮助年轻学生的智力和情感发展方面存在一定的困难。越来越明显的是,我们需要开发一种"大学学院"的新模式,也就是由综合大学的研究生和专业教育包围着的本科生教育。

大学都擅长传授给学生们诸如生物、历史和心理学等专业领域的事实和方法。然而,在帮助学生学会在一个复杂的社会中怎样"生存"或者怎样做出有效的道德选择等方面,我们并不怎么成功。在一个专业细节很快就会过时的环境中,学生们越来越需要一个探究的工具和适应新形势的能力。不能很快将学生分流进极为狭窄的学科领域中；相反，我们应该考虑至少把本科的前两年作为一个机会，当学生探索我们丰富的多元文化和学术遗产的时候，可以尝试不同的生活。

一些大学尝试将本科生教育集中在一个单独的单位里，即大学学院，利用整个学校的资源。作为学术领域里本科教育使命的重点，大学学院能更好地选择现代研究型大学的智力资源和经验：它的学者、图书馆、博物馆、实验室；它的研究生和专业教育；它的人员、思想和多样化的努力。

由于学习越来越成为一个人一生的任务，寄宿制本科的社会经验变得更加至关重要。学生们本科时候建立的学习小社会，他们所做的决定，他们的课外活动——都为未来的探索奠定了基础。大学学院要强调这种学习社会的意识，使得学生和教授的联系更加紧密，也许在一个多功能的设施中，模糊了课堂教学、课外活动和社会生活之间的界限。大学学院也注重广泛的服务活动，把社会需要作为这种丰富的学术环境必不可少的组成部分。

终生大学

在一个教育成为终生需要的世界里，我们应该把大学重新设计为一个连续体，在这一连续体内，我们可以和学生终生互相影响。这样的话，我们就要思考一条使大学成为终生教育机构的途径，而且要囊括所有的教育需求。

在这个模式里，大学要致力于同学生终生的交流——一旦成为大学的学生或毕业生，就终生成为这一大学家庭的成员——满足他们终生的迎合多变的目标和需要的教育需求。而且，可以使学生和在某些领域已经事业有成的校友坐在一起，这样就模糊了在校生和毕业生、学校和外部世界的界限。

终生大学的观念也发展了关于我们要提供什么样教育这个问题的不同观点。一些人觉得，在一个信息和技能会迅速过时的世界里，传统的独立的、有时间限制的"学位"计划的作用将会越来越有限。教育已成为终生的过程，并且，随着终生大学的出现，再加上虚拟大学等其他模式，就有可能提供给学习者随时随地的教育。

有了这样看待我们自己和我们使命的新观点，"校友"就不再指那些已经毕业离校的人。相反，作为本科生，他们一旦进入一所大学可能就开始了潜在的终生的教育关系。最终,这种联系将使人获得无穷的能力,使人们可以不受知识和技能的限制,自由地选择对自己最有意义的生活道路。

普遍大学

我们已经进入了这样一个时代,知识,继而是教育,不只是对于经济繁荣和社会富强来说是重要的,对于一个人的生活质量来说也是关键的。教育的需求不会再局限在一个特定的层次或人生的一段时间里。相反,我们面临发展新学习模式的挑战,这种新模式要能够为人们提供大学水平的终生教育机会,无论在哪里、什么时候、如何需要,我们都能提供高质量的、人们能负担得起的教育。换句话说,教育将会成为一个普遍的需要,大学也要成为无处不在的学习机会的提供者。

其他的一些社会机构确实也致力于普遍的学习:图书馆、博物馆、表演艺术、媒体。如今,由于知识已成为决定个人和社会繁荣的重要因素,信息技术的迅速出现提供了建立新型社会的能力,人们可以预期新的社会结构——普遍大学的出现。可以把这看成是我们公共文化的核心,一个可以把诸如学校、图书馆、博物馆、医院、公园、媒体、计算机网络和网络上越来越多的信息提供者等社会机构连接起来的组织。[21]或许普遍大学将会成为一个新的社会"生命形式",能够为社会提供向所有人开放的学习和知识网络。这些也许可以从现行的图书馆、学校或者大学进化而来。它们可能是自然界中存在的中心或是分散在电脑空间。然而,它们也可能以全新的模式出现,完全不同于我们所经历的任何事情。

科技的一些引人瞩目的趋势说明新型的"社会知识结构"事实上可能不会从学校或图书馆等传统机构中演化出来。其中的一个趋势是全球计算机网络的发展,如因特网。除了能把人们连接到电子社区中,它们也能使我们同丰富多样的知识资源联系到一起。在某种意义上,它们已经形成了"知识和学习网络",使我们能够利用获得的广阔的智力资源建立起各种社区。现在我们能够创造出学习的新形式、新平台,不只由科技因素,还由组织和社会因素组成,这种新模式将把人们与拥有知识和学习资源的社会机构联系到一起。

实验室大学

经验表明,要通过改变现行的课程计划和活动来达到高等教育的转变是很困难的。虽然这种直接的方法能够在一些边缘部分产生渐进的变化,然而达到更大变革的努力通常都会产生相当大的阻力,以至于几乎无法取得进步。非常有效的方式是采取"绿野"方法,通过分别建立新模式,从中获得必要的经验,然后推广这一模式的成功的因素来改变或者取代现行的计划。

主要的大学转变的一个可行的方法就是要建立全新的校园。20世纪60年代,加利福尼亚大学努力探索建设学术性学院的途径,在圣地亚哥校区(UC-San Diego)围绕研究主题建立学院,在圣克鲁斯校区(UC-Santa Cruz)提倡寄宿学习,就是使用这种方法的例子。然而,资源受限的20世纪90年代与人口激增的60年代完全不同,很难证明建立独立的校区、开发新的教育模式是否合理,更不用说能找到俯视太平洋的红杉林一样的地点了(尽管位于蒙特里湾的新加利福尼亚州立大学是一个有趣的例外)。但是考虑一下另一个可行的方法有着更重要的原因:为了快速推广成功的做法,或许在一个现存的大学内直接发展一个新的大学模式会更有效果。

我们可以考虑一下实验室大学这种模式,这样可以为那些有创造力的学生和老师提供一个环境,使他们能和同事一起来开发和检验新的大学模式。实验室大学应该是一个实验场所,在这里有关大学基本使命的教学、科研、服务、推广的新模式能够得以开发和检验。但同时,它还有一个目的是要发展能够传递给大学的富有活力和冒险精神的新的文化、新的精神。在这样一个学术机构中,我们有望形成一种容忍冒险的文化,这种文化鼓励学生和教师"努力去获取",在这里,失败是被看成是与宏伟目标相连的学习过程的一部分,而不是表现不好。

在结构方面,实验室大学没有遵循传统的学科设置,而是强调一体化的主题。至于授予学位,比起传统大学授予的学位,实验室大学更强调本科生、研究生、专业人员和终生学习计划的紧密联系。我们也看到实验室大学能更有效地通过鼓励学生参与到教学、科研、服务和推广活动中,使大学活动更加一体化。而且,实验室大学总是能组织起一些扩大的活动,例如,将校友和大学校内活动联系起来,或者为学生们提供更丰富、更有意义的国际性经历。

实验室大学将解决高等教育中又一个重要的问题,那就是针对诸如教学和学习这样基础领域的投资需要。粗略估计,多数大公司都将收入总额的百分之几投入到研究和开发上。然而,具有讽刺意味的是,尽管现代大学强调学科研究及学术并把它们作为职责的组成部分,但针对开发可能的教育、学术和服务的未来形式的投入非常少。例如,如果密歇根大学跟随商业和政府中出现的趋势,就会在科研上投资大约每年3000万~4000万美元。事实上,和多数大学一样,它每年投资只有100万~200万美元。

在与大学核心活动相连的问题研究上投资不足已成为一个严重的问题,这是由于高等教育的未来变得越来越不确定。实验室大学可以作为满足这一需要的一种途径。它可以作为21世纪大学的原型,一个集体研究与开发的实验室,或者为各种可能性提供根据。它也可以成为大学更持久的一部分,能够比这个机构的其他部分至少早出现10年。

通向未来的途径

每一种模式,每一个对大学未来的设想,都是用来激发我们的思维。每一个不仅包括代表未来可能性的因素,还与今天的需要和关注相连。它们为我们提供了一个可供讨论的勾画未来和实施头脑风暴的有用框架。

在前几节中列出的大学模式可以被看作是抽象的计划说明书,一个可供讨论和开放式研究的有用框架。然而,对密歇根大学来说它们意味着更多。它们不仅表达了我们的想法,还有我们的行动和实验。

例如,通过"密歇根使命"这一战略性的努力,我们显著地改变了学生和教师们的种族多样性,由此也提供了一个探索多样化大学主题的实验室。我们在欧洲、亚洲和拉丁美洲都设立了校区,用信息技术将它们连接在一起,以便更好地理解成为世界大学的含义。我们发起了一系列的活动,诸如媒体联盟(一个复杂的多媒体环境)和一所虚拟大学——密歇根虚拟大学(Michigan Virtual University),同时我们在管理因特网、探索虚拟大学这一主题的过程中发挥了关键作用。我们开展了新的跨学科课程计划,建立新的学习空间,以便把老师和学生吸引到一起作为单科大学的模型。我们将视觉和表现艺术置于显著位置,把它们同工程和建筑等其他学科结合起来,由此更好地理解创造性大学的挑战。我们还发起了其他一些活动、计划和冒险,其目的都是为了探索未来。

所有这些努力都是由基层教师和学生们的兴趣、能力和热忱推动的。作为机构的领导者,我们的方法就是鼓励"让每一朵鲜花都盛开"的哲学,回应教师和学生的建议说:"哇!太好了!看看我们能不能一起努力使其发生!不要担心风险。如果你不是一次又一次的失败,那是因为你的目标还不够高远!"

其中的一些实验花费确实相当高昂。还有一些得不到理解,受到了那些安于现状的人苛刻的指责。所有的实验都冒了很大的风险,而且有些失败了——虽然很壮观。然而,尽管这种实验的方法使一些人感到不安,也使一些人感到灰心丧气,幸运的是校内外有很多人把这个阶段看成是激动人心的探险。所有这些活动对于理解大学将会出现什么样的未来非常重要。所有这些也都对大学的发展有一定的影响。

在工程学里有这样一句老话,预测未来的最好的办法就是去创造它。通过探索实验去更好地了解21世纪大学可能出现的模式,我们其实是正在设法创造它。

本章结束语

由于高等教育机构在很多方面具有强烈的企业和交易文化的特征,因此它们显著的适应力以及在过去适应变化的能力已经有所显现。给教师以自由、鼓励和刺激,使他们以高度灵活的方式朝着个人目标努力,而且无论是繁荣时期还是衰败时期他们也都这样做了。我们的挑战就是要把这些能量和创造力运用到机构的改革上,使其能够更好地为一个变化的世界服务。

然而,我们必须要在为机构的未来所设定的远景目标的范围内这样做。我们需要对大学的发展过程进行引导,保留我们的核心使命、特点和价值标准,而不是让其继续沿着不受约束的、交易的、企业的文化发展。我们必须努力发展我们的大学,让不确定性成为令人兴奋的学习机会。未来属于那些直接面对它的人们,属于那些有勇气转变自己为新社会服务的人们。

一个关键的因素在于要给予大学向全新的模式转变的能力,使之能够更好地为一个迅速变化的社会和一个深刻变化的世界服务。我们必须努力去摆脱阻碍大学反映众多大学参与者需求的束缚,舍弃不必要的程序和管理结构,质疑现有的前提和安排,挑战、刺激和鼓励大学的成员参与到这一伟大的冒险中。我们的挑战在于要协同合作来创造一个环境,在这个环境中,变化不被看作是威胁,而被看成是令人兴奋的参与到学习这一大学的主要活动中来的机会,参与到各种形式的学习中来,尽我们最大的可能服务于我们的世界。

那些能够着手转变的机构将会繁荣稳定地发展。那些把头埋在沙土中,恪守现状,甚至沉迷于过去从未出现过的桃花源的机构正处于极大的危险中。那些或是从内部通过教师政治或董事会,或是从外部通过政府或公众意见进行微观管理的学校,在一个巨大变动的时期中,几乎没有繁荣的机会。

抛开陈旧的、安逸的规则,向新的可能性和方式敞开大门,通常都会引起惊恐,显得困难重重。但是变化也使我们有可能深入地同学生相联系,为我们提供了为更广阔的社会服务的潜能。对学校和组成学校的个人而言,只有走向前方的未知才能够成长。我们一起努力,并不鲁莽,而是经过深思熟虑——带着对学生的生活和梦想的关心和深深的责任感。

虽然我们并不能真实地预知未来,但也不能放弃瞻望未来的责任。社会正在改变。我们要么作为积极的参与者回应这些变化,创建我们自己的未来,要么将会发现我们自己被不可控制的社会力量推向这个未来。

未来还不确定,但是我们不应以别的方式幻想。多变和发现所带来的激动无情地把我们带向明天。

第十三章 高等教育的未来

因此,我们相信多年来教育对投资者而言是一个广阔的新市场。它是一个大规模的联合体(几乎与卫生医疗规模相同),用户不满、科技利用率低,对任何国家来说都具有最重要的战略意义……最终,多年的垄断之后,现存的管理体制处于沉睡之中。

——国家银行蒙哥马利证券公司
《投资报告》(1996)

本书的大部分内容是从个别大学和学院的视角考察了高等教育所面临的挑战。然而,美国的高等教育是一个庞大而复杂多样的体系,其中包括了数千所高校,这些高校服务于国家日益发展的各种需要。因此,从这个广阔的视角来考察高等教育的变化是很重要的。

当然,人们可以采取不同的方法进行研究。我们可以把美国的高等教育更多地看成是一个产业,用教育服务回应社会的需要,同时在广阔的市场中对学生、教师、公私资金来源进行竞争。尽管许多高等教育机构是非营利的,但是在市场中它们也同其他产业一样充满了竞争。而且与其他产业一样,市场的力量在形成高等教育的性质方面发挥着极为重要的作用。实际上,人们所关心的当今大学所面临的变化可能是涌上高等教育海岸的第一批竞争的浪潮。在地平线之上,可能是市场力量的海啸,它席卷着高等教育,以其巨大的能量推动高等教育进行重组。

但是高等教育还有更高的目标,产业模式是不能充分体现其特色的。我们都希望大学和学院能够为民主社会培养所需的合格公民,将文化遗产代代相传,做负责任的社会批评者。如果只靠市场力量决定大学的未来,那么大学的这些作用就会面临危险。人们只需考虑一下类似教育的其他事业的发展,如电视和新闻界,就会明白商业市场会把大学变成平庸之物。然而,如果我们要保存大学最重要的价值和传统,最重要的是要了解改造美国高等教育的强大的市场的潜在力量。

高等教育事业

我们已经指出,美国高等教育系统包括差不多3600所中学后教育机构,从小型学院到巨大的州立大学系统,从教会学校到世俗学校,从单一性别学院到男女混合学院,从职业院校到文理学院,从赠地大学到城市大学,再到全国性的研究型大学。在这个系统中还可能包括一些其他的组织和机构,包括教科书出版社、认证机构、协作体以及日益增长的大批科技公司。

传统上看,高等教育系统被描绘为学问的金字塔,以社区学院为塔基,以获得认证的公私立四年制学院为第二层,提供研究生学位的机构为第三层,研究型大学为塔尖。在一些州,这些不同的角色由一个主要的计划来规定。在另外一些州,教育机构的角色和使命不受公共政策的制约,而由可获得的资源或政治的影响力所决定。

但是实际上高校的角色是极为混合的。社区学院确实主要服务于当地社区,但是它们所提供的教育服务的范围是相当广泛的,从两年制副学士学位到高度专业化的培训。它们还给那些目前已拥有学士学位的人提供研究生教育,这些人希望回到自己社区的学院中接受诸如计算机和外语等领域的专业教育。

许多小型的文理学院特别鼓励有时甚至是强迫他们的教师成为活跃的学者,要求他们除了教学以外,还要寻求研究基金,发表学术论文。当然,许多四年制学院已经增加了研究生计划,并且采用了"大学"的名号,尽力要服务于地区的利益,也要获得名气和声望。在高校系统的另一头,许多研究型大学却一直被迫承担着入学阶段的大量补偿教育之责,特别是在语言技能和数学方面,这一切都是由于基础教育质量的下降。许多大学甚至直接进入了基础教育领域,建立并管理特许学校(charter school),甚至是整个学校系统。这些倾向只会使得各种类型的高校角色更加模糊。

一些人主张我们需要把21世纪的高等教育看作一个成熟了的产业。[1] 毕竟,大部分州已经为60%或者更多的高中毕业生提供了中学后教育。出于传统目的的对高等教育的公共支持,无论来自各州还是联邦政府都不可能再有增长。而且正如在医疗卫生这样的成熟产业所发生的一样,公私双方都在严厉地质疑大学和学院的成本、效率、生产率及有效性。

然而,仅仅从高等院校传统的相关人群的角度来看待高等教育,就看不到我们进入知识时代时必须发生转换的意义。比如,如果终生教育变成保住工作的必要条件——这在许多职业领域已成事实——那么对高等教育和培训的需要就会与日俱增。所以,美国的高等教育完全可以成为这个国家最重要的出口商品,特别是如果我们利用新兴科技在全球范围提供高质量教育服务。高等教育可以是——而且必须是——我们时代最活跃的产业,但是这将依靠高等教育新模式的发展,这种新的模式将利用更有效的系统为高校提供财政及教育服务。

日益增长的高等教育需求

美国有强大的力量推动着社会对高等教育的需求不断增长。我们已经注意到,未来人口的增长将会引起对教育服务需求的显著增长,据估计,到2010年大约会多出近440万的学生。除了伴随人口增长而增加的教育需求,还有更基本的力量在发挥作用,这些力量无疑将会推动高等教育有一个大的扩展。

随着我们步入知识时代,劳动大军将需要更复杂的教育和培训来保持他们的竞争力。我们已经进入了一个对高等教育和学习机会的需求急速增长的时代。个人的教育和技能水平日益被看作是他们个人生活质量和强大社会实力的关键。而且,现有劳动力对继续教育的需求导致了大学层次的成人教育市场的快速发展。

人们一直把教育看成是生活富裕和社会流动的关键。但现在比从前更甚的是,人们把教育看成是拥有有意义的完满人生的希望。一个人的受教育水平已经成为个人经济富裕的基本决定因素。正如一张高中毕业证书是工业时代的通行证一样,一个世纪后的今天,高等教育成了知识时代经济保证的条件。

我们已经注意到,现今的典型的高校毕业生在他们的一生中会变换好几次工作,在每一阶段都需要进行补充教育。而且,随着许多领域知识总量的不断增长、人类寿命的延长以及老龄人口的工作生涯,学识重组的需要也将越来越显著。甚至那些没有学位的人们也会发现他们的继续就业需要高等教育。多伦斯(Dolence)和诺瑞斯(Norris)估计,如果个人只是与工作技能和知识同步就大约每周需要进行一天的学习。[2] 这相当于有五分之一的劳动者在大学层次学习课程,或者相当于大约280万全日制学生——然而现今大学和学院只有全日制学生121万。[3]

知识工人可能把工作和学习的界限变得越来越模糊。实际上,不断学习将是持续工作及工作保障的必备条件。雇主将会寻找那些不断学习和掌握新技术以适应新需求的人。他们不会太在意新雇员是否拥有某种特别知识,而是更强调他们在工作中继续学习和不断增长学识的能力。从雇员的角度来看,他们将不会把注意力放在与某个公司相连的工作的稳定上,而是更看重能够提供学习的机会,以获得更有市场的知识和技能。

正如我们所提到的,"以防万一式"的学习将会发生转变,在这种模式中,正规教育局限在人生早期的特定学位课程上,希望所学的技能以后将会有用武之地。这种教育将转变成"及时式"的终生教育,在人的一生中正规学习和非正规学习都会出现。这意味着一个人学习经历的大部分将出现在他本科教育之后,或者在工作场所中,或者在其他的学习环境中。

很明显,在这样一个日益壮大的追求高等教育和学习的市场中,高等教育应该繁荣。[4] 但同样明显的是,我们现今以校园为基础的、高成本的、象牙塔式的方式不能回应这样惊人的需求。[5] 我们需要用新的观念去创造新的学习模式,需要为这种巨大需求提供服务的机构和事业,以及为这种努力提供资金的机制。

高等教育事业的重组

在以往的岁月里,大学对学科、教师、学生和文凭的集中控制很明显。大学不仅负责规定学术学科和学术成员的身份,还要控制当今社会主要专业的入口。至少在美国是这样——尽管在学校之间存在着对学生、教师和资源的竞争,但学校对颁发学位的控制程度导致了一个控制紧密的竞争市场。而且,大多数学院和大学主要服务于地方或地区,在那些地方它们有很强的市场地位。就像许多垄断的专利组织,今天的大学是以教育提供者为中心的,本质功能是满足教师的需求和愿望,而不是他们所教的学生或支撑他们的广阔的社会。

然而,今天这种垄断性正受到极大的挑战。没有一所大学能控制知识的增长或社会的教育需求。信息技术正在快速消除阻隔大学的时空界限。新的竞争力量正在进入市场,向文凭发起挑战。

竞争力量

由于对高等教育的需求变得更加强烈,已经有迹象表明有些高校正在适应市场的力量,而且还跨越了传统地域上的界限去争取学生和资源。几百所学院和大学把自己看成是在国内甚至国际市场上竞争的一员。甚至在地方社区内,以往享有地区垄断的学院和大学现在却发现其他高校通过推广服务、远程教育甚至是建立分校的方式正在强占阵地。随着通讯、运输和国际商业的进步,美国的一些大学逐渐把自己看成是国际性机构,在国际市场上与其他高校竞争。

除了高校间的竞争,新的教育提供者正进入市场。[6] 老到的营利性实体,如凤凰城大学和沙尔文学习中心(Sylvan Learning)等,正在挺进市场,并遍布美国、欧洲和亚洲。在大学目录上登载的虚拟大学已经超过了 700 所,学生超过百万,其中包括西部管理者大学(Western Governors University)和密歇根虚拟大学。据估计,在美国现在已经有 1000 多所企业培训学校,为雇员提供大学水平的教育和培训。如今工业界每年用于企业培训的费用超过 600 亿美元。企业进入市场,提供更广泛的教育服务只是个时间问题。

尽管传统的高校基于长久的威望以及对认证和文凭的控制而享有竞争优势,但这些很快会被工业部门所具有的能够调动广大资源的能力所削弱。而且,工业高水平的技术、战略联盟和快速决策都成为竞争激烈的市场的决定优势。最后,以营利为目的的教育提供商拥有资金市场的广阔资源,并且没有其他社会责任和公共管理的羁绊,可以从传统教育机构获得最好的教师和最具吸引力的产品(学习软件、课程或课程计划)。所以,竞争的威胁是真真切切的。

从教到学

教师已经习惯于教那些他们乐意教的东西,习惯于怎样去教以及学习在什么时候、在什么地点进行。学生必须到校园去学习。他们必须一步步经过大学的录取、咨询、课表安排、寄宿生活。而且他们必须交钱来获得这些待遇,几乎没有一般消费者的权利。如果他们通过了让人迷惑的要求,最后就能获得一个证书——大学文凭——来认可他们的学习经历。这个过程由认证机构、专业协会、州以及联邦政府来确认其有效性。

这个被严格控制和管理的系统可能会被几个因素所削弱。第一,这样一个有定量限制和被严格控制的机构不能满足社会对高等教育和培训的巨大需求。第二,日益扩大的市场将会吸引新竞争者去开发新的学习模式并对传统的教育提供者造成威胁。而且也许最重要的是,新兴的信息技术将不仅仅扫除时空界限,而且会把学生转变成学习者和消费者。开放的学习环境将给市场中的学习者提供各种选择——各种学习活动、知识丰富的网络和数字图书馆、学者和咨询专家,以及其他用于学习的机制。

从教师中心的掌控教学和文凭的机构到分散的、开放的学习环境,这个转变正在进行。新的学习服务日益可以从诸多提供者、学习代理商和中介组织获得。这样一个开放的、以网络为基础的学习系统看来更能适应对高等教育、学习和知识的强烈需求。可以肯定的是,它不仅仅给学习者提供了更多的选择机会,而且还会给提供知识和学习的服务者带来更多的竞争。

全球化的知识和学习产业

高等教育可能会从那种服务于当地社区的传统学生的松散的学院和大学联合体发展成为全球化的知识和学习产业。随着新竞争力量的出现以及传统制度影响的减弱,教育就像医疗卫生、通讯或者能源等"解除管制"的行业一样在发展。然而与这些政府管制消失后已经进行了重组的行业形成对比的是,当教育从时空的限制以及文凭垄断中摆脱出来,全球知识产业将会从新兴的信息技术中获得腾飞的翅膀。皮特森(Peterson)和迪尔(Dill)指出,由于我们的社会越来越依赖新知识和受过教育的人,依赖知识工人,这个全球知识产业将成为代表当今时代增长最活跃的行业之一。[7]

把高等教育描绘成"产业"或"商业",对此学术界的许多人无疑是抱着嘲讽或惊恐的态度的。毕竟高等教育是以培养公民为目的的社会机制,传统上并非是由培养劳动力和发展经济这些目的所驱动。而且,把高等教育作为产业的观点会产生一些问题,即短期的经济和政治要求会支配更广的社会责任和投资。然而在知识时代,大学适应经济、社会和技术变化的能力需要我们思考中学后教育的新模式。任何人、任何政府都不能控制正在崛起的知识和学习产业;相反,它是受控于市场的。大学应该在保持传统价值和性质的同时学会应对市场竞争的压力。

谁将推动高等教育的重组呢?是联邦政府,还是各州政府?不可能。大学和学院这样的传统机构会通过全州范围的系统或全国性的联盟来工作。那么是像美国大学联合会(Association of American Universities)或美国教育理事会(the American Council on Education)那样的机构吗?也不是。那是市场吗?正如它在医疗卫生行业的所作所为,由市场催生出大批的新组织如虚拟大学和营利的教育公司?或许是吧。

当今高等教育事业包括传统的高校、研究型大学、四年制学院和大学、两年制学院、私人团体办的高校、专业和职业高校。然而,明天的中学后教育事业也许会包括计算机硬件公司、电信运营商、信息服务公司、娱乐公司、信息资源组织、公司及政府部门的教育组织等。

不管是谁或什么会推动变革,高等教育事业在未来的10年中可能会有巨大的转变。[8] 这种转变可能会在大学内部发生,以努力适应不断增长的社会需求和有限的资源。但更可能的是由新市场、新技术以及新的竞争来推动。在这个急速发展的知识产业中,处于危险之中的不是哪一种类型或规模的学校,而是那些被传统、文化或管理束缚的学校。

对比:医疗卫生行业的重组

高等教育事业的重组真会出现吗?杰克·格雷奇(Jack Gregg)把今天高等教育所面对的形势与10年前医疗卫生行业所面对的形势做了一个有趣的对比。[9] 医疗卫生行业与高等教育各自的规模都不是非常大,分别为6000亿美元和1800亿美元,但它们对国家都具有至关重要的意义。两个行业在质量上都属国际一流。

除了规模和质量,20世纪80年代的医疗卫生行业与20世纪90年代的高等教育还有其他相似之处。两者都是以提供者即医生和教师为中心并由专业行会管理。两者对市场需求的变化几乎都不大关注,对诸如生产率和成本限制等管理问题也很忽视。两者都极为依赖公私两个渠道的补贴,以此来支撑向消费者收取的高价格。并且两者最终都遭遇了来自市场压力和政治势力的对费用快速增长的强力抵制。

10年前,当医疗卫生的费用继续快速攀升时,许多人希望政府给出答案,由政府去管制,而且要么补贴,要么控制成本。然而政府的干预搁浅于问题的复杂性以及对联邦职责强烈的政治分歧。市场取而代之介入后,迅速而深入地改变了医疗卫生行业的性质。出现了像医疗保健组织(managed health-care organizations)、大型营利性医疗卫生提供者、由经纪人促成的雇员和其他人的新型合作社等新组织,这些促使了医疗卫生费用的下降。

当医疗保健成为竞争激烈的市场中的商品时,医疗卫生的提供者很快意识到要把病人,或者更常见的是把雇主或为雇员谈判医疗保健合同的经纪人作为他们关注的中心。在他们为技术高超的医生或尖端的医疗设备自豪的同时,他们也认识到如果他们能够提供质量高、费用低的医疗保健,这些最终只是资产。医疗保健的提供者迅速认识到他们需要在竞争激烈的市场中像商业一样地运作。如果病人确信在随便哪个地方他们都可以以较低的消费获得较好的医疗,国家拥有主要的第三级保健医疗中心就没有什么意义了。这种对病人需要及所关心的事情的关注成为医疗保健提供者盘活资金的关键。病人想看的是医生,不是有关的医疗保健专业人员。他们会对繁文缛节和官僚制度心灰意冷。他们想处理的只是看病的一个账单,而不是各个诊所各种服务的一堆账单。他们想得到最便利的服务,靠近自己的家或工作场所。

这些力量的结果是不到10年,医疗卫生行业进行了引人瞩目的重组。就在华盛顿还在争论管控医疗保健费用的联邦计划时,市场用诸如医疗保健(managed care)及营利性健康中心等新模式取而代之。尽管有人提出这个行业依然处于混乱之中,但毋庸置疑的是,市场已经使其发生了巨大的变化。

与高等教育的对照是明显的。大学依然是一个以提供者为中心的机构,根据教师而不是学生的需要和愿望来进行组织。寻求教育的学生要遵从教师驱动的大学安排,住在学校内,与大学的官僚机构打交道,从研究生助教而不是教授那儿学习,为这种待遇支付日益上涨的费用。教师抵制限制费用或提高效率的种种努力。尽管技术应用极为普遍,但极少用于提高学习的质量或效率。

教育行业在许多方面都是那些由公共控制占主导,然而由于质量、成本效益及变化需求等原因而处于危险之中的经济领域中的最后的代表。由于信息技术打破了垄断,通过使学生摆脱时空的束缚而开放了市场,现存的和新兴机构间的竞争正在加强。就像医疗卫生行业一样,高等教育事业正进入一个市场力量可能引向大规模重组的新时期。

对大学分类定价(Unbundling the University)

现代大学已经发展成了一个掌握和控制学习所有方面的完整机构。大学提供本科生、研究生、专业教育三个层次的课程,而且它们提供寄宿学院、专业学院、终生学习、体育、图书馆和娱乐场所。它们还承担课堂教育之外的所有形式的活动:为学生提供住房和饮食,提供警察以及其他安全保护、咨询和财政服务,在中西部的大学里甚至还有发电厂。

如今的综合性大学,至少像全服务组织(full-service organizations)一样,处在极大的危险之中。在过去的几十年中这些学校已经成了高度垂直的综合体。然而,今天我们已经看到了许多种类不同的竞争者已经将手伸向了这些活动。大学面对这些竞争,甩掉、卖掉或关掉部分传统经营部门的压力越来越大。它们会发现,把从录取和咨询到教学和证书等许多职能放开是很有必要的。

有个例子在这儿可能会说明问题。我们已经讨论了虚拟大学的概念,即提供计算机支持的远程教育,这是没有校园、没有教师的大学。虚拟大学的发展和焦点集中在营销和交付的核心能力上。它追随市场了解需求,然后从现有的学院和大学,或许是个别的教师中购买科目、课程和其他的教育服务,然后再通过复杂的信息技术传送出去。

利用自己的优势并向外采购是其他许多行业常见的做法。例如

第十三章 高等教育的未来

在计算机行业,存在着由硬件开发商、制造者、软件开发商和软硬件推销商构成的一个联合网。它们在回应竞争变化的过程中被不断地创造出来,并不断地被修改。

这种观念也可以用在学术界。我们非常善于生产教育的智力内容,但可能有别人更善于包装并批发这些内容。在以前,大学一直垄断着学习认证,但是也可以认证机构或其他种类的机构,更有能力评估和证明学习已经发生过。我们的许多活动,例如财政和设备管理,可以向外采购并由专家进行更好的管理。

一段时间以前,一家重要的信息服务公司人员拜访了我们学校并与我们交换了他们对高等教育市场的看法。他们相信未来10年美国高等教育的规模会达到每年3000亿美元(如果包括基础教育将达到6350亿美元),学生3000万,约半数为今天的传统学生,其余为工作场所的成人学习者(附带说一句,他们认为全球市场的规模为3万亿美元)。他们这种大胆的、以市场为驱动的高等教育运作模式意味着这种新兴的教育服务的国内市场可能由一个彻底重组的行业来支撑,其中包括5万名教师——"教育内容提供者"(content providers)、2万名学习"促进者"和1000名"精英"教师(celebrities),他们是学习产品方面的明星。学习者可以通过一系列营利性的服务公司与这些教师资源相连,这些公司负责学习产品的生产和包装,将这些服务交付给学习者,并且评估和确认学习结果。这与当今的高等教育是多么的不同!

布朗(Brown)和杜吉德(Duguid)提出了配置未来高等教育组成要素的更加大胆的设想。[10]在他们的模式里,学生不会被局限在某一所大学或学院里,而是成为有多种选择的主动的学习者。他们可以首先选择一个合适的"学位授予机构",这个机构会决定学位的条件,制定适当的评价方法,并且当有证据表明学习已经完成时,可以提供合适的资格证书。与这样的学位授予机构在一起,学生就会有机会规划他们的学业,利用各种教师和学习环境为自己服务。

在这个行业里,教师会像独立的承包商,首次与各种学位授予机构以及可能是某些校园环境发生联系。尽管有些学习环境与今天的大学校园极为相像,但其他的会是虚拟的,由强有力的知识网络来传送知识。这种模式将使学生(学习者)的教育计划由来自不同的学习提供者和实验的内容组合而成,这种教育计划可以在他(她)的一生中随着教育需求的变化而变化。

高等教育这个行业已经成熟到可以放开一些活动了。像社会的其他机构一样，大学将不得不诚实地面对并客观地了解自己真正的长处是什么，以及这些长处如何支持其策略，并且愿意在某些它们没有独特长处的领域向外寻求所需的能力。

商品市场的出现

高等教育在其大部分历史中一直是一个家庭手工业。单个的教程就像手工制造的定制的产品。教师临时凑成他们所要教的课程，也不管有几十名学生还是几百名学生。他们有时也使用教科书——尽管许多人不是这样——但是他们的组织、讲授、作业以及考试都是为当时所教的课程而制定的。很明显，这种手工制造模式是很昂贵的，因为每一次讲授很大程度上是为特定的某一班学生定制的。实际上，在我们最顶尖的大学里，每小时讲授的费用都超过了 50 美金，对大多数学生来说，大约相当于一次昂贵的城里午夜狂欢的费用。

实际上，工业时代绕开了大学，同样也绕开了有关学习的社会机构——中小学、学院和大学——继续推崇那些建立在过去的传统而不是现代需要的基础上的课程和做法。然而，认为高等教育需要进入大规模生产模式以与社会需要同步可能是相当错误的。在某种意义上来说，这是基础教育的发展途径，这种途径的结果将是毁灭性的。此外，甚至工业界都正在抛弃 20 世纪的大规模生产模式，正朝向为特定的市场生产更适合用户需要的产品迈进。

我们引进新的、更有效的学习途径的能力（不仅仅是传递信息的新媒体）将改变高等教育的性质。这就会带来新的组织模式，以及大学之间及大学与私营部门之间的新关系。制定课程的个别化的手工模式可能会让位于制作教材的更复杂的方法。随着新的异步学习模式的出现，甚至将本科教育组合成"学程"的标准模式（过去需要让所有的学生在同一时间、同一地点学习）可能没有存在的必要了。当然，在依然保护教师在决定课程内容方面拥有传统的独立性的同时，取代手工模式会面临一定的挑战。不仅如此，还有一种悠久的文化，即教师认为他们拥有他们所教课程的学术内容，并且可以为个人的收益自由地出售它们，例如通过教科书或校外的咨询服务。但是，如果大学想节省开支并且想适应社会的需求，那么大学就需要改造这些模式，并协商由课堂教学所代表的学术产品的所有权。

让我们回到编制内容的例子上。正如我们所指出的,大学——更确切的说是教师——擅长于为教育计划编制内容。确实,我们可以把这一点看成是他们的主要能力。但是他们并不善于为大量受众"包装"这些内容。无疑,许多教师写出了畅销的教科书,但它们是由教科书出版商出版并发行的。在未来的多媒体时代,由网络传递教育服务,或许大学将不得不向与大众打交道方面最有经验的娱乐行业外购产品和传播了。

当分布式的虚拟环境变得更为普遍的时候,我们就进入了一个新时代,课堂学习本身成了"商品",可以在任何时间、任何地点提供给任何人。你想学文森特·斯卡利(Vincent Scully)的现代建筑学课程吗?只需登录一下就行了。你想学史蒂芬·J.古尔德(Stephen Jay Gould)的"地球上的生命"吗?用同样的方法也可以获得。如果学生确实能够从这些天才的教师那儿获得课堂学习的经历,那他们为什么还要上本校教授——或者在许多情况下是本校助教——的课呢?

在这样的商品市场中,教师的角色会有很大改变。他们不会在教室环境中编制教学内容并传递它们了,而是可能负责整个学生们使用教育商品的学习过程,比如微软虚拟现代建筑学教程。显然,这就需要教师从学术分析技能和课堂展示转向对学生激励、咨询和启发了。欢迎回来,教书先生!

合并、收购、恶意接管

作为一个取消管制的行业,高等教育的概念有几种其他的含义。尽管美国3600所大学和学院在规模、使命、服务对象和基金来源方面极为多样化,但却不约而同地表现出服务上的重复以及运行的低效。我们不仅会在未来的几年内看到新的教育实体出现,而且就像在取消管制的其他行业中一样,我们也会经历行业本身彻底变革的阶段。有些学院和大学可能会消失,新的院校会出现,有些还会合并其他的院校。

我们可以看看实例:十大院校(The Big Ten universities,实际上有12所,包括芝加哥大学和宾夕法尼亚州立大学)已经合并了它们的许多活动,如图书馆和联邦关系活动(federal relations activities)。它们探索了许多途径,使得学生可以以一种明了便捷的方式在一所学校选读另一所联盟学校的课程,甚至是学位。人们可以想象出这十大院校正成为"美国中心地带"的一个大学体系吗?

人们还可以想象综合研究型大学与文理学院的联合,这样可以使得在大型研究型大学注册的学生可以享受到在小型学院才有的紧张的、极为个人化的普通教育,而小型学院的教师们也可以参与只有在大型研究型大学才有的研究活动。

人们甚至还可以想象"恶意接管",就像达尔文所说的进化过程一样,有些学校将竞争者吞掉。这样的事情在过去取消管制的行业里发生过,在高等教育中都有可能出现。

我的一位同事对这种进化有一个有趣的观点。他认为,过去50年可以称之为高等教育的"哈佛化",也就是说,大多数美国大学和学院都试图把更像哈佛作为它们的理想。然而,21世纪的前半叶可能会是美国高等教育的"非哈佛化",原因是,对绝大多数院校来说,这种高成本的精英模式不再具有吸引力了,而且如果学校要想在市场竞争中生存的话,学校间就需要有更多的不同。

一份最近关于高等教育财政危机的报告推荐了更为传统的分类:[11]

- 社区学院可以在劳动力培养方面发挥主导作用,把更多的力量放在针对劳动力培养、成人教育和补偿教育的教育和培训上;
- 州立本科院校可以在教师培训和与地区经济发展相关的领域施展本领,鼓励教师在科研和为当地各种行业提供技术帮助方面承担重要的职责;
- 主要的研究型大学可以把主要精力放在科研和研究生教育上,把联邦用于研究的投资集中到一流研究型大学而不要分散到各种类型的学校。

尽管这种明确区分各种类型院校的建议是值得钦佩的,但社会对教育服务的需求与它愿意并能够在传统模式内提供这些服务之间的差距日益增大,而它对此远不能做出反应。或许我们的问题是需要一个新的学校分类。例如,泽姆斯基(Zemsky)和麦塞(Mssey)先生就建议我们让市场划分学校类型:

- 名牌学校(Brand-name campuses):选择性的、地位高、费用高的学校,为传统意义上的年龄组的学生提供以校园为基础的

教育(如哈佛大学、伯克利加州大学等);
- 主体学校(Mass-provider institutions):费用低,但课程计划相对传统,招收的学生最多(如地方性大学和社区学院);
- 便利学校(Convenience institutions):以划算的、聚焦客户的商业模式提供范围广阔的教育服务(如凤凰城大学)。

从大的方面来看,我们可以看到全球知识和教育产业的作用在不断扩大。从"二战"后致力于让人们普遍获得高等教育,到20世纪80年代关注费用与效率,再到在知识推动的社会中大学的角色,现在大学的数量在增长,其承担的使命也越来越复杂,而且新生的力量和竞争者也进入了中学后教育。今天,我们认为中学后教育系统由一个教育机构的核心组成——研究型大学、授予博士学位大学、综合性大学;四年制学院;两年制学院、私人团体办的学院、专业和专门性学院。这个核心由一系列外部的力量来支撑、维持和补充,这些外部力量包括州和联邦政府、工商业界以及基金会。处于核心地位的传统的高等教育机构与正在崛起的知识与学习产业的新生力量——电信公司、娱乐公司、信息技术公司、信息服务供应商以及公司和政府的教育供应商——结合在一起。[12]

新兴的学习组织

我们已经讨论了市场驱动的几种可能性:形成全球性知识产业、由教学特权转向学习特权、拆分大学的活动、商品市场的飞速发展。但是使我们震惊的可能是全新的学习组织的快速增长。

新大学

随着差异的增大,将会有许多"新"大学试图通过核心的能力和差别在市场中定位自己。有些院校还会继续将精力集中在前面章节中讨论过的传统教育模式。但是大部分其他的院校还是会经历或利用重大的转变来探索一系列的主题:
- 从教的组织到学的组织
- 从被动的学生到主动的学习者
- 从以教师为中心到以学生为中心
- 从单独的学习到互动的协作学习

- 从课堂学习到学习化社会
- 从线性的、连续的课程到超学习(hyperlearning)经验
- 从学分或课堂学习时间的认证到学习评价
- 从"以防万一式"的学习到"及时式"学习,到"量身订做"的学习
- 从学生或校友到学习化社会的终生成员
- 从以校园为基础的学习到异步学习,再到普遍的学习

值得注意的是,这样的新大学并不只是推测,它们代表的是正在发展的模式,正遍及全美国和全世界。

新的竞争者

近几年我们看到高等教育市场出现了众多新的竞争者。据估计,1998年营利性以及私人性质的教育提供者的收入超过了35亿美元,并且还在迅速增长。大多数这样的努力都瞄准了具有高度选择性的市场,如凤凰城大学,已经在32个州里开办了一百多个学习中心,学生超过了50万人。凤凰城大学定位于满足那些成人学习者的教育需求,这些人由于事业和家庭的责任难以进入传统的学院和大学。它的课程结构性很强,安排的方式对学生而言非常便捷,课程的教授由从业的专业人员做兼职教员。目前,凤凰城已经成为一种极具竞争力的模式。

其他以产业为基础的营利性教育机构也在快速发展,像沙尔文学习系统(Sylvan Learning Systems)及其分支雅典娜大学(Athena University)、计算机学习中心及全球学习网络。这些机构与现存的一些私人团体举办的机构结合在一起,如德维技术研究所(DeVry Institute of Technology)、美国国际电话电信公司教育服务部(ITT Educational Services)。紧随其后的是众多复杂的企业培训项目,如摩托罗拉大学、迪斯尼学院等,这些机构最初只是为了满足公司内部培训需要,但现在它们努力为更广阔的市场提供教育服务。这里特别指出的是,信息服务公司在这方面的努力,如安德森咨询公司等,正逐步把教育看成是另一种信息服务。

尽管这些新出现的竞争者在许多方面与传统的学术机构大有不同,但它们在教学法、教材以及教育服务的生产和供应上也是相当的完善。认识到这一点是非常重要的。例如加利伯学习中心(Caliber

Learning)和开放大学(Open University)在编制复杂的学习材料和创设学习环境方面都进行了大量的投资,利用了从认知科学及心理学中获得的有关学习方法的最新知识。它们与知名的院校结成联盟,利用名校的名牌效应(商业方面的沃顿商学院,科技方面的麻省理工学院)。它们也用极为老练的方式进入市场,先是进军竞争较小、需求未饱和、生产成本相对较低的领域,随后快速挺进更复杂的项目以获取更大的价值。

面对这样的竞争,非营利性的高等教育也以一些新的态势来应对挑战。许多大学的推广课程计划正快速发展,以提供以因特网为基础的教学。大学间的协作体如"全美科技大学"以及中西部大学国际活动联盟已成为强大的竞争者。许多新组织正加入到它们的行列中,如西部管理者大学、加州虚拟大学和密歇根虚拟大学等,它们都致力于开发新技术和新的学习模式。

举例来说,1997年密歇根大学和密歇根州立大学设立了"密歇根虚拟汽车学院"(MVAC),这是一个私立的、非营利性的、根据联邦创新基金(501(c)3)建立的法人团体,其目的是为汽车工业开发和推行新技术课程和培训项目。[13]密歇根虚拟汽车学院是一所没有围墙的学院,它是高等教育机构、培训提供者和汽车工业的结合点。课程和学习方案可以在州内的任何地点提供给连接在一起的州内、州外甚至是世界各个地区有需求的人们。虽然新科技不断涌现,但密歇根虚拟汽车学院预计将会利用更广泛的技术平台来经销各种课程,这些技术平台包括卫星、交互电视、互联网、光盘驱动器、录像带以及它们的结合体等。它还会在提供者之间以及提供者和消费者之间为正在推行的课程制定共同的技术标准。最近它已经为几千名学生提供了一百多门课程和20个学位课程计划,这些课程的范围既包括研究生层次的工程学、计算机技术、商务管理等,也包括通讯、数学和计算机的入门课程。

开放大学

多年以来,许多国家的教育需求都是依靠开放大学来解决的,它们依靠电视课程及函授教育使学生在家中就可以学习并获得学位。最著名的可能要数英国开放大学(British Open University)了,但它只是世界范围内学生超过300万的众多类似机构中的一个。[14]

这样的机构基于开放学习的原则,运用技术和远程教育的模式来打破各种限制,为社会中更多的人提供教育机会。在这种模式中,学生在学习活动中成为更为主动的参与者,他们尽可能自己负责自己的学习。许多这样的开放大学正采用信息技术,特别是利用网络来为成千上万不能去或无法负担传统的住宿制校园学习的学生提供教育机会。

　　促进开放大学的因素有费用、可获得性和灵活性等。开放大学的模式不是以教室延伸为基础的,而是建立在导师与学生一对一的学习关系上。它要依赖高质量的学习材料,如教科书、录像带、光盘或以网络为基础的软件,还要辅之以地区学习中心的促导员(facilitator)和独立的监考员。运用这种模式,英国开放大学可以提供高质量的教学(目前在英国大学的排名中位于前15%之内),但是它的费用仅是寄宿制教育的一小部分(北美为每学年4200美元对12500美元)。

　　大多数开放大学极为依赖学生在家中的自学,尽管它们也确实利用交互学习材料和分散的学习设施,当学生需要时可以去寻求课业上的帮助。这看起来有些过时了。然而,随着虚拟分布式学习环境以及学习社区的快速发展,这些机构很快就能提供各种教育活动。

　　很明显,开放大学将会成为全球高等教育中日益重要的参与者。令人感兴趣的问题是这些机构能否在美国立足。毕竟,新崛起的像西部管理者大学和凤凰城大学这些机构正在利用开放大学首创的许多观念。1998年,英国开放大学在美国进行了一次大胆的尝试,开办了"美国开放大学"。当它准备进入北美市场的时候,与佛罗里达州立大学、加利福尼亚州立大学以及西部管理者大学签署了合作协议。[15]

教育维护组织(EMOs)

　　美国高等教育的主题之一是获得教育权。高等教育的每一次革新浪潮都是以教育社会中更多的人为目的的——公立大学、赠地大学、师范和技术学院以及社区学院等。[16]如今我们发现高等教育比以前更重要了。但我们需要寻求一种新的传播模式,以便使社会中越来越多的人可以获得这种教育。幸运的是,今天的技术正在迅速地打破时空的界限。很明显的是大部分地区的绝大多数人利用异步学习技术可以学习,并能够学得很好。所以,高等教育的障碍不再是金钱和技术,而是观念和习惯。终生教育会很快成为现实,使任何想学习的人在自己所选择的时间和地点都可以进行学习,无须个人太多的努力或金钱。或许在将来的数字时代,这种教育会成为美国大学的重要组成部分。

让我们重新回到美国医疗卫生行业的改组与高等教育所面临的改革之间的对比上,我们会看到有些相似的机构在发展。例如,在医疗保健模式中,健康维护组织(Health Maintenace Organizations)签约承担为个人提供全部医疗保健服务的义务。回过头来,它要么利用自己的机构提供医疗保健服务,要么从其他的医疗卫生提供者处外购这些服务。在同样的意义上,我们可以看到教育维护组织(Educational Maintenace Organizations,EMOs)的形成。它们愿意为个人提供贯穿一生所需的任何学习活动。有些综合性大学可能发展成这样的角色,与它们的本科生、研究生和校友达成终生的协议以满足他们的教育需求。然而,EMOs更可能成为教育服务的中间人,特别像虚拟大学,把教育服务的提供者随时随地地和想要学习新知识、新技能的学生联系起来。

学习网络

由于信息技术的推动,网络已经不再是一张连接学习资源的网了。多伦斯(Dolence)和诺瑞斯(Norris)指出,它已经成为高等教育组织的基本构架。[17]信息、知识和学习机会现在是通过强大的网络来传送给成千上万的人们的。那些从前只能是有特权的极少数人才能获得的知识、学问及文化资源,现在可以在任何时间、任何地点迅速地传送给任何人。

这种影响对所有社会机构来说都有深远的意义。工商业界正迅速从金字塔般的等级组织转变成由相对自治的成分构成的网络组织。通用汽车(General Motors)和IBM公司的命令—传达—控制结构已经被维萨(Visa)的"无序"网络所取代了。[18]

对于学术界来说,重要的是要认识到这种新的网络构架对于学习机构的深远意义。[19]今天的学习者可以在任何时间、任何地点学习,可以从任何地方获得学问和知识。[20]今天,学习者掌握着学习的内容、方法、地点和时间,他们同样也将越来越能够控制为学习机会所负担的费用。

网络学习结构的意义是多方面的。首先,它使得高校成为综合性大学并独自发展的企图失去了意义。相反,关键是要形成联盟,共享资源,专攻自己真正擅长的领域,而依赖其他专业机构提供其余的东西。从工商业界获得的最惨痛的教训就是,只有国际一流的、价格具有竞争力的产品才能在全球市场上立足。这并不意味着像哈佛和密歇根这样规模大、名气大的大学才能成功,那些小型的、更专业、更灵活的大学也可能开发出世界级的教育服务,足以有效地与传统的教育服务相竞争。

其次,学习网络还可以与不同层次的教育相结合。例如,我们可以看到许多高中生通过网络进入大学学习大学程度的课程。同样,许多学院需要提供中学程度的补偿教育。另一方面,成人也在从高等教育中寻求进一步的教育服务以满足日益变化的职业需求。网络构架最适合提供随时随地的教育服务——也就是说,提供"及时式"的教育而不是"以防万一式"的教育。应当承认,这也许不是与普通教育相关的一般学科的适当构架,但它完全有可能支配专业教育和与工作有关的学习。

最后,人们可以想象,学习网络发展成由各种教育活动和服务构成的严密的、连续的统一体,在这样的统一体中,学位的重要性越来越小,而一个人学到了什么变得更有意义。学习社区有了网络构架会进一步扩展,更加多样化。由于学习者不会再受到时空的限制,因而校外学习者的数量将大大超过校内的数量。除了这些,学习者、教师和研究者之间的区别会变得模糊。所有这些都将有助于学习、教学和学术的发展。

大学:学习内容的提供者和知识的证明者

正如我们特别指出的,大学在创造、保存、传播和应用知识方面扮演着重要的角色。由于市场提出要求并且技术也能够实现更为复杂的生产、销售和传递教育服务的方法,与研究型大学有关的美国高等教育的一部分很可能将其核心力量集中在提供知识的内容上。这些机构研究工作集中,教师多从事科研,它们有不同寻常的图书馆、实验室、文化资源等基础设施,所有这些决定了它们为社会提供所需知识内容的层次。当然,这一直是一个重要的职责,大学通过两个方面来体现这一职责:一方面是通过教材和教学模式在教育上影响这些机构,另一方面是通过科研来满足我们社会更广泛的需求。但是,随着教育服务业竞争的加强,商品市场的可能出现,这种内容提供者的作用可能会变得越来越有价值。

大学在评估和证明知识方面也会发挥日益重要的作用。许多人担心诸如因特网这样的知识网络可能会步其他大众传媒——收音机和电视——的后尘,免不了同样商业化的命运。这些知识网络中正在困扰人们的信息的数量和可信度问题也日益受到人们的关注。

面对处于无政府状态的网络(有人认为是一件好事),目前还没有办法去证实信息的正确性。传统的权威,如新闻媒体,也成了全球娱乐行业的边缘成分,而且早已失去了大部分的可信度。[21]或许现在正是创建新机构来担当起证实知识的社会角色的时候了。综观大学的历史,这一直是大学承担的角色之一。另外一些组织像国家科学院、国家工程院、图书馆、博物馆等也有这种信誉。也许现在应该在信息高速公路上建立一个新型的机构来担当证明者的角色,去帮助人们鉴别信息的真伪。

全新的公民生活模式

今天,由于知识在决定个人和社会福祉方面成为日益重要的因素,同时也由于新兴的信息技术提供了建立新型社会的能力,我们完全可以看到一个全新的社会结构。[22]一个世纪前,在安德鲁·卡内基(Andrew Carnegie)慈善机构的推动下,公共图书馆成为社区学习的中心。但今天,科技使我们能够将诸如学校、图书馆、博物馆、医院、公园、媒体、文化资源等公共和私人的资源连接在一起。而且,社区可以轻易地通过互联网把全球的知识资源连接在一起。

科技领域的一些引人瞩目的趋势表明,新型的"社区知识组织"(community knowledge structures)有可能出现,它们不会从学校和图书馆这样的传统机构中演变出来。

第一个趋势涉及诸如因特网等全球计算机网络的发展。除了能把人们连接在一起形成电子社区,网络还能把我们与日益多样化、日益丰富的知识源泉连接起来。在某种意义上,它们已经成了"知识网络",使我们具有了利用可获得的巨大的智力资源建立新型社区的能力。

第二个趋势就是我们对于学习和智力系统功能的理解日益加深。现代的计算机利用诸如大规模平行计算机、中枢网络和遗传算法等结构,正在模仿人的认知过程。这种技术的集中不仅能够使我们更好地模仿和理解人的智力,还可能成为构建能够进行学习和智力行为的人工系统的关键。

第三个趋势与我们理解人类行为的复杂适应系统的发展有关。我们已经知道,甚至是最原始的系统也能常常表现出相当复杂的行为,并且许多复杂系统可以展示自组织行为,在这种系统中,相当高级和复杂的行为是从最初看来无序、随意的过程中演变而来的。

这三个主题——知识网络、学习和智力系统以及复杂的适应系统——可以为理解全球结构的演化提供一把钥匙,它通过强有力的通讯技术把亿万人与他们的知识资源、他们的社区连接在一起。

对 21 世纪大学具有的意义

公立大学

美国高等教育在 20 世纪的一个重要的也许是占主导地位的主题就是公立大学的发展。随着人口的增长、经济的繁荣以及国家安全和工业竞争等需要的加剧,公众都愿为高等教育进行大量投资。虽然精英型私立大学在确立美国高等教育的标准和性质上发挥了重要作用,但在满足我们国家对高等教育的巨大需求方面,是公立大学提供了这种能力和多样性。

然而,如今面对着有限的资源和更紧迫的社会需求,对高等教育的公共支持却在减缓。随着我们进入一个知识推动的世界文化中,社会对高等教育的需求只会增强,没有迹象表明这些需求将一定由现存的公立大学系统的进一步扩大来满足。引发这些机构的社会契约条款正在迅速改变。用税收把高等教育作为公益事业来支持的原则以及联邦政府与大学之间在基础研究上的合作关系都面临着危机。导致这些变化的部分原因是由于税源日益减少,同时在其他的社会需要面前,给予高等教育的优先权在不断下降。[23]

这就存在着一个矛盾。政府和公众都呼吁公立大学要更多地招生、提高质量、节约费用。然而他们也鼓励——事实上是期望——公立大学对州政府之外的资源利用得越多越好。公立大学需要证明它们没有单纯依赖州,它们能够提高教师的效率并且降低开支,始终在改进教育质量。从某种意义上说,许多州的高等教育资助政策已经从利用税收来支持公立高校成为公益事业转变成购买低成本的教育服务的哲学。[24]

30 年以前,当我刚刚在密歇根大学开始我的学术事业的时候,对安阿博本部的财政资助有 60% 来自于州拨款(10% 来自于学费,10% 来自于科研资助基金,20% 来自于医疗职能)。如今的状况却有着极大的不同:州拨款为 3 亿美元,只相当于大学 30 亿美元运营预算的 10%;学费收入、研究资助基金和合同项目每一项有 5 亿美元,或者相当于各自占总预算的 15%;私人支持有另外的 3 亿美元,相当于10%;医院等附属部门有大约 13 亿美元,相当于 45%。

我们通常都解释说,在过去的 30 年中,密歇根大学从"州支持"的大学成为"州帮助"的大学,后来又成为"州有关的"大学,最后到"位于州内"的大学。事实上,考虑到欧洲和亚洲的分校,甚至"位于州内"的大学都不准确。或许,能更好地总结这一事实的说法是:和其他一流的公立研究型大学相比,密歇根大学是一所"私人支持、公共管理"的大学,但我们确实不是一所州支持的大学。

那么又怎样解释这种发展呢?是由于一个大胆的计划、一个"战略意图"吗?确实曾经有意识地采取一些行动来弥补州支持的降低:只要政治上允许,我们就尽快提高学费。尽管我们州内学生的学费依然相当低(一年 6000 美元),但对州外学生,学费提高到私立院校的水平(每年超过 2 万美元)。我们展开了大规模的筹措私人资金的活动,最高曾筹措到 14 亿美元。通过积极的资金筹措和大胆的管理,我们把大学的捐赠数额从区区 2 亿美元提高到 20 多亿美元。我们对大学一些主要职能部门如密歇根大学医疗中心、我们的娱乐公司——密歇根狼獾(Michigan Wolverines)等采纳了更商业化的方式,现在密歇根狼獾类似一个专业的特约经营公司。

但是,这种发展也是州政府政策所推动的,至少在一定程度上是州政策要求的。[25]因为州和大学之间越来越向一个采购-获取的关系发展。州把其资助都集中在了密歇根州居民的本科教育和经济发展等特殊服务上,这就使得大学必须获取其他渠道的资金来保证大学承担的诸如研究和研究生教育之所需。事实上,州政府的官员和董事会的成员都要求公立大学从非州立资源中获取收入,甚至是更少依赖于州的拨款。

这种强迫的策略被大学企业化的特征所调和,这种企业化的行为有数千名极富进取心的教师参与。大学教师相当容易地适应了州政府有限支持的现实,并很快在其他领域施展企业式的技能,比如获取私人捐助和在工业领域获得附带利益。

显然并不是只有密歇根大学出现这种情况。各州不断下降的财政支持使得很多公立研究型大学在发展企业式教师文化过程中越来越像它们的对手——私立高校,在这些高校要确定优先发展的重点并进行资产管理。美国一些主要的公立大学比密歇根大学走得更远,它们已经发展为私人资助的公立大学。在这些大学中,只有一小部分运营或资本支持来自于州的拨款。与私立大学一样,这些混合机构的大部分资金来自于学费、政府资金和合约项目、私人捐赠和医疗卫生等附属服务的收益。

十多年来的证据显示,各州并不能——或者是不愿——为维持公立高等教育发展而提供资源,至少第二次世界大战后的几十年中情况是如此。在美国的许多地方,州政府连维持大学现有的规模和质量都很困难。怪不得公立大学的领导们越来越不情愿将控制其各部门的权力让与州政府了。有些机构甚至正与政府讲条件,要求从州获得更多的自主权,把这作为是增加州支持的另一种选择。这些学校声称,如果它们能更大程度上控制自己的命运,它们就能更好地保障其服务大众的能力。

如今,人们甚至可以得出这样的结论,即美国建立主要由税收支持的世界级公立大学的试验已经走到了尽头。可以说,世界级的、综合性的州立大学观念从长远看是不可行的。在其他的公共事业,如医疗卫生、基础教育、公共基础设施需要面前,特别是在经济活动增长缓慢或停滞的时期里,要想证明维持这些学校质量所需的公共支持的程度具有合理性也许是不可能的。[26]

州政府支持下降的一个明显的结果就是主要的公立大学在财政方面越来越像私立大学。有些大学甚至在努力保持自己公立特点的同时也会越来越迈向依赖私人支持之路。在这些大学里,将只有一小部分运营或资本支持来自于州的拨款。像私立大学一样,这些混合型的机构将会主要依赖于从各种活动——学费、政府联邦基金和合同项目、私人捐赠以及从医疗卫生等附属服务获得的收入——中获得直接收益,而不再依赖于直接拨款。

州立大学在财政上被迫经历这种"私有化"的转变肯定会吸引一大批国内的——事实上是国际的——支持者,与此同时还要继续展示其致力于本州需要的强烈使命。与私立大学一样,它们必须在竞争激烈的市场中争取大部分资助,也就是学费、科研基金、捐赠等,有时候这也许会和州的重点活动相抵触。因此公立大学的自主权将成为其最重要的东西,甚至也许比来自州的支持更重要。

对于那些现在正在公立高等教育领域中发展的这种私人支持、公共管理的模式而言,这可能是其面临的特有一个重要挑战。越来越明显的是,几乎没有几个州能够或者愿意为建立和维持世界级研究型大学而投入资源。为了保持学校课程计划的质量,这些引人瞩目的公立大学虽然都建立在州的支持充裕的时候,但现在必须要争取州以外更大范围的支持。然而,为使州立大学能够吸引这些资源,有时候需要采取与州的重点相抵触的行动,例如接收更多的州外学生。

我们怎样着手为更广泛的公共支持者服务,而又不疏远自己州的人——或者拿现在州支持的水平(虽然很低)做赌注呢?一个建设性的方法就是努力去说服公众,尤其是媒体,不只是从教育一个方面,而是从多维的角度,如通过改善医疗卫生、促进经济发展、激发自豪感(校际运动会)、培养专业人士(医生、律师、工程师和教师)等来说明我们的大学对州来说至关重要。我们必须把公众认为我们是州资源消费者的认识转变成我们是生产者。我们也可以论证说,由于对教育支出有着适当的贡献,我们州的人民都能够获得这些资源,并且从某些世界上最伟大的大学深远的影响中受益。

公立大学总能有效地迎合其所发现的美国社会的需求和机会。如今,这些机构正在尽力平衡人们在资源有限、政治混乱的时期对更多入学机会、高质量、低费用的需求。在资源受限的时期里施加给公立大学的彼此不能相容的要求会降低其质量,削弱其公共性质和这些重要机构培养公民的目标。我们显然需要在美国高等教育的未来这个问题上有一个新的对话,要在其民主的目的和经济需求之间找到一个平衡点。

研究型大学

作为基础科研的主要来源以及下一代学者和专业人员的来源,研究型大学仍将继续保持极高的价值。当工业界和政府都把注意力转向应用研究和开发的时候,研究型大学作为社会的智力力量变得更加重要。如今,这些机构从事研究的教师已经成为世界上科学和学术的带头人和权威。他们不仅引领着知识的产出和传播,还成为知识的监管人和标准的持有者,引领着一个推动并支撑全球教育和学习的复杂的知识体系。而且,由于受过高深教育的学者和专业人员日益被看成是知识社会的领导者,因而这些机构应该继续发挥关键的作用。

然而,在市场力量和社会政策的推动下,庞大的高等教育系统正在发生着迅速的变化,从而服务于一个变化的世界。尽管研究型大学独一无二的作用、声望和繁荣使其能够在一段时间内保持现状,但是,这其中也蕴涵着一定的危险。而且,研究型大学不再被看作是学术等级中的最高级,而被看作是庞大的高等教育行业中的一个参与者,在这里优先考虑的是要为知识驱动的社会提供教育服务,而不是专业性的学术。对研究型大学来说,要它们放弃在精英教育和学术中的重要作用,过多参与到社会需要的全民教育、普遍教育中是既不现实也不合适的。而且,教育服务的市场将会广泛多样,由于这些机构质量超群,因而它们的品牌仍会有着相当可观的价值。

综观美国高等教育的大部分历史,这些大学一直是这一庞大系统的领导者。它们为整个高等教育事业提供教师、教学法、课本、学术材料以及标准。它们同这个行业中的其余部分保持着紧密联系,即使它们各自的角色和使命是分开的。然而,当这个行业的其他部分已经出现了变化的时候,如果研究型大学在维护现状的同时反而变得保守和顽固,那就危险了,它会发现自己日益远离美国甚至全世界的高等教育,甚至会变得与它们毫不相干。

这种隔离的早期迹象已经出现了。许多学院和大学不再从这些精英型的研究型大学招收毕业生作为教师,因为它们寻求的候选者要有能够致力于教学的广阔的教育背景,而不是我们那些名牌研究生院培养的专业领域狭窄的学者。对高等教育所使用的教材进行一个快速调查,也能说明这些名牌院校的支配地位已走到了尽头。许多最令人兴奋的教学法试验正在小型学院或者地方的公立大学进行,当变化不可避免的时候,这些机构更愿意冒险。

人们尤其关注的是公立研究型大学的命运。我们已经提到过,州这个层面的公共政策看来正转向政府采购精神,教育服务的生产率、绩效性和费用的有效性成为优先考虑的重点,而像"成为世界级大学"

之类的要求却变得没有那么重要了。在公立研究型大学之间也会有更大的区别,其中一些公立研究型大学的地位已经下降到和综合大学差不多一样了,它们提供本科教育、理科硕士方面的研究生教育,极少有博士学位课程计划或者大型的资助研究活动。如果这样的情形继续下去,那些能够保持它们的科研和博士计划的公立大学可能会集中在那些人口多、经济强盛的州。它们也可能成为有足够的声望和决心向"私人支持、公共管理"转型的公立大学。

在承认研究型大学独特的使命和价值,并希望它们与高等教育的其他部门保持联系的同时,我们应该考虑下述的可能性。

隔离 一些最精英的院校也许会采取这样的策略,即依靠它们的声望和富足将自己与变化隔开,继续做它们过去所做的一切,并继续满足于在高等教育中其固有的参与者的角色。这对一些大学来说也许是非常合适的策略,像麻省理工学院、加州理工学院、普林斯顿大学和芝加哥大学。但是对多数规模庞大而又复杂的机构来说,如果不关注市场的话,精英教育和研究活动将由于费用昂贵而无法维持下去。

开拓者 或许更具建设性的方法是利用研究型大学非凡的智力资源来帮助高等教育事业发展新的学习模式。尽管研究型大学并不适合于直接参与到大众或全民教育中来,但它们也一定能够提供其他机构可以利用的样板,研究型大学以前在医疗卫生、国防和因特网等领域都曾有过这样的所为。为了起到这样的作用,研究型大学必须要参与到创造高等教育未来的试验中来。

同盟 研究型大学可以稍微延伸一下这种作用,可以同其他类型的教育机构,如地方性大学、文理学院、社区学院,甚至是新近崛起的诸如营利性机构或虚拟大学等结成伙伴关系。这可以使它们在专注于自己作为研究型大学的独特使命的同时,还能够迎合社会变化的需要。人们也可以设想与高等教育之外的机构结盟,如信息技术、无线电通讯或者娱乐公司、信息服务提供者,甚至是政府部门。

云中核心的模式 许多研究型大学已经发展成为所谓的"云中核心"(Core-in-cloud)的组织[27],在这些大学里,各系和学院在进行精英教育和基础研究的同时,围绕着一群准大学组织——研究院、智囊团、企业研发中心等,它们从核心大学获取智力支持,反过来又为大学提供重要的经济、人力和物质资源。这种机构反映了基础研究和应用研究、教育和培训、大学和社会之间的模糊关系。

更明确的是,处在核心位置的学术单位继续保留教师聘任的传统大学文化(比如终身教职)和学术传统(如学科中心),而那些在外围发展的准学术组织会更灵活、更具适应性。它们可以是多学科的,也可以集中在某个项目。它们可以由企业式的文化和价值标准推动。与学术计划不同,它们能灵活地迎合需要和机遇。尽管人们通常以为这些外围机构坐落于大学核心附近、在如今新崛起的电子和虚拟社会中,但是,这些外围机构,包括那些远离学校的组织完全有理由分散在各处。事实上,随着虚拟大学越来越普遍,大学核心本身也完全没有必要必须有一个地理上的中心。

从一定程度上说,云中核心模式可以通过刺激新的思想和相互作用来使核心的学术课程计划获得新生。它可以提供一个桥梁,使大学不用损害其核心学术价值就可以更好地为社会服务。但是,像那些企业式大学一样,它也会分散大学的活动,产生出缺乏内在一致的大型购物中心的特征。

本章结束语

尽管还会有人继续争辩,认为现状将不会受到触动,但对另外一些人来说选择已经越发明确了。我们要么去承担试图改造高等教育的风险与不测,让大学服务于社会的新需要和新职责,要么等待由市场来重塑我们的机构,甚至是使它们在新兴的全球知识产业中起到逆潮流而动的作用。很明显,保持现状,原地踏步,是真正的风险所在。毕竟,许多商业鲨鱼正在下面游来游去。

非常有必要再次强调:尽管美国的学院和大学确实可以发展成为全球知识和学习产业的组成成分,但仅仅用工业模式来看待高等教育既是一种误解,也是很危险的。大学有着更广泛的与公民有关的目的,如传播我们的文化遗产、巩固我们的民主政治,这些目标对于认识和保护市场力量来说是最基本的,然而也是非常脆弱的。而且,大多数人都会承认传统的大学校园提供了一个独一无二并且异常丰富的学习和学术环境。但是如果单单由市场力量来决定高等教育的未来的话,我们就会发现,我们所面对的未来中只有富人和有权势的人才会有在大学校园中学习的机会,而绝大部分人都会被迫转入基于媒体的、标准化的教育活动中。

未来社会中的学习者会要求他们的教育要为他们终生的学习做好准备,要把生活和工作融合在一起。他们会通过联网的组织寻求及时式和量身订做的学习。他们将寻求永恒知识和及时式知识的结合。

21世纪出现的高等教育系统一定会和现在大不相同。由于财政紧张、社会需求不断变化、新兴技术和新的竞争者们改造着知识产业,高等教育要么改变自身,要么被其他力量改变。在这个过程中,改变着学院和大学组织和实施学习活动的方式,同时也改变着它们建构和管理自己机构的方式。

历史上,美国高等教育的发展是由税收来支撑的,或是通过直接的州或联邦拨款,或是间接地通过优惠的税收政策。结果,公共政策和公共议程在很大程度上塑造了高等教育,从杰弗逊的著作到政府《赠地法案》,从《退伍军人再适应法》到佩尔助学金,从政府与大学间研究合作关系到《机会均等法》。公共投资既决定了同时也保护了美国高等教育的公共目标。

然而,今天人们越来越认识到,21世纪私人资金将推动高等教育的发展。公共政策会逐渐被市场的压力所取代。因此就有了一个重要的问题:由私人资助、市场推动的"全球知识和学习产业"能够保存大学重要的传统、价值标准和广泛的目的吗?或者是否需要新的公共投资和摆脱偏见的公众兴趣来保护美国高等教育的重要的培养公民的目的呢?

第十四章　演变还是革命

> 这是最好的时代,也是最坏的时代;
> 这是睿智的时代,也是愚蠢的时代;
> 这是信任的时代,也是怀疑的时代;
> 这是光明的时代,也是黑暗的时代;
> 这是希望的春天,也是绝望的冬天。
>
> ——查尔斯·狄更斯《双城记》[1]

这熟悉的开场语摘自查尔斯·狄更斯的小说,不仅刻画出了18世纪法国的特点,也反映出如今美国大学的状况。革命悬而未决!

对于高等教育来说,从许多方面看这确实是最好的时机,也是最坏的时机。人们越来越把大学看成是知识社会所需的新知识和有文化的公民的主要来源。在州和联邦政府削减公共资金支持的20年以后,对高等教育再投资的呼声越来越高。

然而,校园里却有极大的不安。我们看到全社会对大学的重要支柱如学术自由、终身教职、广泛的教育机会以及种族多样化的支持在减弱。甚至把高等教育看作公益事业的观念也受到了挑战,因为社会日益将大学教育看作是由市场价值所决定的个人利益,而不是民主社会的广泛需要。随着不受制约的政府津贴项目的增长,教师们担心公共支持减少,同时也感到压力在不断增长;由于学科专业化程度不断增强,教师失去了学者社会的感觉;争取资助资金的需要又把教师拉出教室和实验室。

第十四章 演变还是革命

继续狄更斯的话题,当我们进入一个睿智的时代——至少是知识的时代——同时也是一个愚蠢的时代。1997 年,著名的未来学家彼得·德鲁克震动了学术界。他在接受《福布斯》(Forbes)杂志的一次采访时推测:"30 年以后,大学校园将成为遗迹。大学将不能幸存。这个变化是如此之大,就像我们第一次获得印刷的书籍一样。"[2] 人们可以想象在德鲁克做出这一推测的几个月里遍布大学的网络上的反应。追踪密歇根大学的院长们之间在电子邮件上的谈话非常有趣。当然有些人批评德鲁克,认为这是一件非常危险的事情,其他的人只是不能确定。一小部分人甚至猜测也许密歇根大学的某位前任校长会同意德鲁克的看法(顺便说一下,他并不同意)。

那么我们究竟面对的是什么呢?是一个充满光明的时代,还是一个黑暗的时代?是希望的春天,还是绝望的冬天?按狄更斯式的看法,高等教育是在面临着另一个发展时期吗?或者,现代社会变化所具有的戏剧性和时间范围缩短的特点是否引发了更接近革命的过程?

可以确定的是,多数学院和大学都在回应这一变化中的世界所带来的挑战和机遇。它们正在向为一个新时代服务的方向发展。但是它们中的大多数还局限在传统的模式内,还是要依照学术界长期特有的不断反思、谋求一致这种经过时间考验的过程来进行。这种极缓慢的变化能使大学掌握自己的命运吗?或者社会力量的大潮会淘汰学术界吗?会在建立新的组织形式的同时以无法预见也不可接受的方式来改造大学,以挑战我们心目中大学的经验和观念吗?

想象一下美国高等教育完全不同的两个未来,这可以最好地说明我们来到了一个岔路口。首先是一个相当黑暗的未来,强大的市场力量驱使高等教育产业进行重组。尽管传统学院和大学在这样的未来中也发挥一定的作用,但它们会受到不断变化的社会需求、迅速发展的技术以及那些以追求利益为目的的实体和商业力量的威胁和改造。所有这些都驱使着高等教育产业变得越来越平庸,正如电视、报纸等大众媒体市场一样。

与此相对立而又更加光明的未来是由学习文化所带来的,在这样的未来里,人们有着普遍的、无处不在的教育机会以适应社会不断增长的学习需要。人们利用新旧混合的形式,为学习者提供高质量的、能负担得起的接受教育的机会。传统的组织形式,包括文理学院和研究型大学,虽然有必要进一步发展和适应,但都继续起着重要的作用。

尽管市场力量比人们意识到的要强大得多,但我们仍相信美国高等教育是有可能决定走哪一条道路的。关键在于要把高等教育部分看作一项由公共税收支持的公益事业。以这种方式,我们就能够保护高等教育的公共目的,保持其质量、重要的传统和基本的价值。

然而,如果我们这样做,就必须要认识到高等教育所面对的迅速变化的世界的深刻本质。维持现状不再是一个选择。在保持我们最重要的价值和传统的同时,我们必须要接受,变化是不可避免的,并把它作为我们掌握自己命运的战略机遇。

推动变革的力量

本书已经讨论了我们社会中以及服务于社会的大学中推动变革的各种力量。再次总结一下那些直接关系到高等教育变革的力量是非常有必要的。它们可以分为四类:① 财政的紧迫需要;② 不断变化的社会需求;③ 技术的驱动力;④ 市场的力量。

财政的紧迫需要

20 世纪 70 年代末期以来,美国的高等教育一直受到财政的钳制。[3] 一方面,要求学院和大学提供的服务极大地增长;学生注册人数稳定增长;成人学习者的教育需求也在增加,这就弥补了与战后婴儿出生率变化周期相关联的高中毕业生的暂时减少。大学的科研、研究生教育和专业教育都为了适应社会的需求而有所发展。学院和大学提供的专业服务,如医疗卫生、技术转让和推广,在很多领域也在增多,所有这些都是为了适应不断增长的需求。

提供教育、科研和服务活动的单位费用以前所未有的速度在增长,因为大学这些活动要依赖于高技能的专业的劳动力(教师和职工)他们需要昂贵的器材设备,他们也被日益增长的知识所驱动。高等教育不得不采取措施大力控制费用的增长,这种要求在商业和工业等部门也曾经有过。这部分是由于学院和大学组织、运行和管理的方式所决定的。但是,即使大学有从根本上调整费用的能力和决心,将商业社会控制费用、提高生产力的经验应用到教育领域是否有效仍然值得商榷。毕竟,现行的高等教育的模式是人力密集型和知识密集型的。

社会对教育服务的需求在增加,提供这些服务的运行费用也已经相应增长,但在过去的20年中,对于高等教育的公共支持却呈现出相对持平继而下降的趋势。[4] 各州对于公立高等教育的支持在20世纪80年代达到顶峰,然而现在,面对着有限的税源和诸如津贴计划等优先项目的竞争,许多州对于大学的支持已经减少。尽管联邦政府继续保持对科研的支持,但近几年中增长的幅度有限,而且由于国内可自由支配的经费受到补贴承诺等不断增长的压力,支持很可能会减少。在过去的20年里,联邦政府的财政援助项目出现了明显的缩减,贷款已经取代资助经费成为主要的援助形式。1997年联邦预算平衡协议和1998年的《高等教育法》使中产阶级父母们轻松了许多,但他们不可能为学院和大学带来新的主要的资源。

在费用不断提高、公共支持不断减少的时期,为满足日益增长的对高等教育的社会需求,多数大学被迫大幅度提高学费——大大超过消费物价指数的增长幅度。尽管这种做法在短时间内对经费紧张状况有所缓解,但也引发了公众对于大学教育的费用和承受能力的强烈关注,同时要求公立大学和私立大学都要限制或者降低学费水平。[5] 结果,多数学院和大学都在寻求控制费用和提高效益的方法,但与此同时,它们也发现目前的组织和管理形式使这种要求很难实现。

如果美国的高等教育事业要在成本与社会所需要的教育服务的获得性及可获得的支持这些服务的资源之间保持平衡的话,就必须进行巨大的变革。换句话说,高等教育现行的管理、分配和财政模式已不能适应我们这个时代的现实需求。

社会需求

社会对于学院和大学提供服务的需求将会持续增长。在以后的20年中,人口的增长会带来大学适龄人口30%的增长,因而显著的扩张将是很有必要的。但是这些传统的学生只是其中的一部分,我们必须认识到社会所寻求的教育服务不断变化的本质所产生的影响。

如今的大学生主体已不仅是18~20岁的来自富裕家庭的高中毕业生,还包括相当数量的来自不同社会经济阶层的成年人,他们已参加工作,也许会有家庭,为其事业发展寻求所需的知识和技能。当人们认识到高等教育的这种需求或许远远大于对传统的本科教育需求的时候,很明显,要么现存的大学做出重大的变革,要么建立新的机构。从学生到学习者,从以教师为中心到以学习者为中心的机构,从教学到设计和管理主动的学习方式,以及从学生到学习化社会的终生学习者——所有这些都预示着我们的大学面临着重大的变革。

我们已经看到了大学教育活动主要转变的初级阶段,这在一定程度上是由学生变化的特点所推动的。如今的大学生要求一种不同的教育模式,交互式的、合作式的学习方式将日益取代被动的讲授和课堂学习。学生已经成为教育服务要求更高的消费者,尽管在通常情况下这种要求源于他们对获得更直接的职业目标所必备的技能的需要。我们开始看到需求的转变,从目前"以防万一式"的教育(在这种模式的教育中,我们希望学生在他们真正需要知识之前完成本科阶段或专业阶段的学位计划)到"及时式"的教育(在这种模式中,当个人需要时通过非学位课程接受教育),再到"量身订做"(just for you)的教育(教育计划为了特定的学生量身订做,以适应他们特殊的终生学习的要求)。同样,从同步的、以教师为基础的教学到异步的、以计算机网络为基础的学习,到社会所提供的普遍学习机会,这些都要求大学要有重大的变革。

对高等教育其他服务的需求也有着引人瞩目的变化。联邦政府和研究型大学之间已不再是政府作为科研资助者、以发现为目的的合作伙伴关系,而是转变成为特定的国家需要购买研究成果的关系。大学的医疗中心已面临着巨大的财政压力,因为它们必须要应付医疗卫生市场的激烈竞争以及可控制的保健(managed care)等新需求的出现。在公众对于校际运动的兴趣持续增长的同时,我们的学院却感到了不断增大的压力,需要把这些活动更好地与学术重点和国家需要协调起来(例如对性别平等的要求)。

甚至当大学教学、科研和服务等传统活动的性质发生变化的时候,社会也在向高等教育寻求新的服务,例如恢复基础教育的活力,确保经济竞争,提供多元文化社会的模式,重建城市和国家的基础设施等。所有这一切都发生在公众对于高等教育的批评最激烈的时候,而且对大学的信任度和信心相对降低的时候。

现存大学不能满足人们对高等教育的需求,这在全球各地曾多次表现得极为突出。全世界有超过一半的人口不足 20 岁,大多把教育看成提高未来生活质量的关键。为了满足这一强大的需求,每周都需要建立一所新的大学。然而,世界上大多数地方,高等教育都陷入了入学、费用和适应性的危机。除非我们能面对并解决这一危机,否则下一代数十亿的人口将失去受教育的机会,他们也就不能参与知识时代的竞争——事实上,是在知识时代中生存。

英国开放大学校长约翰·丹尼尔斯(John Daniels)评述说,尽管美国拥有世界上最强大的大学系统,但似乎也不大适合带领我们走出这一全球性的教育危机。学院和大学仍然重视高消费的寄宿性教育,而且依然注重那种过时的观点,即认为教育的质量同入学排他性及资源的铺张直接相关。事实上,美国对于大学的这种观念将会使未来几十年中想接受高等教育的几十亿年轻人得不到高等教育。仍有众多迹象表明,现行的大学模式不再能够适应不断增长和变化的社会需求。

技术的驱动力

作为知识型机构的学院和大学,越来越受到迅速发展的信息技术——计算机、无线电通讯和网络等——的影响。这一技术对大学的科研活动产生了显著的影响,使计算机模拟复杂的现象,在网络社区中将学者们联系在一起,并为他们提供利用数字图书馆和知识网络资源的途径。我们的许多管理程序已大大依赖于信息技术——从2000年系统日期的重设就可以明显看出这一点。不过,这一新技术对于大学的教育活动及其服务方式的影响更加深远。以前有着像电视一样的技术变革,但从未有过如此速度快、时间长并且社会应用如此广泛的技术变革。

最重要的是新兴的信息技术突破了时间和空间限制的方式。我们现在可以利用功能强大的计算机和网络在任意时间为任何地点的任何人提供教育服务,不再受校园和教学时间表的限制。大学服务的市场在迅速扩大,但同时也有了竞争,因为诸如虚拟大学和学习软件(learning ware)供应者等新机构介入这一市场与传统大学竞争。我们必须要再一次面对这种可能性,即现行大学模式可能无法适应新的知识媒体所带来的机遇和挑战,不能满足数字化时代的需求。

市场的力量

我们通常认为公立高等教育是公共事业,受公共政策和行为的影响,目的是为公民服务。然而,市场力量也能够对公立学院和大学施加影响。社会寻求教育和科研等服务,学术机构必须为了学生、教师和资源而竞争。市场是非常奇怪的,它主要由公共投资资助而形成,因此价格总是远远低于实际成本。而且,如果诸如学费这样的价格太过虚假,那么建立在传说基础上的对诸如大学学位对成功的重要性或与特定学校相关的名气的模糊认识的基础上的教育服务的价值就更是如此。具有讽刺意味的是,公众不仅希望市场提供选择的范围,而且也希望有补助金,以便使公立高等教育价格水平低于它所提供的成本。

过去,多数学院和大学为地方或地区人口服务。尽管也存在着大学对学生、教师和资源的竞争——至少在美国是如此——但学校对学位授予的控制程度,也就是授予文凭,形成了控制严密的竞争性的市场。由于地理位置和垄断着授予学位所需的学术课程计划的认证权力,大学享有垄断高等教育的特权。然而,如今,所有这些市场约束力都面临着挑战。大学规模的扩大和复杂性的增加使得学生和教育提供者的数目相应增加。信息技术消除了空间和时间的障碍,作为新的竞争力量进入市场来挑战文凭授予。

传统规则的影响力减弱,新的竞争力量在变化的社会需求、经济现实和科技的推动下相继出现,都有可能促使高等教育产业进行重大调整。从医疗卫生、运输、通讯和能源等经济部门的重组经验来看,我们有望看到高等教育的重组也会带来其他经济变革所拥有的合并、并购、新的竞争者和新的产品及服务的出现。我们更会看到一个全球性知识产业的初级阶段出现,在这一阶段里,传统的学术机构的教育活动将同无线电通讯、娱乐和信息服务公司等其他组织相结合。

像工业界一样,由市场推动高等教育重组的观点,尽管也许与学术界格格不入并且令人厌恶,但仍不失为思考大学未来的一个有用的框架。高等教育市场也许会有着复杂的交叉资助和各种公众误解,但却是现实的、要求高的、能够奖励那些适应需求的行动而惩罚那些不能适应需求的行动。大学仍然要学会应付市场的竞争压力,保持最重要的传统价值和特征。我们再一次得出结论,现行的以教师为中心的、持续垄断的大学模式不能适应全球性知识产业的激烈竞争。

演变还是革命？

尽管人们越来越清楚地意识到这些社会力量,学术界的许多人仍然相信变革只会在高等教育的边缘发生。他们把拍打着海岸的改革浪潮仅仅看作是涨潮,就像以前经常发生的一样。他们强调,大学的作用在于在变革的时期保持社会稳定,而不是导致变革的发生。他们认为这些将会过去,大学要牢牢守住传统的角色和特征。他们也将不遗余力地避免变革的发生。

然而,历史却昭示我们,大学必须要变革,同时也要部分地去适应其传统的价值和角色。不论是学术界以内,还是学术界以外,很多人都已经接受了这一现实,他们认识到必须要进行重大的变革,不仅仅是高等教育产业,每一所大学都要变革。然而,这其中的大多数人都把变革看作是一个演变的、递增的、长时间的过程,与如今大学的价值、文化和结构是一致的。

然而,主要在学术界以外也有一些声音,他们相信如今变革所具有的戏剧性和压缩了的时间范围推动的不是演变,而是革命。他们怀疑时代的挑战是否会允许这样渐进的演变和适应的过程。他们指出没有先例可以遵循。一些人甚至提出,当教育系统的改革有了结果以前,系统本身将会崩溃。[6]

高等教育内部或外部推动变革的力量或许比人们所认识到的还要强大许多。美国和世界范围的高等教育事业所具有的变革的步伐和性质远远超出了通常情况下商业领域的演变所能适应的程度。正如我的一个同事所说的那样,虽然讨论关于高等教育在短时期内——5年或者更少——的变革肯定会有很多夸大和宣传,但要想过分夸大在一个更长的时期——10年甚至更长——在多数大学发生的变革的深刻性质则是困难的。

虽然一些学院和大学也许能够维持它们现行的形式和市场地位,但其他的学院和大学将进行变革。另一些也许会彻底消失。新形式的机构——也许会是全新的社会学习结构——将会出现以迎合教育需求。过去的几十年里,学院和大学都试图变得更相似,而与此形成鲜明对比的是,以后的年代将要求大学之间有很大的不同。通向未来将会有很多各不相同的道路。

壮观的新世界

由技术释放出的并且由不断增长的高等教育的需求所推动的市场力量是非常强大的。如果允许这些力量来支配和重塑高等教育,我们会发现自己正面对着一个壮观的新世界,在这个世界里,大学一些最重要的价值观和传统被放在了一边。虽然凤凰城大学商业化的便利店模式(convenience-store model)可以非常有效地迎合成年人对于工作技能的需求,但这肯定不是一个适合大学诸多更高目标的模式。当我们评价这些市场驱动的新兴的学习结构的时候,需要记住的是,重要的是保留大学服务于更广大的公共目的的能力。

其他产业改组的经验并不都令人鼓舞。美国电话电报公司(AT&T)专营权的解除确实刺激了无线电通讯领域的竞争,但同时也削弱了美国最杰出的智力资产——贝尔实验室(the Bell Laboratories)。而且,任何一个经历过老牛拉破车般的空中旅行的痛苦的人都会质问飞行管制的解除是否值得。尽管由于经过市场的改组,竞争使得医疗保健花费的增长率明显降低,但是在医疗卫生市场解除管制的情况下,人们更关心高度的竞争——或许还存在着混乱——能否保持医疗的质量和便捷。

这里还有一个重要的教训。如果没有认识到我们社会学习的需求在不断增长,没有对更基本的学习形式进行探索,没有一个国家战略能够重视公众对高等教育的愿望和学术的重要价值,高等教育就会走下坡路,就会真正走向绝望的冬天。公立大学所承受的压力正如基础教育的压力一样沉重。教育已经被看作是一项产业,依据设计拙劣的工作指标来求得较高的生产效率。与大众教育有关的政治力量已经普遍侵入到学校管理中,尤其是董事会中。教师无以依赖,只有循规蹈矩去接受劳动管理的关系,并且不再把自己的职业看成是神圣的感召,而仅仅看成是一个工作。

而且,我们对于市场驱动的、以媒体为基础的产业的经验并不是肯定的。广播和出版行业表明,商业的利害关系会导致平庸,即由最低的质量标准支配一切的学术荒原。例如,尽管校园不会消失,寄宿教育费用的不断升高使得只有富裕家庭才能承受得起这一种教育形式,迫使大多数人通过购物中心式的学习中心或者计算机远程教育选择花费较低(也许质量也较低)的教育。在这种黑暗的未来中,高等教育只会对富贵权势人家敞开大门。

学习型社会

但是,充满希望的春天还是存在的,这主要是由于人们认识到知识在我们未来社会中所起到的作用。无论人们把这个时代称作信息时代还是知识时代,很明显,受过教育的人以及他们所利用和创造的知识已成为经济繁荣和国家富强的关键。一个人的教育水平、知识和技能直接决定了他个人的生活标准和生活质量。我们意识到,正如社会在过去接受了提供军事安全、医疗卫生和交通运输等所需服务的义务,如今,教育也成为强劲的社会需要和社会责任。今天,为公民提供他们所需的教育和培训已经成为民主国家的义务,无论公民什么时候、在哪里、需要如何,国家都应为他们提供终生的、高质量的并可负担得起的教育服务。

当然,这是美国高等教育最主要的主题之一。高等教育的每一个演变浪潮都旨在教育社会上更广大的群体,在于创建新的教育形式——公立大学、赠地大学、师范和技术学院、社区学院——以达到以上的目的。但是,我们必须做得更多。

如今美国高等教育的主要形式——研究型大学,是由近五十年中的社会契约所缔造的,在这一时期,国家安全被视为美国最重要的事务,这体现在对大学科研和技术的大量投资上。如今冷战结束,知识时代来临,可以断定教育将取代国防成为 21 世纪的重点。人们也许会认为这是决定着教育机构的性质的新的社会契约,就像 20 世纪下半叶政府和大学之间的科研合作伙伴关系一样。我们甚至可以推测,一个能够最大限度地发展和保持人们的能力和智慧的社会契约可以很好地把我们的学校、学院和大学转换为新的形式,这种新形式在重要性上可以与研究型大学竞争。

那么我们所期望的大学的未来是什么样子呢?给 21 世纪的大学确立一个特定的模式是不切实际的、愚蠢的。美国高等教育不断增长的多样性明显显示出将会有多种形式、多种类型的机构为我们的社会服务。但是,至少在高等教育的某些部分中会有一定数量的相同主题:

- 以学习者为中心。就像其他的社会机构一样,大学必须将焦点集中在我们所服务的对象上。必须从以教师为中心转换成以学习者为中心。
- 负担得起。社会要求大学必须让人们负担得起,为所有公民提供教育机会。无论是通过更多的公共补贴还是对机构的改组,日益明确的是,我们的社会——还不要说整个世界——将不能容忍美国如今高消费、低产出的高等教育模式。
- 终生学习。在知识时代,对高等教育和技能的需求既要求有终生继续学习的愿望,也要求大学提供终生学习的机会。在校学生和校友的概念将会融合到一起。我们高度分离的教育系统将会融合成天衣无缝的网络。在这里,初等教育与中等教育,本科生教育、研究生教育与专业教育,在职培训与继续教育以及终生的学习,成为一个连续的统一体。
- 交互与合作。我们已经看到新型的教育方式:异步的(任何时候、任何地点)教育利用新兴的信息技术打破了时间和空间的限制,使学习机会与生活方式和职业需要更为协调,交互式和合作式的学习也适合数字时代、适合于"即插即用"的一代。
- 多样性。美国高等教育极大的多样性还将继续存在,这是因为大学必须服务于多样化的人们多样化的需求和目标。
- 智能化和适应性。知识和分布式的智能化技术将使我们能够建立高度用户化并且能够适应学习者多变的需求的学习环境。

也许对于一个知识型的社会来说,扩大高等教育机会将会是既定的国内政策。然而,如果是这样的话,我们就需要开发新的模式来为社会更广大的群体,或许是为整个社会提供受教育的机会,要以一种便捷的高质量的并且要让人们都负担得起的形式进行。幸运的是,现代技术可以迅速打破时间和空间的限制。通过异步式的学习,大多数地方的大多数人都可以学习,并且可以学得很好,这就是"随时、随地、任何人"的教育。终生教育正在快速成为现实,这就使每一个想要学习的人都可以学习,而且是在他们所选择的时间和地点,不需要付出太大的个人努力和太多的金钱。随着现代信息技术的进步,教育系统内的障碍就是理解力和习惯,而不再是费用或技术能力。

但是这些还远远不够。我们应该考虑一个"无所不在的学习"——任何人、任何地点、所有时间的学习——的未来。的确,在一个由知识推动的世界中,持续学习就像是不断进步一样,已经成为生活的必需。

我们与其追求一个"知识的时代",不如追求一个"学习的社会",在这个社会里,人们身处一个学习的环境里,并融入其中。信息技术使人们可以创造终生的学习环境。这些学习环境不仅可以越过时间和空间的限制,还可以使人学得更好,并可以更好地服务于不断变化的教育需求。高等教育必须明确同这些可能性之间的关系,以便当进入下一个千年以后,可以创造一个引人瞩目的未来景象。

我们面前的问题

然而许多问题仍然没有答案。谁将成为大学服务的对象？谁来教他们？谁来领导和管理这些机构？谁来为他们付工资？大学的性质会是什么？它们是怎样运行的？它们什么时候出现？

也许关于大学面对变化能否继续生存的最深入的问题是由新竞争者的出现带来的。这就是德鲁克和其他未来学者所提出来的问题。像大学这样已经存在了近千年的机构,会在变化面前消失吗？正如威廉·沃尔夫所提出的,如果你有疑问,看一下家庭农场的情况,这种社会机构已经存在了几个世纪,而在过去的 30 年中在美国大多已消失了。[7]

多数人都坚信,大学作为一种社会机构太重要了,不会消失。另一方面,一定会有某种从我们现在的角度无法认识到的大学形式。

比起争论大学的存亡,更有建设性的似乎是提出一些不同的问题来确立高等教育所面临的一些关键性的政策问题：

1. 在一个知识型的社会里,我们怎样回应多样化的教育需要？我们必须要认识到,虽然年轻人的教育需要还将得到优先考虑,但在为全社会提供终生学习机会的同时,我们也要致力于满足已经工作了的成年人的复杂的学习需求。
2. 高等教育是公共产品？还是私人产品？大学的利益都流向了社会,这是毫无疑问的。但是,20 年来的公共政策都强调大学利益要流向学生个人。入学机会和多样化的问题已经在关于大学的目的的论辩中消失了。

3. 我们怎样平衡市场力量和公众意志在决定美国高等教育未来中的作用？我们能够通过公共政策和公共投资来控制市场力量，以保存大学最有价值的传统和价值观吗？或者，市场的竞争和商业压力会横扫教育机构，留下一个平庸的高等教育吗？
4. 在高等教育或许会发生的变化的广阔背景中，研究型大学的作用会是什么呢？是变化的带头人吗？或者，在变化时期，它只是简单地保护学术重要的传统和价值？

这是一些应该框定美国高等教育未来的问题。作为社会机构，大学反映了它所服务的社会的价值标准、需要和特点。关于入学和机遇、平等和公正、个人经济利益和公众意志、自由和责任的问题，都是关于国家未来的更广的公共论辩的一部分。这些问题为思考美国大学的未来提供了背景。

行 动 日 程

接下来怎么办？我们怎样应付这些困扰高等教育的问题和担忧呢？下面的行动日程可以供思考和商榷，它们既针对个别大学，也包括整个高等教育。

1. **确定关键的职责和价值标准**，在转换时期这些必须加以保护和保存，例如：
   (1) 职责：为年轻人提供教育，保存文化，基础研究和学术，社会批评等。
   (2) 价值标准：学术自由，理性的质疑精神，学者社会，追求完美，共同管理等。
2. **认真听取社会的意见**以便弄清和理解社会变化的需求、期望以及对高等教育的认识，还有推动变化的力量。
3. **使学术界做好应变和竞争的准备**，例如通过撤销不必要的限制，把责任和特权联系在一起；重新定义终身教职来保护学术自由，而不是保护终身制。把从根本上重建研究生教育作为改造大学这一任务的开始。
4. **改组大学的管理**——尤其是非专业的管理委员会和共同管理模式——这样才能适应社会不断变化的需要，而不是抵制和固守过去。形成对铁腕领导的宽容。把非专业的管理委员会转换成合作委员会形式,这样,管理成员都凭专业技能和责任选拔出来,并对他们的表现和大学的繁荣负责。
5. **开发为高等教育筹措资金的新方式**,确定公共支持(也就是说高等教育作为"公共产品")和私人支持(高等教育作为个人利益)的适当的结合。这包括直接的公共支持(例如拨款、科研基金和学生财政援助)和间接的公共资助(例如"税收支出",这通常由给予捐赠礼物、捐赠收入和分配的税收优惠来表示)。而且,要考虑关键的政策,例如:
   (1) 每一代人支持高等教育所负担的适当份额,比如由联邦财政援助计划中的各种拨款对贷款决定的份额。
   (2) 利用公共投资以形成强大的市场力量来保护高等教育的公共意志的程度。
   (3) 用来分配和管理内部资源以提高效率的新方法。
6. **鼓励试验**,使用学习、科研和服务的新模式,在大学内部(或者其他地方)集中最优秀的理念,在一定规模下将这些理念付诸实施,评测它们的效果,并加以传播。
7. **把重点放在在学校间建立联盟上**,在依靠联盟致力于满足社会多种需要的同时,允许每个机构独自集中其核心能力。这里不仅要鼓励高等教育机构之间建立联盟(如研究型大学与文理学院和社区学院合作),还要在高等教育与私营部门(如信息技术和娱乐公司)之间建立联盟。要鼓励机构之间的差异性,利用市场力量而不是规则来避免重复。

本章结束语

我们已经进入了一个高等教育出现重大变革的时期,大学努力回应它们所面临的挑战、机遇和责任。[8] 这一发生巨大变革、转换模式的时期为我们提供了一个背景,在这个背景下,我们必须要考虑大学正在发生的变革的性质。

变革主要由市场力量来推动,即由有限的资源基础、不断变化的社会需求、新技术和新的竞争者来推动。但是我们还要记住高等教育有着公共意志和公共责任。[9] 高等教育中的我们必须时刻把两个问题摆在面前:"我们为谁服务?"及"我们怎样才能更好地服务?"社会也要影响和塑造市场,市场反过来又带着适当的公共意志改造我们的机构。

从这一观点来看,重要的是要理解大多数高校面临的最大挑战在于要增强变革的能力。像前面所提到的那样,大学必须要革除那些阻挠它们反映社会需求的束缚。它们应该努力激励、鼓舞大学中的所有成员参加高等教育的这一伟大的冒险。

然而,许多大学不愿意认可正规规划活动的必要性和正确性,放弃能决定它们命运的战略努力对这些高校来说的确是一种悲哀。大学是否能够成功地适应下个世纪所面临的革命性的挑战,很大程度上取决于一所大学学习和持续改进其核心活动的集体能力。高等教育认真关注其规划、运行和管理程序的筹划是非常重要的。只有通过一致的努力来理解传统的重要性、现在所面临的挑战以及未来的种种可能,才能使大学在变革时期保持繁荣。

很明显,在知识推动的未来社会,对高等教育的需求将越来越具有重要性。大学现行的教学和科研、社会服务、财政等方式都必须迅速变革,甚至是彻底改变。因此,真正的问题就不是高等教育是否应该改变,而是怎样改变以及通过谁来改变。如果大学能够改变自己以适应学习文化的需要,那么现在被看成是变革挑战的努力实际上成了未来几年中高等教育复兴的机会。

近千年来,大学为我们的文明做出了重大贡献。在这个学习的社会,年轻人和有经验的人在其中得到的不只是知识和技能,更重要的是价值标准和修养。在挑战我们的准则和信仰的同时,大学捍卫并传播了我们的文化和智力遗产。它培养了无数政界领袖、商业精英和各种专业人才。它创造了新知识,并利用这些新知识来为社会服务。与此同时,它保存了对学术来说至关重要的价值标准和准则:探索的自由、对新思想的开放、对艰苦学习的献身以及对知识的热爱。[10]

没有人会怀疑我们的文明仍将需要这些作用。也没有人怀疑这些仍然要由大学以某种形式来提供。21世纪的大学也许会和现在的机构不同,就像研究型大学不同于殖民地大学一样。但是它的形式及其不断的演变将会是各种改革的结果,而这些对于为一个变革的世界提供悠久的价值和做出永恒的贡献来说,是极为必要的。

注　释

第一章

1. Robert Zemsky and Gregory R. Wegner, eds., "A Very Public Agenda," *Policy Perspectives*, 8, 2 (1998).
2. Peter F. Drucker, interview, *Forbes*, 159 (1997): 122–128.
3. Frederick Rudolph, *The American College and University* (Athens: University of Georgia Press, 1962).
4. Eric Ashby, *The Rise of the Student Estate in Britain* (Cambridge: Harvard UniversityPress, 1970).

第二章

1. Paul Valery, *The Art of Poetry: Collected Works* (Princeton: Princeton University Press, 1989) 345.
2. Frederick Rudolph, *The American College and University* (Athens: University of Georgia Press, 1962).
3. Peter F. Drucker, "The Age of Social Transformation," *Atlantic Monthly*, November 1994, 53–80; Peter F. Drucker, *Post–capitalist Society* (New York: Harper Collins, 1993).
4. Erich Bloch, National Science Foundation, testimony to Congress, 1988.
5. Derek Bok, *Universities and the Future of America* (Durham: Duke University Press, 1990).
6. Steve Lohr, "The Future Came Faster in the Old Days," *New York Times*, October 5 1998.
7. Harold L. Hodgkinson, *All One System: Demographics of Education—Kindergarten through Graduate School* (Washington, D.C.: Institute for Educational Leadership, 1985).
8. Peter Schwartz, *The Art of the Long View* (New York: Doubleday Currency, 1991), 124–140.
9. John S. Daniel, *Mega–Universities and Knowledge Media* (London: Kogan Page, 1996).
10. Diane J. Macunovich, "Will There Be a Boom in the Demand for U.S. Higher Education among 18– to 24–Year-Olds?" *Change*, 29 (May–June 1997): 34–44.
11. Walter B. Wriston, *The Twilight of Sovereignty: How the Information Revolution Is Transforming Our World* (New York: Scribner, 1992).
12. General Accounting Office, *Executive Guide: Effectively Implementing the Government Performance and Results Act*, GAO/GGD, 96–118 Washington, D.C. (June 1996), 56.

13. Vernon Ehlers, *Toward a New National Science Policy*, Report to Congress by the House Committee on Science, September 24, 1998.
14. Donald E. Osterbrock and Peter H. Raven, eds., *Origins and Extinctions* (New Haven: Yale University Press, 1992).
15. A sampler of the critics: Allan Bloom, *The Closing of the American Mind: How Higher Education Has Failed Democracy and Impoverished the Souls of Today's Students* (New York: Simon and Schuster, 1987); Charles J. Sykes, *Profscam: Professors and the Demise of Higher Education* (New York: Kampmann, 1988); Peter Shaw, *The War against the Intellect: Episodes in the Decline of Discourse* (Iowa City: University of Iowa Press, 1989); Roger Kimball, *Tenured Radicals: How Politics Has Corrupted Our Higher Education* (New York: Harper and Row, 1990); Page Smith, *Killing the Spirit: Higher Education in America* (New York: Viking, 1990); Charles J. Sykes, *The Hollow Men: Politics and Corruption in Higher Education* (Washington: Regnery Gateway, 1990); Dinesh D'Souza, *Illiberal Education: The Politics of Race and Sex on Campus* (New York: Free Press, 1991); William J. Bennett, *The De-valuing of America: The Fight for Our Culture and Our Children* (New York: Summit, 1992); Martin Anderson, *Imposters in the Temple: American Intellectuals Are Destroying Our Universities and Cheating Our Students of Their Future* (New York: Simon and Schuster, 1992).
16. Government-University-Industry Research Roundtable, National Academy of Sciences, *Stresses on Research and Education at Colleges and Universities: A Grass Roots Inquiry* (Washington, D.C.: National Research Council, National Academy Press, 1994); *Stresses on Research and Education at Colleges and Universities: Phase II*, <http://www4.nas.edu/pd/guirrcon.nsf>.
17. American Council on Education, *The American College President: A 1998 Edition* (Washington, D.C.: American Council on Education, 1998).
18. National Commission on the Academic Presidency, *Renewing the Academic Presidency: Stronger Leadership for Tougher Times* (Washington, D.C.: Association of Governing Boards of Universities and Colleges, 1996).
19. National Commission on the Cost of Higher Education, *Straight Talk about College Costs and Prices*, (Phoenix: American Council on Education and the Oryx Press, 1998).
20. Jamie Merisotis and Jane Wellman, *Reaping the Benefits: Defining the Public and Private Value of Going to College* (New York: Institute for Higher Education Policy, Ford Foundation, 1998).
21. Joseph L. Dionne and Thomas Kean, *Breaking the Social Contract: The Fiscal Crisis in Higher Education*, report of the Commission on National Investment in Higher Education (New York: Council for Aid to Education, 1997).
22. Harold T. Shapiro, *Tradition and Change: Perspectives on Education and Public Policy* (Ann Arbor: University of Michigan Press, 1987).

23. David W. Breneman, Joni E. Finney, and Brian M. Roherty, *Shaping the Future: Higher Education Finance in the 1990s* (San Jose: California Higher Education Policy Center, April 1997).
24. Tara-Jen Ambrosio and Vincent Schiraldi, *From Classrooms to Cellblocks: A National Perspective* (Washington, D.C.: Justice Policy Institute, February 1997) <http://www.cjcj.org/jpi/highernational.html>.
25. Dionne and Kean, *Breaking the Social Contract*. 参见注释21.
26. Patricia J. Gumport, *Academic Restructuring in Public Higher Education: A Framework and Reseach Agenda* (Stanford: National Center for Postsecondary Improvement, 1998), 111.
27. Howard R. Bowen, *The Costs of Higher Education* (San Francisco: Jossey-Bass, 1980).
28. Robert Zemsky, "Rumbling," *Policy Perspectives*, Pew Higher Education Roundtable, sponsored by the Pew Charitable Trusts (Philadelphia: Institute for Research on Higher Education, April 1997).
29. Institute for Higher Education Policy, *Taxing Matters: College Aid, Tax Policy, and Equal Opportunity* (Washington, D.C.: Institute for Higher Education Policy, February 1997).
30. Robert Zemsky, "Rumbling." 参见注释28.

第三章

1. Benjamin Disraeli, Speech to the House of Commons (March 8, 1873).
2. John Henry Newman, *The Idea of a University (Rethinking the Western Tradition)*, ed. Frank Turner (New Haven: Yale University Press, 1996).
3. Harold T. Shapiro, "The New University? The 'New' Liberal Education?" in *Changing in a World of Change* (Ithaca: Cornell University Press, 1995).
4. Gerhard Casper, "Come the Millennium, Where the University?" paper presented to the Annual Meeting of the American Educational Research Association, San Francisco, April 18, 1995.
5. John Dewey, *Democracy and Education* (New York: Macmillan, 1916).
6. *A Survey of Student Views on the University* (Washington, D.C.: American Council of Education, 1998).
7. Derek Bok, *Universities and the Future of America* (Durham: Duke University Press, 1990).
8. Henry Rosovsky, *The University: An Owner's Manual* (New York: W. W. Norton, 1991).
9. Carnegie Foundation for the Advancement of Teaching, *A Classification of Institutions of Higher Education* (Princeton: Carnegie Foundation for the Advancement of Teaching, 1994), <http://www.carnegiefoundation.org> (1998).

10. Joseph L. Dionne and Thomas Kean, *Breaking the Social Contract: The Fiscal Crisis in Higher Education*, report of the Commission on National Investment in Higher Education (New York: Council for Aid to Education, 1997).
11. *Value Added—The Economic Impact of Public Universities* (Washington, D.C.: National Association of State Universities and Land–Grant Colleges, 1997).
12. *In Brief 1996: Facts about Public Universities* (Washington, D.C.: National Association of State Universities and Land–Grant Colleges, 1996).
13. K. E. Weick, "Educational Organizations as Loosely Coupled Systems," *Administrative Science Quarterly*, 21 (1976): 1–19.
14. R. S. Lowen, *Creating the Cold War University: The Transformation of Stanford* (Berkeley and Los Angeles: University of California Press, 1997).
15. Burton R. Clark, *Creating Entrepreneurial Universities: Organizational Pathways of Transformation* (Surrey: Pergamon Press, 1998).
16. Peter M. Senge, *The Fifth Discipline* (New York: Doubleday Currency, 1990).
17. Eric Ashby, *Any Person, Any Study; An Essay on Higher Education in the United States* (New York: McGraw–Hill, 1979).
18. Clark Kerr, *The Uses of the University* (Cambridge: Harvard University Press, 1982).
19. Donald Kennedy, "Making Choices in the Research University," the American Research University, *Daedelus*, 122, no. 4 (1993): 127–156; Donald Kennedy, *Academic Duty* (Cambridge: Harvard University Press, 1997).
20. National Commission on the Academic Presidency, *Renewing the Academic Presidency: Stronger Leadership for Tougher Times* (Washington, D.C.: Association of Governing Boards of Universities and Colleges, 1996).
21. Constance E. Cook, *Lobbying for Higher Education: How Colleges and Universities Influence Federal Policy* (Nashville: Vanderbilt University Press, 1997), 248.
22. John Immerwahr, *The Price of Admission: The Growing Importance of Higher Education* (Washington, D.C.: National Center for Public Policy and Higher Education, spring 1998).
23. John Immerwahr, *Taking Responsibility: Leaders' Expectations of Higher Education* (Washington, D.C.: The National Center for Public Policy and Higher Education, January, 1999).
24. John Immerwahr and Steve Farkas, *The Closing Gateway: Californians Consider Their Higher Education System* (San Jose: California Higher Education Policy Center, 1993).
25. Kennedy, "Making Choices." 参见注释19.
26. National Commission on the Acedemic Presidency, *Renewing Academic Presidency*. 参见注释20.
27. Dionne and Kean, *Breaking the Social Contract*. 参见注释10.

28. Patricia J. Gumport and Brian Pusser, "Academic Restructuring: Contemporary Adaptation in Higher Education," in *Planning and Management for a Changing Environment: A Handbook on Redesigning Post–Secondary Institutions*, ed. M. Petersen, D. Dill, and L. Mets (San Francisco: Jossey-Bass, 1997).

第四章

1. Ralph Waldo Emerson, Phi Beta Kappa address delivered to the senior class, Harvard (1838).
2. Allan Bloom, *The Closing of the American Mind: How Higher Education Has Failed Democracy and Impoverished the Souls of Today's Students* (New York: Simon and Schuster, 1987).
3. Charles J. Sykes, *Profscam: Professors and the Demise of Higher Education* (New York: Kampmann, 1988).
4. Harold T. Shapiro, "The New University? The 'New' Liberal Education?" in *Changing in a World of Change* (Ithaca: Cornell University Press, 1995).
5. Bloom. *Closing of the American Mind*. 参见注释2.
6. Derek Bok, *Higher Learning* (Cambridge: Harvard University Press, 1986).
7. Shapiro, "The New University?" 参见注释4.
8. Business–Higher Education Forum, *Preparing for the High–Performance Workplace: A Survey of Corporate Leaders* (Washington, D.C.: American Council on Education, 1995)
9. Frank H. T. Rhodes, "The Advancement of Learning: Prospects in a Cynical Age," Proceedings of the American Philosophical Society, 142, 2, (1998): 218–243.
10. John Henry Newman, *The Idea of a University* (Rethinking the Western Tradition), ed. Frank Turner (New Haven: Yale University Press, 1996).
11. Boyer Commission on Educating Undergraduates in the Research University, *Reinventing Undergraduate Education: A Blueprint for America's Research Universities* (Menlo Park: Carnegie Foundation for the Advancement of Teaching, 1998).
12. Harold T. Shapiro, "The Functions and Resources of the American University of the Twenty–First Century," paper presented to the University of Chicago Symposium on the Twenty–First Century, October 5, 1991.
13. Peter House and Roger D. Shull, *The Rush to Policy: Using Analytic Techniques in Public Sector Decision Making* (New Brunswick, N.J.: Transaction Books, 1988).
14. Kellogg Commission on the Future of State and Land–Grant Universities, *Returning to Our Roots: The Student Experience* (Washington, D.C.: National Association of State Universities and Land–Grant Colleges, 1997).

15. Richard Lanham, *The Electronic Word: Democracy, Technology, and the Arts* (Chicago: University of Chicago Press, 1993).
16. Lewis J. Perelman, *School's Out* (New York: Avon, 1993).
17. John Seely Brown and Paul Duguid, "Universities in the Digital Age," *Change* (July 1996): 11–19.
18. Brown and Duguid., "Universities in the Digital Age." 参见注释17.
19. Gregory C. Farrington, "The New Technology and the Future of Residential Undergraduate Education," in *Dancing with the Devil: Information Technology and the New Competition in Higher Education*, ed. Richard N. Katz (San Francisco: Educause and Jossey-Bass, 1998), 73–94.
20. Government-University-Industry Research Roundtable, National Academy of Sciences, *Stresses on Research and Education at Colleges and Universities: A Grass Roots Inquiry* (Washington, D.C.: National Research Council, National Academy Press, 1994); *Stresses on Research and Education at Colleges and Universities: Phase II*, <http://www4.nas.edu/pd/guirrcon.nsf>.
21. National Science Board, *The Federal Role in Science and Engineering Graduate and Postdoctoral Education*, NSF 97-235 (Washington, D.C.: National Science Foundation, 1998).
22. Shirley Tilghman, chair, *Trends in the Early Careers of Life Scientists*, National Research Council (Washington, D.C.: National Academy Press, 1998).
23. Robert Atwell, *Final Letter to the Membership* (Washington, D.C.: American Council on Education, August 30, 1996).
24. Tilghman, *Trends in Early Careers*. 参见注释22.
25. Committee on Postdoctoral Education, *Report and Recommendations* (Washington, D.C.: American Association of Universities, 1997).
26. National Science Board, *Federal Role in Science and Engineering*. 参见注释21.
27. Committee on Science, Engineering, and Public Policy, National Academy of Sciences, *Reshaping the Graduate Education of Scientists and Engineers* (Washington, D.C.: National Academy Press, 1995), 144.
28. M. R. C. Greenwood, chair, *Science in the National Interest*, Office of Science and Technology Policy (Washington, D.C.: U. S. Government Printing Office, 1996).
29. Terrance Sandalow, "The University and the Aims of Professional Education," in *Intellectual History and Academic Culture at the University of Michigan: Fresh Explorations*, ed. Margaret A. Lourie (Ann Arbor: University of Michigan Press, 1989).

第五章

1. Vannevar Bush, *Science, the Endless Frontier*, report to the President on a Program for Postwar Scientific Research (Office of Scientific Research and Development, July 1945; Washington, D.C.: National Science Foundation, 1990), 192.

2. Derek Bok, *Universities and the Future of America* (Durham: Duke University Press, 1990).
3. Bush, *Science, the Endless Frontier*. 参见注释1.
4. "The Research University as the Jewel in the Crown," editorial, *New York Times*, February 9, 1994.
5. National Science Board, "Economic and Social Significance of Scientific and Engineering Research," in *Science and Engineering Indicators 1996* (Washington, DC: National Science Foundation, 1996), 8–3 to 8–6.
6. William J. Broad, Science Tuesday, *New York Times*, May 13, 1997; NSF Study, Research Policy, Sussex.
7. Jonathan R. Cole, "Balancing Acts: Dilemmas of Choice Facing Research Universities," American Research University, *Daedelus*, 122, no. 4 (1993).
8. Charles M. Vest, "Research Universities: Overextended, Underfocused, Overstressed, Underfunded," paper presented to Cornell Symposium on the American University, May 22, 1995, 11.
9. Donald Kennedy, "Making Choices in the Research University," the American Research University, *Daedelus*, 122, no. 4 (1993): 127–156.
10. Government–University–Industry Research Roundtable, "Convocation on Stresses on Research and Education at Colleges and Universities" (Government–University–Industry Research Roundtable and National Science Board (Washington, D.C.: National Academy of Sciences, 1997). <http://www2.nas.edu/guirrcon/>.
11. Jaroslav Peliken, *The Idea of the University: A Reexamination* (New Haven: Yale University Press, 1992), 238.
12. National Science Board, *Science and Engineering Indicators–1998* (Arlington, VA: National Science Foundation, 1998) preface.
13. Peter F. Drucker, interview, *Science*, July 18, 1997.
14. Richard A. Feynman, *The Feynman Lectures on Physics* (Reading, Mass: Addison-Wesley, 1963).
15. Edward O. Wilson, *Consilience: The University of Knowledge* (New York: Knopf, 1998).
16. Donald E. Stokes, *Pasteur's Quadrant: Basic Science and Technological Innovation* (Washington: Brookings Institute, 1997).
17. Vernon Ehlers, *Toward a New National Science Policy*, Report to Congress by the House Committee on Science, September 24, 1998.
18. John Armstrong, *The Bridge* (Washington, D.C.: National Academy of Engineering, 1996).
19. Daniel Alpert and William C. Harris, "Renewal of the University's Compact with the Society It Serves," draft (September 18, 1996), 18.

20. Frank Rhodes, "The New American University," in *Looking to the Twenty-First Century: Higher Education in Transition* (Urbana: University of Illinois Press, 1995); Walter E. Massey, "The Public University for the Twenty-First Century: Beyond the Land Grant," 16th David Dodds Henry Lecture, University of Illinois at Chicago, (1994); J. W. Peltason, "Reactionary Thoughts of a Revolutionary," 17th David Dodds Henry lecture, University of Illinois at Urbana-Champaign (October 18, 1995).
21. Alpert and Harris, "Renewal of the University's Compact." 参见注释19.
22. Michael E. Porter and Scott Stern, "Evaluating United States Innovation Capacity," National Innovation Summit, Council on Competitiveness, MIT, Cambridge (March 1998).

第六章

1. James Angell, The Papers of James Angell (Ann Arbor: University of Michigan Press, 1964).
2. Derek C. Bok, *Beyond the Ivory Tower: Social Responsibilities of the Modern University* (Cambridge: Harvard University Press, 1982).
3. Bok, *Beyond the Ivory Tower*. 参见注释2.
4. Sheldon Hackney, "The University and Its Community: Past and Present," *Annals of the American Academy of Political and Social Science*, 488 (1986): 1351–1367.
5. Barry Checkoway, "Reinventing the University for Public Service," *Journal of Planning Literature*, 11, no. 3 (1997): 307–319.
6. Donald E. Detmer, editorial, *Science*, March 28, 1997, 1859.
7. William N. Kelley, "The University of Pennsylvania Health System Model: The Academic Health Center as the Nucleus of an Integrated Health-Care Delivery System," in *New Models for Higher Education*, ed. William F. Massey and Joel W. Meyerson (New York: Peterson's Guides, 1997), 37–64.
8. Samuel Their and Nanerl Keohane, "How Can We Assure the Survival of Academic Health Centers?", *Chronicle of Higher Education* (March 13, 1998), A64.
9. David Korn, letter to the editor, *Science*, March 28, 1997.
10. Mary Lindenstern Walshok, *Knowledge without Boundaries: What America's Research Universities Can Do for the Economy, the Workplace, and the Community* (San Francisco: Jossey-Bass, 1995), 299.
11. National Science Board, *Science and Engineering Indicators 1998* (Arlington: National Science Foundation, 1998), 6–6
12. Bok, *Beyond the Ivory Tower*. 参见注释2.

第七章

1. Burton R. Clark, "Small Worlds, Different Worlds: The Uniqueness and Troubles of the American Academic Professions," *Daedelus*, 126, no. 4 (1997): 21–42; Burton R. Clark, *The Academic Life: Small Worlds, Different Worlds* (Princeton: Carnegie Foundation for the Advancement of Teaching, Princeton University Press, 1987).
2. William G. Bowen and Neil Rudenstine, *In Pursuit of the Ph.D.* (Princeton: Princeton University Press, 1992), 446.
3. *Parttime Faculty, the New Majority* (New York: Alfred P. Sloan Foundation, 1998).
4. *1940 Statement of Principles on Academic Freedom and Tenure (With 1970 Interpretive Comments)* (Washington: American Association of University Professors, 1998).
5. *Parttime Faculty, the New Majority*. 参见注释3.
6. *Parttime Faculty, the New Majority*. 参见注释3.
7. Courtney Leatherman, "Providing a Different Education: The University of Phoenix," *Chronicle of Higher Education*, October 16, 1998.
8. Ernest L. Boyer, *Scholarship Reconsidered: Priorities of the Professorate* (Princeton: Carnegie Foundation for the Advancement of Teaching, Princeton University Press, 1991).
9. Government–University–Industry Research Roundtable, *Convocation on Stresses on Research and Education*.
10. Donald Kennedy, "Making Choices in the Research University," the American Research University, *Daedelus*, 122, no. 4 (1993): 127–156.

第八章

1. Joseph L. Dionne and Thomas Kean, *Breaking the Social Contract: The Fiscal Crisis in Higher Education*, report of the Commission on National Investment in Higher Education (New York: Council for Aid to Education, 1997).
2. David W. Breneman, Joni E. Finney, and Brian M. Roherty, *Shaping the Future: Higher Education Finance in the 1990s* (San Jose: California Higher Education Policy Center, April 1997).
3. Arthur M. Hauptman, *The College Tuition Spiral* (Washington D.C.: American Council on Education and The College Board, 1990).
4. Harold T. Shapiro, "The Functions and Resources of the American University of the Twenty–First Century," paper presented to the University of Chicago Symposium on the Twenty–First Century, October 5, 1991.
5. Dionne and Kean, *Breaking the Social Contract*. 参见注释1.

6. Michael McPherson and Morton Shapiro, "Are We Keeping College Affordable: The Most Recent Data on Student Aid, Access, and Choice." Stanford Forum for Higher Education Futures, The Aspen Institute (1996); P. M. Callen and J. E. Finney, eds., *Public and Private Financing of Higher Education: Shaping Public Policy for the Future* (Phoenix: Oryx Press, 1997).
7. *From Classrooms to Cellblocks: A National Perspective* (Washington, D.C.: Justice Policy Institute, 1997).
8. James L. Fisher and Gary H. Quehl, *The President and Fund-Raising* (New York: American Council on Education, Macmillan, 1989): 238.
9. Factfile on University Endowments, *Chronicle of Higher Education* (April 1999).
10. Terry W. Hartle, letter to the editor, *Wall Street Journal*, March 16, 1999.
11. Burton R. Clark, "The Entrepreneurial University: Demand and Response," *Tertiary Education and Management*, 4, no. 1 (1998): 5–16; S. Slaughter and L. L. Leslie, *Academic Capitalism: Politics, Policies, and the Entrepreneurial University* (Baltimore: Johns Hopkins University Press, 1997).
12. Gilbert R. Whitaker, *Enhancing Quality in an Era of Resource Constraints*, report of the Task Force on Costs in Higher Education, The University of Michigan, (March, 1990).
13. Terry W. Hartle, "Complex Government Rules Increase the Cost of Tuition," *Chronicle of Higher Education* (March 6, 1998), A60.
14. R. Zemsky and W. F. Massey, "Cost Containment: Committing to a New Economic Reality," *Change*, 22, no. 6 (1990), 16–22; R. Zemsky and W. F. Massey, "Expanding Perimeters, Melting Cores and Sticky Functions," *Change*, (Nov–Dec 1995), 41–51.
15. "America's Best Colleges: What School Is Right for You?", *U. S. News and World Report* (1997), Annual Guide.
16. Daniel T. Seymour, *Causing Quality in Higher Education*, (New York: American Council on Education, Macmillan, 1992).
17. W. F. Massey, ed., *Resource Allocation in Higher Education* (Ann Arbor: University of Michigan Press, 1996).
18. Frederick E. Balderston, *Managing Today's University: Strategies for Viability, Change, and Excellence* (San Francisco: Jossey-Bass, 1995), 398.
19. Edward L. Whalen, *Responsibility Center Management* (Bloomington: Indiana University Press, 1991), 204.
20. Patricia J. Gumport and Brian Pusser, "Academic Restructuring: Contemporary Adaptation in Higher Education," in *Planning and Management for a Changing Environment: A Handbook on Redesigning Post-Secondary Institutions*, ed. M. Petersen, D. Dill, and L. Mets (San Francisco: Jossey-Bass, 1997).

21. "Anxiety over Tuition: A Controversy in Context," *Chronicle of Higher Education* May 30, 1997, A10–A21.
22. McPherson and Shapiro, "Are We Keeping College Affordable." 参见注释6.
23. *Trends in College Pricing—1998* (New York: The College Board, 1999).
24. Dionne and Kean, *Breaking the Social Contract*. 参见注释1.
25. Donald M. Steward, *Annual Report on College Tuition and Fees* (New York: College Board, 1998).
26. John S. Daniel, "Why Universities Need Technology Strategies," *Change*, 29 July–August 1997, 10–17.
27. *Making College Affordable Again* (Washington, D.C.: National Commission for Financing Post-secondary Education, (1993).
28. Institute for Higher Education Policy, *Taxing Matters: College Aid, Tax Policy, and Equal Opportunity* (Washington, D.C.: Institute for Higher Education Policy, February 1997).
29. Peter Drucker, "A Better Way to Pay for College," Eastern Edition, *Wall Street Journal* May 9, 1991: A14.
30. Peter Passell, "Affluent Turning to Public Colleges Threatening a Squeeze for Others, *New York Times* August 13, 1997: A16.

第九章

1. Alfred North Whitehead, *Essays in Science and Philosophy* (New York: Philosophical Library, 1947), 64–65.
2. Donald R. Kinder and Lynn M. Sanders, *Divided by Color: Racial Politics and Democratic Ideals* (Chicago: University of Chicago Press, 1996); Stanley Greenberg, *Middle Class Dreams: The Politics and Power of the New American Majority* (New Haven: Yale University Press, 1990).
3. William Bowen and Derek Bok, *The Shape of the River: Long-Term Consequences of Considering Race in College and University Admissions* (Princeton: Mellon Foundation, Princeton University Press, 1998).
4. P. Gurin, G. Lopez, and B. R. Nosda, "Context, Identity, and Intergroup Relations, in *Cultural Divides: The Social Psychology of Integroup Contact*, ed. D. Prentice and D. Miller (New York: Russell Sage, 1999).
5. Bowen and Bok, *The Shape of the River*. 参见注释3.
6. Eric Foner, *The Story of American Freedom* (New York: W. W. Norton and Company, 1998).
7. Bowen and Bok, *The Shape of the River*. 参见注释3.
8. Lee Sigelman and Susan Welch, *Black Americans' Views of Racial Inequality: The Dream Deferred* (New York: Cambridge University Press, 1991).

9. Bowen and Bok, *The Shape of the River*. 参见注释3.
10. Claude M. Steele, "A Threat in the Air: How Stereotypes Shape Intellectual Identify and Performance," *American Psychologist*, 52 (1997): 613–619.
11. James Angell, The Papers of James Angell (Ann Arbor: University of Michigan Press, 1964).
12. U.S. Bureau of the Census, *State and Metropolitan Area Data Book, 1997–1998* (Washington, D.C.: U. S. Government Printing Office, 1998); Thomas J. Sugrue, *The Origins of the Urban Crisis: Race and Inequality in Postwar Detroit* (Princeton: Princeton University Press, 1996).
13. Lawrence W. Levine, *The Opening of the American Mind* (Boston: Beacon Press, 1996).
14. A. Bartlett Giamatti, *A Free and Ordered Space: The Real World of the University* (New York: W. W. Norton, 1988), 306.

第十章

1. Jacques Attali, *Millennium: Winners and Losers in the Coming World Order* (New York: Times Books, 1992), 11.
2. "Books, Bricks, and Bytes," *Daedelus* 125, no. 4, (1996), v–vii.
3. John Perry Barlow, "The Economy of Ideas: A Framework for Rethinking Patents and Copyrights in the Digital Age," *Wired*, 2.03 (March 1994).
4. For an excellent introduction to scenario planning in this area, see the website <http://www.si.umich.edu/V2010> for the Vision 2010 project, directed by Daniel E. Atkins and sponsored by the Carnegie Foundation for the Advancement of Teaching.
5. Peter J. Deming and Robert M. Metcalf, *Beyond Calculation: The Next Fifty Years of Computing* (New York: Springer–Verlag, 1997).
6. Ray Kurzweil, *The Age of Spirtual Machines: When Computers Exceed Human Intelligence* (New York: Viking, 1999).
7. William A. Wulf, "Warning: Information Technology Will Transform the University," *Issues in Science and Technology*, (summer 1995), 46–52.
8. Martin R. Stytz, "Distributed Virtual Environments," *IEEE Computer Graphics and Applications*, 16 (May 1996), 19–31.
9. Mark Weiser and John Seely Brown, "Designing Calm Technology," *PowerGrid Journal*, 101 (July 1996), <http//powergrid.electriciti.com/1.01>.
10. William J. Mitchell, *City of Bits: Space, Place, and the Infobahn* (Cambridge: MIT Press, 1995).
11. William Gibson, *Neuromancer* (New York: Ace, 1984).
12. Mark Stefik, *Internet Dreams* (Cambridge: MIT Press, 1996), 412.

13. Barlow, "The Economy of Ideas." 参见注释3.
14. Ted Marchese, "Not-So-Distant Competitors: How New Providers Are Remaking the Postsecondary Marketplace," *AAHE Bulletin* May 1998, <http://www.aahe.org/bulletin/bull_1/May 98 html>.
15. For an excellent example of such virtual universities, see the website for the Michigan Virtual Automotive College at <http://www.mvac.org> and the article by Scott Bernato, "Big 3 U," *University Business*, September–October 1998, 20–27.
16. John Seely Brown and Paul Duguid, Universities in the Digital Age, *Change*, July, 1996, pp. 11–19.
17. Ralph Gomery, Asynchronous Learning Technology (October 1996).
18. Carol A. Twigg, "The Need for a National Learning Infrastructure," *Educom Review* (September–October 1994), 17–24; Carol Twigg, "Toward a National Learning Infrastructure: Navigating the Transition," National Learning Infrastructure, part 3, *Educom Review* November–December 1994, 3. Posted on the Internet to the Horizon List, courtesy of Dr. Twigg.
19. Richard N. Katz, ed., *Dancing with the Devil: Information Technology and the New Competition in Higher Education* (San Francisco: Educause and Jossey-Bass, 1998).
20. Myles Brand, "The Wise Use of Technology," *Educational Record*, fall 1995, 39–46.
21. "All the World's a Lab," *New Scientist*, 2077 April 12, 1997, 24–27; T. A. Finholt and G. M. Olson, "From Laboratories to Collaboratories: A New Social Organizational Form for Scientific Collaboration," *Psychological Science* 9, 1 (1997), 28–36.
22. For information concerning the Internet II project, see the website for the University Corporation for the Advancement of Internet Development at <http://www.internet2.edu;>.
23. Student–Faculty Computer Survey, Information Technology Division, University of Michigan, Ann Arbor, 1997.
24. Mitchell, *City of Bits*. 参见注释10.

第十一章

1. Niccolo Machiavelli, *The Prince* (New York: Random House, 1950).
2. National Commission on the Academic Presidency, *Renewing the Academic Presidency: Stronger Leadership for Tougher Times* (Washington, D.C.: Association of Governing Boards of Universities and Colleges, 1996).
3. Harold T. Shapiro, *Tradition and Change: Perspectives on Education and Public Policy* (Ann Arbor: University of Michigan Press, 1987).

4. Teresa J. MacTaggart, ed., *Seeking Excellence through Independence* (San Francisco: Jossey-Bass, 1997).
5. Cyril O. Houle, *Governing Boards* (San Francisco: Jossey-Bass, 1989) 223.
6. Clark Kerr, *The Guardians: Boards of Trustees of American Colleges and Universities: What They Do and How Well They Do It* (Washington, D.C.: Association of Governing Boards, 1989).
7. Martin Trow, "The Chiefs of Public Universities Should be Civil Servants, Not Political Actors," *Chronicle of Higher Education*, (May 16, 1997); Richard T. Ingram, "Transforming Public Trusteeship," *Public Policy Paper Series* (Washington, D.C.: Association of Governing Boards, 1998).
8. National Commission on the Academic Presidency, *Renewing Academic Presidency*. 参见注释2.
9. Ingram, "Transforming Public Trusteeship." 参见注释7.
10. Donald Kennedy, "Making Choices in the Research University," the American Research University, *Daedelus*, 122, no. 4 (1993): 127–156.
11. William G. Bowen and Harold T. Shapiro, eds., *Universities and Their Leadership* (Princeton: Princeton University Press, 1998).
12. Peter Flawn, *A Primer for University Presidents* (Austin: University of Texas Press, 1990).
13. Government–University–Industry Research Roundtable, *Convocation on Stresses on Research and Education*.
14. Kennedy, "Making Choices." See note 10; R. Birnbaum, *How Academic Leadership Works: Understanding Success and Failure in the College Presidency* (San Francisco: Jossey-Bass, 1992); Nannerl O. Keohane, "More Power to the President?", in *The Presidency*, (American Council on Education, 1998), 12–18.
15. Frederick E. Balderston, *Managing Today's University: Strategies for Viability, Change, and Excellence* (San Francisco: Jossey-Bass, 1995), 398.
16. National Commission on the Academic Presidency, *Renewing Academic Presidency*. 参见注释2.

第十二章

1. Thomas S. Kuhn, *The Structure of Scientific Revolutions*, 2nd edition (Chicago: The University of Chicago Press, 1970).
2. Michael A. Shires, *The Future of Public Undergraduate Education in California* (Santa Monica: RAND Institute on Education and Training, 1996).
3. Karl E. Weick, "Small Wins: Redefining the Scale of Social Problems," *American Psychologist* 39, no. 1 (1984): 40–49.
4. R. C. Heterick, Jr. and C. A. Twigg, "Interpolating the Future," *Educom Review* 32, no. 1 (1997): 60.

5. Peter Schwartz, *The Art of the Long View* (New York: Doubleday Currency, 1991), 124–40.
6. C. K. Prahalad and Gary Hamel, "The Core Competence of the Corporation," *Harvard Business Review*, 68 (1990): 79–91.
7. James Brian Quinn, *Intelligent Enterprise: A Knowledge and Service Based Paradigm for Industry* (New York: Free Press, 1992), 473.
8. Larry Downs and Chunka Mui, *Killer App* (Cambridge: Harvard Business School Press, 1998).
9. Michael E. Porter, *Competitive Strategy: Techniques for Analyzing Industries and Competitiveness* (Boston: Free Press, 1998).
10. James Gleick, *Chaos: Making a New Science* (New York: Penguin, 1988).
11. Kuhn, *Structure of Scientific Revolutions*. 参见注释1.
12. Patricia J. Gumport and Brian Pusser, "Academic Restructuring: Contemporary Adaptation in Higher Education," in *Planning and Management for a Changing Environment: A Handbook on Redesigning Post–Secondary Institutions*, ed. M. Petersen, D. Dill, and L. Mets (San Francisco: Jossey-Bass, 1997); Patricia J. Gumport, *Academic Restructuring in Public Higher Education: A Framework and Reseach Agenda* (Stanford: National Center for Postsecondary Improvement, 1998), 111.
13. Eamon Kelly, Remarks made to the presidents of the Association of American Universities, Indianapolis, 1994.
14. Michael G. Dolence and Donald M. Norris, *Transforming Higher Education: A Vision for Learning in the 21st Century* (Ann Arbor: Society for College and University Planning, 1995).
15. Here, it should be noted that many such lists put Johns Hopkins University as the nation's leader in research expenditures. However, it is most consistent to subtract from their expenditures the amounts contributed by the Johns Hopkins Applied Physics Laboratory, a Department of Defense laboratory, that operates quite apart from the university (much like the Jet Propulsion Laboratory at Caltech, Lincoln Laboratory at M.I.T., or Los Alamos Scientific Laboratory with the University of California).
16. C. K. Prahalad and Gary Hamel, *Competing for the Future* (Cambridge: Harvard Business School Press, 1994), 327.
17. Gumport, *Academic Restructuring*. 参见注释12.
18. For an excellent introduction to scenario planning in this area, see the website <http://www.si.umich.edu/V2010> for the Vision 2010 project, directed by Daniel E. Atkins and sponsored by the Carnegie Foundation for the Advancement of Teaching.
19. Philip G. Altbach, "An International Academic Crisis," *Daedalus* 126, no. 4 (1997): 315–338.

20. Boyer Commission on Educating Undergraduates in the Research University, *Reinventing Undergraduate Education: A Blueprint for America's Research Universities* (Menlo Park: Carnegie Foundation for the Advancement of Teaching, 1998).
21. *Buildings, Books, and Bytes: Libraries and Communities in the Digital Age*, (Washington D.C.: Benton Foundation, 1996).

第十三章

1. Arthur Levine, "Higher Education's New Status As a Mature Industry," *Chronicle of Higher Education* (January 31, 1997), A48.
2. Michael G. Dolence and Donald M. Norris, *Transforming Higher Education: A Vision for Learning in the 21st Century* (Ann Arbor: Society for College and University Planning, 1995).
3. Dolence and Norris, *Transforming Higher Education*. 参见注释2.
4. Peter J. Deming and Robert M. Metcalf, *Beyond Calculation: The Next Fifty Years of Computing* (New York: Springer–Verlag, 1997).
5. Levine, "Higher Education's New Status." 参见注释1.
6. William H. Graves, "Free Trade in Higher Education: The Meta University," *Journal on Asynchronous Learning Networks*, Vol 1, Issue 1 (1997).
7. Marvin W. Peterson, and David D. Dill, "Understanding the Competitive Environment of the Postsecondary Knowledge Industry," in *Planning and Management for A Changing Environment*, ed. Marvin W. Peterson, David D. Dill, Lisa Mets, and associates (San Francisco: Jossey-Bass Publishers, 1997), 3–29.
8. Donald N. Langenberg, "Taking Control of Change: Reinventing the Public University for the 21st Century," *Reinventing the Research University*, Kumar Patel, ed. (Los Angeles: University of California Press, 1994).
9. Jack Gregg, *Educom Review*, 32, no. 4 (June, 1997); Third Report of Pew Health Professionals Commission, *Critical Challenges: Revitalizing the Health Professions for the 21st Century* (San Francisco: University of California, December 1995); <http://www.pewtrusts.com/publications>.
10. John Seely Brown and Paul Duguid, "Universities in the Digital Age," *Change* (July, 1996), 11–19.
11. Joseph L. Dionne and Thomas Kean, *Breaking the Social Contract: The Fiscal Crisis in Higher Education*, report of the Commission on National Investment in Higher Education (New York: Council for Aid to Education, 1997).
12. Peterson and Dill, "Understanding the Competitive Environment." 参见注释7.
13. See the website for the Michigan Virtual Automotive College at <http:/www.mvac.org>, and also the article by Scott Bernato, "Big 3 U," *University Business* (September–October, 1998): 20–27.

14. John S. Daniel, "Why Universities Need Technology Strategies," *Change* (July, 1997), 10–17.
15. John Palattella, "The British Are Coming, the British Are Coming," *University Business*, (July–August, 1998), 25–30.
16. Frank Rhodes, "The New American University," in *Looking to the Twenty-First Century: Higher Education in Transition* (Urbana: University of Illinois Press, 1995).
17. Dolence and Norris, *Transforming Higher Education*. 参见注释2.
18. Dee Hock, "Chaordic Organizations"; see also the website for the Chaordic Alliance at <http://www.chaordic.org>.
19. Carol A. Twigg, "The Need for a National Learning Infrastructure," *Educom Review* (September–October 1994), 17–24.
20. Carol A. Twigg, "Toward a National Learning Infrastructure: Navigating the Transition," National Learning Infrastructure, part 3, *Educom Review* November–December 1994, 3. Posted on the Internet to the Horizon List, courtesy of Dr. Twigg.
21. Lawrence K. Grossman, *The Electronic Republic: Reshaping Democracy in the Information Age* (New York: Penguin, 1996).
22. *Buildings, Books, and Bytes: Libraries and Communities in the Digital Age*, (Washington D.C.: Benton Foundation, 1996).
23. Robert Zemsky, "Rumbling," *Policy Perspectives*, Pew Higher Education Roundtable, sponsored by the Pew Charitable Trusts (Philadelphia: Institute for Research on Higher Education, April 1997); Robert Zemsky and Gregory R. Wegner, eds., "A Very Public Agenda," *Policy Perspectives*, 8, 2 (1998).
24. S. Slaughter and L. L. Leslie, *Academic Capitalism: Politics, Policies, and the Entrepreneurial University* (Baltimore: Johns Hopkins University Press, 1997).
25. Mario C. Martinez and Thad Nodine, *Michigan: Fiscal Stability and Constitutional Autonomy* (San Jose: California Higher Education Policy Center, 1997), 36.
26. Dionne and Kean, *Breaking the Social Contract*. 参见注释11.
27. "Inside the Knowledge Factory," *The Economist*, October 4, 1997; See also Michael Gibbons, *The New Production of Knowledge* (London: Sage, 1994).

第十四章

1. Charles Dickens, A Tale of Two Cities (Philadelphia: T. B. Peterson & Brothers, 1859), 1.
2. Robert Lenzer and Stephen S. Johnson, "Seeing Things as They Really Are," Peter Drucker interview, *Forbes* 159 (1997), 122–128.

3. Joseph L. Dionne and Thomas Kean, *Breaking the Social Contract: The Fiscal Crisis in Higher Education*, report of the Commission on National Investment in Higher Education (New York: Council for Aid to Education, 1997).
4. David W. Breneman, Joni E. Finney, and Brian M. Roherty, *Shaping the Future: Higher Education Finance in the 1990s* (San Jose: California Higher Education Policy Center, April 1997).
5. Patricia J. Gumport and Brian Pusser, "Academic Restructuring: Contemporary Adaptation in Higher Education," in *Planning and Management for a Changing Environment: A Handbook on Redesigning Post-Secondary Institutions*, ed. M. Petersen, D. Dill, and L. Mets (San Francisco: Jossey-Bass, 1997).
6. Lewis Perelman, "Barnstorming with Lewis Perelman," *Educom Review*, 32, no.2 (1997): 18–36.
7. William A. Wulf, "Warning: Information Technology Will Transform the University," *Issues in Science and Technology*, (summer 1995), 46–52.
8. Werner Z. Hirsch and Luc E. Weber, "The Glion Declaration: The University at the Millennium," *The Presidency*, Washington, D.C.: American Council on Education, fall 1998): 27–31.
9. Robert Zemsky and Gregory R. Wegner, eds., "A Very Public Agenda," *Policy Perspectives*, 8, 2 (1998).
10. Hirsch and Weber, "The Glion Declaration." 参见注释8.

英汉译名对照表

Acdemic administration 学术管理
Academic freedom 学术自由
Academic medical center 学术医疗中心
Academic senate 学术议会
Academic values 学术价值观
Academy 学术研究
Action agenda 行动日程
Adaptive system 适应性系统
Administration 管理
Administrative costs 管理成本
Adult students 成人学生
Adult university 成人大学
Affirmative action 平权行动
Age of Knowledge 知识时代
Agents, software 软件代理
American Association for University Professors(AAUP) 美国大学教授协会
Anderson Consulting 安德森咨询公司
Association of Governing Boards 董事会协会
Athletic Depatrment 体育系
Autonomy, institutional 自制,机构的
Auxiliary funds 辅助资金
Avatars 化身
Balanced Budget Act of 1997 1997年《预算平衡决议》
Bandwidth 带宽

Bayh-Dole Act of 1980　1980年《拜耶-多尔法》
Big Ten universities　十大院校
Black Action Movement(BAM)　黑人行动运动
British Open University　英国开放大学
Budgeting　预算
Bush paradigm　布什模式
Business plan　经营方案
Californaia Master Plan　加利福尼亚总体规划
California Virtual University　加州虚拟大学
Carnegie classification　卡内基分类法
Carnegie Foundation　卡内基财团
Central administration　中央管理
Chaordic network　无序网络
Chaos　无序
Civic lifeforms　全新的公民生活模式
Client-server svstems　客户服务系统
Cloning　克隆
Commission on National Inves-tment in Higher Education　高等教育国家投资委员会
Committees, faculty　委员会, 教师
Commodity market　商品市场
Community knowledge structures　社会知识结构
Competitive forces　竞争力量
Complex systems　复杂的系统
Comprehensive university　综合大学
Computer-assisted instruction　计算机辅助教学
Connectivity　连通性
Contract, faculty　教师合同
Contract, social　社会契约
Cooperative Extension Service　合作性扩展服务
Core-in-cloud model　云中核心的模式
Corrections　正确性
Cost-sharing　费用分摊
Cost-shafting　费用转移
Costs of higher education　高等教育的费用
Creative university　创造性大学
Cultural issues　文化问题

Curriculum　课程

Cyberspace university　虚拟大学

Defined-contribution retirement plan　养老金固定缴款计划

Demand for higher education　高等教育的需求

Demographic change　人口的变革

Demographics, minority　少数族裔群体

Digital convergence　数字集合

Digital generation　数字化的一代

Disciplinary specialization　学科专门化

Disciplines　学术性学科

Diverse university　多样化大学

Diversity　多样性

Diversity case for　实例

Diversity courses　必修课

Divisionless university　不分系科大学

Doctor of Philosophy(Ph. D.)　哲学博士

Doctoral university　博士学位大学

Economic development　经济发展

Ecosystem of higher education　高等教育生态系统

Education Maintenance Organization(EMO)　教育维护组织

Education　教育

Education, graduate　研究生教育

Education, postdoctoral　博士后教育

Education, professional　专业教育

Education, undergraduate　本科教育

Edutainment　教育娱乐

Elitism　精英主义

Entrepreneurial university　企业式大学

ETOB(every tub on its own bottom)　自收自支

Evolution of higher education　教师管理高等教育的演变

Executive officers　行政管理

Expenditures　节约开支

Faculty governance　教师管理

Faculty　教师

　contract　合同

　diversity　差异

hiring and retention　聘用与留任
part-time　兼职
roles　职责
temporary　临时
tenure　终身教职
women　女性
Faculty-centered　以教师为中心
Federal Government　联邦政府
Federal regulations　联邦法规
Federal support　联邦政府的支持
Fellowships　奖学金
Financial aid　助学金
Financial imperatives　财政的急迫需要
Financing　财政
Forces of change　变革的力量
Fund-accounting　资金分配
Fund-raising　募捐
Gated community　敞开大门
Gender studies　性别研究
Globalization　全球化
Governance　管理
Governing Boards　董事会
Government　政府
Government Performance Results Act(GPRA)　《政府绩效法》
Government-university research partnership　政府-大学研究合作关系
Graduate education　研究生教育
Graduate school　研究生院
Grantsmanship　资助
Green-field approach　"绿野"方法
Harassment　侵扰
Harvardization　哈佛化
High tuition-high student financial aid model　高学费-高额学生财政资助模式
Higher Education Act　《高等教育法》
Higher education enterprise　高等教育
Hiring,faculty　教师聘用
Incremental budgeting　增长预算

Independent university 独立大学
Indirect costs 间接费用
Information technology 信息技术
Innovation through substitution 通过替代实现创新
Innovation 创新
Institutional autonomy 学校自治
Intellectual challenges 学术的挑战
Intellectual change 学术界变革
Intellectual wasteland 学术荒原
Intercollegiate athletics 校际运动会
Interdisciplinary 学科交叉
Internet 因特网
Internships 实习
Just in case education "以防万一式"的教育
Just in time education "及时式"的教育
Knowledge and learning industry 知识和学习产业
Knowledge conglomerate 知识联合企业
Knowledge media 知识媒体
Knowledge server 知识服务器
Laboratory university 实验室大学
Land-Grant Acts 《土地赠予法案》
Land-grant university "赠地"大学
Leadership 领导制度
Learner-centered 以学习者为中心的
Learning communities 学习社区
Learning networks 学习网络
Learning organization 学术组织
Learning structures 学习组织
Liberal arts college 文理学院
Lifelong learning 终生学习
Lifelong university 终生大学
Limits on resources 资源有限
Logical incrementalism 合理渐进主义
Management 管理
Mandatory retirement 强制退休政策
Market forces 市场力量

Masters degree 硕士学位
Media Union 媒体联盟
Medical center 医疗中心
Medical school 医学院
Mergers,acquisitions,takeovers 合并，收购，接管
Merit review 评优选拔
Michigan Agenda for Women 密歇根女性议程
Michigan Mandate 密歇根使命
Michigan Virtual Automotive College 密歇根虚拟汽车学院
Michigan Virtual University 密歇根虚拟大学
Midwest University Consortium for International Activities(AUCIA) 中西部大学国
　际活动联盟
Moore's Law 摩尔定律
Morrill Act 《毛利尔法案》
Motorola University 摩托罗拉大学
Multicultural society 多元文化社会
National Commission on the Academic Presidency 全国大学校长委员会
National Science Board 国家科学委员会
National Technological University 全美科技大学
Networks 网络
Nwe university 新大学
NSFnet 国家科学基金会网络
Open learning 开放的学习
Open sysytems 开放的系统
Open University 开放大学
Operational issues 执行的问题
Paradigm 范式
Pell Grants 佩尔助学金
Performance-based funding 基于工作成绩的基金
Phoenix,University of 凤凰城大学
Planning 规划
Plug-and-play generation "即插即用"的一代
Political correctness 政治正确性
Political forces 政治力量
Political issues 政治问题
Politics 政治

Population 人口
Post-Cold War world 冷战后的世界
Postdoctoral education 博士后教育
Prepaid tuition plans 提前支付学费计划
President 校长
Private university 私立大学
Privately supported, publicly committed university "私人支持、公共管理"的大学
Privatization 私有化
Procurement 政府采购
Productivity 工作效率
Professional education 专业教育
Professional schools 专业学院
Professoriate 教授的职务
Public 公众
Public good 公众福祉
Public service 公共服务
Public university 公立大学
Publish or perish 不发表就完蛋
Purpose of an undergraduate education 本科生教育的目的
Quality management 质量管理
Racial preference 种族优先权
Racism 种族主义
Rate of return from rescarch 研究领域投资回报率
Reengineering 重建
Relevance of university 大学的实用性
Research 科研
Research enterprise 科研事业
Research university 研究型大学
Resource allocation 资源分配
Resources 资源
Responsibility center management 责任中心管理
Restructuring of higher education enterprise 高等教育事业的重组
Revenue sources 收入来源
Scholarship 学术
Service 服务
Shared governance 分权管理制度

Single-inverstigator grant　单一研究员经费
Social contract　社会契约
Societal needs　社会的需求
Society of learning　学习型社会
Spaceship Earth　地球宇宙飞船
Specialization　专门化
Staff　员工
State government　州政府
State support　州政府的支持
State university　州立大学
Strategic intent　战略意图
Strategic planning　战略规划
Students　学生
Sunshine laws　阳光法案
Sylvan Learning Systems　沙尔文学习系统
Tactics　战术
Target of Opportunity Program　机会目标计划
Tax credit　免税
Taxonomy of higher education　高等教育的分类
Teaching and research　教学与科研
Teaching hospital　教学医院
Technology drivers　科技的推动力
Technology transfer　技术的转移
Technology　技术
Telepresence　远程即席
Tenure　终身教职
Tidal Wave II　第二人口出生高峰期
Traineeships　津贴
Transactional culture　相互影响的文化
Transformation　转变
Tuition　学费
U of M, Inc.　密歇根大学有限公司
Ubipuitious university　无所不在的大学
Ubipuitous computing　无处不在的运算
Ubiquitous learning　无所不在的学习
Unbundling the university　对大学分类定价

Undergraduate education 本科生教育
University, entrepreneurail 企业式大学
University, independent 独立大学
University, private 私立大学
University, public 公立大学
University, research 研究型大学
University, state 州立大学
  University college 大学学院
  adult university 成人大学
  creative university 创造性大学
  cyberspace university 虚拟大学
  diverse university 多样化大学
  laboratory university 不分科大学
  laboratory university 实验室大学
  lifelong university 终身大学
  ubiquitous university 无所不在的大学
  university college 大学学院
  world university 世界大学
Value of a college education 大学教育的价值
Values 价值观
Virtual environment 虚拟环境
Virtual reality 虚拟现实
Virtual university 虚拟大学
Vision 2000 远景2000
Vision 2017 远景2017
Western Governor's University 西部管理者大学
Work-study programs 半工半读
World nation 世界家园
World university 世界大学

译 后 记

美国名牌学府多为私立大学,而密歇根大学是为数不多的名牌公立大学之一。该校有200多幢建筑物、600多万册藏书、9个博物馆、7家教学医院、几百个实验室及研究所,以及1.2万台计算机。如本书所言,密歇根大学安阿博校区拥有3.7万名学生、3000名教师以及1.7万名工作人员。安阿博校区共有18个学院,其中商业管理学院、牙医学院、法学院、公共卫生学院及社会工作学院均列美国高校同类学院的前五名。这18个学院共有588个专业,开设3000多门本科课程及上千种研究生课程。

密歇根大学历来享有较高程度的自主权,师生思想十分活跃,素有"自由天空"之称。他们不但重视本专业探索,而且对高等教育管理进行研究,出现了一批有眼光的高教领军人物。现任哥伦比亚大学校长、康奈尔大学校长、布朗大学校长等都是直接从密歇根大学院系岗位上参加竞聘,力挫群雄后脱颖而出的。密歇根大学历任校长更是善于思考深层次的教育问题,开一代风气之先。其中,本书作者詹姆斯·J.杜德斯达博士对21世纪知识经济背景下的高等教育问题有着独到见解。虽然书中论述的主要是美国高等教育的问题,但对分析新形势下的各国高等教育均具有一定的借鉴意义。

本书由河北大学教育学院刘彤、屈书杰、刘向荣通力协作、共同译成。具体分工如下:刘彤翻译前言、第一章、第二章、第六章、第十一章;屈书杰翻译第四章、第五章、第十章、第十二章、第十三章、第十四章;刘向荣翻译第三章、第七章、第八章、第九章;教育部基础教育司办公室主任王定华博士审校了全书。

  由于时间较紧,加之译校者水平所限,译文中不当之处恐难避免,敬祈读者不吝赐教。